KB218076

벼랑 끝에서 본 새로운 세상

요한 계시록 강해

| 지혜와 계시 |

손법상

박문사

요한계시록을 매일 같이 묵상하고 그 본문의 바른 의미를 밝혀보려고
하는 노력을 수년째 계속하고 있습니다. 그동안 계시록에 관한 일곱 권의
책을 쓰고 다섯 권의 책을 출간 하였습니다.

계시록에 나오는 중요 개념들을 정리하고 라디오와 TV 방송으로 설교
한 내용들을 묶어 출간 하였습니다. 본문의 단락을 나누어 보았고 계시록
전체 본문을 큐티할 수 있는 책도 만들어 보았습니다.

그런데도 여전히 계시록에 나오는 단어나 문장의 의미가 선명하게 떠오
르지 않는 본문들이 많이 있습니다. 조금씩 더 알면 알수록 성경 전체에
대한 종합적인 이해나 교리적인 이해가 많이 부족함을 알게 되고 오히려
더 혼란스러워지는 경험도 하고 있습니다.

학자들에 따라 계시록에 대한 해석이 왜 그렇게 다양한지 그 차이를
조금씩 구별하게 되면서부터 본문에 대한 접근이 더 어려워졌습니다. 그
와 동시에 온전하지는 않아도 하나님의 구속사에 대한 바른 이해를 바탕

으로 현대적인 의미에서 계시록 해석에 대한 일정한 기준이 될 수 있는 책을 써 보고 싶다는 열망이 강하게 찾아왔습니다.

그래서 여러 해 동안 해 왔던 작업을 바탕으로 계시록 본문 전체를 숲과 더불어 나무를 보는 눈을 나 자신이 먼저 열고 다른 분들에게는 안내서가 되면 좋겠다는 마음으로 접근해 본 것이 이 책입니다.

이 책의 내용은 이전에 제가 출간한 계시록 설교집『예수 재림의 비밀과 실상』과『읽으면 이해되는 요한 계시록』과『요한 계시록 큐티』를 종합하면서 서로를 보완했습니다. 이 책에는 그 책들을 쓸 때 책의 부피 때문에 빠뜨렸던 부분들이 담겨 있고 또 그때에는 미처 깨닫지 못하고 알지 못하여 쓰지 못한 내용들이 상당히 담겨 있습니다.

그러므로 계시록을 연구하고 설교하며 삶의 현장에 적용하기를 원하시는 분들은 제가 처음에 쓴『영원한 복음』과 계시록 전체를 54주로 나누어 기독교 방송에서 설교하고 출간한 설교집『예수 재림의 비밀과 실상』1, 2권 그리고 매일의 큐티를 위해 만든『요한 계시록 큐티』와 이 책『요한 계시록 강해 – 지혜와 계시』를 함께 보시면 좋을 것입니다.

성경 특히 계시록을 통해 주신 하나님의 계시를 다 알지는 못합니다. 그러나 저는 매일 기도하면서 매일 계시록을 묵상합니다. 아직도 멀리 있지만 조금씩 더 보이기 시작하고 조금씩 이해가 깊어지는 느낌은 있습니다.

어느 날 하나님 앞에 기도하면서 물었습니다. 주님! 저는 목사로서 하고 싶은 일이 너무나 많이 있습니다. 그런데 왜 이렇게 몇 년씩 계시록만 붙들고 이 일을 하게 하십니까? 그때 제 마음에 찾아온 하나님의 말씀과 감동은 이것이었습니다. "얘, 내 종 바울이 지금 성경으로 읽혀지는 서신들의 대부분을 언제 쓴지 너는 알지 않느냐?"

그때 내 마음을 움직인 하나님의 감동 속에서 깨달은 것은 바울이 쓴 것은 성경이 아닌 옥에 있을 때 쓴 편지였다는 것입니다. 아무런 자유도 없고 아무 일도 할 수 없게 되었을 때 그는 교회들을 위한 상담과 신앙생활의 지도를 위해 편지를 쓰기 시작했는데 그 대부분의 편지들이 지금 성경이 되어 우리들의 신앙생활에 표준서가 되었습니다.

또 하나의 감동은 하나님께서는 제일 어려운 일을 가장 사랑하는 아들을 통하여 이루셨다는 것입니다. 사순절 기간 동안 주님의 십자가를 묵상하면서 깨달은 것은 하나님의 구원의 사건인 십자가는 하나님 아버지의 독생자이신 예수님이 이루신 일이라는 것입니다. 당연한 일인 것 같지만 하나님께서는 가장 어려운 일을 가장 사랑하는 아들인 예수님을 통해 이루셨습니다.

요한 계시록을 저술한 요한 사도는 예수님이 가장 사랑하는 제자였습니다. 그런데 그분이 밧모 섬에서 외롭고 춥고 고단한 귀양살이를 할 때 그분은 예수님께서 교회들을 위하여 주시는 하늘의 계시를 받아 계시록을 썼습니다.

그래서 저는 제가 살아 있는 동안 계속해서 계시록을 연구할 것입니다. 본문 전체를 통째로 외우고 단어 하나하나까지 그 의미를 이해하도록 읽고 연구하며 또 주님의 음성을 들으면서 깨달아 갈 것입니다. 그리고 그 깨달음을 제 삶의 현장에 적용하는 일들을 책을 써 가면서 계속할 것입니다. 계시록을 통하여 성경 전체를 숲으로 바라보게 하고 나무로도 바라볼 수 있는 하나님의 계시를 아는 눈을 여는 일에 조금이라도 도움이 되도록 이 일을 계속할 것입니다.

우리가 사는 삶의 현장에는 끊임없이 다가오는 슬픔과 아픔과 환난과 고통이 있습니다. 이 책이 그 모든 어려움 속에서도 예수 그리스도를 주님으로 고백하며 변함없이 아름다운 교회를 세우고 섬기는 일에 힘쓰시는 주의 종들과 성도 여러분의 신앙생활에 조금이라도 힘이 되고 유익하게 되시기를 바랍니다. 하나님의 은총과 평안이 항상 여러분과 함께 하시기를 빕니다. 샬롬!

목차

8

계시록을 알아야 하는 이유

계시록은 1세기 말에 쓴 책입니다. 그러므로 1세기 성도들처럼 계시록을 몰라도 예수님의 이름으로 구원받을 수 있습니다. 예수님 당시에 예수님을 믿은 사람들이나 예수님이 부활 승천하신 이후 세워진 교회에서 예수 그리스도를 주님으로 고백한 모든 성도들은 구원을 받았습니다.

사도 바울이나 베드로와 같은 사도들은 모두 계시록이 나오기 전에 순교했습니다. 그러므로 어떤 사이비나 이단들의 주장처럼 계시록을 반드시 알아야만 구원받는 것은 아닙니다. 계시록을 몰라도 예수님을 영접하여 하나님의 자녀가 되고 예수님의 보혈로 죄의 문제에서 해방된 사람들은 구원을 받습니다.

그럼에도 불구하고 계시록을 알아야 하는 이유는

1) 계시록은 하나님께서 시작하신 모든 창조 세계가 어떻게 끝을 맺고 어떻게 새로운 창조를 통해 영원한 세계를 이루는 지를 알려주기 때문입니다. 어떤 일이든지 시작과 과정은 알지만 결론을 모르면 모든 것들이 항상 희미하고 혼란스럽습니다. 그러므로 계시록은 창조된 모든 만물의 끝과 새로운 시작으로 완성되는 영원한 하나님의 나라에 대해 알려주기 때문에 계시록을 알아야 합니다. 계시록은 성경 계시의 결론이며 완성이 담긴 책입니다.

2) 계시록은 십자가에서 보여주신 하나님의 사랑이 사탄과 악에 대한 최종적인 심판과 하나님의 정의 실현을 통해 이루어지는 것을 알게 합니다. 계시록의 주제는 신정론입니다. 세상에는 분명히 하나님을 대적하는 사탄과 그 사탄에 의해 조종되는 악의 세력이 존재 합니다. 세상은 악에 물들어 있고 성도들은 그 악한 세력에 의해 고통을 당합니다. 그러나 그 악은 영원히 승리하지 못합니다.

그 모든 악의 존재가 십자가에서 죽으시고 부활하신 예수님이 승천하신 이후에 왜 다시 심판주가 되어 오시는지 그 이유를 분명하게 알려줍니다. 예수님은 사탄과 모든 불의와 악을 심판하시고 참된 믿음을 지킨 성도들을 구원하기 위해 다시 오십니다.

그러므로 계시록을 알면 오늘 우리가 왜 끝까지 주님을 믿는 믿음을 지키고 교회를 바르게 섬기며 승리해야 하는지 알게 됩니다. 계시록은 오늘 우리에게 묻고 있습니다. 지금 너는 어떤 자리에 있으며 어떤 자세로 주님과 교회를 섬기며 믿음을 지키고 있느냐? 계시록은 왜 우리가 성도로서 바른 믿음을 가지고 사탄과 세상을 이겨야 하는가에 대한 성경적인 분명한 근거를 제시합니다.

계시록 해석의 기본 원리

계시록을 바르게 해석하려면 꼭 기억해야 할 몇 가지 기본원리가 있습니다.

그것은.

1) 계시록은 정경으로서의 성경이며 편지 형식으로 쓰인 신약의 예언서입니다. 계시록은 성경입니다. 성경 외에 외경이나 위경도 있습니다. 그러나 계시록은 교회를 바로 세우고 구원의 진리를 밝혀 주기 위해 신앙의 표준서로 교회에 주어진 정경에 속한 성경입니다. 그러므로 계시록은 항상 성경이라는 기본 전제에서 해석되어야 합니다.

성경은 하나님의 구원 역사를 기록한 66권의 책입니다. 성경에는 창조 이전의 세계에서부터 처음 창조된 세상과 그 세상의 종말 이후의 영원한 세계까지의 모든 모습이 담겨 있습니다.

창세기 1장 1절을 쉽게 해석해 보면 다음과 같습니다. "세상 모든 만물이 존재하기 시작한 바로 그때에 창조주이신 하나님께서 우주 모든 만물들과 지구를 창조하셨습니다." 성경은 짧은 이 한절의 말씀 안에 그 어떤 종교나 철학이나 과학이 설명하지 못하는 우주와 지구와 세상 모든 것들이 존재하게 된 이유를 설명하고 있습니다.

이렇게 하나님에 의해 창조된 세상 속에는 흐르는 시간(크로노스)이 있습니다. 이 시간 속에서 우리는 생로병사를 경험하고 생장성쇠를 경험합니다. 그러나 성경을 보면 이 과거로부터 미래로 흐르는 시간 외에 또 하나의 시간이 있습니다. 그 시간은 미래로부터 다가오는 시간입니다. 우리 인생이 살아가는 그 두 가지 시간의 교차점에 영원한 시간인 하나님의 시간이 있습니다. 그 시간을 카이로스의 시간이라고 합니다.

과거로부터 흐르는 시간과 미래에서 다가오는 시간 안에는 인간의 삶의 고통인 생로병사나 생장성쇠가 있습니다. 그래서 성경은 흘러가는 시간 속에서 영원한 하나님의 생명과 하나님의 시간으로 사는 것을 구원이라고 하고 영생이라고 합니다. 인간들의 삶 속에서 이루어지는 이 구원의 역사는 하나님께서 가지신 생명을 우리 인간들이 갖게 될 때 이루어집니다.(요 5:24)

계시록은 창세 때로부터 시작하여 예수님 안에서 최종적으로 이루어지는 이 모든 구원의 완성에 대해 말씀하고 있습니다.(계21장-22장) 창세기 1장과 2장의 내용은 계시록 21장과 22장과 서로 대조를 이루면서 처음 시작과 완성을 말씀합니다. 그러므로 계시록을 성경으로 해석한다는 말은 계시록을 해석할 때 항상 성경 전체에 흐르고 있는 구원의 역사를 염두에 두고 해석해야 된다는 의미입니다.

계시록은 사분의 삼 정도의 말씀이 구약의 말씀을 직접 인용하거나 혹은 구약에 예언된 사건들을 재해석하고 그 의미를 확장하여 기록하였습니다. 그러므로 계시록은 신구약 성경이 충돌하지 않게 조화를 이루어 해석해야 합니다. 계시록은 모든 만물의 종말과 완성에 대한 하나님의 계시를 전해주는 정경으로서의 성경입니다.

2) 계시록은 재림하실 예수님을 중심으로 해석해야 합니다. 성경의 중심은 예수님입니다. 그러므로 성경은 항상 예수님을 중심으로 해석해야 합니다. 성경의 중심은 천지를 창조하시고 영원히 살아 계신 전능하신 하나님의 유일한 아들이요 아버지 하나님을 우리에게 보여주신 구원자이신 예수님 입니다.

예수님은 하나님이 친히 우리 인간의 모습으로 오셔서 하나님이 어떤 분인지를 진리의 말씀과 사랑을 통해 온전히 보여주신 유일하신 분입니다. 그래서 그분은 하나님의 유일하신 아들입니다. 따라서 우리들의 믿음의 주요 우리를 온전히 구원하시는 예수님을 떠난 계시록에 대한 모든 해석은 가짜입니다.

그런데 성경에 나타나는 예수님은 인류의 죄의 문제를 해결하기 위해 육체를 입고 이 땅에 오신 초림 예수와 부활 승천하시고 악에 대한 심판과 최종적인 구원의 완성을 위해 오실 재림 예수의 두 가지 모습이 있습니다.

　계시록은 초림 예수의 속죄 사역을 기본으로 하고(계1:5) 다시 오셔서 모든 악을 심판하시고 우리를 영원한 천국으로 인도하실 재림 예수의 사역과 그 모습을 보여 줍니다. 그러므로 계시록은 재림 예수에 초점을 맞추어서 해석해야 합니다.

　3) 계시록은 교회를 중심으로 해석해야 합니다. 교회는 예수님을 주님으로 고백하는 성도들이 모인 공동체입니다. 계시록은 예수님께서 교회들을 위하여 주신 말씀입니다. 그러므로 계시록은 성도들의 신앙을 바로 세우고 교회를 지키고 교회를 세우는 말씀으로 해석되어야 합니다.

　4) 계시록은 역사를 바탕으로 그 상징과 비유를 해석해야 합니다. 역사는 과거와 현재와 미래가 있습니다. 그리고 그 역사에는 각 시대의 문화와 환경과 종교와 같은 것들이 포함되어 있습니다.

　계시록에는 과거와 현재와 미래의 내용들이 역사와 더불어 요한 사도가 본 57가지 환상과 함께 기록되어 있습니다. 그러므로 본문의 배경이 되는 역사가 무엇인지를 먼저 살펴보고 그 환상들의 내용을 바르게 해석해야 합니다. 특히 계시록은 예수님의 부활 승천과 성령 강림 이후에 시작된 교회들이 로마의 통치 아래 혹독한 박해와 고난을 당하는 역사 현장인

1세기 말에 쓰인 책입니다.

그러므로 계시록은 먼저 초대 교회들이 세워져 있던 1세기의 그 시대적인 상황과 역사와 정치 종교적인 배경을 알아야 합니다. 그리고 구약에서 인용된 말씀들의 배경이 되는 시대와 사건과 역사를 알아야 합니다. 그 역사의 현장에서 쓰이던 상징과 비유의 의미를 찾아야 합니다. 계시록의 배경이 되는 역사에 대한 바른 이해가 없으면 계시록에서 사용하고 있는 상징과 비유들의 의미를 바르게 이해할 수 없습니다.

5) 계시록은 요한 사도의 신학적 관점을 존중해서 해석해야 합니다. 하나님께서는 사도 요한이라는 구체적인 인물의 지식과 경험과 인격을 동원하여 세상 모든 만물의 종말과 완성과 영원한 새로운 시작에 대한 계시록의 말씀을 쓰도록 하셨습니다.

요한 사도는 20대에 그 형 야고보와 함께 예수님을 만나 제자가 되었고 예수님이 십자가에서 당하시는 고난의 현장까지 동행한 유일한 제자입니다. 예수님의 부활 승천 이후에 예수님의 어머니 마리아를 모시고 살았고 65년부터 100년까지 에베소 교회를 섬기며 살았습니다. 그 인생의 말년에 밧모 섬에서 받음 계시를 쓴 것이 요한 계시록입니다.

그러므로 요한 사도가 살아 온 생애와 그가 요한계시록을 쓰기 이전에 저술한 요한복음이나 요한 1, 2, 3서와 같은 서신서에서 즐겨 쓰는 용어들의 특징과 그 의미를 잘 살펴보면 계시록을 해석하는데 도움이 됩니다.

6) 계시록은 의인의 구원과 악인에 대한 심판 그리고 천국과 지옥을 보여주는 말씀입니다. 사탄과 악에 대한 마지막 심판과 하나님을 바르게 섬기는 주의 종들과 성도들에게 천국을 허락하시는 하나님의 정의 실현이 천국과 지옥이라는 것을 염두에 두고 해석해야 합니다.

성경의 중심은 예수님이지만 우리 신앙과 성경의 결론은 천국입니다. 하나님은 의로우신 하나님이십니다. 그 의가 온전히 실현되는 것이 사탄과 악인에 대한 최종적인 심판인 지옥이요 의인에 대한 최종적인 구원인 천국입니다.

계시록에는 세 부류의 사람들이 나옵니다. 하나는 예수님을 주님으로 고백하는 믿음을 바로 지키는 주의 종과 성도들입니다. 둘째는 하나님을 믿는다고 하면서 구약의 전통만을 고수하고 예수님이 구세주이심을 부인하는 유대인들입니다. 세 번째가 신구약 성경 속에 담겨 있는 구원의 진리와 하나님을 부인하고 대적하며 마지막 심판 때까지 회개하지 않는 사탄의 무리인 악인들입니다.

계시록은 하나님의 의를 온전히 이루기 위해 오늘의 현실만이 아니라 마지막 심판과 구원의 현장인 천국과 지옥을 보여주는 말씀입니다.

7) 계시록의 말씀은 오늘의 현실에 구체적으로 적용되는 말씀으로 해석되어야 합니다. 계시록은 오늘의 교회 현실에서 우리가 주의 종으로 혹은 성도로서 어떻게 살아야 할 것이냐 하는 믿음의 결단을 촉구하고 있습니

다. 항상 믿음으로 이기는 자가 되라는 말씀은 오늘 우리의 현실에 주어지는 말씀입니다.

계시록은 단순한 과거의 이야기나 또 먼 미래의 사건을 말씀하는 것이 아닙니다. 계시록은 오늘 지금 우리가 살아가는 삶의 현장에 주어진 말씀입니다. 따라서 그 말씀을 바르게 해석하고 바르게 이해하고 바르게 적용해야 합니다. 계시록은 오늘을 바른 믿음의 결단을 통해 성도답게 살도록 주신 말씀입니다.

계시록의 말씀들을 아홉 부분으로 나누어 보면 다음과 같습니다.

첫 번째 사건(1장—3장)
예수 그리스도와 교회

↑ 계시록 1장 ㅣ 예수 그리스도의 계시
↑ 계시록 2장 ㅣ 교회(1) 성령께서 교회들에게 하시는 말씀
↑ 계시록 3장 ㅣ 교회(2) 성령께서 교회들에게 하시는 말씀

두 번째 사건(4장—6장)
하늘나라의 예배와 심판 주 등극 예식

↑ 계시록 4장 ㅣ 하늘에 있는 보좌와 예배
↑ 계시록 5장 ㅣ 심판주로 등극하시는 예수님과 천사들과
　　　　　　　　모든 피조물의 찬양
↑ 계시록 6장 ㅣ 복음 전파와 다섯 인을 뗄 때 임하는 심판의 재앙

세 번째 사건 (7:1-8)

재앙과 환난 가운데 보호받을 주의 종들을 구별하여 인침

✝ 계시록 7장(1) ㅣ 인침을 받은 십사만 사천 명의 주의 종들

네 번째 사건 (7:9-9:11)

세상 모든 나라와 백성 가운데 구원받은 성도들과 큰 환난의 시작

✝ 계시록 7장(2)

✝ 계시록 8장 ㅣ 성도들의 기도와 일곱 나팔 중 네 나팔의 재앙

✝ 계시록 9장(1) ㅣ 본격적인 큰 환난의 시대 - 두 가지 화

다섯 번째 사건 (9:12-15:4)

전쟁과 사명을 감당하는 교회와 사탄의 박해 그리고 승리의 노래

✝ 계시록 9장(2)

✝ 계시록 10장 ㅣ 교회의 사명(1) - 말세를 사는 주의 종의 사명

✝ 계시록 11장 ㅣ 교회의 사명(2) -두 증인의 사명과 일곱 번째 나팔
　　　　　　　　　그리고 그리스도의 나라

✝ 계시록 12장 ㅣ 교회와 예수님과 마귀

✝ 계시록 13장 ㅣ 두 짐승과 666

✝ 계시록 14장 ㅣ 십사만 사천 명의 주의 종들과 두 가지 추수
　　　　　　　　　(구원과 심판)

✝ 계시록 15장(1) ㅣ 승리의 노래와 증거 장막 성전

여섯 번째 사건(15:5-17:18)

증거 장막 성전과 일곱 대접의 재앙과 음녀의 멸망

🔹 계시록 15장(2)

🔹 계시록 16장 ㅣ 일곱 대접의 재앙

🔹 계시록 17장 ㅣ 음녀(로마의 타락한 거짓 종교와 문화)에 대한
　　　　　　　　심판과 멸망

일곱 번째 사건(18장)

바벨론(하나님을 대적하는 로마의 정치와 경제)에 대한 심판

🔹 계시록 18장

여덟 번째 사건(19:1-20:3a)

예수님의 재림과 두 짐승에 대한 심판과 사탄의 감금

🔹 계시록 19장 ㅣ 예수님의 재림과 두 짐승에 대한 심판

🔹 계시록 20장(1) ㅣ 천년왕국과 마지막 심판

아홉 번째 사건(20:3b-22:21)

천년왕국과 마지막 심판 그리고 천국과 지옥

🔹 계시록 20장(2)

🔹 계시록 21장 ㅣ 새 하늘과 새 땅과 새 예루살렘

🔹 계시록 22장 ㅣ 완성과 권면 그리고 축복과 소망

* 성경 본문은 개역 개정과 NIV와 저자가 신학적 의미를 담아 주석하면서 번역한
목자역을 같이 실었습니다.

계시록 각 장 주해(註解)

첫 번째 사건 [1장-2장-3장]

예수 그리스도와 교회

📗 계시록 1장 │ 예수 그리스도의 계시

계시록 전체의 머리글

 1-1. 요한이 받은 계시와 계시록의 첫 번째 복(1-3)

1. 예수 그리스도의 계시(1a)

▪ 본문 : "예수 그리스도의 계시라"

1a. The revelation of Jesus Christ,

▪ 목자역

1a. 이 계시의 말씀은 우리의 모든 죄의 문제를 해결하여 주신 우리의 구세주이신 예수님에 관해 알려주신 것이고 또 그 예수님이 말세에 이루어질 모든 일들에 대해 우리에게 알려주신 것입니다.

◘ 양육과 적용을 위한 묵상노트

1) 예수

예수님은 인류의 구원을 위해 할 수 있는 모든 일을 하신 분입니다. 인간의 모든 연약함은 죄라는 단 하나의 단어로 요약할 수 있습니다. 예수라는 이름은 자기 백성을 그 죄에서부터 구원하시는 분이라는 의미입니다.

창세기 2장에서 보는 것처럼 인간의 행복은 하나님 앞에서 부끄러움이 없는 상태입니다. 하나님의 형상과 모양을 따라 하나님의 사랑 안에서 남자와 여자로 창조된 모습 그대로 서로를 존중하며 서로를 이해하고 서로가 하나됨으로 부끄러움이 없는 상태가 인간이 가장 행복한 모습입니다.

죄는 인간에게 하나님과의 관계를 단절하게 하여 하나됨를 깨트렸습니다. 그 죄는 하나님의 뜻을 어기는 불순종과 탐욕에서 시작되었습니다. 사탄의 말에 속아 하나님의 말씀을 어기는 죄를 지었습니다. 하나님을 닮은 존재로 창조된 인간이 피조물로서의 한계를 벗어나 창조주이신 하나님과 똑같은 존재가 되려고 하는 탐욕 때문에 인간들은 모든 선악에 대한 판단을 하나님의 기준에서가 아니라 자기 스스로 하려고 했습니다. 그 마음이 행동으로 나타난 것이 선악과를 따 먹은 사건입니다.

피조물인 인간은 결코 창조주이신 하나님과 똑같은 동등한 존재가 될 수 없습니다. 인간은 하나님을 닮았기에 영적인 피조물이지만 창조주가 아니기 때문에 하나님은 아닙니다. 첫 사람 아담의 죄는 하나님과 같이 되기 위해 하나님의 뜻을 어기고 탐욕을 부린 것입니다.

그러나 마지막 아담이신 예수님은 신적인 본질에서 하나님과 같은 분이었지만 피조물인 인간의 모습으로 오셨을 때 창조주이신 하나님과 같이 되려고 하지 않았습니다. 오히려 자기를 비워 하나님과 같은 존재가 아니라 하나님을 닮은 존재인 참인간의 모습을 가지고 하나님의 아들로 이 세상에 오셨습니다.

하나님의 아들인 예수님은 창조주요 전능하신 하나님이 어떤 분이지를 인간 가운데 우리에게 보여주신 유일한 분입니다. 그래서 하나님의 독생자입니다. 예수님은 우리 인간들이 처음 창조되었을 때의 가지고 있던 하나님의 형상이 무엇인지를 보여줍니다. 그래서 그분은 진리의 가르침과 십자가의 사랑을 통해 첫 사람 아담이 잃어버린 것을 온전히 회복하여 주셨기에 하나님의 구원을 온전히 이루신 마지막 아담입니다.

하나님을 닮은 존재로 창조된 첫 사람 아담의 하나님의 뜻을 어긴 불순종과 하나님과 같이 되고 싶은 탐욕이 죄의 본질이요 그 결과는 저주와 죽음과 분노와 살인입니다. 그러나 죄 있는 육신의 모습으로 오신 마지막 아담인 예수님은 하나님의 뜻을 어기거나 하나님과 같은 분이 되려고 하지 않으셨습니다. 오히려 그 죄의 영향에서 벗어나지 못하고 저주 가운데 죽어야 하는 모든 인간들을 대신해서 대표로 십자가에서 죽으셨습니다.

그러므로 인간의 구원은 예수님이 십자가에서 이루신 속죄와 구원의 사건이 내 안에서 믿음으로 함께 일어날 때 이루어집니다. 내 안에 있는 불순종과 정욕과 탐심이 마지막 아담인 예수 그리스도와 함께 십자가에 못 박혀야 합니다. 십자가에서 함께 죽고 십자가에서 다시 부활 생명으로 살아나야 합니다.

십자가에서 죽는 사건은 처음 믿음을 가진 그때 한 번이 아닙니다. 우리가 믿음을 가진 순간부터 지금까지 우리의 믿음 안에서 계속 이루어지는 사건입니다. 그래야 바울처럼 이제 내가 사는 것은 내가 아니요 내 안에 계신 예수 그리스도가 사는 것이라는 고백이 가능해집니다.

하나님의 말씀과 성령으로 거듭난 사람은 예수님 안에서 죽고 예수님 안에서 사는 사람입니다. 예수님과 함께 죽고 예수님과 함께 사는 사람입니다.

하나님의 뜻에 순종해야 합니다. 하나님과 같이 되고자 하는 탐심에서 벗어나야 합니다. 열등감은 탐심과 분노를 일으키고 그 열등감과 분노는 아담처럼 자신을 죽이고 가인처럼 다른 사람을 죽이는 어리석은 행동을 하게 합니다. 구원은 탐심을 버린 더 낮은 자리에서 하나님의 은총을 경험하는 일입니다.

예수라는 이름은 모든 인간을 죄의 문제에서 벗어나게 하는 완전한 구원자의 이름입니다. 모든 종교는 인간의 구원을 말하지만 모든 종교가 말하는 구원자의 이름은 예수입니다. 오직 이 이름 하나입니다. 왜냐하면 예수님이 인간의 모든 고통의 원인인 죄의 문제를 해결하기 위해 하나님이 사람이 되어 우리를 찾아오신 유일한 분이기 때문입니다.

깨달음을 통해 스스로를 구원하려고 하는 인간들의 노력이 있습니다. 종교적인 깨달음은 인간이 당하고 있는 모든 고통을 벗어나는 길을 아는 것입니다. 그래서 깨달음을 통해 스스로를 구원하고 다른 사람을 고통에서 벗어나도록 구원하겠다고 하는 것입니다. 그러나 인간은 어떤 깨달음을 통해 죄를 해결할 수 있는 존재가 아닙니다. 스스로의 수련을 통해 몸과 마음은 다스릴 수 있으나 죄와 죽음에서 벗어날 수는 없습니다. 왜냐하면 인간은 피조물이기 때문입니다.

예수는 모든 종교가 추구하는 죄와 고통과 죽음에서 벗어나는 생활의 구원과 영원한 구원을 완성하는 이 땅에 오신 하나님의 이름입니다. 이 이름 밖에는 죄와 죽음에서 벗어나 영생을 누리게 하는 구원자의 이름이 없습니다.

2) 그리스도

예수님은 우리를 죄에서 뿐만 아니라 이 세상사는 동안 일어나는 모든 고통의 문제에서 우리를 구원하시기 때문에 구세주이신 그리스도이십니다. 그러므로 종교 이외의 모든 분야를 정치와 경제라는 말로 통합하여 표현해 본다면 만왕의 왕이요 만주의 주이신 예수님은 정치와 경제적 의미에서도 구원자이십니다.

그러므로 예수님 외에는 그 누구도 이 세상을 구원할 자격이나 능력이 있는 것처럼 말하고 행동하며 구원자 행세를 하면 안 됩니다. 예수님만 하나님께서 약속하신 세상을 구원할 그리스도로서의 구원자이십니다.

모든 종교는 구원을 말합니다. 그러나 참으로 인간을 모든 삶의 문제에서 벗어나게 하고 그 삶을 영생으로 인도하는 바른 종교는 기독교 밖에 없습니다.

예수님은 만주의 주이시며 만왕의 왕이십니다. 종교와 정치의 모든 세계는 그리스도이신 예수님 안에서 통합된 구원의 역사를 이루게 됩니다.

3) 계시

사람들은 부족과 같은 집단생활을 하기 시작하면서부터 수학을 통해 문명을 발전시켜왔습니다. 수학은 인간들에게 자연 안에 존재하는 법칙을 연구하여 사람들을 이롭게 하는 과학적인 사고를 하게 했습니다. 과학이 발달하면서 인간들은 스스로의 존재를 탐구하기 위해 그 과학을 넘어서는 철학적인 생각을 하게 되었습니다.

철학을 통해 인간은 스스로의 가치를 탐구하기 시작했고 인간의 본질이 무엇인지를 알려고 노력했습니다. 그리고 그 철학은 드디어 인간의 근본 문제에 대한 해답을 찾으려는 종교적인 수련을 하게 했습니다. 그 종교의 영역에서 인간들은 실존적인 한계를 넘어서는 신의 존재에 대해 탐구하기 시작하면서 하나님의 존재를 찾기 시작했습니다. 이것을 신학이라고 합니다.

그래서 어떤 종교든지 감추어진 구원의 진리를 열어젖히는 계시의 영역에 들어와야 비로소 그 종교는 인간 구원에 대한 하나의 바른 진리로 자리를 잡게 됩니다. 우리는 그 계시의 세계로 들어서는 관문을 종교에 따라 깨달음이라고 하기도 하고 창조주이신 하나님께서 보여주신 계시라고도 합니다.

종교에는 초월적 존재인 신을 인정하지 않고 인간 스스로의 깨달음을 통해 인간 이상의 존재로서의 부처와 같은 신적인 존재가 되려고, 정신과 육체의 끊임없는 수련을 통해 새로운 세계를 보는 눈을 열어가면서 인간 구원의 진리를 밝혀 보려하는 불교와 같은 종교가 있습니다.

그런가 하면 창조주이신 하나님을 인정하고 피조물로서의 자신의 위치를 인정하면서 하나님께서 보여주시고 열어주시고 알려주시는 진리를 따라 인간의 구원을 말하는 기독교와 같은 종교가 있습니다.

그런데 기독교의 관점에서 보면 불교는 창조주 하나님이나 부활이나 악에 대한 마지막 심판이나 천국을 인정하지 않기 때문에 분명한 한계를 가지고 있습니다. 예를 들면 불교의 가르침 가운데 색즉시공, 공즉시색이라는 내용이 있습니다. 이것은 분명히 결국 눈에 보이지 않는 세계와 눈에 보이는 세계의 경계선을 허무는 내용입니다. 색즉시공은 눈에 보이는 현상의 세계와 눈에 보이지 않는 세계는 결코 나누어질 수 없다는 말입니다.

그런데 이 내용은 기독교의 관점에서 보면 창조된 세계 안에서만 이루어지는 것을 말하는 것입니다. 불교에서는 인간의 마음 안에 있는 이성이나 지성이나 관념의 세계에서 이루어지는 육신의 눈에 보이지 않는 세계까지는 인정합니다. 그러나 불교는 일체 유심조라는 말에서 알 수 있는 것처럼 그 이성과 지성과 관념의 세계를 넘어서는 곳에 존재하시며 모든 창조의 세계를 초월하는 절대적 존재인 창조주 하나님의 존재를 인정하지 않습니다.

불교의 가르침에 따르면 인간은 그 마음의 수련을 통해 좋은 것을 차지하려 하는 탐심과 싫은 것을 버리려고 하는 마음과 그것들을 분별하고자 하는 어리석은 마음만 버리면 고통을 벗어날 수 있다고 말합니다. 그들은 수행을 통해 얻게 되는 깨달음의 세계에서 생로병사가 반복되는 중생으로서의 고통과 윤회의 세계에서 벗어나는 신적인 존재인 부처가 될 수 있다고 말합니다.

이 불교의 가르침은 집단의 조직과 사회적 현상에서 나타나는 인간과 인간 사이의 계급적 차별이나 대립과 갈등 그리고 성별에 따른 차별을 넘어서게 합니다. 깨달음 안에서 모든 만물을 통일시키면서 그 안에서 나누어지는 동시에 나누어지지 않는 통합과 융합의 세계를 보게 합니다.

하나이면서 나눌 수 있으나 또한 나눌 수 없으며 하나인 이 마음 안에 있는 깨달음의 세계는 과학의 눈으로 보면 원자핵의 구조에서 드러납니다. 나누어지지도 않고 하나가 되지도 않으면서 끊임없이 하나의 원자 안에서 움직이는 원자핵과 전자들의 존재를 통해 그 깨달음의 실상이 무엇인지 알게 됩니다.

그래서 이 깨달음의 세계를 추구하는 사람들은 끊임없는 자기 수양과 수련을 통해 스스로 육체와 물질의 한계를 넘어서는 부동심을 가진 깨달은 자로서의 부처와 같은 마음속에 고통을 느끼지 않는 신적인 존재가 되려고 합니다.

지금도 많은 사람들이 각양각색의 종교들 속에서 이름과 형식은 다르지만 그들 나름대로의 다양한 몸과 마음의 수련을 통해 사람의 문제에 집착하지 않고 고통을 느끼지 않는 부처(깨달은 자)로서의 신적인 존재가 되고자 노력하고 있습니다.

그러나 우리 신앙과 기독교의 경전인 성경의 전제는 창조주이시고 영생하시며 전능하신 하나님께서 이 세상 모든 만물들과 인간들을 창조하셨다는 것입니다. 성경에서 말씀하는 인간은 창조주 하나님에 의해 창조된 피조물입니다. 하나님을 닮은 존재이지 하나님과 똑같은 존재는 아닙니다.

그래서 성경의 관점에서 보면 피조물인 인간은 그 어떤 뛰어난 능력을 가지고 있고 모진 수련을 한다고 해도 인간 스스로 노력해서 창조주 하나님과 같은 신이 될 수 없습니다. 영원하신 하나님이 없는 세상의 끝은 유한하고 허무합니다. 있는 것을 없는 것처럼 생각하는 자기기만의 망상의 세계입니다.

마음속에 고통을 느끼지 않는다고 고통이 없어지는 것이 아니며 배고픔이나 병이나 늙음이나 죽음이 사라지는 것은 아닙니다. 그 모든 것은 하나님을 떠나 하나님 없이 살아보려고 하는 죄에서 비롯되었기 때문입니다. 그래서 우리는 마음공부나 수련을 통해 구원을 이루겠다고 하는 모든 가르침을 거부합니다.

그러면 우리 인간의 참된 구원은 어디에서 이루어집니까? 창조주 하나님과 인간 사이를 이어주는 통로가 무엇일까요? 그것이 바로 하나님께서 인간들에게 참 하나님이시며 참 인간이신 예수 그리스도를 통해 보여주시는 계시입니다. 성경에서 말씀하는 계시의 세계는 예수 그리스도를 통해 하나님께로부터 내려오는 하늘의 지혜와 구원을 위해 땅에 사는 인간들이 추구하는 영적인 깨달음이 만나는 세계입니다.

성경에서 말씀하는 계시는 하늘과 땅이 만나고 하나님과 인간이 만나는 사건과 시간입니다. 하나님이 주시는 계시는 하나님만 가지고 계시는 영원한 것과 인간이 가지고 있는 유한한 것의 만남입니다.

그 만남을 통해 피조물인 인간은 계시 안에서 그 유한함의 한계를 극복하고 영원으로 통합됩니다. 유한한 생명과 유한한 정신과 유한한 물질의 세계는 하나님의 계시 안에서 극복되고 영원한 생명의 세계로 들어가게 됩니다. 유한함을 넘어서는 초월과 초극의 세계가 계시의 세계입니다. 그래서 기독교는 모든 종교가 추구하는 구원을 완성하는 완전한 계시의 종교입니다.

영원하신 하나님의 계시를 유한한 인간의 삶으로 보여주신 분이 예수님이십니다. 하나님과 나누어질 수 없는 영원한 생명의 본체이신 예수님이 하나님의 거룩한 뜻을 이 땅에 이루시려고 유한한 인간의 몸으로 이 땅에 오셨습니다.

영원히 살아 계시는 하나님의 말씀에 완전히 일치하는 육신을 가진 인간이 되어 우리 가운데 오신 분이 예수님이십니다. 유한한 인간으로 사신 예수님은 영원하신 하나님이 어떤 분인지 우리에게 보여 주셨습니다.

그러므로 요한복음 17장의 말씀처럼 영생하시는 창조주 하나님을 알고 인간을 향한 하나님의 계시의 완성이요 결정체인 예수 그리스도를 아는 것이 영생입니다. 여기서 안다는 것은 지식을 넘어서는 예수 그리스도와의 하나가 됨을 체험하는 일입니다. 하나님과 예수님이 예수 그리스도를 통해 보여주신 이 계시 안에서 하나이신 것처럼 우리들도 예수님 안에서 하나님과 하나가 됩니다.

영원함과 유한함이 하나가 되어 우리에게 나타나신 예수님을 통해 보여주신 하나님과 인간의 이 거룩한 만남과 계시를 통해 인간은 완전히 새로운 영원한 구원의 세계로 인도함을 받습니다.

계시를 통해 인간 스스로 알 수 없었고 하나님 안에만 감춰있던 비밀을 알게 되고 그 계시를 통한 앎을 통해 구원에 이르게 됩니다. 그런데 분명한 것은 성경적인 계시는 인간 스스로 노력해서 알게 된 진리가 아니라는 것입니다.

그 계시는 하나님께로부터 온 것입니다. 인간을 포함한 모든 자연 만물들의 시작과 끝을 알게 하고 시작 이전과 끝 그 다음의 세계로 우리를 초대합니다. 하나님이 주시는 계시는 오늘 내 삶의 존재와 가치와 미래를 알게 합니다.

특별히 하나님께서 계시록을 통해 보여주시는 이 종말계시는 인간이 어떤 존재인지를 알게 하는 계시입니다. 그 삶이 어떻게 시작되었고 어떻게 살아야 하는가를 알게 합니다. 그리고 최종적인 목적지가 어디인지 알게 합니다.

하나님이 우리에게 주시는 계시는 크게 네 가지입니다. 하나는 하나님이 어떤 분인지를 알게 합니다. 두 번째는 우리가 누구인지를 알게 합니다. 세 번째는 우리가 어떻게 살아야 하는지를 알게 합니다. 이것을 우리는 생활계시라고 합니다. 네 번째는 역사와 인류와 우주 만물과 사탄의 종말을 알게 합니다. 이것이 구원과 종말계시입니다. 계시록에는 이 모든 계시가 다 담겨 있습니다.

사람은 육체를 가진 존재라는 점에서 죽을 수밖에 없는 동물적인 존재입니다. 그러나 그 안에 불완전하지만 영생을 알고 누리는 영혼이 있기 때문에 인간은 하나님을 닮은 존재입니다. 이 인간의 구원은 예수 그리스도께서 재림하시는 날 그 육체가 영원히 죽지 않는 영적인 몸으로 변화하게 될 때 온전한 영생 불사체가 됩니다. 영원하신 하나님의 생명으로 사는 신적인 존재가 됩니다.

계시록을 통해 만나는 하나님의 계시는 이 모든 만물의 종말과 구원의 완성에 대한 계시까지 다 포함되어 있습니다. 그래서 이 계시록의 말씀을 자기 마음대로 더하거나 빼면 안 되는 것입니다. 하나님께서 주신 그대로의 계시를 있는 그대로 받아야 합니다.

이 계시록의 저자는 그리스도이신 예수님이십니다. 이 말씀은 하나님께서 예수 그리스도를 통해 주신 계시의 말씀이기 때문에 구원에 관한 완전하고도 참된 진리입니다.

만일 이 계시가 창조주 하나님이 계시는 영원한 하늘에서 오신 예수님의 계시가 아니라면 이 계시록은 모두가 가짜입니다. 그러나 이 계시는 이 모든 것들의 종말과 완성에 대하여 하나님의 아들이시고 우리의 주님이신 예수님이 직접 주신 계시이기 때문에 참된 진리입니다. 이 계시는 반드시 이루어집니다.

예수님께서 직접 주신 이 말씀이 참이고 진리이기 때문에 우리는 반드시 이 계시록의 말씀을 마음에 깊이 새기고 지켜야 합니다. 말씀을 읽고 듣는 중에 하늘에서 오는 계시에 대한 깨달음이 생기고 그 깨달음의 실천을 통해 구원을 이루어가게 됩니다. 예수 그리스도는 하늘의 것을 이 땅에 계시하시는 하나님의 유일하신 아들이십니다. 그래서 예수님 외에 구원의 길이 없는 것입니다.

요한 계시록은 요한의 계시가 아니라 예수님의 계시요 그리스도의 계시입니다. 계시록은 종말과 완성에 관한 하나님의 계시가 예수 그리스도 안에서 최종적으로 완성된 유일한 계시입니다. 세상에 존재하는 모든 정치와 종교의 영역을 통합하여 그 유일한 구원자이신 예수 그리스도에 관한 계시이며 예수 그리스도에 의해 주어진 계시입니다. 예수님의 계시이고 그리스도의 계시입니다.

2. 계시의 전달 경로(1b)

■ 본문 : "이는 하나님이 그에게 주사 반드시 속히 일어날 일들을 그 종들에게 보이시려고 그의 천사를 그 종 요한에게 보내어 알게 하신 것이라"

1b. The revelation of Jesus Christ, which God gave him to show his servants what must soon take place. He made it known by sending his angel to his servant John.

■ 목자역

1b. 이 계시의 내용은 성부 하나님께서 성자 예수님에게 주신 것입니다. 이 일들은 반드시 신속하게 이루어 질 일들입니다. 하나님께서는 이 일들이 반드시 신속하게 이루어질 일들이기 때문에 그분의 종들에게 알게 하시려고 이 계시의 내용을 먼저 예수님에게 주셨습니다. 그래서 예수님은 그분을 돕는 천사들을 동원하여 이 계시록 전체의 내용을 요한에게 알려주었고 그 계

시를 받은 요한이 우리에게 알게 한 것입니다.

🔼 양육과 적용을 위한 묵상노트

이 계시의 내용들은 신속하게 반드시 이루어 질 일들입니다. 많은 분들이 "신속하게"라는 이 말씀 때문에 오해를 합니다. 그래서 주님이 재림하실 그때를 연구하면서 많은 분들이 시험에 들고 이단에 빠졌습니다. 그러나 이 일들은 미래의 어느 특정한 시점에서부터 시작되는 것이 아니라 요한 사도가 이 계시의 말씀을 받아 전한 때부터 지금까지 계속해서 이루어져 가고 있습니다.

그리고 지금도 이루어져 가는 그 심판과 구원의 사건들은 예수님의 재림을 통해 완성될 것입니다. 예수님께서는 계시를 통해 주신 이 말씀들이 어떻게 이루어져 갈 것인가를 여러 가지 상징이나 표적을 통해 요한 사도에게 보여 주셨습니다. 그래서 계시록을 해석하는 데는 세심한 주의가 필요합니다.

계시록에는 35가지의 환상 속에 과거와 현재나 미래가 다 담겨 있습니다. 그래서 계시록을 해석할 때에는 역사와 시대를 구별할 줄 알아야 하고 상징과 비유와 표징의 의미를 제대로 알아야 합니다.

그 모든 것들은 성경 안에서 풀어야 하고 예수님을 중심으로 풀어야 합니다. 그리고 무엇보다도 이 계시록의 말씀은 지난 모든 세대와 우리들

그리고 앞으로 올 모든 교회를 위해 주신 말씀이라는 것을 잊지 말아야 합니다.

예수님께서는 세계 각처에서 교회를 섬기며 하나님의 말씀을 전하는 주님의 종인 선지자들을 통해 모든 성도에게 이 계시의 말씀이 전해지기를 원하셨습니다. 그래서 먼저 많은 천사를 동원하여 상징과 비유 그리고 입체적으로 사건들이 일어나는 것을 보여주시면서 그 내용을 요한에게 알게 하셨고 요한은 그 모든 것들을 편지 형식을 통해 교회들에게 알려주었습니다.

계시록은 그 계시를 열어 보여주시고 알려주셨기 때문에 열려 있는 책입니다.

3. 요한의 사명(2)

■ 본문 : "요한은 하나님의 말씀과 예수 그리스도의 증거 곧 자기의 본 것을 다 증언하였느니라"
2. who testifies to everything he saw—that is, the word of God and the testimony of Jesus Christ.

■ 목자역
2. 요한은 그가 본 모든 것 곧 그가 본 예수 그리스도에 관한 증거와 예수님이 보여주신 증거와 그가 듣고 알았던 하나님의 말씀을 사람이나 상황에 따

라 더하거나 빼지 않고 자신의 생명을 걸고 모두 다 증언하였습니다.

⬆ 양육과 적용을 위한 묵상노트

주의 종이 되어 산다는 것은 분명한 하나님의 축복입니다. 그리고 그 종에게는 각자에게 주어진 사명이 있습니다. 그래서 주의 종은 자신에게 맡겨진 사명과 그가 해야 할 일이 무엇인지를 바로 알아야 합니다. 그것은 하나님의 말씀을 전하는 일이요 예수님이 구세주라는 것을 과감하게 증언하는 일입니다.

그 일은 생명을 걸어야 하는 일입니다. 지식이나 경험으로 적당히 할 수 있는 일이 아닙니다. 살아 계신 하나님이 주신 말씀입니다. 목숨을 걸고 예수님을 전하는 일입니다. 자기 마음대로 더해서도 안 되고 빼도 안 되는 일입니다.

주의 종은 계시를 전하는 설교 한 번에 생명을 걸어야 합니다. 설교는 계시를 받은 자신이 먼저 알고 듣고 본 하나님의 말씀이어야 합니다. 그래서 주의 종의 사역은 성경의 원저자이신 성령께서 함께 하시지 않으면 안 되는 일입니다. 예수님의 영은 하나님의 말씀을 대언하게 하는 예언의 영입니다.

성령 받은 베드로의 설교가 그랬고 순교한 스데반이 그랬고 옥에 갇혀서 편지를 쓴 바울이 그랬습니다. 주의 종으로서 그들은 생명을 걸고 하나님의 말씀을 전했습니다. 그 자리에 하나님께서 천사들을 보내셔서 그들로 하여금 성령의 권능으로 담대하게 말씀을 전하게 하셨습니다.

오늘 우리는 어떠합니까? 계시를 보거나 들은 것도 없이 자기 생각과 지식과 경험으로 말씀을 전할 때가 많이 있습니다. 청중의 기호에 맞춰 기교로 하고 재주로 합니다. 그러나 우리가 가지고 있는 성경은 무엇을 꾸미지도 않았는데 수천 년 역사 속에서 여전히 영생을 주는 말씀으로 역사하고 있습니다.

태초에 하나님이 천지를 창조하셨다는 이 말씀 한 절이 온 우주와 인류의 역사의 기원을 말해주고 있습니다. 우리의 전하는 말씀 속에도 이와 같은 창조와 구원과 깨닫고 결단하게 하는 역사가 일어나야 합니다. 있는 그대로의 하나님의 말씀을 예수님의 영이신 성령님에 힘입어 목숨을 걸고 전할 때 바로 그 자리에서 하나님의 구원의 역사가 나타납니다. 하나님의 말씀이기 때문입니다.

오, 주여! 살아 계신 하나님의 말씀을 보고 들은 그대로 전하는 성령의 도구로 쓰임 받게 하옵소서! 대언의 영이신 성령님께 사로잡혀 말씀을 전하게 하소서!

4. 계시록의 첫 번째 복(3)

■ 본문 : "이 예언의 말씀을 읽는 자와 듣는 자와 그 가운데 기록한 것을 지키는 자는 복이 있나니 때가 가까움이라"

3. Blessed is the one who reads the words of this prophecy and blessed are those who hear it and take to heart what is written in it, because the time is near.

■ 목자역

3. 복이 있습니다! 예수님이 요한을 통하여 주신 그 예언의 말씀들을 읽는 사람과 그 말씀을 듣는 사람들과 그 안에 기록되어 있는 말씀들을 가슴에 새기고 지키는 사람들은! 왜냐하면 예수님이 재림하실 그때가 바로 우리들의 눈앞에 가까이 왔기 때문입니다.

🔟 양육과 적용을 위한 묵상노트

하나님께서는 처음 사람들을 남자와 여자로 창조하셔서 그 둘 모두는 하나님의 형상대로 창조되었습니다. 창조하신 후에 그들에게 복을 주셨습니다. 그래서 남자는 남자로서의 복이 있고 여자는 여자로서의 복이 있습니다.

요즘 어떤 이들은 남자도 아니고 여자도 아닌 제 삼의 성이 있는 것처럼 이야기하면서 성소수자의 인권 보호를 이야기 합니다. 그러나 성경은 처음부터 세상에 존재하는 사람들의 성을 남자와 여자로 말씀하고 있습니다. 사람의 인권은 보호해야 하지만 그렇다고 남자도 아니고 여자도 아닌 제 삼의 성을 인정하는 것은 성경의 가르침이 아닙니다.

성경적인 바른 가르침에 서 있어야 기독교인입니다. 아담과 하와에게 복을 주신 하나님께서는 특별히 계시록을 통해 마지막 시대를 살아가면서 믿음을 지키는 성도들이 받을 복을 일곱 가지로 말씀하십니다.

그 가운데 첫 번째 복이 예언으로 주어지는 하나님의 말씀을 읽고 듣고 가슴에 새겨 실천하는 사람들이 누릴 복입니다. 이 말씀은 예언의 말씀입니다. 예언은 과거를 돌아보게 하고 현실을 직시하게 하며 미래를 준비시켜 줍니다.

그러므로 바른 예언은 귀만 만족시키는 달콤함이 없습니다. 그러나 그 예언의 말씀을 하나님의 말씀으로 알고 받아들이면 이 세상의 그 무엇으로도 만족할 수 없고 누릴 수 없는 하늘의 신령한 복과 영적인 복이 임하게 됩니다.

이 복은 말씀을 읽는 것에서 출발합니다. 성경을 부지런히 읽으십시오. 바른 자세로 천천히 음미하면서 성경을 읽으면 그 성경 말씀 안에서 성령 하나님이 말씀하십니다. 마음 문을 열고 설교 말씀을 들으십시오. 아멘으로 받으면 그 말씀 안에 하나님의 축복과 위로와 치료가 있습니다. 삶의 기쁨이 회복됩니다.

깨달은 말씀을 가슴에 새기고 실천하면서 살면 인생에 그 어떤 고난이 다가오더라도 그 고난이 다가올 때 그 말씀의 힘이 고난을 이기고 넘어서게 합니다. 그래서 이 복은 인간을 창조하실 때 주신 하나님의 복과 시편 1편의 복을 포함하는 복입니다. 땅의 기름진 복과 하늘의 신령한 복이 포함된 복입니다.

이 복은 육체를 가지고 사는 동안 땅에서 누릴 땅의 복을 넘어서서 영원한 생명을 누리게 하는 영원한 복입니다. 그래서 가장 귀한 복은 하나님의 말씀을 읽는 것과 그 말씀을 듣고 가슴에 새겨 실천하는 일입니다.

이 말씀은 예언의 말씀입니다. 예언은 단순히 미래를 바라보게 하는 것이 아니라 과거를 돌아보게 하고 오늘을 진단하여 바르게 살게 합니다. 우리는 무엇을 지켜야 합니까? 교회들에게 주신 말씀을 지켜야 합니다. 계시록 안에서 우리에게 주신 명령들을 지켜야 합니다. 이 말씀들을 지키려고 하면 성도의 인내와 믿음이 필요합니다.

설교자의 사명이 중요한 이유는 전하는 그 말씀이 성도들의 가슴에 잘 박힌 못 같이 새겨져야하기 때문입니다. 읽기는 읽었고 듣기는 들었는데 귓가에 스치는 바람처럼 지나가 버린다면 그것은 하나님의 말씀이 아닙니다.

예언의 말씀으로서의 하나님의 말씀은 과거를 돌아보게 하고 주어진 현실에서 신앙을 가진 사람답게 바르게 살게 합니다. 그리고 내일을 소망하며 오늘의 고난을 참고 견디게 하며 성령 안에서 인내하게 합니다.

그에게는 무엇이 주어집니까? 마음의 천국과 영생의 천국이 주어집니다. 왜냐하면 주님의 재림이 바로 눈앞에 가까이 와 있기 때문입니다. 마음 문을 여십시오. 주님이 문밖에서 우리의 마음 문을 두드리고 계십니다.

1-2. 요한의 인사와 재림하실 주님 예수(4-7)

1. 요한의 인사(4-5a)

1) 인사의 형식과 내용(4a) : 송신자와 수신자

■ 본문 : "요한은 아시아에 있는 일곱 교회에 편지하노니"

4a. John, To the seven churches in the province of Asia

■ 목자역

4a. 요한은 아시아에 있는 일곱 교회에 편지합니다.

🔢 양육과 적용을 위한 묵상노트

요한은 로마가 나누어 다스리던 자치 지역 가운데 하나였던 아시아에 있는 일곱 교회에 편지합니다. 아시아는 오늘날의 터키지역입니다. 이 일곱 교회가 서 있던 도시들은 각 지역의 정치와 종교의 중심지였고 교통의 요지였으며 에베소에서부터 라오디게아까지 타원형으로 도로가 연결되어 있었습니다.

하나님께서는 요한에게 그가 보고 들은 모든 것을 글로 써서 일곱 교회에 보내라고 하셨습니다. 요한은 항상 하나님께서 그에게 주신 말씀 그대로에 순종합니다. 그러므로 주의 종으로 하나님의 말씀을 전하는 선지자는 하나님의 말씀을 자기 마음대로 더하거나 빼면 안 됩니다.

계시록 전체는 일곱 교회로 상징되는 과거와 현재와 미래의 모든 교회에게 주신 말씀입니다. 오늘 우리들에게 주신 말씀입니다. 나에게 주신 말씀입니다.

2) 축복의 원천인 삼위 하나님과 축복 (4b-5a)

■ 본문 : "이제도 계시고 전에도 계셨고 장차 오실 이와 그의 보좌 앞에 있는 일곱 영과 또 충성된 증인으로 죽은 자들 가운데에서 먼저 나시고 땅의 임금들의 머리가 되신 예수 그리스도로 말미암아 은혜와 평강이 너희에게 있기를 원하노라"

4b. Grace and peace to you from him who is, and who was, and who is to come, and from the seven spirits before his throne,

5a. and from Jesus Christ, who is the faithful witness, the firstborn from the dead, and the ruler of the kings of the earth,

■ 목자역

4b. 지금도 계시고 전에도 계셨고 장차 오실 하나님과 하나님의 보좌 앞에 있는 일곱 영(성령님)으로부터 은혜와 평화가 있기를 빕니다.

5a. 그리고 또 목숨까지 바쳐 충성하신 신실한 증인이시고 죽은 자들 가운

데에서 가장 먼저 부활하신 분이시며 땅에 있는 모든 왕들을 통치하실 수 있는 유일한 주님이신 예수 그리스도로부터 은혜와 평화가 있기를 빕니다.

☑ 양육과 적용을 위한 묵상노트

요한은 편지를 시작하면서 성 삼위 하나님의 이름으로 축복하면서 시작합니다. 성부 하나님은 이제도 계시고 전에도 계시고 장차 오실 분입니다. 영원히 살아 계신 하나님이십니다. 그런데 요한은 "성부 하나님은 이제도 계시고"라는 말씀을 통해 과거나 미래의 하나님이심보다 지금 우리와 함께 하시는 현재의 하나님이요 임마누엘의 하나님이심을 강조합니다.

하나님은 전에도 계셨고 미래에도 오실 하나님이시지만 지금 우리와 함께 하시는 하나님이시라는 요한의 말씀이 우리에게 용기를 줍니다. 출애굽기 3장에서 모세에게 나타나셔서 여호와라는 이름으로 자신의 영원함과 그 현존성을 계시하신 하나님은 지금도 여전히 현존하시는 지금의 하나님이십니다.

성령 하나님은 하나님의 보좌 앞에 계신 일곱 영의 하나님으로 소개가 됩니다. 일곱은 완전함을 뜻합니다. 하나님의 보좌 환상이 4장에 나오는데 그곳에서 성령님은 타오르는 일곱 개의 횃불과 같이 어둠을 밝히는 등불의 모습으로 나옵니다. 성령 하나님은 죄악을 태우고 어둠을 밝히시는 진리의 영이십니다.

그러므로 성령이신 하나님이 사람 안에 하나님의 영이신 생기로 존재할 때 사람은 비로소 사람다운 사람이 됩니다. 그러나 하나님의 성령께서 떠나가시면 사람은 짐승과 같은 존재가 됩니다. 바울은 로마서 8장에서 성령님을 소개하면서 그리스도 예수님을 죽은 자 가운데에서 살리신 하나님의 영이 너희 안에 거하시면 너희 죽을 몸도 살리시리라고 말씀합니다.

성자이신 예수님은 성부 하나님과 똑같은 신성을 가지신 분이지만 육체를 가진 우리와 같은 인간의 모습으로 오신 분입니다. 예수님은 참 하나님이시며 참 인간이십니다. 그분 안에는 나누어 질 수도 없고 섞이지 않는 신성과 인성이 함께 공존하십니다. 그 분이 2,000년 전에 우리를 찾아오신 예수님이십니다.

육신의 몸으로 우리 안에서 사시던 예수님은 십자가에서 죽음으로 하나님 아버지의 뜻을 이루신 분입니다. 목숨 걸고 생명 바쳐 하나님 아버지의 뜻을 이루신 충성된 증인이십니다. 또한 예수님은 죽은 사람들 가운데에서 가장 먼저 영원한 생명을 가진 영적인 신령한 몸으로 부활하신 분입니다.

예수님은 죄가 없는 분으로 오셔서 천국 복음을 가르치시고 전파하셨으며 모든 병든 자와 약한 자를 고치셨습니다. 그리고 십자가에서 죽으시고 부활하셔서 우리들에게 속죄와 영생을 주셨습니다. 그리고 승천하셨습니다. 이제 예수님은 곧 다시 오셔서 사탄과 모든 악을 심판하시고 예수님을 주님으로 믿는 성도들에게 영원한 안식과 축복의 자리인 천국을 허락하실 것입니다.

하나님의 말씀을 어긴 첫 사람 아담을 통해 죽음이 왔고 하나님의 뜻을 이루기 위해 생명을 버리신 마지막 아담 예수님을 통해 영생이 왔습니다. 예수님의 죽음을 통한 속죄와 영생을 주셨습니다.

예수님의 부활이 없다면 기독교 신앙은 헛것입니다. 우리의 믿음이 참인 것은 예수님의 십자가의 죽음과 그 보혈을 통해 주시는 속죄의 은총과 예수님의 부활이 있고 우리의 부활이 있기 때문입니다.

예수님은 만물을 통치하시고 땅에 있는 모든 권세자를 통치하시는 분이십니다. 인간은 그 누구도 세상의 모든 만물과 왕들을 통치할 수 없습니다. 하나님 아버지로부터 하늘과 땅의 모든 권세를 받으신 예수님만 하실 수 있는 일입니다. 영광의 주님을 찬양합시다.

마태복음 28장에서는 예수님의 마지막 선교 명령에 관한 말씀 가운데 세례에 대한 말씀 안에서 성부 성자 성령의 순으로 삼위 하나님을 소개합니다. 고린도 후서 13장에서는 본문과 같은 축복의 기도 안에서 성자 성령 성부의 순으로 소개합니다. 그리고 오늘 본문에서는 성부 성령 성자의 순으로 소개합니다.

이처럼 삼위 하나님께서는 삼위로서 각각의 인격적인 특성을 가지고 계시지만 서열의 차이가 없으신 완전한 신성으로 동등하시며 하나이신 하나님이십니다.

2. 예수님께 영광과 능력을 돌리는 이유(5b-6)

■ 본문 : "우리를 사랑하사 그의 피로 우리 죄에서 우리를 해방하시고 그의 아버지 하나님을 위하여 우리를 나라와 제사장으로 삼으신 그에게 영광과 능력이 세세토록 있기를 원하노라 아멘"

5b. To him who loves us and has freed us from our sins by his blood,

6. and has made us to be a kingdom and priests to serve his God and Father—to him be glory and power for ever and ever! Amen.

■ 목자역

5b. 예수님은 우리를 사랑하십니다. 우리를 사랑하시는 예수님이 십자가에서 흘리신 그 피에 의해 우리들은 사망의 권세로 묶고 있던 모든 죄에서 해방되었습니다.

6. 그리고 예수님은 그분의 아버지이신 하나님을 위하여 우리를 하나의 나라로 만드시고 또 그 나라에서 하나님을 섬기는 제사장들로 만드셨습니다. 세세무궁토록 영광과 권능이 예수님께 있기를 원합니다. 아멘.

⚓ 양육과 적용을 위한 묵상노트

임마누엘이신 주님은 항상 우리를 사랑하십니다. 그 사랑의 가장 큰 증거가 예수님의 십자가입니다. 십자가에서 주님이 피 흘려 이루신 속죄입니다. 죄 가운데 하나님을 떠난 인간은 스스로 자신의 죄를 해결하거나 영생을 얻을 능력이 없습니다. 아담으로부터 유전되어 오던 원죄와 성품으로 짓는 본죄와 행위로 짓는 자범죄를 무엇으로 해결하겠습니까? 죄 값은 사망입니다.

예수님은 율법을 폐하러 오신 분이 아니라 율법을 완성하러 오신 분입니다. 그 율법은 십계명이 핵심인데 그 내용은 하나님 사랑, 이웃 사랑입니다.

그 십계명에서 말씀하시는 사랑의 내용을 레위기에서는 제사법과 성결법과 생활 윤리로 다시 말씀합니다. 비유하자면 십계명은 헌법과 같은 것이요 제사법과 정결법은 법률과 조례와 같은 것입니다.

제사법의 핵심은 레위기 16장의 말씀처럼 피를 통한 속죄의식인데 그 이유는 피 흘림이 없으면 죄 사함도 없기 때문입니다. 십자가에서 어린양처럼 죽으신 예수님의 피는 우리 모두를 대표해서 그 죄의 문제를 해결하기 위해 흘리신 피이기 때문에 그 피의 능력이 우리 영혼과 육체의 모든 죄를 해결합니다.

첫 사람 아담이 죄를 지은 모든 인류를 대표하는 것처럼 마지막 아담이신 예수님이 우리 모두를 대신하여 대표로 십자가에서 피 흘려 죽으셨습니다. 그러므로 예수님이 흘리신 그 피의 속죄하는 능력을 믿고 예수님을 주님으로 고백하는 사람은 예수님 안에서 죄 사함 받고 하나님의 자녀가 됩니다.

죄를 지은 사람은 감당할 수 없는 빚을 진 사람과 같습니다. 아무리 이자를 갚아도 원금을 갚지 않으면 그 빚에서 헤어날 수 없습니다. 그래서 원금을 갚는 것이 중요합니다. 원금을 갚으면 이자 걱정은 안 해도 됩니다. 주님은 원금과 같은 원죄를 해결해 주심으로 본죄와 자범죄까지 한 번에 해결해 주셨습니다.

본죄는 성품으로 짓는 죄이고 자범죄는 행위로 짓는 죄입니다. 히브리서 9장의 말씀처럼 예수님은 우리를 십자가의 죽음과 그 흘리신 피로 우리의 모든 죄에서 단번에 완전히 벗어나도록 해방시켜 주셨습니다.

그래서 우리는 히브리서 10장의 말씀처럼 다시는 원죄를 해결하기 위한 제사를 드릴 필요가 없게 되었습니다. 우리를 죄와 그 저주에서 완전히 해방시켜주신 주님을 영원히 찬양합니다.

주님은 우리를 그 흘리신 피 값으로 사셔서 그 아버지 하나님께 드렸습니다. 우리는 원래 하나님의 자녀요 백성이었는데 아담이 지은 죄의 저주에서 벗어나지 못하고 죄를 짓게 한 마귀의 종이 되어 하나님의 진노의 대상이었습니다.

그와 같은 저주의 상태에 있던 우리들을 예수님은 십자가의 보혈로 그 값을 치루시고 다시 사셔서 하나님 나라의 백성이 되게 하시고 하나님을 직접 섬길 수 있는 제사장이 되게 하셨습니다.

주님을 찬양합시다. 하나님은 애굽에서 이스라엘 백성들을 구원하실 때에도 출애굽기 19장의 말씀처럼 그들을 제사장의 나라가 되도록 하려고 그들을 부르셨습니다.

제사장은 하나님 앞에 예배를 드리며 기도하는 직분을 맡은 자입니다. 그래서 예수님 안에서 구원받은 주의 성도들은 왕 같은 제사장이요 택하신 족속입니다. 우리는 예수님 안에서 하나님 나라의 백성이 되었습니다.

하나님의 부르심을 받고 택하심을 받아 하나님을 섬기는 제사장이 된 사람들은 늘 하나님의 은혜에 감사하며 찬양하며 경배하며 하나님께 예배해야 합니다. 예수님께서 십자가에서 이루신 속죄의 은총은 그 보혈의 능력을 의지하는 우리에게 죄와 사망의 권세 잡은 자 마귀를 이기는 권세를 주고 우리의 영혼을 자유하게 합니다.

마태복음에서는 초림하신 성자 예수님이 구원의 복음을 전하시고 부활 승천하시기 직전에 하나님을 소개 하면서 성부 성자 성령의 순으로 삼위 하나님을 소개합니다. 은혜의 복음을 증언하는 교회시대에는 속죄를 통해 구원을 이루신 예수님과 그 분을 보내신 하나님 아버지와 교회 안에서 역사하시는 성령님의 순으로 소개합니다.

그런데 이제 영원한 복음을 전하는 마지막 종말과 완성의 시대에는 성부 성령 성자의 순으로 소개합니다. 때에 따라 역할과 순서를 바꾸어 가시면서 삼위 하나님은 하나님의 뜻을 이루어 가십니다.

지금은 십자가에서의 속죄의 구원을 넘어서는 천국에서의 완전한 구원의 완성을 위해 만물이 종말을 향해 가는 마지막 시대입니다. 영원한 복음의 시대입니다. 이 시대에는 성자 하나님이 심판을 주관하시고 성령 하나님이 그 일들을 이루어 가시며 성부 하나님이 구원을 완성하십니다. 주님을 찬양합시다.

3. 예수님의 재림의 모습(7)

■ 본문 : "볼지어다 그가 구름을 타고 오시리라 각 사람의 눈이 그를 보겠고 그를 찌른 자들도 볼 것이요 땅에 있는 모든 족속이 그로 말미암아 애곡하리니 그러하리라 아멘"

7. Look, he is coming with the clouds, and every eye will see him, even those who pierced him; and all the peoples of the earth will mourn because of him. So shall it be! Amen.

■ 목자역

7. 보십시오! 예수님께서 하늘의 영광가운데 구름을 타고 오실 것입니다. 그리고 그때 하늘과 땅에 있는 모든 사람이 그들의 눈으로 재림하시는 예수님을 보게 될 것입니다. 그리고 예수님을 상하게 했던 사람들도 그분을 보게 될 것이며 지구상의 모든 종족들이 재림하시는 예수님 때문에 슬피 울며 많은 눈물을 흘리게 될 것입니다. 반드시 그렇게 될 것입니다. 아멘.

예수님은 재림하십니다. 예수님의 재림은 공중 재림과 지상 재림으로 나누어집니다. 공중으로 재림하시는 예수님은 다니엘서 7장이나 마태복음 24장의 말씀처럼 하늘 구름을 타고 오십니다.

하늘 구름가운데 오신다는 말씀은 거룩하신 하나님의 영광 가운데 오신다는 뜻입니다. 예수님은 하나님의 영광 가운데 신부가 되는 성도들을 만나기 위해 천군 천사와 함께 신랑의 모습으로 구름을 타고 오십니다.

우리들은 주님이 마지막 나팔 소리와 함께 신랑의 모습으로 다시 오시는 날 고린도 전서 15장이나 데살로니가 전서 4장의 말씀처럼, 주님 안에서 죽었던 성도들과 함께 죽음을 넘어서는 신령한 몸으로 변화하여 들려 올림 받아 주님을 맞이합니다. 휴거하게 됩니다.

그리고 계시록 19장의 말씀처럼 공중에서 이루어지는 어린양의 혼인잔치가 끝나면 예수님은 전투를 지휘하는 장군처럼 승리자의 모습으로 백마를 타고 지상으로 오십니다. 성도들을 핍박하고 주의 종들을 죽인 적그리스도와 그를 따르던 땅의 통치자들과 거짓 선지자들과 그들을 따르던 악한 자들을 심판하러 오십니다.

계시록 11장과 14장과 19장의 말씀처럼 공중 하늘로 휴거해 올라간 성도들과 천군 천사들이 큰 군대를 이루어 만왕의 왕이요 만주의 주이신 주님과 함께 지상으로 내려오게 됩니다.

예수님이 하늘 구름을 타고 오실 때 공중에서는 어린양의 혼인잔치가 이루어지고 계시록 16장부터 18장의 말씀처럼 지상에서는 악한 자들이 일곱 대접의 재앙으로 심판을 받게 됩니다.

그리고 19장에서 보는 것처럼 예수님이 백마를 타고 지상으로 오실 때에는 악한 짐승과 거짓 선지자는 붙잡혀 마지막 멸망의 장소인 불 못에 던져집니다. 이들은 20장에서 이루어지는 천년왕국과 마지막 흰 보좌 심판이전에 지옥형벌인 불 못에서 세세토록 고통을 당하게 됩니다. 그곳은 계시록 14장에서 보는 것처럼 잠시의 안식도 없는 영원한 형벌의 장소입니다.

주님이 하늘 구름을 타고 오실 때 하늘과 땅에 있는 모든 눈들이 그분을 보게 될 것입니다. 그분을 찌른 유대인들도 그분을 보게 될 것입니다. 또 땅의 모든 족속들이 그분을 보게 될 것입니다. 이들은 유대인이 아닌 사람들이요 교회에 속하지도 않은 사람들입니다. 그들 모두는 애통하는 눈물을 흘릴 것입니다. 하나님의 심판에서 피할 자는 아무도 없습니다.

그러나 예수님 안에 있는 성도들은 계시록 7장과 21장에서 보는 것처럼 하나님께서 그 눈에서 모든 눈물을 닦아 주시고 씻어 주실 것입니다.

지금까지 세상을 살았던 자들 모두 곧 지금 살아 있는 자나 이미 죽은 자나 재림하시는 예수님을 반드시 보게 될 것입니다. 그날이 예수님 안에 있는 우리들에게는 큰 기쁨의 날이요 예수님 밖에 있는 악한 사람들에게 는 가장 큰 고통의 날입니다.

그런데 전통적으로 이단 교주들은 이 구름이 자신들의 육체라고 주장합 니다. 예수님은 이미 영으로 재림하셨고 그 재림하신 예수님의 영을 자기 가 받아서 자신이 살아 계신 하나님의 말씀을 전하니 자신이 재림 예수라 는 것입니다.

마치 구름 속에 비가 있으나 비는 보이지 않고 구름만 보이는 것처럼 겉으로 보기에는 한 인간의 모습이나 자신이 진짜 재림 예수라는 것입니 다. 그런데 많은 사람이 이 속임수에 넘어가서 인생을 망쳤습니다. 속지 말아야 합니다.

 1-3. 하나님의 자기소개(8)

■ 본문 : "주 하나님이 이르시되 나는 알파와 오메가라 이제도 있고 전에 도 있었고 장차 올 자요 전능한 자라 하시더라"

8. "I am the Alpha and the Omega," says the Lord God, "who is, and who was, and who is to come, the Almighty."

■ 목자역

8. 지금도 계시고 전에도 계셨고 장차 오실 전능하신 주 하나님께서 말씀하셨습니다. 나는 모든 것의 처음인 알파요 모든 것의 마지막인 오메가다.

🔳 양육과 적용을 위한 묵상노트

하나님은 말씀하시는 하나님이십니다. 하나님은 우리의 주님이십니다. 주님은 모든 만물이 창조되기 전에 계셨고 모든 만물을 심판하신 이후에도 계십니다. 창조주이시고 완성자이시며 새로운 창조를 이루시는 하나님이 계시지 않으면 이 우주 공간 안에는 아무 것도 존재할 수 없습니다. 창조주이신 하나님이 계시기 때문에 모든 것이 존재합니다. 하나님이 시작하시는 분이고 그 모든 것을 운행하시고 보존하시며 완성하시는 분입니다.

하나님은 항상 계십니다. 특별히 계시록에서 만나는 하나님은 이제의 하나님이십니다. 지금의 하나님이십니다. 어제도 계셨고 내일도 계시지만 여전히 하나님은 오늘의 하나님이십니다. 이 말씀은 우리 모두에게 큰 믿음과 용기를 줍니다. 오늘 지금 이 시간 나와 함께 하시는 임마누엘의 하나님이십니다.

하나님은 전능하신 하나님이십니다. 그 힘과 능력이 무한하신 분입니다. 그 지혜와 명철이 한이 없으신 분입니다. 힘은 에너지입니다. 할 수 있는 능력입니다. 우리에게는 예수 이름의 권세와 성령의 능력이 있습니다. 전능하신 하나님이 힘과 능력을 주시면 주님 안에서 우리는 무엇이든

할 수 있습니다.

빌립보서 4장의 말씀처럼 풍부한 삶 속에서도 하나님을 찬양할 수 있고 궁핍한 중에도 우리는 주님을 찬양할 수 있습니다. 다니엘처럼 환경이나 여건을 초월하여 하나님의 영광을 드러낼 수 있습니다. 그러나 전능하신 하나님이 세상을 이길 믿음과 힘과 능력을 주시지 않으면 우리는 아무 것도 할 수 없습니다.

언제 하나님이 힘을 주십니까? 하나님의 뜻을 이루려고 할 때 힘을 주십니다. 누가복음 22장에서 보는 것처럼 예수님의 겟세마네 동산의 기도는 땀방울이 피 방울이 되는 간절한 기도이지만 하나님의 뜻이 아니었기에 십자가를 면하게 해달라는 예수님의 뜻이 이루어지지 않았습니다.

아무리 부르짖고 아무리 기도가 애절해도 하나님의 뜻이 아니면 그 기도는 육신의 기도입니다. 기도는 하나님의 뜻을 묻고 그 뜻을 이루기 위한 기도여야 합니다. 그때 전능하신 하나님께서 할 수 있는 능력과 지혜와 힘을 주십니다.

바른 기도는 하나님의 뜻을 이루기 위한 기도입니다. 기도의 짧고 긴 것이 문제가 아니라 하나님의 뜻을 이루기 위한 기도가 참된 기도입니다.

■ 본문 : "나 요한은 너희 형제요 예수의 환난과 나라와 참음에 동참하는 자라 하나님의 말씀과 예수를 증언하였음으로 말미암아 밧모라 하는 섬에 있었더니"

9. I, John, your brother and companion in the suffering and kingdom and patient endurance that are ours in Jesus, was on the island of Patmos because of the word of God and the testimony of Jesus.

■ 목자역

9. 나 요한은 여러분의 형제입니다. 그리고 예수님이 당하신 그 환난과 나라와 참고 견디는 인내에 함께 참여한 사람입니다. 나는 지금 하나님의 말씀을 전한 일과 예수님을 증언한 것 때문에 밧모 섬에 유배와 있습니다.

🔒 양육과 적용을 위한 묵상노트

사도 요한은 일평생 하나님 앞에 특별히 택함 받은 예수님의 사도로 살았습니다. 그러나 그는 한 번도 자신이 사도임을 내세우지 않습니다. 그저 예수님의 특별한 사랑을 받은 것에 감사하며 살았습니다. 사도의 권리를 내세우기보다 겸손한 하나님의 종으로 살았습니다. 하나님의 뜻을 전하는 주의 종들과 하나님의 뜻을 실천하는 성도들과 함께 하는 형제의 삶을 살았습니다.

하나님께서 세우신 교회 안에서 하나님의 뜻을 이루려고 하는 우리 모두는 한 형제자매입니다. 교회의 직분은 계급이 아닙니다. 우리는 성령 안에서 서로를 아끼고 사랑하고 섬기며 살아가야 하는 한 형제자매입니다.

사도 요한은 바울처럼 예수님의 남은 고난을 채우기 위해 환난을 당한 사람입니다. 예수님의 남은 고난이란 십자가의 고난이 부족하다는 것이 아닙니다. 오늘 우리가 세상을 살면서 교회를 세우고 죽어가는 영혼들을 구원하려고 하는 하나님의 뜻을 이루려 할 때 당하는 고난입니다.

환난은 안에 있는 알맹이를 빼내기 위해 껍질을 깨는 아픔입니다. 인내는 성령의 열매이며 하늘나라에 대한 소망을 가진 성도로서 갖추어야 할 가장 귀중한 덕목 가운데 하나입니다. 인내를 온전히 이루면 구비하여 부족함이 없게 됩니다.

로마서 5장의 말씀처럼 환난은 인내를 낳고 그 인내는 연단을 통하여 소망을 이루어 갑니다. 어떤 고난도 하나님 나라에 대한 확실한 소망이 있으면 참을 수 있습니다.

요한은 하나님의 말씀과 예수님이 하나님의 아들이요 만왕의 왕이요 만주의 주라고 증언한 것 때문에 밧모 섬에 있습니다. 나이가 구십이 넘어서 귀양살이를 합니다. 그의 형제와 동료였던 사도들은 다 순교하고 혼자 남았습니다.

포악한 네로가 다스리던 67년에는 바울이 순교하고 68년에는 베드로도 순교했습니다. 그리고 그는 90이 넘어 외로운 섬 밧모 섬에 귀양을 왔습니다. 네로가 로마를 다스리던 시절과 지금 밧모 섬에 있을 당시 도미티안이 다스리던 시절의 성도들이 당한 고난의 내용은 히브리서 11장에 잘 나타나 있습니다.

우리는 때로 하나님의 정의에 대해 의심할 때가 있습니다. 바로 요한과 같은 경우에 처할 때 그렇습니다. 요한이 무슨 잘못을 했습니까? 하나님의 말씀을 전하고 예수님을 증언한 일은 좋은 일입니다. 칭찬받을 좋은 일입니다. 선한 일입니다. 그런데 그는 하나님의 의를 행하다가 핍박을 받았습니다.

믿음으로 살고 바르게 사는 사람들이 당하는 고난을 그 순간에는 설명할 수 없습니다. 욥이 그랬습니다. 그래서 그는 하나님의 법정에 자신이 세워지기를 원했습니다. 우리가 욥의 결말을 아는 것처럼 하나님께서는 그의 억울함을 벗겨주시고 갑절로 회복시켜 주셨습니다.

믿음 때문에 억울한 일을 당하십니까? 고난을 당합니까? 환난이 있습니까?

그때 우리가 가져야 할 신앙의 자세는 이 고난이 끝이 아니라는 것입니다. 더 나은 본향인 하늘나라와 더 좋은 것들이 우리 앞에 준비되어 있습니다. 부활이 없고 천국이 없다면 믿음으로 살고 고난을 당하고 끝난다면 그 억울함을 어떻게 풀겠습니까?

그러나 지금 우리의 삶이 사도 요한과 같은 밧모 섬이라고 해도 우리 앞에는 부족한 것이나 고통이나 아픈 것이나 애통하는 것이나 어둠이나 저주나 죽음이 없는 영원한 천국이 있습니다.

 1-5. 주의 날에 받은 은혜(10-12)

1. 성령의 감동(10a)

■ 본문 : "주의 날에 내가 성령에 감동되어"

10a. On the Lord's Day I was in the Spirit,

■ 목자역

10a. 주일 곧 그 주님의 날에 나는 성령 안에 있었습니다.

1 양육과 적용을 위한 묵상노트

성경이 말씀하는 주의 날은 두 가지가 있습니다. 하나는 고린도 전서 16장의 말씀처럼 구약 시대 안식일을 예수님의 부활 이후에 주일로 바꾼 주의 날입니다. 안식일은 원래 토요일인데 지금의 주일은 안식일 다음 날에 이루어진 예수님의 부활을 기념하기 위해 초대 교회 때부터 안식일을 주일로 바꾸어 지키던 날입니다.

안식일을 주일로 바꾼 이 주의 날은 구약시대의 창조와 안식과 완성의 날이었던 안식일의 정신을 계승하고 예수님의 부활을 기념하는 새로운 창조와 영원한 안식과 천국에 대한 소망의 날입니다. 그래서 주님의 날이요 주일입니다.

또 하나의 주의 날은 하나님의 진노의 날입니다. 구약시대의 주의 날은 하나님이 심판하시는 날을 상징하는 용어였습니다. 계시록 6장에서 여섯 번째 인을 뗄 때 나오는 진노의 날이 바로 그날입니다.

본문의 주의 날은 예수님의 부활을 기념하는 주일입니다. 안식 후 첫날 예수님의 부활을 기념하여 초대 교회 성도들부터 지금까지 하나님께 예배를 드리는 바로 그날 주일입니다. 오늘 우리들이 지키는 주일입니다.

거룩한 주일에 밧모 섬에서 홀로 예배를 드리며 기도하던 요한은 성령의 감동을 받습니다. 성령의 감동은 그에게 영적인 새로운 세계를 열어주었습니다. 성령의 감동은 "성령님 안에 있습니다."라는 표현으로 계시록에는 1장과 4장과 17장과 21장에 각 한 번씩 네 번 나옵니다.

성도들이 성령님을 만나고 동행하는 데는 네 단계가 있습니다. 에베소서 1장의 말씀처럼 하나님의 부르심을 받아 구원의 복음을 듣고 믿으면 성령께서 인을 치십니다. 하나님의 백성이 됩니다. 성령의 인침이라 합니다. 구원의 확신이 생기고 예수 내 구주의 믿음이 생겨납니다.

그 다음 로마서 8장의 말씀처럼 성령님을 내 마음에 모시면 성령께서 내 마음 안에 들어와 계십니다. 성령의 내주라고 합니다. 내 마음 안에 평안이 찾아오고 두려움이 사라집니다. 하나님의 말씀을 깨닫게 되는 은혜가 임하기 시작합니다. 성령님께서 장래 일도 가르쳐주십니다.

성령님이 내 속에 곧 내 마음과 생각과 영혼 속에 말씀으로 함께 거하시면 성령님이 내 영혼 속에 점점 더 큰 은혜를 주십니다. 그래서 성령께서 내 마음과 생각과 육체에 충만하게 역사하시면 그것을 성령 충만 이라 합니다.

성령 충만하면 밖으로는 은사가 나타나고 속에서는 인격적인 열매가 맺어집니다. 그러므로 참된 성령의 역사인지는 은사만이 아닌 열매를 보아야 합니다. 마귀도 큰 역사를 나타내기 때문입니다. 열매가 없는 은사는 가짜입니다.

성령의 감동은 내 혼과 영과 몸이 완전히 성령님께 사로잡힌 단계입니다. 하나님의 음성이 들리고 환상과 계시를 보게 됩니다. 그리고 그 입에서 말씀으로 명하면 이루어지게 됩니다.

사무엘은 이 단계에서 입에서 선포한 그 말씀이 땅에 떨어지지 않고 성취되었으며 예수님은 죽은 나사로를 살리셨습니다. 요한은 성령의 감동으로 계시를 받아 계시록을 쓰게 되었습니다.

성령 하나님은 다양한 방법으로 우리에게 역사하십니다. 그러므로 우리는 성령님을 근심시키거나 훼방하는 죄를 짓지 말아야 합니다. 성령을 소멸하지 말라고 성경은 말씀합니다. 요한복음 13장에서 보는 것처럼 가룟 유다는 생각이 타락하니 마귀가 그 틈을 타고 가룟 유다 안에 들어갑니다.

결국 그는 양신역사에 시달리다가 마귀가 그 안에 들어가자 예수님을 팔게 되었습니다. 마귀에게 사로잡힌 그는 결국 자살로 그 생애를 마감하게 됩니다. 그러므로 우리는 항상 하나님의 말씀 안에서 하나님의 영이신 성령님을 모시고 살아야 합니다. 고린도전서 3장의 말씀처럼 우리 몸은 하나님의 영이 거하시는 하나님의 성전입니다.

성경은 로마서 8장에서 말씀합니다. "그리스도이신 예수님을 죽은 자 가운데 살리신 하나님의 영이 너희 안에 거하시면 너희 죽을 몸도 살리시리라." 만물을 살리시는 하나님의 능력이 언제나 우리와 함께 하기를 바랍니다.

2. 성령에 감동된 요한의 체험(10b-12)

1) 큰 음성과 나팔소리(10b)

■ 본문 : "내 뒤에서 나는 나팔 소리 같은 큰 음성을 들으니"

10b. and I heard behind me a loud voice like a trumpet,

10b. 그때 나는 내 뒤에서 나는 나팔(트럼펫) 소리 같은 큰 음성을 들었습니다.

↑ 양육과 적용을 위한 묵상노트

성령 안에 있던 요한은 뒤에서 나는 나팔소리 같은 큰 음성을 듣습니다. 나팔소리는 심판에 대한 경고의 음성이기도 하고 전쟁에서 승리한 승리자의 소리이기도 합니다. 이 음성은 요한을 사랑하시는 주님의 음성입니다. 오늘 우리에게도 이 음성이 들려야 합니다. 주일은 하나님의 음성을 듣는 날입니다.

교회에도 주일이 되면 여러 가지 많은 일로 분주한 사람이 많이 있습니다. 그러나 주일은 주님을 대접하기에 바쁜 마르다의 날이면서 말씀을 듣는 일에 집중하는 마리아의 날입니다. 굳이 하나를 택하라면 우리는 마리아의 선택을 따라야 합니다. 주일은 하나님께 예배하는 날이요 말씀을 듣는 날입니다.

하나님의 말씀을 아멘으로 받으면 데살로니가 전서 2장이나 히브리서 4장의 말씀처럼 그 말씀이 우리 안에서 살아 역사하고 치료와 구원의 역사를 일으킵니다. 밧모 섬에 있어도 주님께 집중하십시오. 반드시 주님이 말씀하십니다.

요한은 앞을 바라보았지만 그 음성은 뒤에서 들렸습니다. 항상 앞에서만 좋은 것이 있는 것은 아닙니다. 우리 앞에는 누가복음 7장의 나인 성 과부처럼 죽은 아이와 같은 문제가 있습니다. 벗어날 수도 없고 눈앞에 있는 그 문제에 이끌려 따라가야 할 때가 있습니다. 밧모 섬에 있는 요한의 앞길에는 험난한 고난의 시간이 기다리고 있습니다. 내 삶의 고난이 요한과 같을지라도 그때 나에게 뒤에서 말씀하시는 주님의 음성이 들려야 합니다.

3. 요한이 받은 첫 번째 사명(11)

■ 본문 : "이르되 네가 보는 것을 두루마리에 써서 에베소, 서머나, 버가모, 두아디라, 사데, 빌라델비아, 라오디게아 등 일곱 교회에 보내라 하시기로"

11. which said : "Write on a scroll what you see and send it to the seven churches: to Ephesus, Smyrna, Pergamon, Thyatira, Sardis, Philadelphia and Laodicea."

■ 목자역

11. 그리고 예수님은 나에게 사랑이 담긴 음성으로 말씀하셨습니다. : 네가 본 것은 무엇이든지 전부 다 두루마리에 기록 하여라. 그리고 그 두루마리에 쓴 내용을 에베소와 서머나, 버가모와 두아디라, 사데와 빌라델비아 그리고 라오디게아에 있는 일곱 교회에 보내라!

▣ 양육과 적용을 위한 묵상노트

앞을 바라보며 문제에 사로잡혀 있던 요한은 뒤에서 들려오는 주님의 음성을 들으면서 그는 그 시대 그 자리에서 그가 해야 할 사명을 받습니다. 갈릴리 바닷가에서 그가 처음 주님의 부르심을 받았던 이십대에 그는 주님을 따르는 제자로서의 사명을 받았습니다. 삼년 반을 주님과 함께 지내면서 주님이 사랑하시는 제자로서 어디든지 주님과 함께 동행 했습니다.

주님이 부활 승천하신 다음에는 예수님의 어머니인 마리아를 모시고 살았고 육십 대에는 에베소 교회의 목회자로 일하고 있었습니다. 그리고 구십 대에 들어서 요한은 복음서와 서신들을 쓰기 시작했고 육체로 오신 예수님을 부인하던 그 시대 가장 큰 이단이요 교회를 혼란시킨 영지주의자들의 거짓을 드러나게 했습니다.

그런데 이제 하나님께서는 밧모 섬에 유배된 그에게 계시록을 써서 일곱 교회에 보내라는 문서 선교의 사명을 주십니다.

요한 사도뿐 아니라 우리들도 다 인생의 때가 있습니다. 인생의 수명이 120년이라면 30까지는 봄이요 60까지는 여름입니다. 90까지 가을이요 120이면 마지막 겨울입니다. 지금 당신의 인생의 때는 언제입니까? 지금 당신은 어떤 사명을 감당하고 있습니까?

일곱 교회는 그 시대의 일곱 교회이기도 하고 오늘까지 존재하는 모든 교회이며 장차 주님이 오실 때까지 존재할 모든 교회입니다. 과거에 존재했다가 없어진 교회들이 아닙니다. 이 교회들에게 주시는 계시록의 말씀은 오늘 우리 시대에 존재하는 모든 교회에게 주시는 말씀입니다. 지금 우리에게 주시는 말씀입니다.

하나님께서는 때때로 주의 종들이나 성도들에게 좋은 환경에서 일하게도 하시고 때로는 어려운 환경에서 일하게 하십니다. 그러나 그 모든 것을 감사함으로 받아 하나님의 뜻을 이루면 어떤 것 하나 버릴 것이 없습니다. 당신은 지금 어떤 환경에서 주님의 어떤 음성을 듣고 어떤 사명을 받아 일하고 있습니까?

4. 돌이킴(12)

■ 본문 : "몸을 돌이켜 나에게 말한 음성을 알아보려고 돌이킬 때에 일곱 금 촛대를 보았는데"

12. I turned around to see the voice that was speaking to me. And when I turned I saw seven golden lampstands,

■ 목자역

12. 그래서 나는 나에게 말씀하신 그 목소리의 주인공이 누구인지 알아보려고 몸을 돌이켰습니다. : 그렇게 몸을 돌이켰을 때에 나는 일곱 개의 금 촛대(등잔대)를 보았습니다.

신앙 생활의 첫 출발점은 돌이킴입니다. 하나님의 음성을 듣고 하나님 쪽으로 돌아서는 것입니다. 그것을 우리는 회개라고 합니다. 마음을 돌이키고 행동을 바꾸어 돌이키는 것입니다. 돌아서는 바로 그 자리에 주님이 계십니다.

출애굽기 3장에서 모세가 하나님의 불을 보고 돌아서서 하나님의 음성을 들었던 것처럼 우리의 삶에도 하나님을 향해 돌아서서 주님의 음성을 듣는 시간이 필요합니다. 진실한 회개는 하나님의 음성을 듣게 하고 주님을 만나게 합니다.

 1-6. 영광의 주님(13-16)

1. 인자 같은 이(13-14)

■ 본문 : "촛대 사이에 인자 같은 이가 발에 끌리는 옷을 입고 가슴에 금띠를 띠고 그의 머리와 털의 희기가 흰 양털 같고 눈 같으며 그의 눈은 불 꽃 같고"

13. and among the lampstands was someone "like a son of man," dressed in a robe reaching down to his feet and with a golden sash around his chest.

14. His head and hair were white like wool, as white as snow, and his

eyes were like blazing fire.

■ 목자역

13. 그리고 나는 그 촛대들 사이에서 사람의 아들처럼 생긴 예수님을 보았습니다. 그분은 발에 끌리는 옷을 입고 계셨으며 그 가슴둘레에 금띠를 띠고 계셨습니다.

14. 예수님은 그 머리와 머리털이 양털과 눈처럼 새하얀 분이셨습니다. 또한 그분의 눈은 타오르는 불꽃과 같았습니다.

🔳 양육과 적용을 위한 묵상노트

아기 예수의 모습으로 우리를 처음 찾아오셨던 주님은 사람들이 흠모할 만한 것이 전혀 없는 모습이셨습니다. 십자가에서 죽으실 때 그 모습은 너무나 초라하게 버림받은 모습이었습니다. 죄 가운데 죽는 인간의 모습이 얼마나 초라한지를 보여주는 모습입니다.

그러나 이제 재림주로 다시 오시는 예수님은 신부를 만나기 위해 찾아오시는 멋진 신랑의 모습입니다. 하나님의 권능으로 모든 악을 심판하실 영광의 모습입니다.

몸을 돌이킨 요한에게 가장 먼저 보인 것은 촛대입니다. 교회입니다. 우리는 지금 무엇을 보고 있습니까? 당신이 섬기는 교회가 보입니까? 죄를 회개하고 주님을 향해 돌이키는 그 마음에는 가장 먼저 교회가 보입니다.

신랑이신 주님은 신부인 교회 가운데 계십니다. 인자는 에스겔 서에서는 에스겔을 지칭하는 용어로 쓰이지만 다니엘서 7장이나 마태복음 24장 그리고 계시록 14장과 19장에서 보는 것처럼 인자는 심판과 추수하러 오시는 재림주의 모습을 상징하는 용어입니다.

재림하시는 신랑이신 예수님은 발에 끌리는 제사장의 옷을 입고 있습니다. 또 금띠를 가슴에 메고 계신 이 모습은 그 당시 로마의 원로원을 구성하는 최고 권력자들의 모습과 같습니다. 주님은 이 세상 모든 만물을 통치하시는 최고의 권세를 가지신 분입니다. 허리에 띠를 매는 것은 일을 하기 위함입니다. 그러나 가슴에 띠를 매는 것은 권위와 능력을 상징합니다.

교회들 가운데 계시는 주님의 모습에서 우리는 주님이 교회들을 얼마나 사랑하시는지 알 수 있습니다. 교회들 가운데 계신 주님의 모습을 계시록 본문은 일곱 가지로 표현하고 있는데 지금 이 본문에서는 먼저 두 가지를 말씀합니다.

머리가 희다는 것은 한없는 지혜와 명철과 성결함을 의미합니다. 또 눈이 불 꽃 같다는 것은 모든 만물을 꿰뚫어 보시는 깊은 통찰력을 의미합니다. 주님은 모든 것을 그 깊은 것까지 다 아시기에 그 심판이 의롭고 참된 심판입니다.

2. 주님의 발과 음성(15)

■ 본문 : "그의 발은 풀무 불에 단련한 빛난 주석 같고 그의 음성은 많은 물소리와 같으며"

15. His feet were like bronze glowing in a furnace, and his voice was like the sound of rushing waters.

■ 목자역

15. 예수님의 발은 지독히 뜨거운 풀무 불로 잘 연마된 빛나는 놋쇠와 같았습니다. 또한 그분의 목소리는 폭포수처럼 많은 물들이 한꺼번에 흘러갈 때 나는 큰 소리와 같았습니다.

① 양육과 적용을 위한 묵상노트

풀무 불에 연단한 것 같은 주님의 발은 심판하시는 권세를 의미합니다. 또 폭포소리 같은 큰 음성은 주님의 말씀이 그만큼 권세가 있음을 보여줍니다. 많은 물소리 같은 이 음성은 천둥소리로 표현되기도 합니다.

3. 주님의 오른 손과 그 음성과 얼굴(16)

■ 본문 : "그의 오른손에 일곱별이 있고 그의 입에서 좌우에 날선 검이 나오고 그 얼굴은 해가 힘 있게 비치는 것 같더라"

16. In his right hand he held seven stars, and out of his mouth came

a sharp double-edged sword. His face was like the sun shining in all its brilliance.

■ 목자역

16. 예수님은 그 오른손에 일곱 개의 별을 가지고 계셨습니다. 그분의 입에서는 양쪽 끝이 아주 날카롭게 잘 벼려진 검과 같은 말씀이 나왔으며 얼굴은 해가 힘차게 빛나는 것 같았습니다.

① 양육과 적용을 위한 묵상노트

주님은 그 오른손에 일곱별 곧 교회의 목회자들, 하나님의 말씀을 전하는 주의 종들을 붙잡고 계십니다. 오른쪽은 옳은 쪽입니다. 그러므로 주의 종들은 항상 옳은 쪽에 있어야 하고 옳은 말씀을 전해야 합니다. 하나님께서는 마태복음 25장에서 보는 것처럼 오른쪽에 있는 자에게 영생을 주십니다.

주님이 붙잡고 계시는 촛대는 다 같은 크기입니다. 사람들의 눈에 크고 작은 교회이지 주님의 눈에는 크고 작은 교회가 없습니다. 그리고 주님은 오른쪽에 있는 교회의 목회자들을 오른손으로 붙잡고 계십니다.

목회자가 주의 종으로 살고 목회할 수 있는 근거와 힘은 어디에 있습니까? 나는 바른 목회를 하는 사람이요 주님의 오른손에 붙잡힌 사람이라는 것입니다. 주님의 오른손에 붙잡힌 목회자의 모습이 목사들이 있어야 할 자리입니다.

주님의 입에서 나오는 말씀은 양쪽에 날선 검과 같아서 히브리서 11장의 말씀처럼 우리들의 심령과 관절과 골수를 찔러 쪼개어 내고 수술하며 치료합니다. 이 세상에 있는 모든 것들이 다 창조주이신 그분의 말씀 앞에서 그 실체를 드러냅니다. 하나님 앞에서 숨길 수 있는 것은 아무 것도 없습니다.

주님의 얼굴은 마치 해가 빛나는 것 같습니다. 마태복음 17장에 나오는 변화 산에서 보여주신 주님의 모습처럼 신랑이요 심판주로 재림하실 주님의 모습은 찬란한 빛 가운데 계신 모습입니다. 창조 이전에 존재하던 하나님의 영원한 생명의 빛 그 자체입니다.

계시록 22장에 나오는 천국에는 어둠이 없는 것처럼 주님 앞에서 모든 어둠은 사라집니다. 고통과 저주도 사라집니다. 주님은 모든 빛의 근원인 생명의 빛이며 참 빛입니다. 그러므로 오늘 우리도 주님의 말씀 안에서 영원한 구원의 빛을 받아 영원한 생명의 빛 가운데 살아야 합니다.

 1-7. 요한과 예수님(17-18)

1. 예수님의 영광 앞에 엎드려진 요한(17)

■ 본문 : "내가 볼 때에 그의 발 앞에 엎드려져 죽은 자 같이 되매 그가 오른손을 내게 얹고 이르시되"

17. When I saw him, I fell at his feet as though dead. Then he placed his right hand on me and said :

■ 목자역

17. 내가 예수님을 보았을 때 나는 그분의 발 앞에 마치 죽은 것처럼 쓰러졌습니다. : 그리자 예수님이 오른손을 내 위에 올려놓으시고 말씀하셨습니다.

🚹 양육과 적용을 위한 묵상노트

신랑으로 재림하실 영광의 주님을 보았을 때 요한 사도는 마치 다니엘이 가브리엘 천사 앞에서 쓰러졌던 것처럼 주님 앞에 엎드려졌습니다. 요한 사도는 일평생 하나님의 종으로 살았습니다. 바르게 살았습니다.

그러나 아무리 바로 살아도 창조주이신 하나님의 영광 앞에서 피조물인 자신을 내세울 인간은 하나도 없습니다. 모두가 다 죄인입니다. 인간의 의는 주님 앞에서는 태양 앞에 있는 반딧불 같습니다.

주님은 주님 앞에 엎드린 요한에게 일곱별을 붙잡고 계시던 오른손을 얹어 위로하시고 새 힘을 주십니다. 오늘도 주의 종들을 붙잡고 계시고 주의 종들을 위로하시며 힘을 주시는 주님을 찬양합시다.

2. 예수님의 자기소개(17b-18)

■ 본문 : "두려워하지 말라! 나는 처음이고 마지막이니 곧 살아 있는 자라 내가 전에 죽었었노라 볼지어다 이제 세세토록 살아 있어 사망과 음부의 열쇠를 가졌노니"

17b. "Do not be afraid. I am the First and the Last.

18. I am the Living One; I was dead, and behold I am alive for ever and ever! And I hold the keys of death and Hades.

■ 목자역

17b. : 두려워 말라! 내가 처음이고 마지막이다.

18. 나는 지금 살아 있다. 예전에는 나도 한때 영혼과 육체가 분리되는 죽음을 경험한 때가 있었다. 그러나 이제부터 나는 영원히 살아 있을 것이다. 지금 나는 육체적인 죽음을 해결할 열쇠와 육체적 죽음 이후에 지옥 형벌(불 못)을 받을 자들이 들어가 그들의 영혼이 머무는 처소인 음부의 문을 열고 닫을 수 있는 열쇠를 가지고 있다.

🚹 양육과 적용을 위한 묵상노트

우리에게 주시는 주님의 말씀은 두려워 말라는 것에서 출발합니다. 창세기 3장의 말씀처럼 죄를 지은 인간들에게 처음으로 찾아 온 감정이 두려움입니다. 이 두려움의 감정은 죄를 지은 인간이 받을 형벌에 대한 두려움입니다.

그래서 주님께서는 하나님이 함께 하심을 보여주실 때마다 두려워 말라고 말씀하십니다. 모세에게도 여호수아에게도 또 요한 사도에게도 똑같이 말씀하십니다. 두려워 말라 겁내지 말라 내가 너와 함께 있느니라.

그래서 우리는 하나님의 은혜로 죄 사함 받았으니 마음속에 있는 죄에 대한 형벌을 두려워하는 마음을 떨쳐버려야 합니다. 그리고 하나님의 크고 넓은 은혜의 품안에 안겨야 합니다.

주님은 처음이요 마지막이라고 하십니다. 이 말씀은 성부 하나님이 하신 말씀과 같습니다. 예수님은 그 신적 본질에서 성부 하나님이나 성령 하나님과 같은 분이시고 하나님의 영광의 본체이십니다. 예수님도 모든 것을 시작하게 하시고 모든 것을 완성 하시는 하나님이십니다. 어제나 오늘이나 내일도 살아 계신 하나님이십니다.

그런데 그 주님이 전에 죽었었다고 말씀하십니다. 이 말씀은 굉장히 깊은 의미를 가지고 있습니다. 그것은 우리를 구원하시기 위해 영생하시는 하나님의 하나님 되심을 포기하신 순간이 예수님에게 있었다는 것입니다.

영생하시는 하나님이 육체를 가진 인간이 되어 모든 인간들이 죽는 죽음을 경험하셨다는 이 말씀은 우리들을 향한 하나님의 사랑이 얼마나 크고 깊은 것 인가를 보여줍니다.

하늘의 모든 영광을 다 버리고 인간의 모습으로 오셔서 죽으셨다는 이 말씀 속에서 우리는 하나님의 사랑이 얼마나 깊고 넓은 것인지 알게 됩니다. 하나님은 하나님 되심을 포기하면서까지 우리를 사랑하셨는데 과연 나는 얼마나 주님을 사랑하고 있습니까? 주님을 위해 무엇을 희생합니까?

그 육체적인 죽음을 넘어서서 하나님의 영광 가운데 영생하시는 몸으로 부활하신 주님의 모습은 이제 우리가 영생의 몸으로 바뀌게 될 때 누릴 영광을 미리 보여 줍니다. 주님이 부활의 첫 열매라면 우리는 그 다음의 열매입니다.

주님이 죽음과 음부의 문을 열고 닫는 열쇠를 가지고 계십니다. 음부는 믿지 않는 자들이 죽음 이후에 들어가는 장소입니다. 사탄은 죄의 저주를 벗어나지 못한 인간들에게 마치 죽음과 음부의 권세를 자기가 가진 것처럼 가장하고 사람들을 위협했습니다.

그러나 히브리서 2장의 말씀처럼 부활하신 주님은 죄와 사망의 권세로 사람들을 위협하던 마귀를 없애버리십니다. 그리고 그 죽음을 두려워하여 한평생 죽음의 세력에 묶여 있던 우리를 풀어주셨습니다. 주님을 찬양합시다.

주님은 음부의 권세가 교회를 이기지 못한다고 하셨고 천국 문을 열고 닫는 권세를 교회에 주셨습니다. 죽음 이후까지도 주관하시는 분이 주님이십니다. 확실한 믿음으로 마귀를 대적하여 이기시기 바랍니다.

■ **본문** : "그러므로 네가 본 것과 지금 있는 일과 장차 될 일을 기록하라 네가 본 것은 내 오른손의 일곱 별의 비밀과 또 일곱 금 촛대라 일곱 별은 일곱 교회의 사자요 일곱 촛대는 일곱 교회니라"

19. Write, therefore, what you have seen, what is now and what will take place later.

20. The mystery of the seven stars that you saw in my right hand and of the seven golden lampstands is this: The seven stars are the angels of the seven churches, and the seven lampstands are the seven churches.

■ **목자역**

19. 그러므로 너는 네가 본 그 일들과 네가 지금 보고 있는 그 일들과 **이러한 일들 후에** 앞으로 일어날 그 일들을 기록하라!

20. 네가 본 내 오른손에 있는 일곱 별과 일곱 금 촛대의 비밀(미스터리)은 이러하다. 그 일곱 별은 일곱 교회의 천사(天使) 곧 교회에서 말씀을 전하는 주의 사자(使者)들이다. 그리고 그 일곱 촛대는 일곱 교회이다.

Ⅱ 양육과 적용을 위한 묵상노트

영광 가운데 계신 주님을 보고 손을 얹어 새 힘을 주시는 은혜를 받은 요한에게 주님이 이전과는 다른 또 하나의 사명을 주십니다. 그것은 문서 선교의 사명입니다. 요한은 이제 그가 본 것을 하나도 남김없이 글로 써야 하고 그 내용을 일곱 교회에 전해야 합니다.

요한처럼 시간과 장소에 따라 하나님께서 우리에게 그때와 조건에 맞는 사명을 주십니다. 주님께서 지금 당신과 나에는 주신 사명은 무엇이며 우리는 지금 어떤 사명을 어떤 자세로 감당하고 있습니까?

본 것은 과거의 일입니다. 지금 있는 일은 현재의 일입니다. 그리고 앞으로 이루어질 모든 일들은 미래입니다. 과거와 현재와 미래의 모든 일을 보여주시는 주님의 은혜는 참으로 놀랍고 경이로운 것입니다.

인간이 어떻게 미래에 될 일을 알 수 있겠습니까? 그런데 주님은 알고 계시고 계획하고 계시고 보여주십니다.

보통 계시록을 해석할 때 1장은 과거 2장과 3장은 현재 그리고 4장은 미래로 나누어 생각합니다. 그러나 이것은 요한이 계시록을 쓸 때의 기준이기 때문에 그때로부터 거의 2,000년이 지난 우리 시대에는 이 기준보다 좀 더 세심한 과거와 현재와 미래에 대해 해석이 필요합니다.

하나님이 주시는 깊고 깊은 은혜는 우리들에게 종말과 완성에 대한 것과 그 이후까지 알게 합니다. 그래서 기독교의 진리와 그 진리에 대한 믿음은 모든 역사와 시대를 초월하는 것입니다. 창조로부터 종말까지 그리고 그 이후의 모든 역사는 하나님의 경륜 안에서 이루어집니다.

교회에는 하늘의 별과 같은 주의 종들이 있습니다. 말씀의 사역자로 부름 받은 그들을 제사장이나 예언자 또는 선지자라고 합니다. 그들을 통해 이루어지는 말씀의 사역에 성령께서 함께 하시는 은혜가 있기 때문에 그들을 통해 선포되는 말씀을 통해 피조물인 인간의 지식과 경험과 상식을 넘어서는 놀라운 역사들이 일어나고 있습니다. 그래서 하나님의 종인 일곱별에는 비밀이 있습니다.

일곱 촛대는 일곱 교회입니다. 촛대와 같은 교회들 사이를 거닐고 계시면서 일곱별을 손에 쥐고 계시는 분, 교회 안에 계시고 주의 종들을 오른손으로 붙들고 계시고, 그들이 알 수 있도록 말씀의 비밀을 풀어 주시면서 목회자로 살게 하시는 분, 바로 그분이 우리의 주님이신 예수님이십니다.

그러므로 예레미야처럼 아무리 억눌리고 핍박을 당해도 말씀을 전하고 싶은 마음이 그 안에서 불꽃 같이 타오르는 사람이라야 목회자입니다. 주의 종 선지자입니다. 우리에게는 예레미야처럼 그렇게 불타오르는 그 마음이 있습니까?

첫 번째 사건 [1장-2장-3장]
예수 그리스도와 교회

🔒 계시록 2장 | 교회(1) 성령께서 교회들에게 하시는 말씀

I. 에베소교회 : 소아시아의 지도적 위치에 있던 교회

 1-1. 주님의 자기소개(1)

■ 본문 : "에베소 교회의 사자에게 편지하라 오른손에 있는 일곱 별을 붙잡고 일곱 금 촛대 사이를 거니시는 이가 이르시되"

1."To the angel of the church in Ephesus write : These are the words of him who holds the seven stars in his right hand and walks among the seven golden lampstands"

■ 목자역

1. 너는 에베소에 있는 그 교회에서 말씀을 전하는 나의 종에게 편지를 써 보내라 : 이런 일들을 말씀하시는 이는 그분의 오른손으로 일곱 별을 붙잡

고 계시는 분, 그 일곱 개의 금 촛대 사이를 거닐고 계신 분이다.

✟ 양육과 적용을 위한 묵상노트

에베소는 아름다운 항구도시입니다. 그 도시에는 아데미라는 유명한
이방신을 섬기는 신전이 있었고 많은 신전 창녀들이 있었습니다. 물질적
인 풍요로움과 함께 성적인 타락과 쾌락의 도시인 이곳에 사도 바울에
의해 세워진 교회가 에베소 교회입니다. 바울을 이어 디모데가 목회를 했
고 요한 사도가 그 뒤를 이어 목회하다가 밧모 섬에 유배를 왔습니다.

유대교 전통에서 회당의 책임자는 천사와 같은 존재로 인정되었습니다.
같은 의미에서 교회에서 목회자로의 책임을 가지고 하나님의 말씀을 전하
는 주의 종도 하나님의 심부름꾼이며 천사와 같은 존재입니다. 그러므로
목회자는 자기 신분의 고귀함을 알고 언행심사에 조심해야 합니다.

주님은 자신을 소개하시면서 오른손에 각 교회의 목회자들인 일곱별을
붙잡고 있으면서 일곱 교회 사이를 거니시는 분으로 말씀합니다. 모든 교
회의 목회자들은 주님의 손에 붙잡혀 있어야 주의 종입니다. 주님의 권능
과 은혜 안에서 목회를 해야 합니다. 모든 교회의 주인은 예수님이십니다.
교회의 주인은 목사나 장로나 힘 있는 성도가 아니라 예수님입니다.

1. 교회에 대한 두 가지 칭찬(2-3, 6)

■ 본문 : "내가 네 행위와 수고와 네 인내를 알고 또 악한 자들을 용납하지 아니한 것과 자칭 사도라 하되 아닌 자들을 시험하여 그의 거짓된 것을 네가 드러낸 것과 또 네가 참고 내 이름을 위하여 견디고 게으르지 아니한 것을 아노라"(2-3)

2. I know your deeds, your hard work and your perseverance. I know that you cannot tolerate wicked men, that you have tested those who claim to be apostles but are not, and have found them false.

3. You have persevered and have endured hardships for my name, and have not grown weary.

■ 목자역

2. 나는 너의 그 행위들을 알고 있다. 수고와 인내와 너희 가운데 악한 자들을 용납하지 않은 것을 안다. 그리고 네가 그들 자신을 스스로 사도라고 하지만 사도가 아닌 자들을 시험하여 그들의 거짓된 행위가 드러나게 함으로 그들이 거짓말하는 자들인 것이 나타나게 한 것을 안다.

3. 그리고 네가 나의 이름 때문에 견디고 참은 것과 게으름을 피우지 않고 네가 하는 일들을 계속한 것을 안다.

■ 본문 : "오직 네게 이것이 있으니 네가 니골라 당의 행위를 미워하는 도다 나도 이것을 미워하노라"(6)

6. But you have this in your favor: You hate the practices of the Nicolaitans, which I also hate.

■ 목자역

6. 그러나 이것이 너에게 있다. 그것은 네가 니골라 당이 하는 그 행위들을 미워하는 것이다. 그것은 나도 역시 미워하는 것이다.

➊ 양육과 적용을 위한 묵상노트

에베소 교회는 칭찬이 넘치는 교회입니다. 그것은 그들이 수고하면서 인내도 하고 선한 일들도 많이 한 것입니다. 주님을 부인하는 흉악한 자들도 몰아내고 영적인 통찰력으로 예수님을 부인하는 악한 가르침으로 성도들을 미혹하는 거짓 선지자들을 분별해 쫓아낸 일입니다. 또한 주님의 이름을 위하여 참고 견디는 일도 했습니다.

그런데 그 칭찬의 내용을 보면 무엇인가 한 가지가 부족하다는 느낌이 있습니다. 그것은 데살로니가 교회와는 무엇이 좀 다르다는 것입니다. 데살로니가 교회는 믿음의 행위와 사랑의 수고와 소망의 인내가 있어 칭찬받는 교회였는데 이 에베소 교회는 앞에 믿음이나 사랑이 없고 소망이 없습니다. 그저 일상적으로 반복되는 신앙의 행위요 수고요 인내라는 것입니다. 무엇인가 부족합니다.

물론 이 교회는 니골라 당의 잘못된 가르침까지 분별하고 그들의 잘못된 이원론에 기초한 쾌락주의나 고행주의를 배격할 정도로 훌륭한 교회입니다. 니골라당은 초대교회 대표적인 이단인 영지주의자들의 핵심 분파입니다.

영지주의는 영적은 것만 선하고 육적인 것은 악하다고 가르쳤습니다. 하나님은 영이신데 영이신 하나님이 어찌 육신을 가진 인간이 될 수 있느냐고 예수님의 인성을 부인했습니다.

예수님의 인성이 부인되면 예수님께서 십자가에서 이루신 인간을 향한 하나님의 속죄사역은 성립하지 않습니다. 그래서 영지주의자들은 대표적인 적그리스도요 거짓 선지자입니다.

그들은 인간이 고통에서 벗어나는 길은 쾌락을 추구하거나 고행을 통해서 이루어진다고 가르쳤습니다. 쾌락은 인간에게 마약과 같이 고통의 순간을 넘어서게 합니다. 잘못된 종교들이 사악한 성적인 쾌락을 추구하는 이유는 종교적인 깨달음을 통해 얻는 순간초월의 경험을 성적인 경험을 통해 얻기 때문입니다. 또한 고난보다 더 큰 고행의 수행은 작은 고통을 쉽게 넘어서게 합니다.

그러나 이러한 잘못된 가르침은 결국 하나님의 형상대로 창조된 인간을 인간답게 살지 못하게 합니다. 이런 잘못된 가르침을 전파하는 니골라 당을 분명히 배격할 정도로 에베소 교회는 훌륭한 교회입니다. 그런데도 뭔가 한 가지가 부족합니다. 그것이 무엇일까요?

2. 교회에 대한 한 가지 책망(4)

■ 본문 : "그러나 너를 책망할 것이 있나니 너의 처음 사랑을 버렸느니라"
4. Yet I hold this against you: You have forsaken your first love.

■ 목자역
4. 그러나 내가 너를 책망할 것이 있다 그것은 네가 나를 뜨겁고 진실하게 사랑하던 그 첫 사랑에서 떠나버린 것이다.

⊞ 양육과 적용을 위한 묵상노트

에베소 교회는 주님을 처음 만났을 때의 그 뜨겁던 첫 사랑을 잃어버린 것입니다. 잃어버렸다는 것은 영적인 생명을 주고받는 관계가 완전히 끊어졌다는 것입니다. 에베소 교회가 사랑이 없는 것은 아닙니다. 여전히 사랑이 있습니다. 그러나 그 사랑이 아가페의 사랑이 아닌 에로스의 사랑으로 바뀌었습니다.

아가페의 사랑은 자기 희생과 헌신의 사랑이요 예수님 중심의 사랑입니다. 그러나 에로스의 삶은 자기중심적인 사랑입니다. 그래서 그 변질된 사랑 때문에 그렇게 외적으로는 자랑할 것도 많고 잘하는 것이 많은 이 교회가 그 내부에서 영적인 생명이 고갈되어 가고 있습니다.

에베소 교회는 사도바울이 전한 하나님의 말씀 위에 세워진 교회였습니다. 그런데 그 교회가 외적인 행위에 치중하다보니 그 말씀에 대한 첫 사랑의 은혜가 떠나갔습니다. 마치 사울이 하나님의 말씀을 순종하지 않고, 사랑해야 될 다윗에 대한 사랑을 잃어버리고 미워하고, 영적으로 방황하다가 패망의 길로 들어선 것처럼 에베소 교회도 첫 사랑을 잃어버렸습니다.

크고 아름다운 교회입니다. 칭찬이 많은 교회입니다. 그러나 아게페의 사랑이 없고 에로스적인 사랑만 하게 되면 살아 있는 하나님의 말씀을 통해 주시는 주님의 생명이 지속적으로 공급되지 않게 됩니다.

그 교회는 세월의 흐름과 함께 서서히 말라가게 되어 있습니다. 교회의 생명은 어디에 있습니까? 주님의 십자가 보혈과 살아 계신 하나님의 말씀에 있습니다.

 1-3. 교회에 대한 권면(5, 7a)

1. 회개하라(5)

■ 본문 : "그러므로 어디서 떨어졌는지를 생각하고 회개하여 처음 행위를 가지라 만일 그리하지 아니하고 회개하지 아니하면 내가 네게 가서 네 촛대를 그 자리에서 옮기리라"(기억하라! - 회개하라! - 처음 행위를 가지라!)

5. Remember the height from which you have fallen! Repent and do the things you did at first. If you do not repent, I will come to you and remove your lampstand from its place.

■ 목자역

5. 그러므로 네가 언제 어디서 어떻게 타락했는지 기억해내라! 그리고 회개하라! 그리고 처음에 나를 사랑하던 그 때의 그 사랑과 그 행위를 다시 하라 : 만일 네가 그렇게 하지 않고 이 말을 듣고도 회개하지 않으면 내가 너에게 와서 네 촛대를 지금 그 자리에서 다른 곳으로 옮길 것이다.(기억하라! - 회개하라! - 처음 행위를 가지라!)

① 양육과 적용을 위한 묵상노트

그러므로 우리는 에베소 교회를 보면서 나는 언제부터 무엇 때문에 하나님의 음성을 듣지 못하게 되고 예수님의 보혈의 은혜에 대한 감격이 사라졌는지를 돌이켜보며 그 이유를 찾아야 합니다. 그리고 회개하고 돌아서 그 상처를 치료받고 다시 새 출발해야 합니다.

살아 계신 하나님의 말씀이 다시 들려야 합니다. 주님의 보혈이 다시 내 심령 속에 흘러야 합니다. 내 영혼이 말씀 안에 흐르는 주님의 피의 사랑을 먹고 마셔야 영적인 생명이 다시 살아납니다. 그렇지 않으면 겉은 멀쩡해 보여도 결국 속이 말라 죽어가게 됩니다.

회개가 무엇입니까? 내 중심적인 사랑에서 하는 행동이 아니라 주님 중심적인 사랑으로 행동하는 것입니다. 처음 사랑 처음 행위입니다. 회개하는 심령에 하나님은 밝은 빛을 비춰주십니다. 그리고 다시 일으켜 주십니다. 메마른 심령으로 봉사하는 것은 겉은 멀쩡해도 죽은 것입니다. 살아계신 하나님의 음성을 듣고 그 말씀에 순종하며 사는 것이 바른 신앙입니다.

2. 들으라!(7a)

■ 본문 : "귀 있는 자는 성령이 교회들에게 하시는 말씀을 들을지어다"

7a. He who has an ear, let him hear what the Spirit says to the churches.

■ 목자역

7a. 귀 있는 사람은 성령께서 교회들에게 말씀하시는 것을 들어야 한다.

① 양육과 적용을 위한 묵상노트

그래서 우리들은 성령께서 우리들에게 하시는 말씀을 들어야 합니다. 이 말씀은 들어도 되고 듣지 않아도 되는 말씀이 아닙니다. 반드시 들어야 합니다. 교회는 어느 한 개인이 아닙니다. 그러므로 오고 가는 모든 세대의 교회와 성도들은 성령께서 권면하시고 책망하시는 하나님의 말씀을 반드시 들어야 합니다.

1-4. 이기는 자에게 주어지는 상(7b)

■ 본문 : "이기는 그에게는 내가 하나님의 낙원에 있는 생명나무의 열매를 주어 먹게 하리라"

7b. To him who overcomes, I will give the right to eat from the tree of life, which is in the paradise of God.

■ 목자역

7b. 이기는 그 사람에게 나는 생명나무의 열매를 주어 먹게 할 것이다. 그 생명나무는 하나님의 낙원에 있는 것이다.

🔳 양육과 적용을 위한 묵상노트

회개하고 돌이켜서 하나님의 음성을 듣고 그 말씀에 순종하는 삶은 그 자체가 승리하는 삶입니다. 어려운 현실을 딛고 일어서는 힘은 회개에 있고 하나님의 음성을 듣고 언제나 영생하시는 하나님의 생명으로 사는데 있습니다.

이긴다고 하는 것은 에로스의 사랑에서 벗어나 다시 아가페의 사랑으로 사는 것입니다. 내 중심에서 벗어나 하나님 중심으로 사는 것입니다. 인생은 영적인 전쟁터입니다. 이 싸움은 매일 매 순간 계속되는 싸움입니다. 그래서 언제나 하나님의 말씀대로 주님을 사랑하며 그 사랑의 증거가 행동으로 나타나야 합니다.

승리는 일회적인 것이 아닙니다. 이기는 자의 승리하는 삶은 우리가 사는 날 동안 날마다 순간마다 계속해서 이루어 가야 할 삶입니다. 성도의 승리는 언제나 현재적인 것입니다.

이기는 성도에게 하나님께서는 하나님의 낙원에 있는 생명나무의 열매를 주어 먹게 하십니다. 낙원은 하나님의 것입니다. 인간들은 스스로의 힘으로 지상낙원을 만들려고 합니다. 그러나 이 세상에서 인간이 만들 수 있는 참된 낙원은 없습니다. 참된 낙원은 하나님이 만드시는 것입니다.

그래서 우리는 인간들의 힘으로 완전한 새로운 세상을 만들어보겠다는 뉴 에이지(NEW AGE) 운동이나 지상교회의 전성시대를 천년왕국 시대라고 주장하는 무 천년설이나 인간이 만드는 지상 낙원의 시대가 천년왕국이요 그 다음에 주님이 재림하신다는 후 천년설을 거부합니다.

성경적인 바른 믿음을 가진 사람들은 계시록의 말씀대로 주님의 재림과 함께 이루어질 천년왕국이 있음을 믿습니다. 천년왕국 이후에 마귀의 멸망과 마지막 백 보좌 심판이 있고 새 하늘과 새 땅의 영원한 천국이 있는 줄 믿습니다.

하나님의 낙원에는 생명나무가 있습니다. 생명나무는 영생의 나무입니다. 그 나무 실과는 영생을 상징합니다. 하나님께서는 회개하고 돌이켜 하나님과의 생명의 관계를 회복하고 하나님의 말씀으로 사는 사람들에게 영생을 주십니다. 영생은 하나님의 생명입니다. 다함이 없고 끝이 없는 생명입니다.

에덴동산에는 생명나무와 선악을 알게 하는 열매를 맺는 나무가 있었습니다. 뱀의 모습으로 나타나 선악과나무를 휘감고 간교한 말로 속이는 사탄의 유혹에 빠져 첫 사람 아담과 하와는 그 열매를 먹고 하나님의 뜻을 어기게 됩니다.

인간이 지은 불순종의 죄와 함께 열매를 잃어버린 선악을 알게 하는 나무는 그 순간 생명력을 잃어버리고 말라 죽게 됩니다. 에덴동산에서의 첫 번째 죽음은 선악을 알게 하는 열매를 잃어버린 그 나무의 죽음입니다.

그때부터 선과 악에 대한 판단은 하나님께서 하시는 선과 악에 대한 판단과 인간들이 하는 선과 악에 대한 판단으로 나누어지게 되고, 그 순간 인간들에게 주어졌던 하나님의 생명으로 영원히 살 수 있는 권리도 잃어버리게 됩니다.

선악과 열매를 먹은 후 자기 스스로의 생각과 지식과 경험으로 선과 악을 판단하게 된 인간에게 찾아온 첫 번째 감정은 지은 죄에 대한 형벌의 두려움입니다. 하나님의 뜻을 어긴 인간들에게 찾아 온 이 두려움은 하나님의 음성을 듣는 것조차 어렵게 합니다.

아담과 하와는 자신들을 가려주던 하나님의 의가 사라지자 피조물로서의 한계와 허물과 수치가 드러난 자신의 부족함과 벌거벗은 실체를 보게합니다.

예수님의 십자가의 구원은 첫 사람 아담과 같이 선과 악에 대한 판단을 자기 스스로 하지 않겠다는 마지막 아담이신 예수님의 하나님의 말씀에 대한 철저한 순종을 통해 이루어집니다.

겟세마네 동산에서 "이 잔을 내게서 옮겨 주시옵소서. 그러나 내 뜻대로 마옵시고 아버지의 뜻대로 하옵소서."라고 기도하시던 주님은 십자가에서 선악과를 따 먹고 죽음의 길로 들어섰던 인류의 모든 삶을, 선과 악에 대한 모든 판단을 내 뜻이 아닌 아버지의 뜻대로 되기를 기도하고 십자가의 죽음으로 아버지의 뜻에 순종하시면서, 하나님과 함께 하는 선악과 이전의 상태로 돌려놓았습니다.

하나님의 자리를 탐내며 하나님 대신 선악에 대한 판단을 자신이 하고자 했던 사탄은 하나님의 형상대로 창조된 인간을 속여 선악을 알게 하는 나무에서 인간을 죽음의 길로 내몰았지만 예수님은 생명나무와 같은 십자가에서 하나님의 뜻을 따라 죽으심으로 모든 인류의 구원과 영생의 길을 열어주셨습니다.

아주 교태로운 모습으로 선악과를 맺는 나무를 휘감고 간교한 지혜로 인간을 타락시킨 사탄은 십자가에서 못 박히신 예수님의 육체를 또 다시 휘감고 견딜 수 없는 고통을 주며 십자가에서 내려가라고 유혹을 합니다.

사탄은 에덴의 선악과나무에서 하나님의 뜻을 저버리라고 인간들을 미지의 세계에 대한 갈망과 호기심 그리고 쾌락의 세계로 미혹하여 타락시켰습니다. 그 사탄은 예수님에게 십자가에서 벌거벗겨진 몸으로 당하는 죽음보다 더 견디기 힘든 수치와 모욕을 당하게 하고, 인간으로서는 도저히 견딜 수 없는 고통을 주면서 핍박하고 그 고통에서 벗어나라고 유혹합니다.

하나님의 뜻을 이룰 것이냐 아니면 또 다시 아담처럼 하나님의 뜻을 버릴 것이냐 하는 투쟁의 현장이 예수님의 십자가입니다. 예수님은 사탄과의 그 모진 싸움에서 이기셨습니다. 그래서 예수님은 이긴 자요 이기신 분입니다.

계시록 12장에서 사탄을 이기는 성도들이 하나님의 말씀과 예수님의 보혈 그리고 죽기까지 그 목숨을 아끼지 않았기에 사탄을 이겼다는 말씀의 의미가 바로 이것입니다.

그들은 예수님이 하나님의 말씀에 순종하면서 십자가에서 이루신 그 모든 것들을 그 삶으로 실천한 사람들입니다. 죽음으로 피 흘리기까지 하나님의 말씀에 순종한 사람들이 사탄을 이깁니다.

첫 사랑이 무엇일까요? 하나님의 말씀에 순종하는 삶으로 돌이키는 것입니다. 그것이 날마다 하나님과 동행하던 에녹과 같은 승리자의 삶이요 죽음을 벗어나 하나님의 생명인 영생으로 사는 것입니다.

예수님은 요한복음 5장에서 "내 말을 듣고 나를 보내신 분을 믿는 사람은 영생을 얻었고 심판에 이르지 아니하나니 사망에서 생명으로 옮겨졌다."고 하셨습니다. 선악과를 넘어서는 생명나무의 축복은 첫 사랑을 회복한 십자가에 있습니다.

십자가는 사탄의 유혹을 물리친 마지막 아담이신 예수님을 통해 인류의 구원이 이루어진 현장입니다. 그래서 영생은 하나님을 알고 예수님을 알고 그분의 뜻대로 사는 삶의 실천 속에 있는 입니다. 주님은 이기는 자에게 선악과가 아닌 생명나무의 열매를 주십니다. 영생은 영원한 젊음으로 사는 것입니다. 모세는 하나님과 함께 동행하기 시작한 순간부터 젊음을 회복하고 시력과 기력이 흘러넘치는 삶을 살았습니다. 이생에서 누리는 영생하는 자의 모습입니다.

에베소 교회가 일곱 교회 가운데 첫 번째로 나오는 이유는 첫 사랑의 문제 때문입니다. 생명나무 열매가 다시 주어지기 위해서는 아담과 하와가 선악과를 따먹기 이전의 첫 사랑을 십자가의 주님을 바라보며 우리들도 회복해야하기 때문입니다.

Ⅱ. 서머나 교회 : 고난 중에 승리한 교회

 2-1. 주님의 자기소개와 교회의 상황(8-9)

1. 주님의 자기소개(8)

■ 본문 : "서머나 교회의 사자에게 편지하라 처음이며 마지막이요 죽었다가 살아나신 이가 이르시되"

8. To the angel of the church in Smyrna write: These are the words of him who is the First and the Last, who died and came to life again.

■ 목자역

8. 그리고 너는 서머나에 있는 그 교회에서 말씀을 전하고 있는 천사와도 같은 나의 종에게 편지를 써 보내라. : 이러한 일들은 처음이요 마지막이며 예전에 한번 죽으신 일이 있었으나 다시 살아나신 예수님께서 말씀하신 것이다.

🔳 양육과 적용을 위한 묵상노트

서머나도 아름다운 항구도시입니다. 이 도시에는 유대전쟁 이후에 이주해온 많은 유대인이 있었고 크고 아름다운 그들의 회당도 있었습니다.

서머나 교회에 말씀하시는 주님은 처음과 마지막을 주관하시는 주님으로 자신을 소개하십니다. 이 말씀은 알파와 오메가로 소개하신 말씀과 같은 것으로 1장에서 두 번 말씀하셨고 계시록에서는 이 본문이 세 번째입니다.

하나님 외에 그 누구도 처음일 수 없습니다. 마지막을 완성할 수 없습니다. 그러므로 삶의 과정 속에 다가오는 많은 문제에 대한 최종적인 해답이 주님께 있음을 우리는 믿어야 합니다. 모든 것을 합력하여 선을 이루시는 하나님을 향한 그 믿음으로 우리는 승리할 수 있습니다.

죽었다가 다시 살아나신 분이라는 말씀 속에서 우리는 하나님의 깊은 사랑을 알게 됩니다. 주님이 누구를 위하여 죽으셨습니까? 우리를 위하여 죽으셨습니다. 그 놀라운 사랑 안에 우리는 살고 있습니다.

주님의 그 사랑으로 일상적인 삶의 고난과 환난과 죽음을 넘어서는 용기를 얻게 됩니다. 주님은 영원히 살아 계신 하나님이십니다.

2. 교회의 상황과 교회에 대한 칭찬(9)

■ 본문 : "내가 네 환난과 궁핍을 알거니와 실상은 네가 부요한 자니라 자칭 유대인이라 하는 자들의 비방도 알거니와 실상은 유대인이 아니요 사탄의 회당이라"

9. I know your afflictions and your poverty—yet you are rich! I know the slander of those who say they are Jews and are not, but are a synagogue of Satan.

9. 나는 지금 네가 당하고 있는 그 고통스럽고 힘든 환난과 가난을 안다. 그러나 내 눈으로 보기에는 네가 진짜 부자이다. 그리고 나는 유대인이라고 스스로 자칭하는 자들이 너를 핍박하고 모욕하는 것도 안다. 그러나 그들은 유대인들이 아니라 사탄이 역사하는 모임에 속한 사람들이다.

↑ 양육과 적용을 위한 묵상노트

환난은 안에 있는 열매를 꺼내기 위해 겉껍질을 다 깨서 부수는 것 같은 아픔입니다. 우리의 속사람의 능력도 겉 사람이 죽을 때 나타납니다. 궁핍은 가장 가난한 빈민의 삶이요 거지같은 인생입니다.

서머나 교회 교인들이 그런 고통스러운 삶의 현장으로 내몰린 이유는 오직 하나 황제를 신으로 섬기는 그 시대에 예수님을 믿고 주님으로 고백한다는 이유 때문입니다. 오늘 우리에게도 신앙 때문에 당하는 이와 같은 환난과 궁핍이 있습니까? 있다면 그것을 어떻게 이기고 있습니까?

그런데 주님의 눈으로 보면 그들이 진짜 부자입니다. 왜냐하면 그들은 그 혹독한 고난과 시련을 통해 단련되어 정금같이 빛나는 순수한 믿음의 사람들로 거듭났기 때문입니다. 그 믿음은 그들에게 순교할 수밖에 없는 상황에서도 믿음을 지키고 승리하게 했습니다.

유대인들은 기독교인도 아니요 하나님의 존재 자체를 부인하는 이방인들도 아닌 중간지대에 있는 사람들입니다. 하나님을 믿는다고 하면서 예수님을 부인하는 사람들입니다. 오늘날에도 우리들을 가장 힘들게 하는 이들이 바로 이 사람들입니다. 이들이 바른 믿음 생활을 하지 못하게 하고 훼방합니다.

유대인이라는 말은 하나님을 찬양하는 사람들이라는 뜻입니다. 그런데 주님은 이들을 하나님을 찬양하는 유대인이 아니요 하나님의 이름을 가장하고 사탄을 숭배하는 자들의 모임이라고 하십니다. 교회라는 이름을 내세우는 곳에 이런 무리들이 많이 있습니다. 조심하고 분별해야 합니다. 이겨야 합니다.

주님은 교회나 성도들이 당하는 이와 같은 환난이나 궁핍이나 훼방을 외면하지 않으십니다. 바로 그 삶의 현장에 함께 하십니다. 그래서 주님은 내가 네가 당하고 있는 그 환난과 고난과 가난을 안다고 말씀하시는 것입니다.

안다는 것은 바라보고 있다는 것이 아닙니다. 이해한다는 것이 아닙니다. 지금 그 고난의 현장에서 주님이 함께 겪고 계신다는 것입니다. 성도로서 당하는 고난은 나 혼자 당하는 고난이 아닙니다. 주님이 지금 나와 함께 겪고 계십니다.

2-2. 교회에 대한 권면(10-11)

■ 본문 : "너는 장차 받을 고난을 두려워하지 말라 볼지어다 마귀가 장차 너희 가운데에서 몇 사람을 옥에 던져 시험을 받게 하리니 너희가 십 일 동안 환난을 받으리라 네가 죽도록 충성하라 그리하면 내가 생명의 관을 네게 주리라 귀 있는 자는 성령이 교회들에게 하시는 말씀을 들을지어다"

10a. Do not be afraid of what you are about to suffer. I tell you, the devil will put some of you in prison to test you, and you will suffer persecution for ten days.

10b. Be faithful, even to the point of death, and I will give you the crown of life."

11. He who has an ear, let him hear what the Spirit says to the churches.

■ 목자역

10a. 너는 이제 곧 다가올 고난을 두려워하지 마라! 보라 이제 곧 마귀가 너희가운데 몇 사람을 시험하기 위하여 옥에 집어넣을 것이다. 그래서 너는 십일 동안 환난을 당할 것이다.

10b. 그 고난 가운데 네가 죽임을 당할 찌라도 너는 끝까지 믿음을 지키고 충성하라! 그리하면 내가 너에게 생명의 면류관을 주겠다.

11a. 귀 있는 사람은 성령께서 교회들에게 말씀하시는 것을 들어야 한다.

◈ 양육과 적용을 위한 묵상노트

지금도 견디기 힘든 고난의 연속입니다. 그런데 주님은 이제 얼마 남지 않은 미래에 참으로 견디기 힘들고 이기기 힘든 더 큰 고난이 찾아온다고 말씀하십니다. 그러나 그 고난을 두려워하지 말라고 하십니다. 신앙을 가지면 고난이 사라지고 만사형통할 줄 알았더니 더 큰 고난이 찾아옵니다. 그것도 사탄이 아닌 주님이 말씀하십니다. 이래서야 어떻게 믿음을 지키겠습니까?

서머나 교회에 주신 말씀 속에서 우리는 무조건적인 번영신학을 말하는 거짓 선지자들의 가르침을 거부하게 됩니다. 예수님 안에서 무엇이든지 무조건 할 수 있다는 식의 잘못된 성서해석을 배격합니다. 오히려 예수님을 믿는 믿음 때문에 이 세상에서는 더 큰 고난과 고통을 당할 수 있음을 알아야 합니다.

예레미야 선지자 시대에 B.C 605년에 바벨론에 제 1차 포로들이 끌려간 후 거짓 선지자 하나냐는 2년만 있으면 모든 것이 회복된다고 거짓을 선포했습니다. 그러나 하나님께서는 70년이 지나야 한다고 말씀하셨습니다.

거짓 선지자는 거짓말로 망하게 되는 세상의 평화를 선포하고 참 선지자인 예레미야나 에스겔은 다가올 혹독한 고난을 말합니다. 현실의 안정만을 추구하기에 눈이 어둡고 귀가 어두운 사람들은 거짓 선지자의 말을 듣습니다. 그러나 하나님의 뜻은 그 고난을 믿음으로 이기라는 것이고 그 고난을 통한 이스라엘 민족의 성결성 회복에 있습니다.

죄를 죄라고 말하지 않고 거짓된 평화를 말하는 자는 거짓 선지자입니다. 그 입으로 말하는 것이 이루어지지 않습니다. 살리는 말씀은 귀에 달콤하고 듣기 좋은 것이 아니라 상황에 대한 바른 진단과 그 상황을 올바로 대처하도록 하는 말씀입니다. 그것이 하나님의 말씀입니다.

고난은 여러 종류입니다. 서머나 교회에 임하는 고난은 그들이 지은 죄 때문에 당하는 고난이 아닙니다. 하나님을 대적하다가 타락한 천사였던 마귀가 직접 하는 시험입니다. 마치 마귀가 예수님을 시험한 것처럼 직접 나섭니다.

욥의 생명을 제외한 모든 것을 다 빼앗아가던 것처럼 사탄은 성도들을 움직일 수도 없고 아무 것도 할 수 없는 깊은 어둠 속에 가두어버립니다. 소망의 빛이 사라진 세상에서 칠흑 같이 어두운 밤이 계속 되게 합니다. 언제 풀려날 줄 모르는 옥에 갇히게 됩니다. 끝이 없을 것 같은 그 어둠의 터널에서 많은 사람들이 주님을 떠나고 교회를 떠나고 믿음에서 떠나게 됩니다.

그런데 주님은 그 고난이 십일의 정해진 기간 동안 당하는 고난이라고 말씀하십니다. 이 십일이 어떤 사람에게는 십년일 수 있습니다. 또 어떤 사람에게는 열 달일 수 있습니다. 그리고 어떤 사람에게는 정말 단 십일일 수 있습니다.

그런데 우리는 지금 내가 그 십일 가운데 어디에 있는지를 모릅니다. 그 고난의 때가 아직 오지 않은 십일일 수도 있고 그 고난이 이제 막 시작된 십일일 수 있습니다.

아니면 오 일쯤 되어 돌아갈 수도 없고 앞으로 나아갈 수도 없는 가장 힘든 시기일 수 있습니다. 아니면 이제 하루만 더 버티면 되는 구일 째 되는 고난일 수 있습니다. 그 한없이 이어지는 고난 속에서 끝까지 믿음을 지킨 바울은 죽음을 눈앞에 두고 이렇게 말했습니다. "나는 달려갈 길 다 달렸고 믿음을 지켰다. 그러므로 이제 내 앞에 의의 면류관이 기다리고 있다."

우리의 믿음도 이와 같아야 합니다. 정금은 뜨거운 불을 견디고 나오는 것입니다. 주님은 우리에게 설령 믿음을 지키다가 순교할 수밖에 없고 그래서 원하지 않는 죽음이 찾아온다고 해도 바로 그 순간까지 믿음을 지키라고 말씀하십니다. 어찌 보면 정말 모진 말씀이지만 바로 여기에 영생의 길이 있습니다.

분명히 알아야 할 것은 어떤 고난은 피할 수도 없고 그냥 지나가지도 않는다는 것입니다. 무슨 잘못 때문에 찾아오는 고난도 아닙니다. 그저 마귀가 시기 질투하여 찾아오는 고난입니다. 그러나 그 어떤 고난과 시련 속에서도 끝까지 믿음을 지키면 바로 그 순간에 승리자에게 주어지는 면류관이 주어집니다. 생명의 면류관과 의의 면류관이 주어집니다. 그래서 우리는 이겨야 합니다.

■ 본문 : "이기는 자는 둘째 사망의 해를 받지 아니하리라"
11b. He who overcomes will not be hurt at all by the second death.

■ 목자역
11b. 이기는 사람은 절대로 두 번째 죽음에 의해 상함을 받지 않을 것이다.

🔳 양육과 적용을 위한 묵상노트

인간에게는 네 가지 죽음이 있습니다. 첫째 죽음은 하나님과의 관계에서 끊어진 죽음입니다. 마치 나무의 가지가 그 줄기에서 끊어진 것과 같습니다. 겉모습은 푸르지만 자꾸 말라갑니다. 이것을 영적인 죽음이라고 합니다.

또 정신적인 죽음이 있습니다. 영적인 죽음 곧 하나님과의 관계가 끊어진 인간은 그 정신이 온전하지 못합니다. 죄와 사망의 그늘에 있습니다. 세 번째 죽음이 육체의 죽음입니다. 줄기에서 떨어진 나무 가지가 시간이 지나면 말라버리는 것처럼 인간의 육체는 시간이 지나면 죽게 되어 있습니다.

그리고 네 번째 죽음이 계시록 20장에서 말씀하는 두 번째 사망입니다.

예수님의 재림과 함께 이루어지는 천년왕국 이후에 악한 자들에게 주어지는 마지막 심판 이후의 영원한 죽음인 불 못입니다.

그러나 회개하고 예수님을 주님으로 영접한 사람들은 영적인 죽음의 상태에서 벗어나고 또한 끝까지 믿음으로 승리하면 둘째 사망의 형벌인 지옥의 고통을 받지 않습니다. 둘째 사망은 영원한 지옥의 형벌이요 볼 못의 고통입니다.

사탄이 하는 일은 도적질하고 죽이고 멸망시키는 것뿐이라고 했습니다. 여기에서 멸망은 완전히 사라진다는 의미가 아닙니다. 멸망은 영원히 살아서 영원한 고통을 당한다는 의미입니다. 사탄과 그를 추종하는 무리들은 모두 뜨거운 불 못에서 영원한 고통을 당합니다. 이것이 멸망입니다.

인생에 다가오는 고난이 모두 합리적인 이유로 설명되는 것은 아닙니다. 그러나 그 어떤 고난도 우리는 믿음으로 이겨야 합니다. 믿음을 시험하는 시련과 아픔을 이겨야 합니다. 그리고 끝까지 이기는 성도가 되어야 합니다. 그래야 둘째 사망의 형벌 곧 지옥의 고통을 받지 않습니다. 이것이 성령께서 고난 중에 있는 모든 교회와 성도에게 주시는 경고이며 축복의 말씀입니다.

외부적인 환난과 내부적인 궁핍이 오늘의 현실이 되었을 때 또 마귀가 욥과 같이 우리를 옥에 가두는 현실이 찾아 왔을 때 우리는 서머나 교회에 주신 말씀을 깊이 생각하고 기억해야 합니다.

에베소 교회의 이기는 자처럼 니골라 당을 통해 쾌락으로 유혹하는 사
탄을 이기고 첫 사랑을 회복하여야 합니다. 하나님의 말씀에 순종하는 삶을
살게 되면 하나님의 낙원에 있는 생명나무의 열매인 영생이 주어집니다.

서머나 교회의 이기는 자처럼 예수님을 따라 십자가의 고통을 이기고
승리하면 불과 유황으로 타는 지옥의 형벌을 받지 않고 죽음이나 고통이
나 아픔이나 슬픔과 저주와 어둠이 없는 새 하늘과 새 땅의 축복을 누리게
됩니다.

에베소 교회에 주신 말씀과 서머나 교회에 주신 말씀은 인간의 멸망과
마지막 구원은 어떻게 이루어지는 가를 우리들에게 잘 보여주고 있습니다.

Ⅲ. 버가모 교회 : 우상들 가운데 서 있는 교회

 ### 3-1. 주님의 자기소개(12)

■ 본문 : "버가모 교회의 사자에게 편지하라 좌우에 날선 검을 가지신
이가 이르시되"

12. To the angel of the church in Pergamum write: These are the words
of him who has the sharp, double-edged sword.

■ 목자역

12. 그리고 너는 버가모에 있는 그 교회에서 말씀을 전하는 나의 종에게 편지를 써 보내라. : 이러한 일들은 그 입에 양쪽 끝이 시퍼렇게 날이 선 검과 같은 말씀을 가지신 예수님이 말씀하신 것이다.

■ 양육과 적용을 위한 묵상노트

버가모는 가장 먼저 황제 숭배를 공식화 할 정도로 극심한 황제 숭배와 우상 숭배의 도시입니다. 그곳을 통치하던 로마의 총독들은 황제로부터 부여 받은 생사여탈권을 가진 것을 상징하는 좌우에 날이 선 검을 가지고 있었습니다.

그래서 버가모 교회에 말씀하시는 주님은 좌우에 날선 검을 가지신 분으로 등장합니다. 그러나 인간의 생사여탈권을 가진 분은 로마 황제나 총독이 아니라 사망과 음부의 열쇠를 가지신 주님이십니다. 좌우에 날선 검과 같은 하나님의 말씀으로 온 세상을 심판하시는 주님이십니다.

히브리서 11장의 말씀처럼 좌우에 날선 검과 같은 하나님의 말씀은 살아있는 말씀이요 무엇인가가 움직이게 하고 창조하는 역사를 일으키는 힘이 있는 말씀입니다. 혼과 영과 관절과 골수를 찔러 쪼개어 내고 수술하며 심판하며 치료하는 능력이 있는 말씀입니다. 이 말씀의 권세를 가지신 분이 주님이십니다.

3-2. 교회의 상황(13a)

■ 본문 : "네가 어디에 사는지를 내가 아노니 거기는 사탄의 권좌가 있는 데라"

13a. I know where you live–where Satan has his throne.

■ 목자역

13a. 나는 네가 살고 있는 곳을 안다. 그곳은 사탄의 권좌가 있는 곳이다.

1 양육과 적용을 위한 묵상노트

버가모 교회는 황제 숭배의 본거지요 우상 숭배의 본거지인 도시에 서 있었습니다. 하나님을 믿는 믿음과 예수 그리스도를 주님으로 고백하면서 영적으로 바로 살기에 너무나 힘든 곳에 서 있는 교회가 버가모 교회였습니다.

 3-3. 교회에 대한 칭찬과 책망(13b-15)

1. 교회에 대한 칭찬(13b)

■ 본문 : "네가 내 이름을 굳게 잡아서 내 충성된 증인 안디바가 너희 가운데 곧 사탄이 사는 곳에서 죽임을 당할 때에도 나를 믿는 믿음을 저버

리지 아니하였도다"

13b. Yet you remain true to my name. You did not renounce your faith in me, even in the days of Antipas, my faithful witness, who was put to death in your city–where Satan lives.

■ 목자역

13b. 사탄의 권자가 있는 그 곳에서 너는 나의 이름을 최선을 다해 붙잡고 있다. 나는 사탄이 살고 있는 곳에서 온 맘과 힘을 다해 그렇게까지 충성하던 나의 증인 안디바가 너희들 가운데에서 살해당하던 그날에도 네가 나에 대한 믿음을 부인하지 않은 것을 안다.

🔲 양육과 적용을 위한 묵상노트

그런데 이렇게 믿음을 지키기 힘든 교회에 정말 자랑스럽고 주님께 칭찬 받을 일이 있었습니다. 그것은 오히려 그들이 주님의 이름을 더 굳게 잡고 믿음을 지키는 것입니다. 그들은 예수 그리스도를 주님으로 고백하면 죽인다고 해도 주님의 이름을 지키고 교회를 지켰습니다. 믿음을 부인하지 않았습니다.

심지어 안디바라는 목회자는 믿음과 구원의 진리를 지키다가 불에 태워져 순교했습니다. 안디바는 예수님처럼 충성된 증인이라는 이름을 갖게 됩니다. 안디바는 배교를 강요당할 때 아니요 하고 죽음의 길을 택했습니다.

그가 그렇게 순교할 때에도 그들은 그 죽음의 현장에서 주님의 이름을 지키고 교회를 지키고 믿음을 지켰습니다. 그것도 사탄이 가장 강력하게 역사하는 바로 그곳에서! 이분들은 참 귀한 믿음을 가진 분들입니다.

2. 교회에 대한 책망(14-15)

■ 본문 : "그러나 네게 두어 가지 책망할 것이 있나니 거기 네게 발람의 교훈을 지키는 자들이 있도다 발람이 발락을 가르쳐 이스라엘 자손 앞에 걸림돌을 놓아 우상의 제물을 먹게 하였고 또 행음하게 하였느니라 이와 같이 네게도 니골라 당의 교훈을 지키는 자들이 있도다"

14. Nevertheless, I have a few things against you: You have people there who hold to the teaching of Balaam, who taught Balak to entice the Israelites to sin by eating food sacrificed to idols and by committing sexual immorality.

15. Likewise you also have those who hold to the teaching of the Nicolaitans.

■ 목자역

14. 그러나 내가 너를 책망할 일들이 몇 가지 있다. 그것은 지금 너희들 가운데 몇 사람이 발람의 가르침을 따르고 있는 것이다. 발람은 발락을 꾀어 거짓을 가르쳐서 가나안을 향해 가던 이스라엘의 자손들에게 우상의 제물을 먹게 하고 부도덕한 성행위를 하게 함으로써 그들의 앞길에 엄청난 장애물을 놓았던 자이다.

15. 그런데 지금 너희들 가운데에서 몇 사람이 발람과 똑같은 짓을 하는

니골라 당을 따르면서 그 가르침을 지키고 있다.

✝ 양육과 적용을 위한 묵상노트

그렇게 믿음이 좋은 사람이 있는 교회에 한편으로는 발람의 교훈을 계승한 니골라 당의 가르침을 지키는 자들이 있었습니다. 민수기 25장 이후에 나오는 말씀을 보면 발람은 이스라엘 백성들이 애굽에서 나와 가나안으로 가는 도중에 모압의 왕이었던 발락의 유혹을 받아 돈에 팔린 거짓 선지자입니다.

돈에 팔려 선지자의 양심을 판 이 사람이 베푼 계략 때문에 이스라엘 백성들은 광야에서 쾌락과 음행에 빠져 수만 명이 죽음을 당해야 했습니다. 그리고 그일 때문에 동족상잔의 비극을 겪게 되고 그 슬픔과 애통함 속에서 이스라엘 민족들은 수개월간 가나안을 향해 가야 할 길을 못 가게 되었습니다.

발람은 하나님의 음성도 듣고 나귀가 하는 소리도 들으며 천사를 볼 정도로 영안이 밝았던 사람입니다. 그런데 그는 하나님보다 돈을 더 좋아했습니다. 그래서 그는 거짓 선지자입니다. 오늘날에도 주님의 이름으로 이적과 표적을 보인다고 해도 하나님보다 돈이 더 앞서는 자가 있다면 그는 가짜입니다.

쾌락으로 유혹하는 발람이나 니골라 당을 통한 사탄의 유혹은 그만큼

집요한 것입니다. 쾌락은 고통을 잊게 합니다. 자신의 부족한 것이 보이지 않게 하고 그 순간만큼은 더 이상 부족한 것이 없는 것 같은 느낌을 줍니다.

처음 사람 아담과 하와도 이런 측면에서 보면 사탄의 유혹에 빠져 자기들이 가져서는 안 될 것을 탐내는 탐욕과 쾌락을 추구한 첫 번째 인물들입니다. 그 결과 그들은 하나님께서 주신 에덴의 행복을 잃어버리고 행복이 없는 버려진 땅에서 하나님의 형상이 아닌 아담의 형상을 닮은 아이들을 낳고 살다가 죽었습니다. 사탄은 항상 비정상적인 탐욕과 쾌락으로 인간을 유혹합니다.

신앙의 길에서 벗어나 잘못된 쾌락에 빠지게 되면 더 이상 앞을 향해 나아가지 못합니다. 발전이나 성장이 없습니다. 대가를 지불해야만 그것에서 빠져 나올 수 있습니다. 성도들에게 구별된 삶을 요구하는 것은 바로 이 때문입니다.

오늘 우리 교회들에는 너무나 많은 발람과 니골라 당이 변형된 모습으로 들어와 있습니다. 안목의 정욕과 이생의 자랑과 감성을 자극하면서 육신적인 쾌락을 추구하게 하고 있습니다.

그들은 하나님을 바르게 찬양하지 않습니다. 잘못된 음악으로 인간들의 감성이나 마음을 자극합니다. 경건의 모양은 있으나 경건의 내용은 부인하고 있습니다. 종교 다원주의나 락 음악이나 잘못된 신비주의 같은 뉴에이지의 문화가 교회 안에 들어와 있습니다.

성령의 역사가 아닙니다. 악령의 역사입니다. 하나님보다 인간을 더 높이는 발람의 교훈이요 니골라 당의 가르침입니다. 분별할 수 있어야 합니다. 착한 행실로 세상에 빛을 비추는 경건을 회복해야 합니다.

 ## 3-4. 교회에 대한 권면(16-17a)

■ **본문** : "그러므로 회개하라 그리하지 아니하면 내가 네게 속히 가서 내 입의 검으로 그들과 싸우리라 귀 있는 자는 성령이 교회들에게 하시는 말씀을 들을지어다"

16. Repent therefore! Otherwise, I will soon come to you and will fight against them with the sword of my mouth.

17a. He who has an ear, let him hear what the Spirit says to the churches.

■ **목자역**

16. 그러므로 회개하라! 그렇게 하지 않으면 내가 너에게 신속히 가서 내 입에 있는 말씀의 검으로 그들과 싸울 것이다.

17a. 귀 있는 사람은 성령께서 교회들에게 말씀 하시는 것을 들어야 한다.

🔼 양육과 적용을 위한 묵상노트

아무리 순교자가 나오고 믿음을 지킨 사람들이 있어도 그 안에 발람의 교훈을 따르거나 니골라 당의 가르침을 지키는 자들이 있으면 그 교회는 한쪽에서부터 무너지면서 얼마 안 가 공동체 전체가 망하게 됩니다. 그래서 그 악한 자들은 교회 공동체에서 엄격하게 책망하고 책벌해야 하고 몰아내야 합니다.

이것이 교회 공동체의 바른 회개입니다. 알고도 모르는 척 하거나 같은 교인이라고 감싸게 되면 얼마 안 가 반드시 그 대가를 치르게 됩니다. 암은 치료하고 도려내야지 덮어두면 점차 자라나서 생명을 죽이게 됩니다.

그래서 우리는 분명하고 확실한 자세로 회개해야 합니다. 광야의 이스라엘 백성들은 그 음행한 자들을 죽인 후에야 그 고난에서 벗어날 수 있었습니다.

교회들에게 주시는 회개의 촉구는 또 한 번의 기회를 주시는 하나님의 은혜입니다. 그런데도 교회 공동체의 성결성을 회복하려고 하지 않고 회개하지 않으면 주님은 우리를 찾아오셔서 참되고 바른 진리의 말씀을 기준하여 우리를 심판하실 것입니다.

회개하지 않고 있다가 주님이 찾아오셔서 선포하시는 그 말씀 앞에서 참과 거짓이 드러나는 순간 우리는 모두 멸망하게 됩니다. 이제 어떻게 하시겠습니까? 진리를 버리고 거짓을 고수하고 쾌락을 추구하는 자들을 감싸며 주님과 싸우시겠습니까? 아니면 교회 공동체의 순결을 회복하시겠습니까? 고린도 교회를 생각해 보면 우리가 어떻게 해야 하는지는 분명해집니다.

3-5. 이기는 자에게 주어지는 상(17b)

■ 본문 : "이기는 그에게는 내가 감추었던 만나를 주고 또 흰 돌을 줄 터인데 그 돌 위에 새 이름을 기록한 것이 있나니 받는 자 밖에는 그 이름을 알 사람이 없느니라"

17b. To him who overcomes, I will give some of the hidden manna. I will also give him a white stone with a new name written on it, known only to him who receives it.

■ 목자역

17b. 이기는 그 사람에게는 내가 지금까지 감추어 두었던 만나와 흰 돌을 줄 것이다. 그 흰 돌 위에는 하나의 새 이름이 쓰여 있는데 그 이름은 지금까지도 그랬던 것처럼 그것을 받는 사람 외에는 아무도 모르는 이름이다.

◨ 양육과 적용을 위한 묵상노트

버가모 교회와 같은 상황에서 순결한 믿음을 지키며 교회를 지키는 것은 결코 쉬운 일이 아닙니다. 그러나 믿음의 현장은 현실입니다. 그래서 이기는 것은 내일의 일이 아닙니다. 이기는 것은 오늘의 일이요 현재의 일입니다.

주님께서는 오늘 지금 이기는 사람에게 감추어두었던 만나를 주십니다.

이기는 사람은 진리를 바르게 분별할 수 있게 되고 주님이 주시는 참 진리 요 영원한 생명의 양식을 먹게 됩니다.

이것은 거짓된 가르침이 주는 일시적인 정신적 만족이나 순간적으로 육체를 만족시키는 쾌락이 아닙니다. 영혼에 영원한 만족과 영원한 생명 을 주는 영생의 양식입니다. 주님이 주시는 것입니다.

감추어진 만나는 예수님의 십자가 보혈이 흐르던 날 찢어진 성소 휘장 뒤에 있는 지성소의 언약궤 안에 있는 것입니다. 그 언약궤 안에는 부활을 상징하는 아론의 싹 난 지팡이와 십계명이 새겨진 두 돌판이 함께 있습니 다. 영생을 주는 만나는 부활 생명과 함께 그리고 영원하신 하나님의 말씀 과 함께 있습니다.

우리의 지성의 영역과 감성과 의지를 넘어서는 곳, 성소 휘장이 찢어지 고 지성소가 열리는 곳에 언약궤가 있는 것처럼 십자가의 보혈에 의지하 여 우리의 몸과 마음이 씻어지는 생수가 터지는 바로 그 자리에서 우리의 영이 살아나고 그 영은 진리의 말씀인 감추어진 만나를 먹게 됩니다.

광야에서 이스라엘 백성들을 살린 하나님이 주시는 생수는 반석 아래 감추어져 있었고 그 반석을 말씀을 따라 칠 때 그 생수는 솟아 나왔습니다. 요한복음에서 주님은 우리에게 믿는 자는 그 배에서 생수의 강이 흘러내리 라고 하셨습니다. 영의 생수도 역시 혼의 반석이 깨져야 나오는 것입니다.

똑같이 보이는 반석이지만 하나님께서 말씀하실 때 그 반석을 치면 생수가 나오듯이 우리들의 믿음도 예수 그리스도 안에서 혼적인 것이 확실히 깨져야 시원한 생수의 은혜가 주어집니다. 주님을 부인하고 주님을 떠났던 반석 같은 우리의 자아가 깨질 때 생수는 솟아오르게 됩니다.

보화는 밭에 감추어져 있지만 그 보화를 차지하는 사람은 그 밭을 임대해서 그 밭을 깊이 갈아엎은 사람입니다. 자신의 땀과 노력이 들어가고 시간과 물질을 투자해야 합니다.

보화는 밭의 일 미터 아래에 있습니다. 지금보다 조금 더 깊이 갈아야 합니다. 지금 내가 가진 모든 것을 투자해서라도 그 보화를 차지해야 합니다. 말씀의 보화를 가지게 되면 지금보다 100배는 더 나은 인생이 될 줄 믿습니다.

보화가 감추어진 밭으로 인도하시는 분은 하나님이시지만 그 밭을 갈고 보화를 발견하고 차지할 책임은 나에게 있습니다. 그래서 우리는 더 깊이 기도해야 하고 더 많이 노력해야 합니다. 우리에게 주어진 밭은 세상이기도 하고 교회이기도 하고 성경 말씀이기도 합니다.

분명히 그 밭에는 보화가 감추어져 있습니다. 기도의 양만큼 그리고 흘린 땀의 양만큼 투자한 물질의 영만큼 내가 헌신한 피와 눈물의 양만큼 밭은 더 좋아지고 더 풍성해 집니다. 감추어진 것은 그냥 주어지는 것이 아닙니다.

진리와 비 진리는 항상 격돌합니다. 세상은 전쟁터입니다. 이 싸움에서 지면 계시록 13장의 말씀처럼 짐승의 표를 받고 발람과 니골라의 교훈으로 사는 것이고 이 싸움에서 이기면 계시록 14장에 나오는 십사만 사천의 주의 종들처럼 그 이마에 어린양과 그 아버지의 이름이 있는 사람이 되어 감추어진 만나를 먹게 됩니다. 이 싸움은 오늘도 계속되는 싸움입니다.

또한 주님은 이기는 자에게 새 이름이 새겨진 흰 돌도 주십니다. 옛날 로마인들은 자신들의 노예를 자유인으로 풀어줄 때 흰 돌을 주었습니다. 영원한 자유인임을 보증하는 것이 새 이름이 새겨진 흰 돌입니다. 주님은 이기는 자에게 진리 안에서 영원한 자유를 누리도록 계시록 19장에서 하나님의 말씀이라고 불리어지는 예수님의 새 이름이 새겨진 흰 돌을 주십니다.

지금 진리 안에서 누리는 참된 영혼의 자유가 저나 여러분에게 있습니까? 이것은 받은 사람만 알 수 있습니다. 주님의 진리는 우리에게 영생과 참된 자유를 줍니다. 그래서 이겨야 합니다.

Ⅳ. 있는 것을 굳게 붙잡아야 할 두아디라교회

 4-1. 주님의 자기소개와 교회에 대한 칭찬(18-19, 24a)

1. 주님의 자기소개(18)

▪ 본문 : "두아디라 교회의 사자에게 편지하라 그 눈이 불 꽃 같고 그 발이 빛난 주석과 같은 하나님의 아들이 이르시되"

18. "To the angel of the church in Thyatira write: These are the words of the Son of God, whose eyes are like blazing fire and whose feet are like burnished bronze.

▪ 목자역

18. 그리고 너는 두아디라에 있는 그 교회에서 말씀을 전하는 나의 종에게 편지를 써 보내라. 이러한 일들을 말씀하시는 분은 타오르는 불꽃같은 눈과 불로 잘 연마된 놋쇠와 같은 발을 가지신 하나님의 아들이시다.

🛈 양육과 적용을 위한 묵상노트

두아디라는 희랍 신화에 나오는 제우스의 아들인 아폴로를 그 도시의 신으로 섬기는 곳이었습니다. 그래서 주님은 아폴로가 아닌 주님이 모든 것을 불꽃같은 눈으로 통찰하시고 모든 것을 심판하시는 권세를 가지신 하나님의 아들이라고 자신을 소개하십니다.

인간들이 만든 어떤 신도 우상도 황제도 하나님과 같은 신이 될 수 없습니다. 오직 예수님만 하나님이 어떤 분인지를 우리에게 보여주신 하나님의 아들입니다. 우리는 어떤 인간이나 우상이 아니라 예수님을 통해 하나님을 봅니다.

2. 교회에 대한 칭찬(19, 24a)

■ 본문 : "내가 네 사업과 사랑과 믿음과 섬김과 인내를 아노니 네 나중 행위가 처음 것보다 많도다 24a 두아디라에 남아 있어 이 교훈을 받지 아니하고 소위 사탄의 깊은 것을 알지 못하는 너희에게 말하노니"

19. I know your deeds, your love and faith, your service and perseverance, and that you are now doing more than you did at first.

24a. Now I say to the rest of you in Thyatira, to you who do not hold to her teaching and have not learned Satan's so-called deep secrets

■ 목자역

19. 나는 네 사업과 사랑과 믿음과 섬김의 사역과 너의 그 한없는 인내를 안다. 그리고 네가 그 일들을 처음 시작할 때보다 지금 더 많이 하고 있다는 것도 안다.

24a. 나는 두아디라에 남아 있으면서도 이러한 이세벨의 거짓된 가르침을 따르지 않는 자들에게 말한다. 이들은 소위 그들이 말하는 사탄의 깊은 것 곧 거짓된 교리나 교훈을 알려고 하지 않는 사람들이다.

▣ 양육과 적용을 위한 묵상노트

이 도시는 상업도시이며 공업도시입니다. 그래서 그 교회에는 사업하는 사람들이 많이 있었습니다. 그런데 그들은 사업만 잘 하는 것이 아니라 사랑과 믿음과 섬김과 인내에서도 뛰어난 성도들이었습니다. 그들은 시간이 갈수록 그 모든 행위들을 처음보다 더 잘하고 더 많이 하는 사람들이었습니다.

이 교회는 시간의 흐름과 함께 계속 인원이나 재정이 더 풍성해지는 부흥하는 교회입니다. 외형적으로는 갈수록 더 좋아지는 교회입니다. 처음에 잘하는 사람이 끝까지 잘하기는 결코 쉽지 않습니다. 그런데 그들은 갈수록 더 잘했습니다. 우리도 이렇게 신앙생활하면서 갈수록 더 많아지면 얼마나 좋을까요?

그런데 그 교회에는 발람이나 니골라보다 더 간교하고 악하고 교활한 여자 이세벨이 화려하고 멋진 모습과 뛰어난 말솜씨로 스스로를 선지자라고 하면서 그들 사이에 들어와 자리를 잡았습니다.

이세벨의 거짓된 교훈에 빠진 자들은 사업을 하는 사람들에게 일시적인 도덕적 타락은 별것이 아니요 어떻게 해서든지 돈을 많이 벌어서 교회에 헌금을 많이 하면 된다고 생각하게 되었습니다. 그들은 하나님의 말씀을 따르는 바른 신앙생활보다는 순간순간 적당히 세상과 타협하며 살았습니다.

이단에 넘어가면 영이 병들고 정신과 육신이 썩어 갑니다. 이단은 계시록 8장에 나오는 하늘에서 떨어지는 별처럼 처음에는 활활 타오르는 횃불 같으나 잠시 시간이 지나면 형체도 없이 사라지게 됩니다.

그래서 우리는 이세벨처럼 아무리 외적으로 화려하고 겉보기에 매력적이라고 해도 거짓으로 가득한 이단의 가르침에 넘어가지 말아야 합니다.

그런데 왜 사람들이 이단에 넘어갈까요? 사탄은 영물이기 때문에 보통 사람들이 알지 못하는 깊은 지식을 가지고 있습니다. 그래서 이단에 미혹되면 빛과 어둠을 분별하지 못하고 그 빛을 가장한 거짓된 가르침에 빠져들게 됩니다.

이세벨은 심지어 하나님의 종들을 가르쳐 꾈 정도로 그 언변이 뛰어난 음녀입니다. 그러나 거짓에 속아 넘어가면 반드시 멸망의 길로 가게 됩니다. 그래서 빛과 어둠 그리고 진리와 비 진리를 잘 분별할 수 있어야 합니다.

사탄은 계시록 17장에 나오는 음녀의 모습으로 다가옵니다. 그가 탄 짐승은 세상의 권력을 가지고 있습니다. 그가 입은 옷은 화려하고 그가 치장한 금과 보석과 진주는 진짜입니다. 그가 들고 있는 금잔도 진짜입니다.

사탄이 처음부터 가짜를 가지고 다가오는 것이 아닙니다. 처음에는 진짜를 가지고 다가옵니다. 그러나 그 금잔 안에 세상에 있는 모든 가증한 것과 음란한 것이 다 들어 있는 것처럼 속에 들어가 보아야 가짜인 줄 압니다.

그러나 속아서 그 음녀의 가르침 속에 빠져 들어가게 되면 그에게 붙잡혀서 스스로 헤어날 길이 없습니다. 그래서 오늘 본문은 예수님이 주님이심을 부인하면서도 무슨 신비한 영적인 지식이라도 있는 것처럼 다가오는 이단이나 사이비에게 관심조차 갖지 말라고 말씀하는 것입니다.

4-2. 교회에 대한 책망(20-21)

■ 본문 : "그러나 네게 책망할 일이 있노라 자칭 선지자라 하는 여자 이세벨을 네가 용납함이니 그가 내 종들을 가르쳐 꾀어 행음하게 하고 우상의 제물을 먹게 하는도다 또 내가 그에게 회개할 기회를 주었으되 자기의 음행을 회개하고자 하지 아니하는도다"

20. Nevertheless, I have this against you: You tolerate that woman Jezebel, who calls herself a prophetess. By her teaching she misleads my servants into sexual immorality and the eating of food sacrificed to idols.

21. I have given her time to repent of her immorality, but she is unwilling.

■ 목자역

20. 그러나 나는 너를 책망한다. 그 이유는 네가 그 자신을 스스로 선지자라고 자처하는 거짓 선지자인 이세벨이라는 여인을 받아들였기 때문이다. 그 여자는 나의 종들에게 거짓된 것을 가르치고 그들을 속여 음행하게 하고

우상의 제물을 먹게 하고 있다.

21. 그래서 나는 그 여자에게 회개할 수 있는 기회와 시간을 주었다. 그런데도 그 여자는 자신의 음행을 회개하기를 원하지 않았다.

🚹 양육과 적용을 위한 묵상노트

이세벨은 여자인 거짓 선지자인데 그 화려한 미모와 현란한 말솜씨로 사람들을 가르쳐 속였습니다. 그녀가 속인 사람들은 주님의 종들입니다. 주의 종들은 하나님께 선택을 받아 말씀을 전하도록 훈련된 사람들입니다. 그런데 그들을 가르쳐 꾀이고 속였으니 그 재주가 얼마나 놀랍습니까?

한번 속아 넘어가면 그녀는 주의 종들에게 우상 제물을 먹게 하고 행음하게 합니다. 돈으로 넘어지게 하고 여자들로 유혹하여 타락하게 합니다. 영적인 타락과 육적인 타락이 동시에 이루어집니다. 오늘날에도 교회라는 이름을 가진 이단의 집단 안에 이세벨과 같은 이런 부류들이 버젓이 자리를 잡고 있습니다.

가르쳐 꾀었다고 성경이 말씀할 정도이고 많은 주의 종과 성도가 그 꾐에 넘어갔으니 그 교회의 영적인 상태는 옛날 엘리야 선지자가 활동하던 시대와 흡사합니다. 그때 북 왕국의 왕이 아합이었고 그 부인이 이세벨이었습니다.

어떤 면에서 해아래 새 것이 없는 것처럼 역사는 반복됩니다. 주님께서는 그 시대의 음녀인 이세벨에게 회개할 기회를 주었지만 그 음녀는 이미 타락한 주의 종들까지 거느리는 큰 세력을 형성했기 때문에 절대로 회개하지 않습니다.

4-3. 회개하지 않는 교회에 대한 징벌과 권면(22-25, 29)

1. 징벌(22-23)

■ 본문 : "볼지어다 내가 그를 침상에 던질 터이요 또 그와 더불어 간음하는 자들도 만일 그의 행위를 회개하지 아니하면 큰 환난 가운데에 던지고 또 내가 사망으로 그의 자녀를 죽이리니 모든 교회가 나는 사람의 뜻과 마음을 살피는 자인 줄 알지라 내가 너희 각 사람의 행위대로 갚아 주리라"

22. So I will cast her on a bed of suffering, and I will make those who commit adultery with her suffer intensely, unless they repent of her ways.

23. I will strike her children dead. Then all the churches will know that I am he who searches hearts and minds, and I will repay each of you according to your deeds.

■ 목자역

22. 보라! 이제 내가 그 여자를 아주 심한 병이 들게 하여 침상에 눕게 하리라. 그리고 그 여자와 함께 음행한 자들도 그 여자와 더불어 행한 그 음란한 일들을 회개하지 않는다면 큰 환난 가운데 던지리라!

23. 그리고 그 여자가 거짓된 교리를 가르쳐 낳은 그 여자의 자녀들은 살해 당해 죽게 할 것이다. 그렇게 함으로써 모든 교회는 내가 사람들의 생각과 마음의 깊은 곳까지 속속들이 살피는 자인 것을 알게 될 것이다. 그리고 나는 너희가 행한 그 행위대로 너희 각 사람에게 갚아줄 것이다.

▣ 양육과 적용을 위한 묵상노트

그 음녀는 주님이 주신 회개할 기회를 무시하고 회개하지 않다가 하나 님의 심판을 받아 스스로 움직이지도 못하는 병이 들어 멸망의 길로 가게 됩니다. 이단들의 말로는 이세벨과 같습니다. 이단들이 한 때는 멋대로 움직이고 마음대로 하는 것 같지만 마지막에는 스스로 움직이지도 못하고 파멸해 버립니다.

또 그와 더불어 음행하던 자들 가운데 많은 이들이 그들의 이세벨과 간음한 그들의 음행을 회개하지 않아 큰 환난 가운데 던져지게 됩니다. 이 환난은 온 땅에 있는 사람들을 시험하는 큰 환난의 때의 마지막에 있는 마지막 재앙의 시기입니다. 그러므로 회개의 기회가 주어지면 즉시 회개 해야 합니다.

하나님을 대적하게 하는 그 음행의 가르침으로 태어나 받은 어둠의 자 식들은 심한 영적인 질병과 육신의 질병에 걸려 결국에는 마지막 재앙으 로 멸망을 당합니다. 이들은 계시록 16장에 나오는 천사가 첫째 대접을 땅에 쏟을 때 짐승과 그 우상에게 경배하고 그 오른손이나 이마에 짐승의 표를 받았다가 그 심판을 통해 온 몸에 악성 종기가 나 결국 죽게 되고 멸망하는 자들과 같습니다.

2. 권면(24-25, 29)

■ 본문 : "두아디라에 남아 있어 이 교훈을 받지 아니하고 소위 사탄의 깊은 것을 알지 못하는 너희에게 말하노니 다른 짐으로 너희에게 지울 것은 없노라 다만 너희에게 있는 것을 내가 올 때까지 굳게 잡으라"

24. Now I say to the rest of you in Thyatira, to you who do not hold to her teaching and have not learned Satan's so-called deep secrets(I will not impose any other burden on you):

25. Only hold on to what you have until I come.

■ 목자역

24. 그리고 나는 두아디라에 남아 있으면서도 이러한 이세벨의 거짓된 가르침을 따르지 않는 자들에게 말한다. 너희들은 소위 그들이 말하는 사탄의 깊은 것을 알려고 하지 않는 사람들이다. 나는 이렇게 순결한 믿음을 지키고 있는 너희들에게는 다른 짐을 지게 하지 않겠다.

25. 그러니 남아 있는 너희들은 너희가 지금 가지고 있는 것을 내가 올 때까지 놓치지 말고 꽉 붙잡고 있으라.

■ 본문 : "귀 있는 자는 성령이 교회들에게 하시는 말씀을 들을지어다"(29)

29. He who has an ear, let him hear what the Spirit says to the churches.

29. 귀 있는 사람은 성령께서 교회들에게 말씀하시는 것을 들어야 한다.

■ 양육과 적용을 위한 묵상노트

믿음은 진리에 기초한 순결한 것이어야 합니다. 믿음이 순결하면 믿음을 지키는 것 외에 다른 짐이 주어지지 않습니다. 주님은 우리에게 주님이 오시는 날까지 진리를 굳게 잡고 믿음을 지키고 있으라고 말씀하십니다. 그리고 이렇게 말씀하시는 주님의 음성을 들어야 한다고 말씀하십니다. 그래서 우리의 귀는 항상 열려 있어야 하고 우리의 믿음은 진리에 기초한 순결한 것이어야 합니다.

4-4. 이기는 자와 끝까지 주님의 일을 지키는 자에게 주어지는 상(26-28)

■ 본문 : "이기는 자와 끝까지 내 일을 지키는 그에게 만국을 다스리는 권세를 주리니 그가 철장을 가지고 그들을 다스려 질그릇 깨뜨리는 것과 같이 하리라 나도 내 아버지께 받은 것이 그러하니라 내가 또 그에게 새벽별을 주리라"

26. To him who overcomes and does my will to the end, I will give authority over the nations–

27. 'He will rule them with an iron scepter; he will dash them to pieces like pottery'– just as I have received authority from my Father.

28. I will also give him the morning star.

26. 그리하면 내가 끝까지 이긴 그 사람과 나의 일을 끝까지 지킨 그 사람들에게 모든 나라들을 다스리는 권세를 주겠다.

27. 그들은 철로 된 지팡이를 가지고 나라들을 다스리리라. 그것은 마치 쇠몽둥이로 질그릇을 깨트리는 것과 같은 강력한 힘이 있는 권세이다. 내가 나의 아버지께로부터 받은 것이 그와 같은 권세이다.

28. 그리고 나는 그에게 새벽별을 주겠다.

① 양육과 적용을 위한 묵상노트

주님은 이기는 성도들에게 상을 주십니다. 각 사람이 행한 대로 갚아주십니다. 그래서 우리는 날마다 이겨야 하고 끝까지 주님의 일을 붙잡고 살아야 합니다.

주님의 일이 무엇입니까? 깨어 기도하며 하나님의 말씀을 전하는 것이요 마태복음 25장의 말씀처럼 성령의 기름을 준비해서 주님 오실 때 그 오시는 길을 밝게 비추는 것입니다. 성령의 기름으로 채운 등불이 타오르는 곳으로 주님은 오십니다. 또 맡은 직분을 잘 감당하면서 착한 행실로 이웃을 돕고 주님의 몸인 교회를 세워가는 일입니다. 하나님의 교회를 지키고 세우는 일입니다.

힘들고 어렵다고 중간에 주님의 일을 포기하면 주님도 우리의 손을 놓아버릴 수 있습니다. 그러나 아무리 어렵고 힘들어도 끝까지 주님을 붙잡고 교회를 지키고 세우고 있으면 주님이 우리에게 상을 주십니다. 12년 동안 혈루병을 앓던 여인은 마지막 힘을 다해 주님의 옷을 꽉 붙잡아서 병 고침을 받았습니다.

그 상은 모든 만국을 다스리는 왕의 권세요 가장 짙은 어둠을 밝히며 떠오르는 새벽별과 같은 명예와 능력입니다. 새벽별은 주님 자신이기도 합니다. 이처럼 신부가 되어 신랑인 예수님을 만나는 축복도 이기는 자에게 주어지는 은혜입니다. 끝까지 합시다. 끝까지 승리하고 끝까지 주님의 일을 하며 삽시다.

첫 번째 사건 [1장 - 2장 - 3장]
예수 그리스도와 교회

1 계시록 3장 ┃ 교회(2) 성령께서 교회들에게 하시는 말씀

V. 살았다는 이름은 있으나 영적으로 죽어있는 사데 교회

 5-1. 주님의 자기소개와 교회에 대한 칭찬

1. 주님의 자기소개(1a)

■ 본문 : "사데 교회의 사자에게 편지하라 하나님의 일곱 영과 일곱 별을 가지신 이가 이르시되"

1a. To the angel of the church in Sardis write: These are the words of him who holds the seven spirits of God and the seven stars.

■ 목자역

1a. 그리고 너는 사데에 있는 그 교회에서 말씀을 전하는 내 종에게 편지를

써 보내라. 이러한 일들을 말씀하신 분은 하나님의 일곱 영과 일곱 별을 가지고 계신 예수님이시다.

✝ 양육과 적용을 위한 묵상노트

사데는 두아디라 남동쪽 65Km쯤 떨어진 지역에 있는 도시이며 B.C. 700년부터 546년까지 리디아 왕국의 수도였습니다. 에게해 주변 무역의 요충지로 인류 역사 최초로 금화와 은화를 만들어 사용한 부유한 도시였습니다. 사데 교회는 세속화의 물결에 빠져 세상 문화에 깊이 영향을 받은 교회였습니다.

이 교회에 말씀하시는 주님은 하나님의 일곱 영과 일곱별을 가지신 분입니다. 이 교회는 사탄의 거짓 영이 아닌 온전하신 성령님의 역사가 필요한 교회입니다. 거짓 선지자가 아닌 진짜 주님의 손에 붙들린 주의 종이 있어야 합니다.

주님은 우리에게 묻고 계십니다. 너는 성령 충만한 성도인가? 너는 주님의 손에 붙들려 있는 목사인가? 아니면 가짜입니다.

2. 교회에 대한 칭찬(4)

■ 본문 : "그러나 사데에 그 옷을 더럽히지 아니한 자 몇 명이 네게 있어 흰 옷을 입고 나와 함께 다니리니 그들은 합당한 자인 연고라"

4. Yet you have a few people in Sardis who have not soiled their clothes. They will walk with me, dressed in white, for they are worthy.

■ 목자역

4. 그러나 아직 사데에 적기는 하지만 그 옷을 더럽히지 않은 몇 사람이 있다. 그들은 흰 옷을 입고 나와 함께 다니게 될 것이다. 그들은 성도들이 거의 다 믿음을 저버리고 타락해가는 상황에서도 끝까지 자기들의 순결을 지켰으므로 그럴만한 자격이 충분히 있다.

🔟 양육과 적용을 위한 묵상노트

사데는 견고한 요새 위에 세워진 도시입니다. 그래서 사데 교회도 견고하다는 이름이 붙어 있는 교회였습니다. 그런데도 견고하다는 이름값을 못하고 허울만 남아 있는 그 교회 안에 여전히 자기들의 믿음을 지키는 소수의 사람들이 남아 있었습니다. 주님은 그들에게 하나님의 구원이 이루어졌음을 보증하는 흰 옷을 주십니다. 믿음을 지키는 사람들에게는 반드시 보상이 있습니다.

옷은 사람들의 벌거벗은 상태를 감추어주는 것입니다. 처음 사람이었던 아담과 하와는 죄를 짓기 전에는 벌거벗은 상태로 지냈지만 부끄러움이 없었습니다. 부끄러움이란 무엇일까요? 죄를 지은 상태를 깨닫는 것입니다.

죄를 지은 인간은 둘 중의 하나입니다. 하나는 양심에 화를 맞아 죄의식이 전혀 없는 상태로 사는 것입니다. 이 상태로 사는 인간들이 죽은 자들이며 짐승이요 거짓 선지자입니다. 또 하나는 죄를 지으면 자신의 부끄러움을 아는 것입니다. 아담처럼 그 부끄러움과 수치를 가리려고 무화과나무 잎으로 옷을 만들어 입고 하나님을 피하여 숨는 것입니다.

옷은 부끄러움을 가리고 수치를 보이지 않게 하는 것입니다. 그런데 오늘 본문에는 사대 교회에 있는 소수의 사람들이 예수님을 믿고 세례를 받을 때 주어진 자기 옷을 지키고 있습니다. 이 옷은 마치 아담과 하와에게 주어진 짐승의 옷과 같습니다. 무화과나무 잎으로 가릴 수 없는 죄를 덮어주는 짐승의 피가 흐른 옷입니다.

세례를 받은 이후에 믿음을 지킨 그들은 주님 앞에 그 믿음을 인정받아 처음 옷을 흰 옷으로 갈아입게 됩니다. 흰 옷은 예수님의 피로 그들이 입은 옷을 씻어 희게 한 옷입니다.

완전히 죄 사함 받아 천국에 들어갈 사람들이 입는 옷입니다. 그래서 우리는 벌거벗은 수치를 가리기 위해 하나님의 말씀인 물로 우리의 심령을 씻어 정결하게 해야 합니다. 그리고 세례 받을 때 받아 입은 그 옷을 벗고 예수님의 보혈로 씻은 흰 옷으로 바꿔 입어야 합니다.

흰 옷을 입은 성도들에게는 하나님께서 어린양의 혼인잔치에 참여할 수 있도록 신부가 입는 밝고 빛나는 세마포 옷을 입게 하십니다. 인간의 구원은 인간이 스스로 만든 무화과나무 잎으로 만든 옷을 벗고 하나님이 만들어 주신 짐승의 가죽으로 만든 옷을 입는 것에서 출발합니다.

죄를 지은 인간은 스스로 그 부끄러움을 가리거나 그 상태를 벗어날 수 없습니다. 하나님의 은총 가운데 피 흘린 짐승의 옷을 입어야 죄가 가려지며 덮어집니다. 그러나 언제까지 덮을 수 없습니다. 그래서 십자가에서 흘리신 예수님의 피로 모든 죄를 씻어야 합니다. 가죽 옷은 흰 옷으로 바꾸어져야 합니다.

그 흰 옷은 주님이 재림하시고 어린양의 혼인잔치가 열리는 날 신부가 입는 밝고 빛나는 세마포 옷으로 바꾸어집니다. 계시록 19장에서는 이 밝고 빛나는 세마포 옷을 성도들의 옳은 행실이라고 말씀하고 있습니다.

예수님을 믿기 전에 무화과나무 옷을 입었다면 예수님을 믿고 거듭나서 하나님의 말씀으로 세례를 받을 때 가죽 옷을 입습니다. 그리고 예수님의 보혈의 능력을 의지하고 성화된 삶을 살다보면 그 옷은 흰 옷이 됩니다.

그 흰 옷이 영화로운 주님과 함께 어린양의 혼인잔치 자리에 나아가게 될 때 밝고 빛나는 세마포 옷으로 바꾸어집니다. 중생과 성화 그리고 영화로 이어지는 인간의 구원은 계속해서 옷을 바꿔 입는 역사 속에서 이루어집니다.

지금 당신은 무슨 옷을 입고 있습니까? 무화과나무 옷입니까? 아니면 짐승의 가죽으로 만든 옷입니까? 흰 옷입니까? 아직 세마포 옷은 주어지지 않았습니다. 그 옷은 어린양의 혼인잔치 때 입을 것입니다.

 5-2. 교회에 대한 책망(1b-2)

■ 본문 : "내가 네 행위를 아노니 네가 살았다 하는 이름은 가졌으나 죽은 자로다 너는 일깨어 그 남은 바 죽게 된 것을 굳건하게 하라 내 하나님 앞에 네 행위의 온전한 것을 찾지 못하였노니"

1b. I know your deeds; you have a reputation of being alive, but you are dead.

2. Wake up! Strengthen what remains and is about to die, for I have not found your deeds complete in the sight of my God.

■ 목자역

1b. 나는 네가 해온 그 모든 행위들을 다 알고 있다. 네가 하는 그 행위들을 보니 너는 겉으로 보기에는 이름도 있고 살아 있는 것 같은데 실제로는 속이 썩어 있고 죽어 있다.

2. 그러므로 깨어나라! 그리고 그 영이 죽어가는 자들 가운데 조금이라도 그 숨이 남아 있는 자들을 다시 깨워 일으켜 세워라. 나는 나의 하나님 앞에서 네가 해 온 모든 일들 가운데 어느 것 하나 온전하게 제대로 된 것을 본 일이 없다.

🔼 양육과 적용을 위한 묵상노트

사람이나 교회에는 늘 그 이름이 있습니다. 그래서 우리는 그 이름을 부르면서 그 사람이나 그 교회를 생각합니다. 그런데 사데 교회는 견고하다는 이름은 있으나 실상은 거의 무너진 죽은 교회였습니다.

사데 교회는 마치 파수꾼이 자기 사명을 잊어버리고 잠들어 있는 것처럼 세상에 대해 아무런 역할을 하지 못하는 교회였습니다. 잠들어 있고 깨어 있지 못한 상태는 어떤 상태일까요?

마치 삼손이 들릴라의 무릎을 베고 잠들어 있는 것과 같은 상태입니다. 삼손은 그 무릎을 베고 누워 그 머리털이 다 깎일 때까지 일어나지 못했습니다. 그는 결국 하나님이 주신 힘을 잃어버리고 두 눈이 뽑히고 쇠사슬에 묶여 맷돌을 돌리는 신세가 되었습니다.

그래서 주님이 삼손처럼 잠들어 죽어가고 있는 교회를 다시 일으켜 세우기 위해 깨어나라고 말씀하십니다. 그리고 주님은 깨어나라는 말씀만 하시는 것이 아니라 권면도 하십니다. 깨어 일어나서 죽어가는 가운데에도 남아 있는 자들을 다시 일으켜 사데라는 그 이름처럼 굳건하게 지키라고 하십니다.

남은 자들은 절대적인 믿음을 가지고 온 힘을 다해 그 죽어가는 교회를 지키는 신실한 하나님의 사람들입니다. 사람은 누구나 주변 환경이나 사람들에게 영향을 받게 되어 있습니다. 아무리 신실한 사람이라도 그 주변의 사람들이 믿음을 잃어버리면 서서히 지쳐가고 그 영적인 생명이 고갈되어 갑니다.

민수기 14장을 보면 이스라엘 백성들 가운데 각 지파의 대표가 되는 사람들 열두 명을 뽑아 가나안에 들여보냈습니다. 그러나 그들 가운데 불과 두 사람 여호수아와 갈렙만 하나님의 약속을 믿는 믿음을 고백했습니다.

세상에는 항상 5:1의 법칙이 존재합니다. 여섯 사람이 모이면 부정적인 사람이 다섯이요 긍정적인 사람이 하나입니다. 그 중에서도 특별한 믿음을 가진 사람은 갈렙과 같은 사람 하나입니다. 그러므로 우리는 내 믿음이 어떤 상태인지 늘 점검해보아야 합니다.

주의 종의 역할은 믿음이 식어가는 그들에게 다시 생기가 들어가게 하는 일입니다. 에스겔서 37장에서 에스겔이 생기를 향해 명할 때 마른 뼈들에게 생기가 역사하면서 힘줄이 생기고 살이 붙어 큰 군대가 된 것처럼 새순이 돋아 다시 일어나도록 주의 종이 먼저 영적으로 일어나야 하고 깨어나야 합니다.

주님의 책망은 어찌 보면 교회 전체를 향한 것이 아닙니다. 주로 파수꾼의 사명을 가진 목회자를 향한 것입니다. 그래서 목회자의 역할이 소중합니다. 파수꾼인 목회자가 잠들면 성도들 모두가 죽습니다.

주님 앞에는 숨길 것이 없습니다. 내가 하는 모든 행위를 주님은 아십니다. 그러므로 항상 우리는 주님 앞에 서 있는 종의 자세를 가지고 세상을 살아야 하고 교회를 섬겨야 합니다. 주님은 참과 거짓을 분명하게 구별하십니다.

5-3. 교회에 대한 권면(3, 6)

■ 본문 : "그러므로 네가 어떻게 받았으며 어떻게 들었는지 생각하고 지켜 회개하라 일깨어 남은 바 죽게 된 것을 굳건하게 하라 만일 일깨지 아니하면 내가 도둑 같이 이르리니 어느 때에 네게 이를는지 네가 알지 못하리라"

3. Remember, therefore, what you have received and heard; obey it, and repent. But if you do not wake up, I will come like a thief, and you will not know at what time I will come to you.

■ 목자역

3. 그러므로 너는 지금 네가 그때 어떻게 구원을 받았는지 그리고 어떻게 그 말씀을 들었는지를 기억하라! 그리고 스스로 회개하고 정결하게 하라! 이렇게까지 말하여도 네가 정신을 차리지 않고 깨어나지 않고 회개하지 않는다면 내가 도적같이 너를 찾아올 것이다. 내가 분명히 말하지만 그때 너는 내가 오는 그 시간을 절대로 알지 못할 것이다.

■ 본문 : "귀 있는 자는 성령이 교회들에게 하시는 말씀을 들을지어다"(6절)

6. He who has an ear, let him hear what the Spirit says to the churches.

■ 목자역

6. 귀 있는 사람들은 성령께서 교회들에게 말씀하시는 것을 들어야 한다.

ⓣ 양육과 적용을 위한 묵상노트

그러므로 목회자는 먼저 내가 어떻게 구원을 받았으며 어떻게 목회자가 되었는지를 생각해야 합니다. 그리고 주님이 나를 부르실 때 무엇이라고 말씀하셨는지 생각해야 합니다. 그리고 나를 부르시던 날 나는 무엇이라고 대답했는지를 생각해야 합니다.

세월이 지나가면서 나태해지고 게을러진 자신의 삶을 돌아보고 그때 주신 그 말씀에 다시 순종하고 다시 다짐하고 주신 말씀을 지켜야 합니다. 만일 그렇게 하지 않고 깨어나지 않으면 언제 주님이 잠든 나를 찾아오실지 모릅니다.

회개는 자신의 삶을 진지하게 돌아보고 주님이 주셨던 사랑을 생각하고 나를 사랑하셔서 구원하시고 말씀하신 주님을 향한 첫 사랑을 회복하는 것에서 시작합니다. 그래서 우리는 다시 주님 앞에 기도해야 합니다.

깨어나지 않으면 주님이 아무도 모르는 시간에 도적이 찾아오는 것처럼 내가 알지 못하고 준비도 안 되어 있을 때 찾아오십니다. 깨어 있지 않은 상태에서 벌거벗은 모습으로 주님을 만나면 그때는 책망을 넘어서서 징벌을 받아야 합니다.

그때는 주의 종도 아니고 구원 받은 성도도 아닙니다. 바깥 어두운 곳에 쫓겨나고 멸망하게 됩니다. 말씀으로 권면하실 때 들어야 하고 기회 있을 때 깨어나야 회개해야 하고 말씀을 지켜야 합니다. 사데 교회는 말씀을 알면서도 안다는 말만 하고 지키지 않는 서기관들과 바리새인들과 같은 사람들이 많았습니다.

마태복음 23장을 보면 주님은 그들에게 재앙이 있을 것이며 눈이 멀었다고 까지 말씀하십니다. 우리는 성령께서 우리에게 하시는 말씀을 들어야 합니다.

 5-4 이기는 자에게 주어지는 상(5)

■ 본문 : "이기는 자는 이와 같이 흰 옷을 입을 것이요 내가 그 이름을 생명책에서 결코 지우지 아니하고 그 이름을 내 아버지 앞과 그의 천사들 앞에서 시인하리라"

5. He who overcomes will, like them, be dressed in white. I will never blot out his name from the book of life, but will acknowledge his name before my Father and his angels.

5. 이기는 그에게는 흰 옷을 주어 입게 할 것이다. 그리고 내가 그의 이름이 기록된 생명책에서 그의 이름을 절대로 지우거나 없애지 않을 것이다. 그리고 나는 그의 이름을 나의 아버지와 그의 천사들 앞에서 시인할 것이다.

✝ 양육과 적용을 위한 묵상노트

믿음은 항상 현실입니다. 그래서 주님은 오늘을 믿음으로 이기는 성도들에게 상을 주십니다. 첫째 상은 흰 옷입니다. 주님의 피로 씻은 구원의 표시입니다.

두 번째는 생명책에서 이름을 지우지 않는 것입니다. 둘째 사망의 해를 받지 않습니다. 그러나 이 말씀을 뒤집어 생각하면 생명책에 한 번 기록된 이름이라도 믿음에서 타락해 버리고 주님을 부인하면 그 이름이 생명책에서 지워 질 수도 있다는 말씀입니다.

이 말씀을 기억해야 합니다. 한 번 구원받았다고 끝까지 자동 구원은 없습니다. 믿음을 지켜야 하고 영적으로 깨어 있어야 합니다. 깨어나라는 주님의 음성을 듣는 귀가 열려 있어야 합니다.

셋째 상은 하나님과 주님의 천사들 앞에서 우리의 이름을 아신다고 주님이 말씀하시는 것입니다. 어찌 주님이 우리의 이름만 아시겠습니까? 우리 삶의 모든 것을 다 아십니다. 행한 대로 갚아주실 것입니다. 주님 앞에서 상을 받는 그날까지 깨어 기도하고 바른 믿음의 행실로 살아갑시다.

VI. 주님이 기뻐하시는 빌라델비아 교회

 6-1. 주님의 자기소개(7)

■ 본문 : "빌라델비아 교회의 사자에게 편지하라 거룩하고 진실하사 다윗의 열쇠를 가지신 이 곧 열면 닫을 사람이 없고 닫으면 열 사람이 없는 그가 이르시되"

7. To the angel of the church in Philadelphia write: These are the words of him who is holy and true, who holds the key of David. What he opens no one can shut, and what he shuts no one can open.

■ 목자역

7. 그리고 너는 빌라델비아에 있는 그 교회에서 말씀을 전하는 천사같은 나의 종에게 편지를 써 보내라. 이러한 일들을 말씀하신 분은 거룩하시고 진실하시며 열면 닫을 사람이 없고 닫으면 열 사람이 없는 다윗의 열쇠를 가지신 예수님이시다.

1 양육과 적용을 위한 묵상노트

빌라델비아는 교통의 요지여서 사방이 열려있는 곳입니다. 이 도시에 세워진 교회에 말씀하시는 주님은 거룩하신 주님이십니다. 진실하신 주님이십니다. 열면 닫을 사람이 없고 닫으면 열 사람이 없는 권세를 가지신 주님이십니다. 우리의 주님은 인생에 있는 모든 문을 열고 닫는 권세를 가지신 주님이십니다.

그래서 늘 우리는 이렇게 기도해야 합니다. 주님! 문을 열어주십시오. 전도의 문과 선교의 문과 축복과 건강의 문 그리고 하늘 문을 열어주십시오.

 ## 6-2. 교회에 주시는 첫 번 째 축복(8a)

■ 본문 : "볼지어다 내가 네 앞에 열린 문을 두었으되 능히 닫을 사람이 없으리라, 내가 네 행위를 아노니"

8a. I know your deeds. I have placed before you an open door that no one can shut.

■ 목자역

8a. 나는 네가 하는 그 행위들을 안다. 내가 네 앞에 문을 열어두었는데 그 문은 누구도 닫을 수 없다.

⚑ 양육과 적용을 위한 묵상노트

주님은 그 교회 앞에 누구도 닫을 수 없는 문을 열어주셨습니다. 그리고 말씀하십니다. "나는 네 행위를 안다." 주님은 우리를 알고 계시고 우리의 행위를 알고 계십니다.

우리의 꿈과 희망과 용기 그리고 좌절과 낙심 고통과 눈물도 아십니다. 주님은 다 아십니다. 그러므로 주님 앞에는 숨길 것도 없고 감출 것도 없습니다. 주님이 다 아시기 때문입니다.

그래서 주님께 우리는 우리의 형편을 기도로 아룁니다. 상담자가 되시는 주님은 우리에게 모든 것이 합력하여 선을 이루도록 그 길을 인도하실 줄 믿습니다. 참으로 주님을 섬기는 종이라면 주님이 아시기 때문에 세상을 이길 힘을 주시고 용기를 주시고 능력을 주십니다. 새롭게 나아갈 문을 열어주십니다.

6-3. 교회에 대한 칭찬(8b, 10a)

■ 본문 : "네가 작은 능력을 가지고서도 내 말을 지키며 내 이름을 배반하지 아니하였도다"

8b. I know that you have little strength, yet you have kept my word and have not denied my name.

8b. : 왜냐하면 네가 아주 적은 능력을 가지고도 나의 말을 지키고 나의
이름을 부인하지 않았기 때문이다.

■ 본문 : "네가 나의 인내의 말씀을 지켰은즉"(10a)

10a Since you have kept my command to endure patiently,

■ 목자역

10a. 고통스럽고 힘들어도 인내하라는 내가 한 그 명령을 네가 잘 지켰기
때문에

⊓ 양육과 적용을 위한 묵상노트

주님께서 문을 열어주시는 사람에게는 특별한 이유가 있습니다. 그것
은 적은 능력을 가지고도 주님의 이름을 지키고 믿음을 지켰기 때문입니
다. 아무리 고통스러워도 주님을 바라보며 한없이 참고 견디며 끝내 승리
했기 때문입니다.

이 교회는 작은 교회입니다. 사람들이 볼 때 유대인들의 핍박까지 받는
초라한 교회입니다. 그러나 그들은 믿음을 지키고 주님의 말씀을 지켰습
니다. 아무리 힘들고 어려워도 참으라는 주님의 말씀을 그대로 지켰습니다.

그래서 주님은 이 작은 교회의 주의 종과 성도들을 칭찬하십니다. 주님

께 칭찬 받는 것은 큰일을 해서가 아닙니다. 적은 능력으로 작은 일을 해도 주님의 말씀 따라 하면 됩니다. 바른 믿음은 그 행실로 증명이 됩니다.

 6-4. 교회에 대한 여러 가지 축복(9-10)

1. 축복(9-10)

■ 본문 : "보라 사탄의 회당 곧 자칭 유대인이라 하나 그렇지 아니하고 거짓말 하는 자들 중에서 몇을 네게 주어 그들로 와서 네 발 앞에 절하게 하고 내가 너를 사랑하는 줄을 알게 하리라 네가 나의 인내의 말씀을 지켰은즉 내가 또한 너를 지켜 시험의 때를 면하게 하리니 이는 장차 온 세상에 임하여 땅에 거하는 자들을 시험할 때라"

9. I will make those who are of the synagogue of Satan, who claim to be Jews though they are not, but are liars--I will make them come and fall down at your feet and acknowledge that I have loved you.

10. Since you have kept my command to endure patiently, I will also keep you from the hour of trial that is going to come upon the whole world to test those who live on the earth.

■ 목자역

9. 볼지어다. 내가 사탄의 회당 가운데 있는 몇 사람을 너에게 주리라. 그들은 자기들 스스로 유대인이라고 하지만 그들은 진짜 유대인이 아니다.

그들은 거짓말하는 자들이다. 보라! 내가 반드시 그들이 너를 찾아와 네 발 앞에 엎드려 너에게 굴복하도록 만들겠다. 그렇게 함으로서 그들은 내가 너를 얼마나 사랑하는지 알게 될 것이다.

10. 고통스럽고 힘들어도 참고 견디며 인내하라는 나의 그 말씀들을 네가 잘 지켰기 때문에 나도 또한 그 땅위에 살고 있는 모든 사람들을 시험하기 위해 이제 곧 찾아오게 될 큰 시험의 때에 너를 건져내어 지킬 것이다.

⬆ 양육과 적용을 위한 묵상노트

우리 주변에는 자신이 제일 잘 믿는 것처럼 떠들고 다니면서 힘이 없어 보이고 작아 보이는 사람들을 무시하고 핍박하는 사람들이 많이 있습니다. 그런데 그들을 가리켜 주님은 오히려 참 믿음의 사람들이 아니고 사탄의 회당에 모여 있는 가짜들이라고 하십니다.

유대인은 하나님을 찬양하는 사람들인데 그들은 하나님을 찬양하기는 커녕 하나님의 이름을 더럽히고 있습니다. 영적인 눈으로 보면 그들은 사탄의 영에 미혹된 사람들이 모이는 집단입니다. 오늘날의 이단 집단들입니다. 그들을 무릎 꿇게 하시는 분은 주님이십니다. 내가 그들을 대적하고 원망할 것도 없습니다. 원수 갚는 것은 내게 맡기라고 하신 주님이 해결하실 때가 있습니다.

이 세상에는 언제나 환난이 있습니다. 그 환난들 가운데 마지막 때에는 계시록 8장에서부터 보는 것처럼 큰 환난의 때가 있습니다. 그러나 아무리

거친 파도와 풍랑이 와도 주님이 지키시면 그 환난을 이길 수 있습니다. 이스라엘 백성들에게 어린양의 피를 보고 죽음의 사자가 넘어가던 유월절처럼 그 환난의 때를 이기고 넘어갑니다.

주님이 겉보기에 초라해 보여도 믿음을 지킨 나사로를 아브라함의 품에 안겨주신 것처럼 우리들에게도 같은 은혜를 주십니다. 이사야 43장의 말씀처럼 믿음을 지키는 성도들을 불 가운데에서도 물 가운데에서도 장차 온 땅에 사는 사람들을 위기에 빠뜨릴 큰 환난 가운데에서도 지키실 주님을 찬양합시다.

 ## 6-5. 교회에 대한 권면(11,13)

■ 본문 : "내가 속히 오리니 네가 가진 것을 굳게 잡아 아무도 네 면류관을 빼앗지 못하게 하라"

11. I am coming soon. Hold on to what you have, so that no one will take your crown.

■ 목자역

11. 나는 신속하게 올 것이다. : 네가 가진 것을 꽉 붙잡아 아무도 네가 가진 면류관을 빼앗지 못하도록 하라!

■ 본문 : "귀 있는 자는 성령이 교회들에게 하시는 말씀을 들을지어다"(13)

13. He who has an ear, let him hear what the Spirit says to the churches.

■ 목자역

13. 귀 있는 사람은 성령께서 교회들에게 하시는 말씀을 들어야 한다.

Ⅰ 양육과 적용을 위한 묵상노트

서머나 교회는 면류관이 약속되어 있는 교회지만 이 교회는 이미 면류관이 주어진 교회입니다. 그러므로 능력 탓하지 말고 내가 가진 예수님을 향한 믿음과 주님이 주시는 힘과 능력으로 사탄을 이기고 세상을 이겨야 합니다. 보석 같은 믿음과 정금 같은 믿음으로 이겨야 합니다.

6-6. 이기는 자에게 주어지는 상(12)

■ 본문 : "이기는 자는 내 하나님 성전에 기둥이 되게 하리니 그가 결코 다시 나가지 아니하리라 내가 하나님의 이름과 하나님의 성 곧 하늘에서 내 하나님께로부터 내려오는 새 예루살렘의 이름과 나의 새 이름을 그이 위에 기록하리라"

12. Him who overcomes I will make a pillar in the temple of my God. Never again will he leave it. I will write on him the name of my God and the name of the city of my God, the new Jerusalem, which is coming down out of heaven from my God; and I will also write on him my new name.

12. 이기는 그 사람, 나는 그를 나의 하나님의 성전의 기둥이 되게 할 것이다. 그러므로 그는 결코 더 이상 성전 밖으로 나가지 않을 것이다. 나는 그 사람에게 나의 하나님의 이름과 나의 하나님의 도성의 이름 곧 나의 하나님이 계시는 하늘에서 내려오는 새 예루살렘 성의 이름 그리고 나의 새로운 이름을 기록할 것이다.

🔳 양육과 적용을 위한 묵상노트

주님 안에서 믿음으로 승리하는 사람이 되면 다시는 흔들리지 않는 인생을 살게 됩니다. 하나님의 성전은 하나님이 계시는 곳입니다. 솔로몬이 성전을 지었을 때 하나님께서는 바로 그곳에 하나님의 이름이 있게 하겠다고 하셨습니다. 하나님의 성전은 하나님이 함께 하시는 곳입니다. 하나님께서는 적은 능력으로 믿음을 지킨 성도들에게 언제나 함께 하시는 은혜를 주십니다.

어떤 풍파에도 흔들리지 않고 우뚝 서 있는 것이 하나님의 성전 기둥입니다. 또한 주님은 그 성전 기둥이 된 사람에게 하나님의 이름을 새겨 주십니다. 하나님의 이름을 새긴다는 것은 그들에게 왕권을 주시겠다는 것입니다. 너는 내 것이라는 증거입니다.

또 이기는 그 사람에게는 새 예루살렘 성의 이름이 새겨 집니다. 천년왕국의 주인공이 되고 천국의 주인공이 됩니다. 영원한 천국의 주인이신 주님의 이름이 새겨 집니다. 우리는 주님의 이름이 새겨진 주님의 것입니다. 이 모든 것들을 보증하시는 분이 부활하시고 승리하신 예수님이십니다.

영광의 천국을 바라보십시오. 찬란한 천국이 보이지 않으십니까? 보증하시고 확증하시는 분이 우리의 주님이십니다.

Ⅶ. 차지도 뜨겁지도 않은 라오디게아교회

 7-1. 주님의 자기소개(14)

■ 본문 : "라오디게아 교회의 사자에게 편지하라 아멘이시요 충성되고 참된 증인이시요 하나님의 창조의 근본이신 이가 이르시되"

14. To the angel of the church in Laodicea write: These are the words of the Amen, the faithful and true witness, the ruler of God's creation.

■ 목자역

14. 그리고 너는 라오디게아에 있는 그 교회에서 말씀을 전하는 나의 종에게 편지를 써 보내라. 이러한 일들을 말씀하시는 분은 아멘이시고 진실하시고 참된 증인이시며 하나님의 창조의 근원이신 예수님이시다.

❶ 양육과 적용을 위한 묵상노트

라오디게아 교회에 말씀하시는 주님은 아멘이시고 거짓이 전혀 없으신 충성된 증인입니다. 이 교회는 아멘이 없는 교회입니다. 참되게 충성하는 주의 종도 없고 성도가 없는 교회입니다. 모든 것을 말씀의 인도함이나 기도의 준비 없이 사람들의 회의를 통해 결정하는 인본주의만 고도로 발달한 교회입니다. 인간의 판단이 하나님의 말씀보다 앞서는 교회입니다.

그래서 주님이 이 교회를 다시 만들어야 한다고 생각하셔서 자신을 하나님의 창조의 구원으로 소개하는 것입니다. 교회는 늘 새로워져야 합니다. 날마다 새로워지지 않으면 어느새 혁신의 대상이 되고 청산의 대상이 됩니다.

7-2. 교회에 대한 책망(15-17)

■ 본문 : "내가 네 행위를 아노니 네가 차지도 아니하고 뜨겁지도 아니하도다 네가 차든지 뜨겁든지 하기를 원하노라 네가 이같이 미지근하여 뜨겁지도 아니하고 차지도 아니하니 내 입에서 너를 토하여 버리리라 네가 말하기를 나는 부자라 부요하여 부족한 것이 없다 하나 네 곤고한 것과 가련한 것과 가난한 것과 눈 먼 것과 벌거벗은 것을 알지 못하는도다"

15. I know your deeds, that you are neither cold nor hot. I wish you were either one or the other!

16. So, because you are lukewarm–neither hot nor cold–I am about to spit you out of my mouth.

17. You say, 'I am rich; I have acquired wealth and do not need a thing.' But you do not realize that you are wretched, pitiful, poor, blind and naked.

■ 목자역

15. 나는 너의 그 행위들을 안다. 그것은 곧 네가 차지도 않고 뜨겁지도 않다는 것이다. 나는 네가 차든지 뜨겁기를 원한다.

16. 그런데 네가 이처럼 미지근하여 차지도 뜨겁지도 않기 때문에 나는 내 입에서 너를 토하여 뱉어버리겠다.

17. 너는 스스로 말하기를 나는 부자다. 나는 많은 것들을 가지고 있기 때문에 필요한 것이 없다고 한다. 그런데 너는 네가 지금 얼마나 곤고하고 불쌍하고 가난하고 눈이 멀어 있고 벌거벗은 존재인지를 모르고 있다.

🔲 양육과 적용을 위한 묵상노트

이 교회는 영적인 도전이 전혀 없는 교회입니다. 미지근한 상태에서 교만만 가득한 교회입니다. 스스로를 부자라고 생각합니다. 아무 것도 부족한 것이 없다고 생각합니다. 그러나 주님의 눈으로 보기에는 이 교회는 곤고하고 가련하고 불쌍한 존재입니다. 우리의 마음 상태와 영적인 상태는 어떠합니까?

7-3. 교회에 대한 권면(18-19, 22)

■ 본문 : "내가 너를 권하노니 내게서 불로 연단한 금을 사서 부요하게 하고 흰 옷을 사서 입어 벌거벗은 수치를 보이지 않게 하고 안약을 사서 눈에 발라 보게 하라 무릇 내가 사랑하는 자를 책망하여 징계하노니 그러므로 네가 열심을 내라 회개하라"

18. I counsel you to buy from me gold refined in the fire, so you can become rich; and white clothes to wear, so you can cover your shameful nakedness; and salve to put on your eyes, so you can see.

19. Those whom I love I rebuke and discipline. So be earnest, and repent.

■ 목자역

18. 내가 네게 권한다. 네가 진짜 부자가 되기 위하여 불로 잘 제련된 정금을 나에게서 사라.(순결한 믿음) 그리고 흰 옷을 사서 입어 너의 그 벌거벗은 수치를 가리도록 하라.(성결) 그리고 하나님 안에서 새로운 세상을 보는 영적인 눈을 뜨기 위하여 안약을 사서 그 눈에 바르도록 하라.(영적 분별력)

19. 나는 내가 사랑하는 사람은 누구나 책망한다. 그리고 징계한다. : 그러므로 너는 회개하라 그리고 열심을 내라!

■ 본문 : "귀 있는 자는 성령이 교회들에게 하시는 말씀을 들을지어다"(22)

22. He who has an ear, let him hear what the Spirit says to the churches.

22. 귀가 있는 사람은 성령께서 교회들에게 하시는 말씀을 들어야 한다.

① 양육과 적용을 위한 묵상노트

그래서 우리에게는 정금 같은 믿음이 있어야 합니다. 예수님의 보혈로 그 죄를 씻어 희게 만든 흰 옷 같은 영적인 순결함이 있어야 합니다. 그리고 옳고 그른 것과 영원한 것과 일시적인 것을 바르게 분별하는 영적인 분별력이 있어야 합니다. 그리고 하나님의 뜻을 이루기 위한 열심히 있어야 합니다. 이것이 오늘 우리들이 갖추어야 할 신앙의 자세입니다.

 7-4 교회에 대한 약속(20)

■ 본문 : "볼지어다 내가 문 밖에 서서 두드리노니 누구든지 내 음성을 듣고 문을 열면 내가 그에게로 들어가 그와 더불어 먹고 그는 나와 더불어 먹으리라"

20. Here I am! I stand at the door and knock. If anyone hears my voice and opens the door, I will come in and eat with him, and he with me.

■ 목자역

20. 볼지어다. 지금 나는 네 마음 문 밖에 서 있다. 그리고 그 문을 두드리고 있다. : 이렇게 애타게 찾고 부르는 나의 음성을 듣고 회개하여 그 마음

문을 여는 사람에게 나는 들어갈 것이다. 그리고 나는 그가 삶의 진정한 기쁨을 회복하도록 그와 함께 먹을 것이며 그도 나와 함께 먹게 되리라.

✝ 양육과 적용을 위한 묵상노트

주님은 어떤 교회든지 주님의 이름으로 세워진 교회들은 사랑하십니다. 그래서 다시 은혜를 주시려고 교회 문밖에서 또 성도들의 마음 문밖에서 문을 두드리십니다. 주님은 언제든지 어떤 문도 그 문을 열고 닫을 수 있는 권세를 가지신 분이지만 인격적인 분이시기 때문에 억지로 문을 열지 않습니다.

그러므로 주님이 문을 두드리는 소리와 문을 열라고 말씀하시는 주님의 음성을 들어야 합니다. 아가서 2장과 3장을 보면 밤늦게 찾아와 문을 열어달라는 신랑의 음성을 듣고도 게으름을 피우다가 문을 제때 열어주지 않은 술람미 여인은 뒤늦게 문을 열고 신랑을 찾지만 찾지 못하고 수치와 모욕을 당합니다.

우리의 문을 두드리는 소리는 사람을 통해서나 어려운 환경을 통해서나 갑자기 닥치는 재앙을 통해서 들려올 수 있습니다. 문을 열라고 말씀하시는 주님의 음성도 다른 사람들의 입술을 통해서 들릴 수도 있고 주의 종들이 전하는 말씀을 통해서도 들려올 수 있습니다. 그때 깨어나서 마음 문을 열어야 합니다. 주님의 권면을 들어야 합니다. 내가 닫아버린 그 문을 다시 열어야 합니다.

그 문을 열기만 하면 주님은 우리를 다시 만나 주십니다. 잃어버린 기쁨을 회복하게 하시고 다시 함께 동행 하십니다. 그러므로 문 밖에서 문을 두드리시는 주님의 음성이 들리면 즉시 문을 열어 주님을 만나야 합니다.

나도 예수 믿고 성령의 인침을 받아 구원 받았다고만 큰 소리 칠 것이 아니라 기쁨을 회복하기 위해 다시 주님을 마음속에 영접해야 합니다. 성령께서 내 마음속에서 역사하시도록 한 번 더 생수와 같은 말씀으로 씻어 성결한 모습으로 거듭나야 합니다.

그리고 부활하셔서 재림하실 주님이 찾아오실 때 준비된 모습으로 문을 열고 맞이해야 합니다. 지금 주님은 우리 마음의 문을 두드리고 계십니다. 지금은 깨어나 재림하시는 주님을 맞이해야 되는 시기입니다.

 ## 7-4. 이기는 자에게 주어지는 상(21)

■ 본문 : "이기는 그에게는 내가 내 보좌에 함께 앉게 하여 주기를 내가 이기고 아버지 보좌에 함께 앉은 것과 같이 하리라"

21. To him who overcomes, I will give the right to sit with me on my throne, just as I overcame and sat down with my Father on his throne.

■ 목자역
21. 이기는 자는 나의 보좌에 나와 함께 앉게 해 주겠다. 마치 내가 이기고

내 아버지의 보좌에 아버지와 함께 앉았던 것처럼!

🔝 양육과 적용을 위한 묵상노트

계시록 2장과 3장에는 일곱 교회의 이기는 성도에게 상으로 주어지는 열두 가지 축복이 있습니다. 그 마지막 열두 번째 축복이 이긴 자이신 주님과 함께 이기는 자가 주님의 보좌에 함께 앉는 영광입니다.

처음 상으로 주어지는 복이 하나님의 낙원에 있는 생명나무의 열매입니다. 두 번째는 둘째 사망의 해를 받지 않는 것입니다. 지옥이 아니라 천국입니다 그리고 열두 번째 상으로 주어지는 복이 천국에서 주님과 함께 왕이 되어 다스리는 권세입니다. 처음 복이 영생이요 마지막 복이 천국에서의 왕권입니다.

이처럼 영생과 천국은 확실합니다. 그러므로 우리는 이 세상을 이기는 자가 되어야 합니다. 마귀를 이기고 악한 세력들을 이겨야 합니다. 계시록은 우리에게 지금 우리가 사는 처음 창조된 세상과는 전혀 다른 새롭게 창조되는 영원한 생명이 있는 영원한 천국으로 우리를 초대하고 있습니다.

그러므로 우리는 성령의 말씀을 들어야 합니다. 왜 예수님을 하나님의 말씀이라고 합니까? 사람과 사람 사이에 의사소통을 하는 것이 말입니다. 우리는 말로 서로 의사소통을 합니다. 그러므로 하나님의 말씀은 우리와 하나님을 소통시켜 줍니다.

그러므로 하나님의 말씀인 예수님께서 하나님 아버지와 자녀인 우리들을 소통시켜주십니다. 우리가 성령께서 하시는 말씀을 들으면 하나님과 우리 사이에 막힌 담이 헐어지고 하나님의 은혜가 임하게 됩니다. 성도로서 바르게 살기를 원하는 사람은 하나님의 말씀, 성령께서 하시는 말씀을 들어야 합니다.

두 번째 사건 [4장 - 5장 - 6장]

하늘나라의 예배와 심판 주 등극 예식

🔼 계시록 4장 │ 하늘에 있는 보좌와 예배

 ### 4-1. 하늘로 들어가는 열린 문(1)

■ 본문 : "**이 일 후에** 내가 보니 하늘에 열린 문이 있는데 내가 들은 바 처음에 내게 말하던 나팔 소리 같은 그 음성이 이르되 이리로 올라오라 이 후에 마땅히 일어날 일들을 내가 네게 보이리라 하시더라"

1. After this I looked, and there before me was a door standing open in heaven. And the voice I had first heard speaking to me like a trumpet said, "Come up here, and I will show you what must take place after this."

■ 목자역

1. **이러한 일들이 있은 후에** 나는 보았습니다. 그리고 자 보세요, 하늘에 문이 열려 있습니다. 그리고 나는 처음에 나팔(트럼펫) 소리처럼 큰소리로

나에게 말씀하시던 주님의 그 음성을 다시 들었습니다. 이리로 올라오라 그러면 내가 이러한 일들 후에 계속해서 확실히 일어날 그 일들을 너에게 보여주겠다.

🆎 양육과 적용을 위한 묵상노트

본문의 말씀과 사건들은 주님께서 1장에서 요한에게 문서 선교의 사명을 주시고 2장과 3장에서 성령님을 통해 교회들에게 말씀하신 것을 요한이 보고 들은 이후에 보여 진 일입니다.

계속해서 주님의 음성을 듣는 중에 요한은 하늘로 향하는 문이 열려있는 것을 보았습니다. 그리고 그에게 계속해서 들려진 음성은 하늘에 열려진 문을 통하여 하나님이 계신 곳으로 올라오라는 것입니다.

우리에게도 이런 일이 있기를 바랍니다. 주님의 음성을 듣는 중에 하늘에 있는 문이 열리고 하나님이 계시는 영적인 거룩한 세계로 내 영이 인도함을 받으면 얼마나 좋을까요?

이 하늘은 육신의 눈으로는 보이지 않는 영적인 세계입니다. 처음 하나님께서 천지를 창조하실 때 창조된 우주 공간 너머에 있는 곳입니다. 이곳을 바울은 삼층천 이라고 표현을 했습니다. 새들이 날아다니고 공기가 있는 대기권이 첫째 하늘입니다. 그리고 해와 달과 별들이 있는 곳이 둘째 하늘입니다. 그 둘째 하늘인 우주를 넘어서서 실상으로 존재하는 곳이 셋째 하늘입니다.

창세기 1장을 보면 하나님께서 하늘들과 땅을 창조하실 때 해와 달과 별로 사시사철을 주관하게 하셨는데 지금 요한이 초대 받은 곳은 하나님에 의해 창조된 유한한 우주의 시간과 공간과 물질을 초월하는 세계입니다.

영원한 세계입니다. 우리들이 이 세상을 떠나는 날 구원받고 성령 받아 하나님의 영원한 생명을 받은 우리의 영혼이 들어가게 될 우리의 본향입니다.

하늘로부터 요한에게 들려진 음성은 심판주로 다시 오실 주님의 음성입니다. 폭포 소리 같고 나팔 소리 같이 우렁찬 예수님의 음성입니다. 주님은 이후에 반드시 일어날 일들을 보여주시려고 요한을 하늘나라와 주님의 보좌가 있는 곳으로 초청하십니다.

"이후에"라는 말씀은 요한이 밧모 섬에 있을 때를 기준으로 가까운 미래에 일어날 일들이라는 뜻입니다. 그러므로 4장 이후의 사건들은 지금 우리 시대 이전에 일어난 일들이 있고 지금 우리 시대에 일어나고 있는 일들이 있습니다. 그리고 장차 주님의 재림과 함께 일어날 일들이 있습니다.

4장 이후에는 그 모든 사건이 요한이 본 서른다섯 가지의 여러 가지 환상 중에 섞여 있습니다. 마치 하나의 사건 현장을 여러 개의 카메라로 여러 각도에서 찍어 다양하게 보여주는 것처럼 4장 이후에 요한이 본 환상은 같은 사건인데도 계시록 본문의 여러 곳에서 다양하게 설명하는 것들이 있습니다.

또 어떤 사건은 요한이 살던 시대에서 보면 미래이지만 2,000년이 지난 오늘 우리의 관점으로 보면 현재입니다. 그러므로 계시록 해석에는 계시록 본문이 말씀하는 그 시대가 언제인지에 대한 세심한 분별이 필요합니다.

 4-2. 하늘 보좌에 계신 주님과 그 주위에 있는 이십사 장로의 모습(2-6)

1. 하늘 보좌의 모습(2-3)

■ 본문 : "내가 곧 성령에 감동되었더니 보라 하늘에 보좌를 베풀었고 그 보좌 위에 앉으신 이가 있는데 앉으신 이의 모양이 벽옥과 홍보석 같고 또 무지개가 있어 보좌에 둘렸는데 그 모양이 녹보석 같더라"

2. At once I was in the Spirit, and there before me was a throne in heaven with someone sitting on it.

3. And the one who sat there had the appearance of jasper and carnelian. A rainbow, resembling an emerald, encircled the throne.

■ 목자역

2. 그 즉시 나는 **성령 안에 있게 되었습니다.** 보십시오. 하늘에 하나의 보좌가 놓여 있는데 그 보좌위에 한 분이 앉아 있습니다.

168

3. 보좌위에 앉아 있는 하나님의 모습은 벽옥과 홍보석 같습니다. 그리고 그 보좌 주위에 둘려 있는 무지개는 에메랄드 같습니다.

▣ 양육과 적용을 위한 묵상노트

이리로 올라오라는 주님의 음성을 듣는 즉시 요한은 1장에서 성령의 감동 가운데 주님의 모습을 볼 때와 같은 성령님의 감동을 다시 받았습니다. 그리고 그는 하나님이 앉아 계시는 하늘나라의 보좌 환상을 보게 됩니다.

성령의 감동은 요한의 영이 온전히 성령님 안에 있는 단계입니다. 성령님 안에 있는 이 단계는 구원의 확신을 주는 성령의 인침이나 마음에 평안을 주는 성령의 내주나 은사와 열매를 맺는 성령 충만 그 다음 단계입니다.

성령의 인침은 일회적인 것입니다. 그러나 환상을 통해 계시를 받는 성령의 감동은 여러 번 나타납니다. 계시록에는 네 번 나오는데 첫 번째는 1장입니다. 심판주로 재림하실 신랑 예수님을 봅니다.

본문에서는 하늘에 있는 보좌 환상을 보고 17장에는 하나님을 대적하는 사탄의 하수인인 음녀와 일곱 머리와 열 뿔을 가진 괴물 같은 짐승을 봅니다. 그리고 21장에서는 하늘에서 내려오는 새 예루살렘 성을 봅니다.

어떤 분들은 4장 본문이 이리로 올라오라는 음성 다음에 성령의 감동을 받고 요한이 하늘에 올라가 본 것을 기록한 것이기 때문에 요한으로 대표되는 성도들은 6장 이후에 있는 환난과는 상관이 없다고 말합니다.

또 그들은 우리가 구원 받은 하나님의 자녀들인데 어떻게 하나님 아버지가 자녀들이 그 끔찍한 환난을 겪도록 하시겠느냐고 합니다. 그러나 이것은 성경을 심하게 왜곡하는 해석입니다.

교회가 겪어야 할 환난의 시대가 있기 때문에 주님께서는 일곱 교회에게 먼저 이기는 자가 되라고 권면하시는 것입니다. 그리고 온 세상과 교회들에 닥칠 환난의 모습들과 그 환난을 이기고 승리하는 자들이 누릴 천국을 보여 주시는 것입니다. 7장을 보면 아무도 셀 수 없는 큰 무리는 "큰 환난 가운데에서 나오는 자들인데 어린양의 피에 그 옷을 씻어 희게 한 자들"이라고 말씀합니다.

환난 전 휴거를 말하는 분들은 대개 번영신학을 말하는 분들이 많이 있습니다. 그러나 교회도 성도들에게도 분명히 환난의 때가 있고 행한 대로 상도 주시고 행한 대로 심판도 받습니다. 말씀을 바로 해석하고 가르쳐야 합니다.

또 어떤 이단의 교주는 이 요한은 오늘날 새 요한인 자신이며 자신이 하늘에 올라가 앞으로 일어날 일들을 다 봤기 때문에 자신이 본 것을 해석해 주는 대로 가르침을 받고 비유로 감추어진 성경을 알아야 구원받는다고 성도들을 속이고 있습니다. 그는 거짓 선지자입니다.

성경을 자신들의 필요에 따라 왜곡하여 억지로 해석하는 자들은 요한이 성령의 감동을 받고 올라가는 이 모습이 요한으로 대표되는 교회가 환난을 거치지 않고 휴거하는 모습이라고 해석 합니다. 그러나 이 말씀은 교회의 휴거를 말하는 것이 아닙니다.

요한 사도가 귀양살이 하던 밧모 섬에서 주일에 기도하다가 계속되는 성령의 감동을 통해 그 영이 하늘나라로 초대되어 하늘나라에서 이루어지는 일들을 본 것입니다. 교회의 휴거에 대한 내용은 계시록 11장에 두 증인의 죽음과 부활과 휴거에 대한 말씀으로 나옵니다.

요한은 이사야서 6장이나 에스겔 1장에 나타나는 것과는 다른 측면에서 하늘나라에 있는 하나님의 보좌 환상을 봅니다. 영원히 살아계신 하나님은 맑고 파란 벽옥이 상징하는 것과 같이 영원한 생명을 가지신 분입니다. 또 붉은 홍보석이 상징하는 것처럼 심판의 권세를 가지신 분입니다. 예수 그리스도의 보혈의 능력처럼 영원한 구원의 권세를 가지신 분입니다. 그 보좌 주변에는 하나님의 영원한 언약을 상징하는 에메랄드와 같은 모습의 무지개가 있습니다.

그러므로 우리는 신구약 말씀을 통해 우리에게 변함없이 말씀으로 언약하시는 주님의 음성에 귀를 기울여야 합니다. 찾아오셔서 말씀하시는 그 주님의 음성에 아멘으로 화답하는 아브라함이 우리 믿음의 조상입니다.

오늘도 우리에게 말씀하시는 하나님의 언약은 구약시대에는 율법으로 정리되어 있고 그 율법은 예수 그리스도의 복음 안에서 완성되었습니다.

크게 나누어 보면 복음은 영혼을 구원하는 구원의 복음과 생활 속에 역사하는 은혜의 복음 그리고 우리를 천국으로 인도하는 영원한 복음입니다. 그러므로 우리는 하늘나라의 영광을 버리시고 우리를 찾아오신 예수님의 보혈을 통한 구원과 영생을 주시는 하나님께 늘 감사해야 합니다.

2. 보좌 주위에 있는 이십사 장로의 모습(4)

■ 본문 : "또 보좌에 둘려 이십사 보좌들이 있고 그 보좌들 위에 이십사 장로들이 흰 옷을 입고 머리에 금관을 쓰고 앉았더라"

4. Surrounding the throne were twenty-four other thrones, and seated on them were twenty-four elders. They were dressed in white and had crowns of gold on their heads.

■ 목자역

4. 그리고 그 보좌 주위에는 이십사 보좌가 있습니다. 그 보좌들 위에는 이십사 장로들이 흰 옷을 입고 앉아 있는데 그들의 머리에는 금 면류관이 있습니다.

① 양육과 적용을 위한 묵상노트

하나님의 영광의 보좌 둘레에는 신구약 시대의 모든 성도들을 대표하는 이십사 장로가 있습니다. 요한 사도도 요한 2서에서 자신을 장로라고 소개합니다. 이들은 성도로서 바르게 살았다는 것을 상징하는 흰 옷을 입고 있고 믿음으로 사탄과 악한 세상을 이긴 승리한 주의 종들과 성도들에게 하나님께서 주시는 금 면류관을 그 머리에 쓰고 있습니다.

이들은 믿음 때문에 생활 속에서 순교를 실천하고 심지어는 목숨을 버린 순교자들의 대표입니다. 신구약 시대에 적그리스도의 핍박으로 고문을 당하고 머리가 잘리고 몸이 찢기고 불에 태워 죽는 고통을 당한 순교자들의 대표입니다. 그런데 그들이 하나님의 보좌 주위에 세상에 있을 때 고난 가운데 찢겨진 몸이 아닌 온전한 모습으로 면류관을 쓰고 흰 옷을 입고 앉아 있습니다.

믿음의 그 끝이 어떤 모습인지 세상에서는 모릅니다. 그러나 하늘에서는 압니다. 하나님께서 요한 사도에게 가장 먼저 영광 가운데 있는 하나님의 보좌를 보여주시고 이어서 그 주위에 있는 이십사 장로를 보여주시는 이유입니다.

어떤 분들은 이 본문에 이십사 장로가 나타나는 모습을 근거로 이중 휴거설을 이야기 합니다. 먼저 이십사 장로 반열에 든 순교자들이 먼저 휴거하고 나머지 성도들은 주님이 재림하실 때에 두 번째로 휴거한다는 식의 해석입니다. 이중 휴거설을 다른 말로 하면 비밀 휴거설이라고도 합니다.

이 이중 휴거설은 어떤 측면에서는 시간을 정해서 예수님의 재림을 예언했다가 불발되자 그들이 말한 그때 주님이 먼저 영으로 공중에 재림하셨다는 말을 한 이단 종파의 주장을 뒷받침 하는 이단사설이기도 합니다.

이 본문은 그들이 말하는 이중 휴거설이나 비밀 휴거를 뒷받침하는 것이 아닙니다. 장로의 반열에 들어간 승리한 주의 종들의 모습을 보여주는 것입니다.

이 장로들의 모습에서 보는 것처럼 주의 종들과 성도들의 삶은 이 세상이 전부가 아닙니다. 나는 장차 하늘나라에서 어디에 어떤 모습으로 있을지 생각해 보십시오 이 세상이 전부가 아니라는 사실을 늘 기억하시기 바랍니다.

3. 보좌로부터 나오는 것(5a)

■ 본문 : "보좌로부터 번개와 음성과 우렛소리가 나고"

5a. From the throne came flashes of lightning, rumblings and peals of thunder.

■ 목자역

5a. 그리고 그 보좌로부터 번개와 음성들과 천둥소리들이 나왔습니다.

ⓘ 양육과 적용을 위한 묵상노트

하나님의 보좌로부터 번개와 음성과 천둥소리가 나옵니다. 이 모습은 출애굽기 19장에도 나오는데 하나님이 나타나실 때 보여 지는 위엄을 나타내고 있습니다. 전능하신 하나님은 권능과 말씀과 빛과 불로 역사하시는 하나님이십니다.

하나님은 말씀으로 우리와 소통하시고 천지 만물을 다스리시기 위해 말씀하시는 하나님이십니다. 세상의 그 어떤 소리도 천둥소리보다 크지 않습니다. 하나님은 가장 큰 영광과 능력 가운데 계신 위대하고 전능하신 분입니다.

4. 보좌 앞에 있는 것(5b-6a)

■ 본문 : "보좌 앞에 켠 등불 일곱이 있으니 이는 하나님의 일곱 영이라 보좌 앞에 수정과 같은 유리 바다가 있고"

5b. Before the throne, seven lamps were blazing. These are the seven spirits of God.

6a. Also before the throne there was what looked like a sea of glass, clear as crystal.

■ 목자역

5b. 그 보좌 앞에 불이 활활 타오르는 일곱 등불이 있는데 이는 일곱 영의

특성을 가지신 성령님이십니다. :

6a. 그리고 그 보좌 앞에 수정과 같이 맑은 유리바다가 있습니다.

⬛ 양육과 적용을 위한 묵상노트

하나님의 보좌 앞에는 타오르는 횃불처럼 모든 어둠을 밝혀주시는 성령님이 계십니다. 성령님은 완전하시기에 일곱 영으로 역사하십니다. 모든 만물을 충만하게 하시는 충만함으로 일곱 교회를 통해 역사하십니다.

온 하늘과 온 땅에서 역사하십니다. 창조 때도 성령님이 역사하셨고 종말 때도 성령님이 역사하십니다. 성령님은 전지전능하신 하나님의 영이십니다. 어디에나 계시고 하나님의 말씀과 함께 언제나 역사하시는 인격적인 하나님이십니다.

성령님은 이사야 11장에는 여호와의 영이요 지혜와 총명의 영이요 모략과 재능의 영이요 지식과 여호와를 경외하는 영이라고 그 일곱 가지 특성을 말씀합니다.

그런데 계시록에서 나타나시는 성령님은 1장을 보면 삼위일체 가운데 한 분이신 하나님의 영이십니다. 그러므로 성령님은 창조의 영이시며 영생하시는 영이시고 전능의 영이십니다. 2장과 3장에서는 교회들에게 말씀하시는 영이십니다.

이 성령님의 특성을 19장에서는 대언의 영이라고 말씀합니다. 4장에서는 어둠을 밝히는 빛으로 역사하시는 진리의 영이십니다. 그리고 22장에서는 성령께서 신부와 함께 모든 이들을 구원으로 초청하시는 모습으로 나타나십니다.

하나님의 보좌 앞에는 수정과 같이 맑고 투명한 바다가 있습니다. 그 바다의 이름이 유리 바다인 것은 하나님의 보좌 앞에서는 그만큼 모든 것들이 다 투명하게 드러나기 때문입니다.

구약 시대의 성막에는 물두멍이 있었고 솔로몬이 지은 성전에는 제사장들이 성소에 들어가기 전에 몸을 씻는 바다가 있었습니다. 히브리서의 말씀대로 성전과 성소에 있는 것들은 하늘나라에 있는 것들의 모형과 그림자입니다.

모세는 하나님의 계시를 받아 성막을 만들었습니다. 우리의 영혼도 마음도 우리 육신의 생활도 하나님의 보좌 앞에 서면 다 드러납니다. 생명과 위엄과 하나님의 언약과 영광과 평화가 가득한 하나님의 보좌 주변의 보습입니다.

4-3. 하늘 보좌 주위에 있는 네 생물의 모습(6b-8a)

■ 본문 : "보좌 가운데와 보좌 주위에 네 생물이 있는데 앞뒤에 눈들이 가득하더라 그 첫째 생물은 사자 같고 그 둘째 생물은 송아지 같고 그 셋째 생물은 얼굴이 사람 같고 그 넷째 생물은 날아가는 독수리 같은데 네 생물은 각각 여섯 날개를 가졌고 그 안과 주위에는 눈들이 가득하더라"

6b. In the center, around the throne, were four living creatures, and they were covered with eyes, in front and in back.

7. The first living creature was like a lion, the second was like an ox, the third had a face like a man, the fourth was like a flying eagle.

8a. Each of the four living creatures had six wings and was covered with eyes all around, even under his wings.

■ 목자역

6b. : 그 보좌 앞 한 가운데와 그 보좌 둘레에 앞뒤로 눈들이 가득한 네 생물이 있는데 그들은 모든 피조물을 대표하는 천사장들입니다.

7. 그 네 생물 가운데 첫째는 사자와 같고 둘째 생물은 송아지 같습니다. 그리고 셋째 생물은 그 얼굴이 사람의 얼굴과 같으며 네 번째 생물은 날아다니는 독수리 같습니다.

8a. 모든 피조물을 대표하는 천사장들인 그 네 생물은 모두 각각 여섯 개의 날개를 가졌는데 날개 안과 주위로 돌아가면서 눈들이 가득했습니다.

⊞ 양육과 적용을 위한 묵상노트

하나님의 보좌 앞 한 가운데와 그 둘레에는 네 명의 천사장이 각각 다른 것을 상징하는 모습으로 보여 집니다. 이들은 하나님의 영광을 호위하며 하나님의 뜻을 대행하는 일과 그 명령을 전하는 천사장입니다. 이들도 피조물입니다. 아무리 뛰어난 천사라고 해도 그들 모두는 피조물입니다.

성경은 13장과 17장에서 사탄의 대리자로 바다에서 올라오는 짐승과 땅에서 올라오는 짐승으로 표현되는 적그리스도와 거짓 선지자와 구별하기 위해 이들을 살아 있는 피조물들이라는 뜻의 네 생물로 말씀합니다. 짐승은 괴물이라는 표현이 더 적합합니다.

그들은 들짐승을 대표하는 맹수의 왕 사자 그리고 인간이 기르는 모든 가축과 생물을 대표하는 순종하는 모습의 송아지의 모습으로 상징 됩니다. 그리고 하나님의 형상을 닮은 모습으로 창조된 지혜를 상징하는 인간의 얼굴을 가진 모습과 창공을 날아다니는 모든 날짐승을 대표하는 날렵한 독수리의 모습으로 나타납니다. 용맹함과 순종 그리고 지혜와 신속함이 이들의 특징입니다.

이 네 생물의 모습은 이 세상에 존재하는 모든 피조물을 대표합니다. 그들은 모두 여섯 날개를 가졌는데 그 날개로 날아다니며 하나님의 보좌 주변을 마치 항성 주위에 있는 행성들이 끊임없이 돌듯이 하나님의 보좌 주위를 지키고 있습니다. 그들의 날개 안과 주위에는 눈들이 가득하여 그들이 과거 현재 미래를 향해 역사하시는 하나님의 일을 수행하는 하나님의 종들인 것을 알려 줍니다.

 ## 4-4. 네 생물이 하는 일(8b-9) : 찬양(1)

■ 본문 : "그들이 밤낮 쉬지 않고 이르기를 거룩하다 거룩하다 거룩하다 주 하나님 곧 전능하신 이여 전에도 계셨고 이제도 계시고 장차 오실이시라 하고 그 생물들이 보좌에 앉으사 세세토록 살아 계시는 이에게 영광과 존귀와 감사를 돌릴 때에"

8b. Day and night they never stop saying: Holy, holy, holy is the Lord God Almighty, who was, and is, and is to come.

9. Whenever the living creatures give glory, honor and thanks to him who sits on the throne and who lives for ever and ever,

■ 목자역

8b. 그들은 밤낮 쉬지 않고 말하였습니다. : 거룩하다, 거룩하다, 거룩하다, 전능하신 주 하나님, 전에도 계셨고 지금도 계시고 장차 오실 분이시여!

9. 이렇게 그 천사장들이 영광과 존귀와 감사를 보좌에 앉아 계신 세세토록 살아계신 하나님께 돌릴 때에

⬆ 양육과 적용을 위한 묵상노트

그들이 하는 가장 중요한 일은 끊임없이 하나님을 찬양하며 하나님을 대행하는 일입니다. 하나님을 향한 세 번의 거룩함에 대한 찬양은 온전히 거룩하신 하나님을 찬양하는 것입니다. 하나님은 거룩하신 하나님이십니다.

그러므로 하나님의 백성들도 거룩해야 합니다. 이스라엘 백성들을 애굽에서 빼내신 하나님은 시내산에서 그들과 제사장 언약을 맺으셨습니다. 제사장은 거룩해야 합니다. 하나님을 닮은 사람은 거룩합니다. 이 거룩함은 외모도 단정할 뿐 아니라 내면세계가 영적으로 안정적인 질서가 잡혀 있고 균형이 잡혀 있는 것을 말합니다. 하나님은 거룩하신 하나님이십니다.

그들은 하나님의 전능하심과 영원히 살아 역사하시는 영원한 현존의 하나님을 찬양합니다. 그리고 그들은 하나님께 영광과 존귀와 감사를 돌립니다. 신앙의 근본은 하나님께 영광입니다. 하나님께 존귀함을 돌리는 것입니다. 사탄은 하나님의 영광과 존귀하심을 가로채려고 하다가 타락했습니다.

내 스스로 영광이나 존귀를 취하는 것이 아니라 하나님께 영광과 존귀를 돌려야 합니다. 그리고 늘 하나님께 감사하며 살아야 합니다. 오늘 나를 있게 하시고 나를 인도하시며 늘 나와 함께 하시는 하나님께 찬양하며 감사합시다.

■ 본문 : "이십사 장로들이 보좌에 앉으신 이 앞에 엎드려 세세토록 살아 계시는 이에게 경배하고 자기의 관을 보좌 앞에 드리며 이르되 우리 주 하나님이여 영광과 존귀와 권능을 받으시는 것이 합당하오니 주께서 만물을 지으신지라 만물이 주의 뜻대로 있었고 또 지으심을 받았나이다 하더라"

10. the twenty-four elders fall down before him who sits on the throne, and worship him who lives for ever and ever. They lay their crowns before the throne and say:

11. "You are worthy, our Lord and God, to receive glory and honor and power, for you created all things, and by your will they were created and have their being."

■ 목자역

10. 보좌에 앉아 계신 세세토록 살아계신 하나님께 그 이십사 장로들이 엎드려 경배합니다. 그리고 하나님의 보좌 앞에 그들의 면류관을 내려놓으며 말합니다.

11. 우리들의 유일하신 주님이시며 하나님이신 당신은 영광과 존귀와 권능을 받으시기에 합당하십니다. 왜냐하면 이 모든 것들을 주님께서 창조하셨기 때문입니다. 그것들은 주님의 뜻대로 창조되었으며 지금까지 존재해 왔습니다.

⬛ 양육과 적용을 위한 묵상노트

천사장들의 찬양에 이어 이십사 장로들이 찬양합니다. 그들은 먼저 하나님 앞에 엎드려 경배하는 모습으로 찬양합니다. 자신들에게 주어진 금면류관을 하나님 앞에 내려놓고 겸손한 모습으로 찬양합니다. 찬양은 겸손한 사람만 할 수 있습니다. 교만한 사람은 절대로 하나님께 찬양할 수 없습니다.

그들은 영광과 존귀와 권능을 주님께 돌리며 찬양합니다. 왜냐하면 하나님께서 모든 만물을 창조하셨고 운행하고 계시며 섭리하고 계시기 때문입니다. 우리 아버지 하나님은 창조주이십니다. 그러므로 우리들도 늘 주님께 찬양 드리며 하나님의 형상대로 지음 받은 하나님의 자녀로 살아야 합니다.

우리는 사는 날 동안 창조된 세계를 잘 보존해 가면서 발전시켜야 할 의무가 있습니다. 인간의 욕망과 사탄의 계략에 의해 망해가는 이 세상을 주님이 오셔서 모든 것들을 심판하시고 다시 새롭게 창조하실 때까지 잘 보존해 가면서 가꾸어야 할 책임이 우리에게 있습니다.

두 번째 사건 [4장 - **5장** - 6장]
하늘나라의 예배와 심판 주 등극 예식

■ 계시록 5장 │ **심판주로 등극하시는 예수님과 천사들과 모든**
피조물의 찬양

 5-1. 예수님이 심판주로 등극하시는 예식(1-7)

1. 안팎으로 쓰고 일곱 인으로 봉한 하나님의 오른 손에 있는 두루마리(1)

■ 본문 : "내가 보매 보좌에 앉으신 이의 오른손에 두루마리가 있으니 안팎으로 썼고 일곱 인으로 봉하였더라"

1. Then I saw in the right hand of him who sat on the throne a scroll with writing on both sides and sealed with seven seals.

1. 나는 그 보좌 위에 앉아계신 하나님의 오른손에 있는 일곱 개의 인으로 봉인되고 안과 밖에 글이 쓰인 하나의 두루마리를 보았습니다.

✝ 양육과 적용을 위한 묵상노트

하나님의 보좌를 보고 하나님의 보좌 주위에서 천사장들과 이십사 장로들이 찬송하는 모습을 보고 들은 요한은 다시 보좌 위에 앉아 계신 하나님께서 그 손에 안과 밖에 글이 쓰여 있고 일곱 번 도장이 찍혀 봉인되어 있는 문서를 가지고 계신 모습을 보게 됩니다.

중요한 문서일수록 인이 많이 찍혀 있는데 이 문서는 세상 종말에 관한 모든 내용을 담고 있고 그 동안 그 내용이 공개되지 않고 감추어져 있던 비밀이었기 때문에 아무도 알 수 없는 것이었습니다. 그래서 예수님께서도 마태복음 24장과 사도행전 1장에서 성부 하나님만 아시는 일이 있다고 말씀하셨던 것입니다.

이 세상에는 하나님이 알려주셔야 알 수 있는 일들이 많이 있습니다. 그런데 어떤 인간들은 자신들이 그 내용을 다 알고 있는 것처럼 말하고 행동합니다. 그렇지 않습니다. 하나님은 창조주이시지만 우리 인간은 피조물입니다.

하나님은 전능하시지만 우리는 유한한 능력을 가지고 있습니다. 그래서 계시록 10장에서도 하나님께서 허락하시지 않아 인봉된 내용이 있음을 말씀하십니다. 그러므로 직통 계시를 받았다고 하면서 하늘과 땅의 비밀을 자기가 다 아는 것처럼 말하는 이단들의 거짓말에 속지 마십시오. 천지를 창조하신 하나님만 전지전능하십니다.

2. 힘 있는 천사의 외침과 승리자이신 예수님에 대한 소개(2-5)

■ 본문 : "또 보매 힘 있는 천사가 큰 음성으로 외치기를 누가 그 두루마리를 펴며 그 인을 떼기에 합당하냐 하나 하늘 위에나 땅 위에나 땅 아래에 능히 그 두루마리를 펴거나 보거나 할 자가 없더라 그 두루마리를 펴거나 보거나 하기에 합당한 자가 보이지 아니하기로 내가 크게 울었더니 장로 중의 한 사람이 내게 말하되 울지 말라 유대 지파의 사자 다윗의 뿌리가 이겼으니 그 두루마리와 그 일곱 인을 떼시리라 하더라"

2. And I saw a mighty angel proclaiming in a loud voice, "Who is worthy to break the seals and open the scroll?"

3. But no one in heaven or on earth or under the earth could open the scroll or even look inside it.

4. I wept and wept because no one was found who was worthy to open the scroll or look inside.

5. Then one of the elders said to me, "Do not weep! See, the Lion of the tribe of Judah, the Root of David, has triumphed. He is able to open the scroll and its seven seals."

2. 그리고 나는 한 힘센 천사가 큰 소리로 외치는 것을 보았습니다. : 과연 그 누가 그 두루마리에 있는 그 봉인들을 떼어내겠습니까? 그리고 그 누가 그 내용이 이루어지도록 두루마리를 펼칠만한 자격이 있겠습니까?

3. 그 천사가 말하는 그때 내가 보니 하늘에서나 땅 위에서나 땅 아래에서 그 두루마리를 펼치거나 그것을 볼 존재가 하나도 없었습니다.

4. 그래서 나는 통곡하며 큰 소리로 울었습니다. 왜냐하면 그 두루마리를 펼치거나 그것을 볼 만큼 합당한 자격이 있는 자가 하나도 없었기 때문입니다.

5. 그러자 장로들 가운데 한 사람이 나에게 말했습니다. : 울지 마시오! 자 보시오, 유다지파의 사자이시며 다윗의 뿌리이신 예수님이 이기셨습니다. 예수님이 그 두루마리의 일곱 봉인을 떼어내시고 그 두루마리를 펼치실 것입니다.

▮ 양육과 적용을 위한 묵상노트

요한이 인봉된 두루마리를 가지고 계신 하나님을 뵈었을 때 큰 권세를 가진 한 천사가 하나님의 성전에서 나와 큰 소리로 외쳤습니다. 누가 이 인을 떼며 이 두루마리를 펴기에 합당한가?

힘센 천사는 계시록에 세 번 나옵니다. 오늘 본문에 나오고 10장에서 요한에게 하나님의 말씀이 적힌 펼쳐진 작은 두루마리를 줄 때 나오고 18장에서 바벨론의 멸망을 선포할 때 등장합니다. 힘 있는 천사는 역사적으로 굉장히 중요한 일들이 이루어질 때 하나님께서 특별히 쓰시는 가브리엘이나 미가엘 같은 천사입니다. 그래서 그에게는 큰 힘이 있습니다.

그 외치는 소리를 들으면서 요한은 하늘 위와 땅 위에와 땅 아래를 보았습니다. 과연 누가 이 일을 할 수 있을까? 그런데 피조물 가운데에는 그 어느 누구도 그 무엇도 그 일을 할 수가 없습니다.

네 천사장도 이십사 장로도 할 수 없습니다. 그래서 요한은 절망의 눈물을 흘리게 됩니다. 누군가가 그 두루마리를 받아서 그 인을 떼고 두루마리를 펼쳐야 하나님께서 악한 자들에 대한 심판과 성도들에 대한 구원을 이루십니다.

그러나 그 누구도 그 두루마리를 펴지 못하면 악에 대한 심판도 없고 그동안 믿음을 지키기 위해 순교하고 고통을 당한 믿음의 형제들에 대한 보상도 없습니다. 부활이 없다면 우리의 모든 믿음이 헛것인 것처럼 그동안의 인내와 믿음이 다 헛것이 됩니다. 그래서 그는 우는 것입니다.

그때에 하나님의 보좌 옆에 있던 장로님들 가운데 한 분이 말씀하십니다. 울지 마십시오. 유다지파의 사자요 다윗의 뿌리이신 예수님께서 이기셨습니다. 이긴 자이신 예수님께서 그 두루마리를 취하시고 그 인을 떼실 것입니다.

요한은 아직 이 일들이 어떻게 이루어질지 모르기 때문에 눈물을 흘립니다. 그 눈물을 닦아주는 분은 그 인을 누가 뗄 지 알 정도로 영적인 지식이 요한보다 많은 장로님입니다. 이렇게 주의 종이 흘리는 눈물의 의미를 알고 그 눈물을 닦아주는 장로님들이 우리에게 있어야 합니다. 주의 종을 위로하는 장로는 평소에도 늘 그렇게 살면 반드시 하나님의 보좌 가까이 가게 됩니다.

교회의 직분은 계급이나 명예가 아니고 권세도 아닙니다. 하나님이 맡겨주신 사명을 이루라는 사명자의 표시입니다. 하나님께서 행한 대로 갚아주십니다.

3. 심판주가 되실 어린 양 예수님의 등장(6)

■ 본문 : "내가 또 보니 보좌와 네 생물과 장로들 사이에 한 어린 양이 서 있는데 일찍이 죽임을 당한 것 같더라 그에게 일곱 뿔과 일곱 눈이 있으니 이 눈들은 온 땅에 보내심을 받은 하나님의 일곱 영이더라"

6. Then I saw a Lamb, looking as if it had been slain, standing in the center of the throne, encircled by the four living creatures and the elders. He had seven horns and seven eyes, which are the seven spirits of God sent out into all the earth.

■ 목자역

6. 그리고 나는 보좌의 한 가운데와 네 생물과 장로들 사이에 서 있는 일찍 죽임을 당하신 것 같은 어린양이신 예수님을 보았습니다. 어린양이신 예수님은 완전한 권세를 나타내는 일곱 개의 뿔과 하나님의 완전한 지식과 지혜와

통찰력을 상징하는 일곱 개의 눈을 가졌습니다. 그 일곱 눈은 온 땅에 보내심을 받은 하나님의 일곱 영입니다.

◨ 양육과 적용을 위한 묵상노트

그 순간 요한은 보좌와 네 명의 천사장과 장로님들이 있는 그 사이에 어린양의 모습으로 나타나신 예수님을 보았습니다. 그에게 말한 장로님은 예수님은 유다지파의 사자요 다윗의 뿌리라고 소개했습니다. 어린양으로 나타나신 예수님을 영광가운데 계신 권세자로서 소개합니다. 그러나 요한의 눈에 보인 예수님은 세상 죄를 지고 죽으신 어린양의 모습입니다.

같은 예수님을 보면서 다른 모습으로 보이는 이유가 무엇일까요? 바로 여기에 신앙의 신비가 있습니다. 장로님의 눈에는 주님의 영광이 보이고 요한 사도의 눈에는 주님의 속죄사역이 보입니다.

겸손하게 주님을 높이는 장로님들과 인류의 모든 문제의 근원인 죄의 문제를 해결하시려고 친히 인간의 모습으로 오셔서 속죄를 이루신 주님을 보는 요한 사도입니다. 그 순간 요한의 눈에서는 눈물이 사라지고 그에게 새로운 소망이 생겨납니다. 그를 그토록 사랑하시던 주님은 어린양이신 예수님이십니다.

유다지파의 사자는 왕권을 가지신 분입니다. 모든 인류를 구원하실 분이기에 다윗의 뿌리와 같은 분입니다. 그런데 예수님은 영광의 하늘보좌를 버리시고 가장 연약하고 순결한 어린양으로 오셨습니다.

죄를 해결하기 위해 어린양으로 오신 예수님을 찬양합시다. 십자가에서 죽으신 어린양이신 예수님은 부활하셔서 다시 하나님의 보좌 앞에 있습니다. 심판주로 오실 재림 예수는 십자가에서 죽으신 나사렛 예수입니다. 그분에게는 이제 일곱 뿔이 상징하는 것처럼 완전한 하나님의 심판의 권세가 있고 일곱 눈의 상징하는 것처럼 전지전능하신 성령님의 역사가 있습니다.

일곱 뿔은 주님이 부활하신 이후에 하나님 아버지께로부터 받은 하늘과 땅의 모든 것을 통치하시는 권세를 상징합니다. 이 권세는 완전한 권세요 예수님만 가지신 권세입니다. 계시록 12장에 등장하는 사탄은 겉으로 보기에 예수님을 흉내 낸 일곱 머리와 열 뿔의 권세를 가지고 있으니 외견상으로는 예수님보다 더 큰 권세를 가진 것으로 보입니다.

그러나 피조물인 사탄에게는 일곱 머리가 상징하는 다양하고 간교한 지혜는 있으나 창조된 모든 만물을 다스리는 통치권이 없습니다. 일곱 머리를 가진 사탄은 필요한 순간마다 일곱 머리로 다양하게 변신을 합니다. 필요에 따라 말을 바꾸고 행동을 바꾸고 외모를 바꾸고 정치 체제를 바꾸며 각양각색의 다양한 모습으로 성도들을 미혹합니다.

그러나 그는 영원히 일곱 뿔과 일곱 눈을 가지신 주님을 이기지 못합니다. 일곱 머리로 변신하는 모든 모습을 주님은 일곱 눈을 통하여 다 보고 계십니다. 그래서 일곱 뿔과 일곱 눈의 권세와 능력을 가지신 예수님이 마귀를 이기는 것입니다.

일곱 눈은 무엇입니까? 창조의 영이요 영원히 살아 계셔서 모든 만물을 살리시는 임마누엘의 영이며 전능하신 하나님의 영이신 성령님입니다. 지혜와 계시의 영으로 보여주시고 우리를 인도하시는 하나님의 영이십니다.

빛과 진리의 영이신 성령이십니다. 횃불 같이 타오르는 빛으로 어둠을 밝히시는 영입니다. 심판과 구원의 역사를 이루시는 말씀의 영이시며 어떤 환경이나 죽음도 넘어서게 하는 평안의 영이십니다. 이 모든 특성을 가지신 하나님의 영의 역사가 일곱 눈의 역사입니다. 지금 어린양으로 보이시는 예수님은 일곱 뿔과 일곱 눈의 역사로 우리와 함께 하시는 분입니다. 하늘과 땅의 모든 권세를 가지신 성령체요 영의 몸이십니다.

세상에는 육의 몸이 있고 영의 몸이 있습니다. 부활하신 예수님은 일곱 뿔의 권세와 일곱 눈의 역사를 이루시는 영의 몸이십니다. 영생하시고 죽지 아니하시는 몸입니다. 눈에 보이고 손으로 만져지지만 시간과 공간과 물질을 초월합니다. 이 신비를 우리가 무슨 말로 또 무엇으로 표현할 수 있을까요?

4장에서 천사장들과 장로님들의 경배를 받으면서도 1장에서 보여 주셨던 영광의 모습이 아닌 어린양의 모습으로 나타나시는 예수님을 바라보면서 우리는 어떤 생각을 하게 됩니까? 나는 지금 어떤 자세로 주님을 섬기고 있습니까?

4. 두루마리를 받아 심판주로 등극하시는 예수님(7)

■ 본문 : "그 어린 양이 나아와서 보좌에 앉으신 이의 오른손에서 두루마리를 취하시니라"

7. He came and took the scroll from the right hand of him who sat on the throne.

■ 목자역

7. 그 어린양이신 예수님이 나오셔서 보좌 위에 앉아 계시는 하나님의 오른 손에서 그 두루마리를 취하셨습니다.

1 양육과 적용을 위한 묵상노트

마지막 때의 심판은 하나님의 말씀이 담긴 두루마리를 가지시는 분에 의해 이루어집니다. 그 문서를 취할 자격은 십자가에서 완전히 하나님의 뜻을 이루신 예수님 밖에는 없습니다. 어린양으로 죽으셨던 그 예수님이 하나님 아버지의 오른손에 있는 두루마리를 취하셨습니다.

어린양으로 죽으신 예수님이 영광과 권세를 가지신 심판주가 되시는 대관식의 가장 중심 내용은 예수님께서 두루마리를 취하시는 바로 이 장면입니다.

오늘 본문 말씀처럼 오늘날에도 하나님의 은혜를 은사로 나타내는 권세 있는 삶을 살기를 원하는 성도라면 하나님의 말씀의 권세를 가져야 합니다. 말씀을 가진 사람이라야 권세가 있습니다. 하나님의 말씀이 능력이고 힘입니다.

 5-2. 심판주가 되신 예수님을 찬양(8-13)

1. 성도의 기도(8)

■ 본문 : "그 두루마리를 취하시매 네 생물과 이십사 장로들이 그 어린 양 앞에 엎드려 각각 거문고와 향이 가득한 금 대접을 가졌으니 이 향은 성도의 기도들이라"

8. And when he had taken it, the four living creatures and the twenty-four elders fell down before the Lamb. Each one had a harp and they were holding golden bowls full of incense, which are the prayers of the saints.

■ 목자역

8. 어린 양이신 예수님이 그 두루마리 책을 취하셨을 때에 그 네 천사장과 이십사 장로들이 예수님 앞에 엎드렸습니다. 그들은 각각 하나의 하프와 향이 가득 차 있는 금 대접을 가지고 있습니다. 장로님들이 가지고 있는 그 대접들에 들어있는 향들은 성도들이 기도한 내용들을 모은 것입니다.

◧ 양육과 적용을 위한 묵상노트

심판주가 되시는 예수님 앞에 천사장들과 이십사 장로들이 엎드려 경배합니다. 그들의 손에는 하나님을 찬양하기 위한 거문고와 같은 악기가 들려 있고 성도들의 기도를 상징하는 향이 가득 담긴 금 대접과 같은 금향로가 있습니다.

예수님 앞에 엎드린 이십사 장로들이 가진 금 대접에 성도들의 기도가 담겼다는 사실은 교인을 대표하는 장로의 역할이 얼마나 소중한지를 알려 줍니다. 장로는 하나님 앞에 엎드려 경배하는 일에 먼저 앞장서야 합니다.

그리고 장로들은 성도들을 위한 기도에 힘써야 합니다. 그리고 그 기도가 흐트러지지 않도록 자신이 맡아 가지고 있는 기도 담는 그릇에 담아 잘 보관해야 합니다.

성도들의 기도를 장로들이 가진 그릇에 담는다는 것은 장로의 직분을 가진 분들은 그만큼 기도하는 성도들의 아픔과 고통과 눈물과 감사와 찬양의 내용을 다 알고 있어야 한다는 말씀입니다.

그러므로 장로는 하나님 앞에 드리는 찬양과 예배에 힘쓰고 성도들이 무엇을 놓고 기도하는지를 알아야 합니다. 그리고 그 기도가 응답될 때까지 성도들을 자신의 가슴에 안고 함께 기도하며 성도들과 함께 울고 성도들과 함께 기뻐하며 성도들을 돌보는 역할을 잘 해야 합니다. 그래서 요한 사도는 자신이 장로라는 사실을 감사했고 늘 자신이 장로인 것을 드러냈습니다.

성도들의 아픔과 애환을 자기 인생의 그릇에 담고 주님 앞에 함께 올려드리는 이런 장로가 좋은 장로입니다. 지금 이 장로님들은 성도들의 기도가 가득한 금 향로를 가지고 주님 앞에 나왔습니다.

심판주가 되신 예수님께 천사장들은 찬양하고 장로님들은 그들이 대표하는 성도들의 기도에 응답해 달라는 기도의 청원을 하고 있는 것입니다. 장로님들은 성도들의 기도가 담긴 금향로가 있어야 합니다.

2. 네 생물과 이십 사 장로의 합동 찬양(9-10)

■ 본문 : "그들이 새 노래를 불러 이르되 두루마리를 가지시고 그 인봉을 떼기에 합당하시도다 일찍이 죽임을 당하사 각 족속과 방언과 백성과 나라 가운데에서 사람들을 피로 사서 하나님께 드리시고 그들로 우리 하나님 앞에서 나라와 제사장들을 삼으셨으니 그들이 땅에서 왕 노릇 하리로다 하더라"

9. And they sang a new song: "You are worthy to take the scroll and to open its seals, because you were slain, and with your blood you purchased men for God from every tribe and language and people and nation.

10. You have made them to be a kingdom and priests to serve our God, and they will reign on the earth."

■ 목자역

9. 네 천사장과 이십 사 장로들은 새 노래를 부르며 말했습니다. : 예수님은 그 두루마리를 가지시기에 합당하십니다. 그리고 그 두루마리의 봉인들 떼시기에 합당하십니다. 왜냐하면 예수님은 택함 받은 성도들을 위해 오래 전에 죽임을 당하셔서 그 흘리신 피로 모든 종족과 언어와 백성과 나라에서 그들을 사서 하나님께 드렸기 때문입니다.

10. 그리고 예수님은 피 값으로 산 그들을 하나님을 위해 하나의 새로운 이스라엘 나라로 만드시고 또한 그들을 그 나라의 제사장들로 만드셨습니다. 이제 그들은 땅 위에서 이루어지는 천년왕국의 왕들이 되어 다스리게 될 것입니다.

🔢 양육과 적용을 위한 묵상노트

천사장들과 이십사 장로들은 두루마리를 취하신 주님 앞에 새 노래로 찬양합니다. 새 노래는 구원의 기쁨을 표현하는 노래입니다. 십자가의 보혈의 능력을 찬양하는 노래입니다.

이제 주님의 십자가를 통해 유대인이 아닌 사람들에게도 하나님의 자녀가 되는 길이 열렸습니다. 성소 휘장이 찢어지고 지성소로 들어가는 길이 열린 것처럼 구원의 길이 열렸습니다. 그 길은 새 길이요 영생의 길입니다.

주님이 지신 십자가 이후 성도들에게도 하나님의 자녀가 되어 제사장을 통하지 않고도 하나님을 직접 섬길 수 있는 길이 열렸습니다. 이 세상을 왕들처럼 다스릴 수 있는 권세도 주어졌습니다. 그 일을 이루신 주님을 찬양합시다.

이중 휴거설을 믿는 어떤 분들은 10절 본문에 나오는 그들이 이십사 장로요 7년 환난 전에 휴거한 성도들이라고 주장합니다. 그러나 본문을 잘 살펴보면 그들은 이십사 장로들이 아닙니다.

그들은 예수님의 피로 세상의 모든 나라와 모든 언어를 쓰는 온 세상 백성들 가운데에서 구원받은 하나님의 자녀들입니다. 그들이 새 이스라엘 나라가 되어 온 세상을 향한 제사장이 되고 주님이 지상재림하실 때 이 땅에서 이루어질 천년왕국에서 왕이 되어 통치할 자들입니다.

3. 헤아릴 수 없이 많은 천사들의 찬양(11-12)

■ 본문 : "내가 또 보고 들으매 보좌와 생물들과 장로들을 둘러 선 많은 천사의 음성이 있으니 그 수가 만만이요 천천이라 큰 음성으로 이르되 죽임을 당하신 어린 양은 능력과 부와 지혜와 힘과 존귀와 영광과 찬송을 받으시기에 합당하도다 하더라"

11. Then I looked and heard the voice of many angels, numbering thousands upon thousands, and ten thousand times ten thousand. They encircled the throne and the living creatures and the elders.

12. In a loud voice they sang: "Worthy is the Lamb, who was slain, to receive power and wealth and wisdom and strength and honor and glory

and praise!"

11. 그리고 나는 그 보좌와 네 생물들과 장로들을 둘러싸고 있는 천사들을 보고 그 천사들의 소리를 들었습니다. 천사들의 숫자는 감히 그 수를 헤아릴 수 없을 정도로 많았습니다. 그 수는 천천만만이었습니다.

12. 그 천사들은 아주 큰 소리로 말하였습니다. 일찍 죽임을 당하신 예수님은 권능과 부요함과 지혜와 강한 힘과 존귀와 영광과 찬양을 받으시기에 합당하십니다.

🚹 양육과 적용을 위한 묵상노트

하늘나라에는 헤아릴 수 없는 많은 천사가 있습니다. 그 모든 천사는 천지가 창조되기 이전에 창조된 존재들입니다. 계시록 12장의 말씀처럼 그 천사들 가운데 사탄인 루시퍼를 추종하던 천사들은 악령이 되어 땅으로 쫓겨났습니다. 그들은 미혹하는 영이나 귀신이 되어 지금도 이 땅에서 역사하고 있습니다.

계시록 12장의 말씀처럼 하나님의 말씀과 예수님의 보혈과 예수님의 이름과 순교자의 믿음이 사탄과 귀신들의 역사를 이기게 합니다.

악령들을 제외한 하늘에 있는 모든 천사가 십자가에서 하나님의 뜻을 이루신 주님께 능력과 부와 지혜와 힘과 존귀와 영광과 찬송의 일곱 가지로 찬양합니다. 완전한 찬양과 경배입니다. 아무리 능력이 있는 천사요 아무리 고귀한 신분을 가진 천사라고 해도 모두가 주님을 찬양합니다. 오직 주님만이 천사들의 찬양을 받으실 자격이 있으십니다.

4. 모든 피조물들의 찬양(13)

■ **본문** : "내가 또 들으니 하늘 위에와 땅 위에와 땅 아래와 바다 위에와 또 그 가운데 모든 피조물이 이르되 보좌에 앉으신 이와 어린 양에게 찬송과 존귀와 영광과 권능을 세세토록 돌릴지어다 하니"

13. Then I heard every creature in heaven and on earth and under the earth and on the sea, and all that is in them, singing: "To him who sits on the throne and to the Lamb be praise and honor and glory and power, for ever and ever!"

■ **목자역**

13. 그리고 나는 모든 피조물들 곧 하늘에 있는 것들과 땅위에 있는 것들과 땅 아래 있는 것들과 바다 위에 있는 것들과 바다 안에 있는 모든 것들이 말하는 것을 들었습니다. : 보좌 위에 앉아 계신 하나님과 그분의 어린양이신 예수님께 찬송과 존귀와 영광과 권능이 세세토록 있기를 원합니다.

🔲 양육과 적용을 위한 묵상노트

천사들의 찬양에 이어 우주 안에 있는 모든 피조물이 성부 하나님과 성자 예수님을 찬양합니다. 오직 찬양을 받으실 분은 하나님 밖에 없습니다. 그 찬양과 경배는 언제까지 합니까? 세세무궁입니다. 영원히 해야 합니다. 사람들은 대개 잠깐 좋을 때 찬양하고 어려우면 원망을 합니다. 그러나 하나님을 향한 경배와 찬양은 시간과 공간을 초월해서 영원히 이루어져야 합니다.

 ## 5-3. 예배와 예식의 마침(14)

■ 본문 : "네 생물이 이르되 아멘 하고 장로들은 엎드려 경배하더라"
14. The four living creatures said, "Amen," and the elders fell down and worshiped.

■ 목자역
14. 그러자 네 천사장이 말하였습니다. 아멘! 그리고 그 장로들은 모두 엎드려 경배하였습니다.

⓵ 양육과 적용을 위한 묵상노트

모든 천사들의 찬양에 네 천사장은 아멘 합니다. 이십사 장로들은 엎드려 경배합니다. 4장에서부터 시작되었던 예수님이 심판주로 등극하시는 대관식은 하나님의 보좌 옆에 있던 천사장들의 찬양에서 시작해서 예수님이 일곱 인으로 봉인된 두루마리를 취하시면서 절정에 이르렀습니다. 그

리고 이어지는 모든 천사와 모든 피조물의 경배와 찬양을 통해 마무리
되었습니다.

이제 6장에서부터는 예수님이 두루마리의 인을 떼면서부터 시작되는
심판과 구원의 모습을 보여줍니다. 하나님께서는 이 모든 역사를 치밀한
계획 가운데 섭리하시면서 이루어 가고 계십니다. 그리고 그 모든 내용들
을 이 예언의 말씀에 담아 우리에게 알려주시고 보여주셨습니다. 이 경이
로운 주님의 은혜를 끝까지 한없이 찬양합시다.

두 번째 사건 [4장 - 5장 - 6장]
하늘나라의 예배와 심판 주 등극 예식

1 계시록 6장 | **복음 전파와 다섯 인을 뗄 때 임하는 심판의 재앙**

6-1. 6장에 나타난 여섯 인의 구조는 다음과 같다.

1. 첫째 인을 뗌으로서 시작되는 복음의 세계적 전파
   : 흰 말(정복자 - 복음의 세계적 전파)
2. 두 번째 인부터 네 번째 인까지 계속되는 재앙
   1) 둘째 인 : 붉은 말(전쟁)
   2) 검은 말 : 양식의 기근(영적으로는 말씀 궁핍)
   3) 청황색 말 : 전염병과 죽음(영적으로는 사탄의 역사)
3. 다섯 번째 인 : 순교자의 영혼들의 호소(핍박 - 위로)
4. 여섯 번째 인 : 자연계 파괴(우주적 재앙, 영적으로는 배도의 사건)

▪ 본문 : (1) 인을 떼는 형식 : "내가 보매 어린 양이 일곱 인 중의 하나를 떼시는데 그 때에 내가 들으니 네 생물 중의 하나가 우렛소리 같이 말하되 오라 하기로"(1절)

"I watched as the Lamb opened the first of the seven seals. Then I heard one of the four living creatures say in a voice like thunder, "Come!"

▪ 목자역

1. 나는 그 어린양이 그 일곱 봉인 가운데 하나를 떼어내는 모습을 보았습니다. 그리고 나는 그 네 생물 중의 하나가 천둥소리와 같은 큰 소리로 말하는 것을 들었습니다. : 오라!

1 양육과 적용을 위한 묵상노트

예수님이 심판주로 등극하신 이후에 하시는 일은 성부 하나님의 경륜 가운데 예정되어 있던 심판과 구원을 이루기 위해 두루마리에 있는 인을 떼는 것에서 출발합니다.

이일들은 계속해서 천사들이 나팔을 부는 것과 대접을 쏟는 일들을 통해 이루어 가십니다. 주님이 인을 떼는 것이 시작이라면 천사들이 나팔을 부는 것은 교회가 포함된 시대에 일어날 가장 큰 환난과 재앙에 대한 경고이며 대접을 쏟는 것은 마지막 재앙으로 하나님을 대적하는 악한 자들을 집중적으로 심판하시는 것입니다. 인을 떼면서 시작된 하나님의 심판은 일곱 나팔의 환난시대를 거쳐 대접 재앙을 통한 악인들에 대한 최후의 심판을 통해 완성됩니다.

6장은 예수님의 재림이 있기 전에 복음 전파와 함께 동시적으로 이 땅에 있게 될 모든 재난의 상황을 보여줍니다. 이 6장의 상황이 그림으로 보면 전체의 바탕에 깔린 밑그림 같은 것이요 나팔과 대접은 그 밑그림 위에 그려지는 교회가 포함되는 환난의 상황과 악한 자들에 대한 재난의 상황입니다.

예수님이 두루마리에 있던 일곱 개의 봉인 가운데 하나를 떼어 내셨습니다. 그러자 천사장 가운데 한 분이 천둥소리와 같은 큰 소리로 외쳤습니다. 오라!

하나님의 음성과 주님의 음성은 많은 물소리나 천둥소리 같습니다. 우렁차고 권세 있는 음성입니다. 천사장들의 음성도 천둥소리와 같습니다. 구원하시는 주님의 음성은 부드럽지만 심판을 진행하시는 음성은 천둥소리와 같습니다.

오라는 음성으로 우리가 알 수 있는 것은 이제 말을 타고 등장하게 될 네 명의 심판자들은 심판이 시작되기 전에 이미 준비되어 있다는 사실입니다. 그들은 주님이 부르실 때 갑자기 나오는 것이 아닙니다. 주님의 부르심을 준비하고 기다리고 있다가 천사장들을 통하여 주님의 명령이 내리는 즉시 나오게 됩니다. 하나님의 심판은 미리 준비된 계획 속에서 이루어지는 일입니다.

둘째 인을 뗄 때부터 보여지는 전쟁과 기근과 전염병은 이미 예레미야 28장에서나 에스겔서에서 자주 보는 것처럼 이미 구약시대로부터 선지자들을 통해 주의 날이 임할 때 심판의 도구로 등장하는 것들입니다.

 ## 6-3. 첫 번 째 인(印)(1-2) : 흰말(복음전파)

■ 본문 : "내가 보매 어린 양이 일곱 인 중에 하나를 떼시는 그 때에 내가 들으니 네 생물 중에 하나가 우렛소리같이 말하되 오라 하기로 이에 내가 보니 흰 말이 있는데 그 탄 자가 활을 가졌고 면류관을 받고 나가서 이기고 또 이기려고 하더라"

1. I watched as the Lamb opened the first of the seven seals. Then I heard one of the four living creatures say in a voice like thunder, "Come!"

2. I looked, and there before me was a white horse! Its rider held a bow, and he was given a crown, and he rode out as a conqueror bent on conquest.

■ 목자역

1. 나는 예수님께서 그 일곱 봉인 가운데 하나를 떼어내시는 모습을 보았

습니다. 그리고 그때 나는 그 네 천사장 가운데 하나가 천둥소리와 같은 큰소리로 말하는 것을 들었습니다. : 오라!

2. 오라는 그 소리와 함께 한 마리의 흰 말이 나오는 것을 보았는데 그 말 위에 앉아있는 이는 이미 화살을 쏘아버린 하나의 활을 가졌습니다. 하나님께로부터 그에게 하나의 면류관이 주어졌습니다. 그러자 그는 나가서 싸움에서 이겼고 또 이긴 후에도 계속 이기려고 했습니다.

■ 양육과 적용을 위한 묵상노트

오라는 명령과 함께 흰 말을 탄 자가 나옵니다. 각각의 말은 말을 탄 자들이 이끄는 하나의 세력을 의미합니다. 말 탄 자는 그 세력을 이끄는 자입니다.

그는 손에 승리를 상징하는 활을 가지고 있는데 화살이 없습니다. 화살을 이미 쏘아버린 활은 복음을 증언하는 일과 심판하는 일들이 이미 시작되었음을 의미합니다. 구원과 심판은 예정대로 진행되고 있고 돌이킬 수 없습니다.

활을 가지고 흰 말을 탄 자는 누구일까요? 예수 그리스도나 적그리스도가 아니라 복음을 전파하는 주의 종들입니다. 세상의 종말은 땅 끝까지 복음이 증언되는 동시에 함께 시작되는 일입니다. 마지막 구원의 기회는 복음이 전파될 때 회개하고 복음을 받아들여 예수님을 믿고 하나님의 자녀가 되는 것입니다.

심판은 예정되어 있으며 돌이킬 수 없습니다. 이미 쏘아버린 화살처럼 세례 요한과 예수님 때로부터 선포된 복음이 이미 승리한 증거로 복음이 주의 종들을 통해 증언되기 전에 하나님께서는 흰 말을 탄 그에게 승리의 면류관을 주십니다. 그러므로 보좌 앞에서 면류관을 받는 자가 적그리스도일 수 없습니다.

또 하나님 아버지께로부터 두루마리를 받아 인을 떼시는 주님이 그렇게 등장할 수도 없습니다. 그래서 이 흰 말을 탄 자는 복음을 전하는 주의 종들입니다.

이들은 승리의 확신이 있습니다. 복음이 증언되는 곳에 교회는 세워지고 적그리스도의 세력은 물러갑니다. 주의 종들은 이기고 또 이긴 후에도 주님이 오실 때까지 계속 싸워야 합니다. 그래서 계속 이기고 또 이기려고 하는 것입니다.

어떤 분은 이기고 또 이기려고 하는 것이 재앙이라고 하지만 이 본문의 말씀에 나오는 이 싸움은 무엇을 더 차지하거나 자신을 높이기 위해 싸우는 싸움이 아닙니다. 정욕을 채우기 위한 싸움이 아니라 공중의 권세 잡은 자인 마귀와의 싸움이요 악령들과의 싸움입니다.

그래서 우리는 이 싸움을 이겨야 합니다. 우리의 싸움은 지면 안 되는 싸움입니다. 하나님께서는 사탄을 이기고 악한 세력들을 이기고 믿음을 지킨 성도에게 상을 주십니다. 이기는 자에게 상을 주십니다.

우리는 믿음의 선한 싸움을 주님 오실 때까지 계속해야 합니다. 그리고 이겨야 합니다. 지면 마귀의 종이 됩니다. 계시록 11장과 13장을 보면 마귀의 세력이 주의 종들과 성도들을 이기고 죽이는 시기가 있습니다. 큰 환난의 시기입니다. 11장에서는 무저갱에서 올라온 짐승이 두 증인을 이기고 13장에서는 성도들을 이깁니다. 그러나 우리는 12장의 믿음의 형제들처럼 반드시 이겨야 합니다.

복음이 땅 끝까지 증언되는 동시에 전쟁과 기근과 악성 전염병과 악한 영들의 역사가 동시에 계속 일어납니다.

6장에 나오는 이 네 말과 그 위에 탄 자들의 역사는 이 역사가 끝날 때까지 동시에 계속 일어나는 역사입니다. 이 상황을 가장 잘 상징해 주는 상징물이 로마의 경기장이었던 콜로세움 벽에 조각되어 붙어 있는 전차를 끄는 네 말의 모습입니다. 전차를 끄는 이 말들은 동시에 뛰어 나갑니다.

 ## 6-4. 두 번째 인(印) 재앙(3-4) : 전쟁

■ 본문 : "둘째 인을 떼실 때에 내가 들으니 둘째 생물이 말하되 오라 하니 이에 다른 붉은 말이 나오더라 그 탄 자가 허락을 받아 땅에서 화평을 제하여 버리며 서로 죽이게 하고 또 큰 칼을 받았더라"

3. When the Lamb opened the second seal, I heard the second living creature say, "Come!"

4. Then another horse came out, a fiery red one. Its rider was given power to take peace from the earth and to make men slay each other. To him was given a large sword.

■ 목자역

3. 예수님께서 그 두루마리의 두 번째 봉인을 떼어내실 때에 나는 두 번째 생물이 말하는 것을 들었습니다. : 오라!

4. 그러자 다른 붉은 말이 나왔습니다. 그 말위에 앉아있는 자에게는 땅에서 평화를 없애버리도록 하는 힘이 주어졌습니다. 그러자 그는 사람들이 서로 죽이게 했습니다. 그에게는 대량 살상 무기인 큰 칼이 주어졌습니다.

🚩 양육과 적용을 위한 묵상노트

예수님이 두 번째 인을 떼셨을 때에 붉은 말을 탄 자가 등장합니다. 피의 색인 붉은 색은 전쟁을 상징합니다. 복음이 증언되는 곳마다 영적인 싸움이 일어나고 복음이 증언되는 곳에서 사상투쟁이 일어나고 그것은 결국 나라와 나라 그리고 민족과 민족 그리고 종족과 종족 간의 싸움으로 이어집니다.

붉은 말을 탄 자는 사탄의 권세를 가진 적그리스도의 세력입니다. 하나님이 허락하신 범위 내에서 그들은 사탄이 가진 권세를 휘두르며 땅의 평화를 없애버리고 서로 죽이게 합니다.

요한복음 10장의 말씀처럼 거짓의 아비인 사탄은 그 하는 일이 도둑질하고 죽이고 멸망시키는 일입니다. 그들에게는 큰 전쟁을 일으킬 수 있는 사탄의 지략과 많은 사람들을 한꺼번에 해칠 수 있는 무기들이 주어져 있습니다.

큰 칼은 악한 권력자들이 하나님을 대적하며 휘두르는 큰 권력입니다. 계시록 9장에 나오는 황충들의 독이며 유브라데 전쟁에 등장하는 말들의 입에서 나오는 불과 연기와 유황이며 꼬리에 있는 머리 곧 거짓 선지자들입니다. 지금은 악령들이 세계 도처에서 일어나는 영적인 전쟁과 육적인 전쟁의 배후에서 역사하는 무한전쟁의 시대입니다.

 6-5. 세 번째 인(印) 재앙(5-6) : 기근

■ 본문 : "셋째 인을 떼실 때에 내가 들으니 셋째 생물이 말하되 오라 하기로 내가 보니 검은 말이 나오는데 그 탄 자가 손에 저울을 가졌더라 내가 네 생물 사이로서 나는 듯한 음성을 들으니 이르되 한 데나리온에 밀 한 되요 한 데나리온에 보리 석 되로다 또 감람유와 포도주는 해치지 말라 하더라"

5. When the Lamb opened the third seal, I heard the third living creature say, "Come!" I looked, and there before me was a black horse! Its rider was holding a pair of scales in his hand.

6. Then I heard what sounded like a voice among the four living creatures,

saying, "A quart of wheat for a day's wages, and three quarts of barley for a day's wages, and do not damage the oil and the wine!"

■ 목자역

5. 예수님이 두루마리에 있는 세 번째의 봉인을 떼실 때에 나는 세 번째 천사장이 말하는 것을 들었습니다. : 오라! 그때 나는 보았습니다. 한 검은 말과 그의 손에 저울을 가지고 그 말 위에 앉은 자를!

6. 그리고 나는 그 네 천사장 사이에서 나오는 한 목소리를 들었습니다. : 한 데나리온에 밀은 한 되요 보리는 석 되다. : 그래도 감람나무에서 나는 기름과 포도주는 해치지 말라.

▣ 양육과 적용을 위한 묵상노트

땅 끝까지 복음이 증언되고 세계 도처에서 전쟁이 터지면서 동시에 세계 곳곳에 광범위한 기근이 찾아옵니다. 이것은 영적인 기근인 동시에 육적인 기근입니다. 복음을 증언하면 할수록 거짓 선지자들의 활동이 더 거세지고 전쟁이 계속되면서 세계 도처에서 먹을 식량이 떨어집니다.

평소보다 열배이상 치솟는 곡물 값 때문에 많은 사람이 굶주리고 병들어 죽는 시대가 찾아옵니다. 아니 벌써 우리가 사는 세상 도처에 이런 일들이 벌어지고 있습니다. 아프리카를 보십시오. 이미 우리가 사는 세상에는 먹을 물과 양식이 없어 굶어 죽는 사람들의 수가 상상을 초월할 만큼 많이 있습니다.

하나님께서 악으로 가득한 인간들의 도성인 바벨론을 심판하시는 내용이 18장에 나오는데 그곳은 식량들이 넘쳐납니다. 한쪽에서는 식량이 썩어나고 한쪽에서는 굶어 죽는 세상, 부익부 빈익빈의 세계가 되면 하나님께서는 반드시 그 세상을 심판하십니다.

프랑스 혁명과 같은 일들도 이런 부익부 빈익빈의 세상에서 일어난 일입니다. 성직자들과 왕들과 영주들의 수탈을 견디지 못한 사람들이 그 세상을 뒤집기 위해 일으킨 혁명이 프랑스 혁명입니다. 하나님의 심판은 우리의 역사 현장에서 이미 일어났고 또 계속 일어날 것입니다.

그런데 이런 일들이 벌어지고 있는 세상에서 하나님께서는 감람유와 같은 성령의 기름부음을 받은 자들과 포도주와 같은 예수님의 보혈에 의지하는 구원받은 백성들을 보호하십니다. 이들은 하나님의 뜻을 따라 사는 신실한 하나님의 백성들입니다.

8장에서 황충에게 그 이마에 하나님의 인을 받은 하나님의 종들을 해치지 말라고 하시는 것처럼 가뭄과 흉년의 상황에서도 엘리야 선지자를 돌보던 사렙다 과부와 같은 이들을 보호하십니다. 아무리 힘들 때라도 하나님은 바른 믿음을 지키는 자들을 보호하십니다. 하나님의 은총은 항상 여전합니다.

사탄이 욥의 모든 것을 앗아갔습니다. 욥에게는 재산도 자녀들도 건강도 아내도 친구들까지 무엇 하나 제대로 남은 것이 없습니다. 그래도 주님은 욥의 생명을 해칠 권한은 사탄에게 주시지 않습니다. 그리고 마지막에 그 모든 것들을 회복하게 하시되 갑절로 회복시켜 주셨습니다. 하나님께서는 어떤 상황에서도 마지막까지 하나님의 백성을 지키십니다.

이 시대는 육적인 기근과 더불어 영적인 기근의 시대입니다. 참된 하나님의 말씀이 사라지는 시대입니다. 하나님의 말씀이 희귀해지고 영혼의 양식이 없는 기근은 영혼과 육체에 같이 찾아옵니다.

그래서 우리는 고난 중에도 기근 중에도 하나님의 말씀을 붙들어야 합니다. 내 마음의 창고에 영혼의 양식인 하나님의 말씀을 미리 많이 준비하여 영적인 기근이 다가올 때 준비된 양식으로 그 영적 기근의 시기를 이겨야 합니다.

 ## 6-6. 네 번째 인(印) 재앙(7-8) : 전염병과 사탄의 역사

■ 본문 : "넷째 인을 떼실 때에 내가 넷째 생물의 음성을 들으니 이르되 오라 하기로 내가 보매 청황색 말이 나오는데 그 탄 자의 이름은 사망이니 음부가 그 뒤를 따르더라 그들이 땅 사분 일의 권세를 얻어 검과 흉년과 사망과 땅의 짐승들로써 죽이더라"

7. When the Lamb opened the fourth seal, I heard the voice of the fourth living creature say, "Come!"

8. I looked, and there before me was a pale horse! Its rider was named

Death, and Hades was following close behind him. They were given power over a fourth of the earth to kill by sword, famine and plague, and by the wild beasts of the earth.

■ 목자역

7. 예수님이 두루마리의 네 번째 봉인을 풀었을 때에 나는 네 번째 천사장이 말하는 것을 들었습니다. : 오라!

8. 그때 나는 한 마리의 청황색 말과 그 말 위에 앉아있는 자를 보았습니다. 그 말을 탄 자는 죽음을 가져오는 사탄이요 그 사탄의 뒤를 음부가 뒤따르고 있습니다. 그 음부는 구원받지 못하고 죽은 자들이 흰 보좌 앞에서 심판을 받기 전에 두 번째로 부활할 때까지 머무는 장소입니다. 그들은 땅의 사분의 일을 다스리는 권세를 받아 전쟁과 흉년과 전염병과 그 땅에 있는 짐승들 곧 적그리스도인 권력자와 거짓 선지자들을 이용하여 사람들을 죽였습니다.

🖪 양육과 적용을 위한 묵상노트

예수님이 넷째 인을 떼실 때에 죽음의 색인 청황색을 띤 말이 나옵니다. 그 위에 탄 자는 죽음과 치명적인 질병을 상징하는 사망이요 그 뒤에는 자연스럽게 죽은 자들이 들어가는 음부가 따르고 있습니다.

청황색은 청색과 붉은색이 뒤섞여 있는 색입니다. 종교적으로는 종교 다원주의와 종교 혼합주의요 뉴 에이지 운동 같은 인본주의 종교 진화론입니다. 종교 다원주의는 모든 종교의 궁극적인 구원의 진리는 같으며 다만 구원을 추구하는 방법과 방향이 다르다는 것입니다.

종교 다원주의는 예수님을 통한 구원의 유일성을 부인합니다. 예수님을 통한 구원의 유일성이 사라지면 예수 그리스도의 보혈의 능력이 부인되고 자연히 구원에 대한 기독교의 근본적인 가르침이 부인됩니다. 종교 다원주의에는 사악한 사탄의 계략이 숨어 있습니다.

뉴 에이지 운동은 인간 스스로의 노력이나 깨달음을 통해 인간이 신적인 존재가 되어 구원을 이룰 수 있다는 것입니다. 요가나 초월명상이나 단학이나 불교와 같은 종교들이 이에 속합니다. 또한 이것은 인간들이 스스로 노력해서 새로운 유토피아를 만들어 보자는 종교 통합운동이요 모든 나라들을 하나로 통합하자는 세계 정부 운동입니다. 이 모습이 17장의 음녀요 18장의 바벨론입니다.

그러나 인간은 스스로의 노력으로 낙원을 만들 수 없습니다. 창조주가 될 수 없고 전지전능한 신적인 존재가 될 수 없습니다. 또 영생할 수 없습니다. 과학과 의료의 발달과 수련에 따라 수명을 연장하고 더 건강해 질 수는 있지만 하나님과 같이 영생하는 신은 될 수 없습니다. 낙원은 하나님의 낙원입니다.

사탄은 질병이나 인본주의 과학이나 거짓된 철학이나 사이비 종교나 독재 정치와 같은 것들의 이름을 빌어 그 머리마다 하나님을 모독하는 이름을 가진 일곱 머리를 가진 괴물처럼 각양각색의 다양한 짐승과 우상의 모습으로 세상에 나타납니다.

그리고 시대마다 세상 각처에서 전쟁을 일으켜 사람들을 죽이고 또 기근과 악성 질병으로 사람들을 죽입니다. 그리고 계시록 13장에 등장하는 적그리스도나 두 뿔 가진 땅의 짐승을 통하여 사람들을 죽입니다.

말세는 악한 권력자들이 휘두르는 칼에 의해 서로를 죽이는 전쟁과 죽음이 일상화되고 보편화되는 시대입니다. 적어도 온 세상의 사분의 일이 계속해서 이러한 참상을 겪게 됩니다. 그리고 계속되는 이 참상은 더 큰 재앙으로 이어집니다.

 6-7. 다섯째 인(印) : 순교자들의 탄원 기도(9-10)

1. 제단 아래 있는 영혼들(순교한 성도들 : 9)

■ 본문 : "다섯째 인을 떼실 때에 내가 보니 하나님의 말씀과 그들이 가진 증거로 말미암아 죽임을 당한 영혼들이 제단 아래에 있어"

9. When he opened the fifth seal, I saw under the altar the souls of those who had been slain because of the word of God and the testimony they had maintained.

9. 그리고 나는 예수님이 다섯 번째 봉인을 떼어냈을 때에 하나님의 말씀을 증언한 것과 그들이 기지고 있던 예수님을 믿는다는 사실을 밝혀주는 증거 때문에 죽임을 당한 자들의 영혼이 하늘에 있는 그 제단아래 모여 있는 것을 보았습니다.

■ 양육과 적용을 위한 묵상노트

네 말과 말 탄 자들이 등장하는 것은 땅에서 이루어지는 일입니다. 그 환상을 본 후에 사도 요한은 계속해서 하늘에서 이루어지는 일들을 보게 됩니다. 환상의 내용이 땅에서 하늘로 옮겨진 것입니다. 그것은 순교자들의 영혼이 하나님의 보좌 앞에 있는 금 제단 아래에서 하나님께 부르짖는 모습입니다.

사람들의 영혼은 이 세상에서 육신이 죽는다고 사라지거나 없어지는 것이 아닙니다. 사멸이라는 단어는 모든 것이 죽으면 모두 다 사라진다는 뜻입니다. 그러나 기독교의 복음은 영혼과 육체가 나누어 진 이후에도 여전히 영혼이 살아 있음을 보여 줍니다. 영혼은 사멸하지 않습니다.

요한이 이 계시록을 쓰기 이전에도 히브리서 11장에 나오는 것처럼 많은 주의 종들과 성도들이 칼에 목이 잘려 죽기도 하고 짐승의 밥이 되어 죽기도 했습니다. 또 불에 태워져 죽기도 하고 살가죽이 벗겨져 죽기도 했습니다. 그렇게 그들의 육신은 처참한 모습으로 사라졌습니다. 그러나 지금 그들의 영혼은 어디에 있습니까? 온전한 모습으로 하나님의 제단 앞에 살아 있습니다.

그래서 주님은 육신은 멸하지만 영혼을 멸하지 못하는 자들을 두려워하지 말라고 하신 것입니다. 이 본문에서 보는 것처럼 영혼은 불멸합니다.

육신의 사후 세계는 누가복음 16장이나 계시록 20장에서 보는 것처럼 육체가 죽은 이후에 그 영혼이 천국과 지옥으로 나누어져 들어가게 됩니다. 그래서 우리는 영혼의 때를 준비하며 살아야 합니다. 영혼은 육체 안에 있었을 때의 고유한 모습으로 살아 있고 영원히 사라지지 않는 불멸의 존재입니다.

이 영혼 불멸의 모습은 모든 것들이 더해지거나 감해지지 않고 항상 그 질량을 보존한다는 질량불변의 법칙을 초월합니다. 색즉시공 공즉시색의 세계관을 초월합니다. 하나님께서 창조하신 세상은 인간의 지혜로는 다 알 수 없습니다.

2. 순교자들의 외침(10)

■ 본문 : "큰 소리로 불러 이르되 거룩하고 참되신 대주재여 땅에 거하는 자들을 심판하여 우리 피를 갚아 주지 아니하시기를 어느 때까지 하시려 하나이까 하니"

10 They called out in a loud voice, "How long, Sovereign Lord, holy and

true, until you judge the inhabitants of the earth and avenge our blood?

10. 그들은 큰 소리로 부르짖으며 말했습니다. : 거룩하시고 진실하시며 모든 만물을 주관하시는 주님! 언제까지 심판하지 않으시렵니까? 언제 그 땅 위에 살고 있는 악한 자들을 심판하셔서 그들에 의해 흘린 우리들의 피 값을 보상해 주시겠습니까?

■ 양육과 적용을 위한 묵상노트

순교자들의 영혼이 큰 소리로 세상 모든 만물의 주인이시고 그 모든 것을 통치하시는 하나님께 큰 소리로 외칩니다. 왜 세상을 당장 심판하지 않으십니까? 왜 우리들의 억울한 피 값을 갚아주시지 않습니까? 왜 우리들의 억울함을 지금 당장 풀어주시지 않습니까?

오늘 우리들도 마찬가지입니다. 세상은 부조리하고 부도덕하고 불의합니다. 그런데도 하나님은 그 악을 당장 심판하시지 않고 침묵하고 계십니다. 그 침묵이 계속됩니다.

시편 73편에서 아삽이 부르짖은 것처럼 악한 자들의 형통은 넘쳐나는데 의로운 자들의 고난은 계속되고 있습니다. 하나님 왜 이러십니까? 부르짖는 주의 종들과 성도들의 탄식하는 기도는 지금도 세계 도처에서 밤낮 계속되고 있습니다.

6-8. 하나님의 응답(11)

■ 본문 : "각각 그들에게 흰 두루마기를 주시며 이르시되 아직 잠시 동안 쉬되 그들의 동무 종들과 형제들도 자기처럼 죽임을 당하여 그 수가 차기까지 하라 하시더라"

11. Then each of them was given a white robe, and they were told to wait a little longer, until the number of their fellow servants and brothers who were to be killed as they had been was completed.

■ 목자역

11. 그러자 예수님께서 그들 각자에게 흰 옷을 주셨습니다. 그리고 그들을 죽인 자들을 예수님께서 심판하실 시간이 이제 얼마 남지 않았으니 그동안 잠깐 쉬면서 기다리라고 말씀하셨습니다. 그들이 기다려야 하는 시간은 그들의 동료 종들과 형제들도 죽임을 당해 이미 작정된 그 수가 꽉 채워질 때까지입니다.

❶ 양육과 적용을 위한 묵상노트

순교자들의 부르짖음에 대한 하나님의 응답은 먼저 그들에게 흰 옷을 주시는 것부터 출발합니다. 악한 자들이 옳은 것이 아니라 순교자들이 옳다는 것입니다. 세상의 악한 권력과 거짓 선지자들에 의해 벌거벗겨진 그들의 수치를 하나님께서 먼저 치료해 주시고 가려 주시고 위로해 주십니다. 순교자들에게 주어진 흰 옷은 사데 교회의 깨어 있는 자들에게 약속하신 것과 같은 것입니다.

17장의 음녀는 붉은 빛과 자주 빛으로 화려하게 치장한 옷을 입고 있었습니다. 그 옷을 입은 음녀는 선지자들과 성도들의 피에 취한 모습으로 나타납니다. 그러나 그 음녀는 얼마 되지 않아 그 옷이 그를 따르던 권력자들에 의해 발가벗겨지고 오히려 적그리스도인 그들에 의해 죽임을 당합니다.

그러나 지금 우리가 보는 것처럼 그들에 의해 죽임을 당했던 순교자들의 영혼은 밝고 빛나는 흰 옷을 입고 하나님의 보좌 앞에 있습니다.

이 대조되는 모습은 지금 누가 세상에서 잘 나가냐 하는 것이 문제가 아니라는 것입니다. 마지막을 보아야 하고 그 다음을 보아야 합니다. 그들에게 주님이 말씀하십니다. 잠깐 동안 쉬어라 아직 작정한 때가 되지 않았다.

하나님께서는 계시록 17장 18절의 말씀처럼 모든 것들을 주님의 뜻대로 이루어 가십니다. 우리는 하나님의 섭리와 계획을 다 알지 못합니다. 그러나 계시록 14장의 주님 안에서 죽은 자들은 복이 있다는 말씀처럼 이제 잠깐 후면 하나님의 심판과 구원의 역사가 이루어 질 것입니다. 잠깐 후입니다.

1. 우주적 재앙(12-14)

■ 본문 : "내가 보니 여섯째 인을 떼실 때에 큰 지진이 나며 해가 검은 천으로 짠 상복 같이 검어지고 달은 피같이 되며 하늘의 별들이 무화과나무가 대풍에 흔들려 설익은 열매가 떨어지는 것같이 땅에 떨어지며 하늘은 두루마리가 말리는 것같이 떠나가고 각 산과 섬이 제 자리에서 옮겨지매"

12. I watched as he opened the sixth seal. There was a great earthquake. The sun turned black like sackcloth made of goat hair, the whole moon turned blood red,

13. and the stars in the sky fell to earth, as late figs drop from a fig tree when shaken by a strong wind.

14. The sky receded like a scroll, rolling up, and every mountain and island was removed from its place.

■ 목자역

12. 그리고 나는 예수님이 여섯 번째 봉인을 떼어냈을 때에 하나의 큰 지진이 일어나는 것과 해가 마치 검은 머리털로 만든 천처럼 새카맣게 된 것과 달 전체가 피처럼 된 것을 보았습니다.

13. 그와 동시에 아주 세게 부는 바람 때문에 무화과나무가 크게 흔들려 아직 익지도 않은 무화과들이 마구 떨어지는 것처럼 하늘의 별들이 땅에 쏟

아지듯이 떨어지는 것을 보았습니다.

14. 그때 하늘은 두루마리처럼 둘둘 말려 사라지고 모든 산과 섬은 그것들이 있던 장소에서 옮겨졌습니다.

🔟 양육과 적용을 위한 묵상노트

여섯 번째 인이 떼어지면서 큰 지진이 일어납니다. 지진은 기존의 모든 질서를 파괴합니다. 지진이 일어나면 해일과 폭풍이 함께 일어나고 인간들이 만든 문명과 문화 모든 것들이 깨지고 쪼개지며 뒤집어 집니다. 하나님의 심판의 도구가 지진인 이유가 여기에 있습니다.

해는 칠흑 같이 어두워지고 달은 그 어둠 속에서 피 빛이 되어 버립니다. 하늘의 별들은 자신들이 있던 위치를 벗어나게 됩니다. 모든 천체의 질서가 뒤흔들리고 사람들이 사는 세상이 뒤죽박죽이 됩니다.

계시록 18장은 바벨론에 대한 마지막 심판에서 또 20장에서는 이 모든 모습들을 축약해서 하늘과 땅이 사라지는 이 일들이 흰 보좌 심판 이전에 이루어질 일들이라고 말씀하고 있습니다. 마지막 심판의 때에는 모든 천체의 질서가 깨지고 뒤집어집니다. 그리고 그 이후에 하나님께서 완전히 새롭게 창조하시는 새 하늘과 새 땅의 질서가 세워지게 됩니다.

영적으로 보면 마지막 시대에는 태양 같이 빛나던 진리는 어두워지고 달처럼 진리를 받아 세상에 비추던 교회는 타락해서 피비린내가 가득한 전쟁터가 됩니다. 하늘의 별처럼 아름답게 빛나던 주의 종들과 성도들은 하늘의 가치관을 버리고 땅에 속한 것에만 집착하는 타락한 신앙인들이 되어버립니다.

마지막 때는 귀신의 영을 받고 짐승의 표를 받아 마음속에 세상에 대한 욕망으로 가득한 인간들이 넘쳐나는 타락의 시대요 회개가 없는 시대입니다. 죄와 악이 일상화되는 시대입니다.

2. 피할 곳이 없는 재앙(15-17)

■ 본문 : "땅의 임금들과 왕족들과 장군들과 부자들과 강한 자들과 모든 종과 자유인이 굴과 산들의 바위틈에 숨어 산들과 바위에게 말하되 우리 위에 떨어져 보좌에 앉으신 이의 얼굴에서와 그 어린 양의 진노에서 우리를 가리라 그들의 진노의 큰 날이 이르렀으니 누가 능히 서리요 하더라"

15. Then the kings of the earth, the princes, the generals, the rich, the mighty, and every slave and every free man hid in caves and among the rocks of the mountains.

16. They called to the mountains and the rocks, "Fall on us and hide us from the face of him who sits on the throne and from the wrath of the Lamb!

17. For the great day of their wrath has come, and who can stand?"

■ 목자역

15. 그러자 그 땅의 왕들과 고위 관료들과 장군들과 부자들과 강하고 힘센 자들과 모든 종들과 자유인들이 동굴 속과 산들의 바위틈에 숨었습니다.

16. 그리고 그들은 그 산들과 바위들에게 말하였습니다. : 우리 위에 무너져 내려 보좌 위에 앉으신 하나님의 얼굴과 예수님의 진노로부터 우리를 가려주어라!

17. 우리에게 하나님과 예수님이 내리시는 그 엄청난 진노와 심판의 날이 찾아왔습니다. 그러니 그 누가 감히 그 앞에 서 있을 수 있겠습니까?

🛈 양육과 적용을 위한 묵상노트

세상의 모든 사람들이 이 재앙의 시대를 피할 곳을 찾아다닙니다. 그리고 나름대로 그 마지막 심판을 피할 피난처를 마련합니다. 그러나 사람들이 만든 굴과 같은 피난처에서는 그 환난을 피할 수 없습니다. 산에 있는 바위틈은 나름대로 인간들이 만든 견고한 요새와 같은 곳입니다. 그러나 그곳으로 피하여도 피할 수 없습니다.

그들은 탄식합니다. 하나님께서 진노하시고 심판하시는 주의 날에 그 누가 그 앞에 설 수 있겠는가?

하나님의 진노는 세상에 속한 사람들 가운데는 그 누구도 피할 수 없습니다. 어떤 견고한 성이나 높은 산에서도 아무도 피할 수 없고 아무리 깊은 굴이나 전쟁이나 환난을 피하기 위해 잘 준비된 동굴에서도 피할 수 없습니다.

그러나 성경은 말씀합니다. 아브라함이 이삭을 드리던 그 산에서 말씀하십니다. "여호와의 산에서 예비되리라!" 말세를 준비하려면 하나님이 인도하시고 준비하시는 하나님의 산이 어디인지 알아야 합니다.

예수님께서는 마태복음 24장에서 재난의 때에 산으로 피하라고 하셨습니다. 그래서 우리에게는 여호와 이레의 산이 있어야 합니다. 그곳이 어디입니까 예수님의 보혈이 흐르는 곳, 성령님의 역사가 끊어지지 않는 곳, 살아 계신 하나님의 말씀이 있는 곳, 성결한 믿음을 지키는 성도가 모이는 곳! 바로 예수님이 세우신 교회입니다. 주님은 말세의 피난처로 주님의 교회를 세우셨습니다.

"누가 능히 그 앞에 서리요" 하는 음성에 대한 해답이 바로 하나님이 세우신 교회에 있습니다. 이것이 바로 교회의 비밀입니다. 교회 안에는 우리의 피난처가 되시는 예수님이 있습니다. 예수님 안에서 살 길을 찾으시기 바랍니다.

누가 능히 그 앞에 서리요라는 6장의 질문에 대한 대답이 7장입니다. 환난의 시대를 이기는 사람들은 말세에 하나님의 말씀을 전할 사명을 가진 십사만 사천의 주의 종들과 큰 환난의 시대에 짐승과 그 우상을 이기고 짐승의 표를 받지 않고 예수님의 피에 그 옷을 씻은 흰 옷 입은 무리입니다.

그리고 13장의 두 짐승의 출현과 환난과 고난에 대한 대답이 알곡과 포도송이 추수인 14장입니다. 음녀와 바벨론의 멸망에 대한 17장과 18장에 대한 해답이 하늘나라의 많은 무리들의 찬양과 어린양의 혼인잔치인 19장입니다.

마지막 때의 마지막 심판은 분명히 있습니다. 그 심판의 때를 이기는 방법은 예수님 안에서 믿음을 지키며 사는 것입니다. 그러면 어떤 환난과 시험이 와도 이길 수 있습니다. 말세의 피난처는 교회요 예수님 안에서 사는 일입니다.

세 번째 사건 [7:1-8]

재앙과 환난 가운데 보호받을 주의 종들을 구별하여 인침

🔼 계시록 7장(1) | 인침을 받은 십사만 사천 명의 주의 종들

 7-1. 네 천사와 인을 칠 천사의 등장(1-3)

1. 바람을 붙잡고 있는 네 천사의 등장(1)

■ 본문 : **"이 일 후에** 내가 네 천사가 땅 네 모퉁이에 선 것을 보니 땅의 사방의 바람을 붙잡아 바람으로 하여금 땅에나 바다에나 각종 나무에 불지 못하게 하더라"

1. After this I saw four angels standing at the four corners of the earth, holding back the four winds of the earth to prevent any wind from blowing on the land or on the sea or on any tree.

1. **이 일 후에** 나는 땅의 네 모퉁이에 서 있는 네 명의 천사를 보았습니다. 그들은 땅 위에나 바다 위에나 모든 나무에게 환난이나 재앙을 일으키는 바람이 불지 않도록 사방의 바람을 붙들고 있었습니다.

⚏ 양육과 적용을 위한 묵상노트

요한 사도의 육체는 지금 밧모 섬에 있습니다. 그러나 성령 안에 있는 그의 영은 하늘에 있습니다. 성령의 감동 가운데 있는 그의 영은 지금 환상 가운데 땅에서 일어날 일들과 또 하늘에서 일어나는 일들을 보고 있습니다. 그는 6장에서 세상 모든 사람들이 마지막 때에 닥치는 환난의 때를 누가 어디에서 피할 수 있을 것이냐고 부르짖는 모습을 보았습니다. 그리고 이어서 그는 지금 또 다른 환상에서 새로운 사건들이 일어나는 모습을 봅니다.

이일 후에는 그 환난의 때를 면할 사람들이 누구냐는 외침이 있은 후에 보여주신 환상의 내용입니다. 이 환상은 십사만사천 명의 주의 종들에게 천사가 인을 치는 내용입니다. 요한은 지금 해 돋는 곳에서 올라온 천사가 주의 종 선지자들에게 인을 치기 전에 네 명의 다른 천사들이 땅의 네 모퉁이에 서서 바람을 붙잡고 있는 모습을 봅니다. 바람은 환난이며 재난입니다.

왜 네 명의 천사들이 땅의 네 모퉁이에 서서 땅이나 바다나 수목들에게 불지 못하도록 바람을 붙잡고 있을까요? 그 이유는 바람으로 상징되는 그 환난의 때가 되기 전에 복음 증거의 사명을 감당해야 할 주의 종들을 구별하여 세우심으로 그들을 통해 복음을 받아 들여 구원받을 백성들을 위한 것입니다.

주의 종들에게 인치기 전에 바람이 불지 않는 것은 성도들을 향한 하나님의 사랑의 증거입니다. 환난의 때가 오기 전에 하나님의 인침을 받고 사명자로 구별되어 복음을 전해야 하는 주의 종 선지자들이 먼저 세워져야 합니다.

그들이 준비된 후에 환난이 오면 어떤 환난이 와도 성도들은 그들이 전하는 복음을 붙잡고 승리할 수 있습니다. 그런데 그들의 수가 부족하거나 그들의 수가 채워지기 전에 미리 환난이 오면 택하신 자들의 구원을 향한 하나님의 구원 사역과 계획에 차질이 생깁니다. 그래서 십사만사천 명의 주의 종들을 먼저 구별하여 인을 치는 그때까지 본격적인 환난의 시기를 늦추시는 것입니다.

2. 해 돋는 곳에서 올라온 한 천사(2-3)

1) 해 돋는 데서 올라온 인치는 천사(2a)

■ 본문 : "또 보매 다른 천사가 살아 계신 하나님의 인을 가지고 해 돋는 데로부터 올라와서"

2a. Then I saw another angel coming up from the east, having the seal of the living God.

■ 목자역

2a. 그리고 나는 살아계신 하나님의 도장을 가지고 해가 떠오르는 곳으로부터 올라오는 다른 천사를 보았습니다.

▮ 양육과 적용을 위한 묵상노트

이어지는 환상은 한 천사가 살아 계신 하나님의 도장을 가지고 해가 떠오르는 곳 바로 하나님이 계신 곳으로부터 올라오는 모습입니다. 성경에는 두 가지 인침이 있습니다. 하나는 복음을 듣고 믿을 때 성령께서 하나님의 자녀가 된 것을 보증하시는 구원의 인입니다. 에베소서 1장에 나옵니다.

그러나 십사만 사천의 하나님의 종들이 받는 인은 구원의 인이 아닙니다. 아모스서 3장의 말씀처럼 하나님의 비밀을 알고 전파해야 할 사명자들을 세우시는 사명의 인입니다. 성경은 그들을 종 선지자들이라고 합니다.

계시록 11장에서는 두 증인인 하나님의 종 선지자들과 성도들을 구별하고 있습니다. 십사만 사천의 주의 종들도 성령 받은 예수님의 증인이고 8절 이하에 나오는 흰 옷 입은 무리들도 예수님을 생활 속에서 증언하는 두 증인 가운데 하나입니다. 그들은 모두 성령 받아 복음을 전하는 하나님의 자녀들입니다.

그런데 그들이 둘로 나누어지고 구별되는 이유는 계시록 14장의 말씀처럼 십사만 사천은 속량함 곧 죄 사함을 받은 첫 열매이고 8절 이하의 흰 옷 입은 큰 무리는 십사만 사천에 의해 전도되어 하나님의 자녀가 된 온 세상 백성들 가운데 구원받은 성도들이기 때문입니다.

요한의 환상이 십사만 사천에서 머물지 않고 그 환상에서 시작해서 온 세상의 구원 받은 무리들로 점점 더 커져가는 이유도 여기에 있습니다.

사명자들의 이마에 찍는 하나님의 인의 내용은 무엇일까요? 그것은 계시록 14장에서 보는 것처럼 어린양과 그 아버지의 이름입니다. 이들의 자격에 대한 것도 계시록 14장에서 설명합니다. 이들은 소속이 분명하고 다른 성도들과는 주의 종으로서의 그 태도와 행함에서 구별됩니다.

2) 천사의 외침(2b)

■ 본문 : "땅과 바다를 해롭게 할 권세를 얻은 네 천사를 향하여 큰 소리로 외쳐"

2b. He called out in a loud voice to the four angels who had been given power to harm the land and the sea:

■ 목자역

2b. 해가 떠오르는 곳으로부터 올라온 그 천사는 땅과 바다를 해칠 수 있는 권세를 받은 그 네 명의 천사에게 큰 소리로 외쳤습니다.

ⓣ 양육과 적용을 위한 묵상노트

하나님의 도장을 가지고 올라온 천사는 땅과 바다와 강과 하늘에 있는 해와 달과 별들에게 천재지변과 환난을 일으킬 바람의 권세를 가진 천사들을 향해 큰 소리로 외쳤습니다. 인을 치기 전에 바람이 불지 못하게 하라!

이단들은 이 해돋는 곳이 우리 대한민국 한반도라고 주장합니다. 그리고 이 도장을 가지고 올라오는 천사는 도장과 같은 하나님의 말씀을 가지고 오는 그 이단의 교주라고 합니다. 그리고 하나님의 인이 아닌 교주가 전하고 그들이 배워 전하는 이단 교리라고 합니다. 속지 마십시오. 거짓입니다.

계시록 14장에서 말씀하는 하나님의 인은 어린양과 그 아버지의 이름입니다. 십사만 사천은 환난기에도 여전히 복음을 전하도록 구별된 주의 종들입니다.

3) 천사가 외치는 내용(3)

■ 본문 : "이르되 우리가 우리 하나님의 종들의 이마에 인치기까지 땅이나 바다나 나무들을 해하지 말라 하더라"

3. Do not harm the land or the sea or the trees until we put a seal on the foreheads of the servants of our God.

3 : 우리가 말씀전파의 사명자인 우리 하나님의 종들의 이마에 하나님의 종이라고 보증하는 도장을 찍기 전까지는 절대로 온 세상의 나라나 사람들을 해치지 말라!

■ 양육과 적용을 위한 묵상노트

천사의 외침은 마지막 시대에 생명을 걸고 하나님의 말씀을 전하는 일에 쓰이도록 구별될 우리 하나님의 종들의 이마에 인을 치기 전까지는 바람이 불지 못하게 하라는 것입니다.

인을 치는 것은 구별하는 것입니다. 이마에 인을 치는 것은 마음과 생각을 구별하여 복음 전파의 사명자로 쓰시겠다는 것입니다. 주의 종으로서 하나님의 복음을 전하는 것은 당연한 일입니다.

그러나 마지막 환난의 시대에 하나님의 복음을 전하려면 하나님이 구별하셔야 하고 하나님이 힘을 주셔야 합니다. 말세의 사명자는 자기 스스로 자신을 구별하여 그냥 세워지는 것이 아닙니다. 주님의 제자들 가운데 사도들은 성령의 인침을 받고 나아가 복음을 전하다가 순교했습니다. 교회가 세워진 이후 지금까지 많은 주의 종 선지자들이 복음을 전하다가 고난을 당하고 죽임을 당했습니다. 그러나 그들은 인침 받은 하나님의 종들이기 때문에 배도하지 않았습니다.

요즘같이 주의 종들이라고 스스로 말하는 사람들이 넘쳐나는 시대가 없었습니다. 그러나 선지자이자 주의 종으로서 삶은 스스로 선택한다고 되는 일이 아닙니다. 하나님께서 인을 치시고 구별하셔야 되는 일입니다.

그들에게는 그가 하나님께 속해 있고 예수님의 일꾼이라는 표식이 외적으로 확실하게 드러납니다. 주의 종은 스스로 되는 것이 아닙니다. 하나님께서 선택하셔서 먼저 성령의 인침을 통해 주의 백성이 되고 그다음 또 한 번 하나님의 사명의 인침을 통해 되는 일입니다.

스스로를 주의 종이라고 자처하는 사람들은 진짜 나는 하나님께 구별되어 하나님의 인침을 받은 주의 종인지 아닌지 스스로 분별해 봐야 합니다. 하나님께서 인을 치신 주의 종이 아니면 오히려 주의 일을 한다고 하면서 하나님의 영광을 가릴 수 있습니다.

그리고 마태복음 25장의 말씀처럼 주여 하다가 지옥가고 또 주님의 이름으로 이적을 행하는 동시에 불법을 행하다가 주님께 버림받을 수 있습니다. 주의 종은 선지자요 선지자는 이사야나 예레미야나 다니엘과 같은 분들입니다.

7-2. 인 맞은 자(4-8)

1. 인(印) 맞은 자의 수(4)

■ 본문 : "내가 인침을 받은 자의 수를 들으니 이스라엘 자손의 각 지파 중에서 인침을 받은 자들이 십사만 사천이니"

4. Then I heard the number of those who were sealed: 144,000 from all the tribes of Israel.

■ 목자역

4. 그때 내가 들은 인침을 맞은 주의 종들의 숫자는 육신적인 혈통에 따른 것이 아닌 영적으로 구별된 새 이스라엘의 모든 자손들의 각 지파에서 선택된 14만 4천명이었습니다. :

■ 양육과 적용을 위한 묵상노트

인침을 받은 자들은 이스라엘 열두 지파의 자손들 가운데 십사만 사천입니다. 이 본문의 이스라엘은 혈통적인 이스라엘이 아닙니다. 오히려 야고보서 1장의 말씀처럼 온 세상에 흩어져 있는 새 이스라엘 곧 기독교인들 가운데에서 하나님께로부터 복음 전파자로 사명을 받고 인침을 받은 하나님의 종들입니다.

계시록 5장을 보면 예수님께서는 그 피 값으로 온 세상 백성 가운데 사람들을 사시고 선택하셔서 하나의 나라를 만드시고 그들을 제사장으로 삼으셨습니다.

그들은 계시록 12장에서 말씀하는 하나님의 계명을 지키며 예수의 증거를 가진 여자의 후손들입니다. 온 세상 백성 가운데 예수님의 피로 구별되어 새 이스라엘이 된 사람들 가운데 십사만 사천은 복음 전파의 사명 때문에 또 그 가운데에서 인침을 받고 구별된 하나님의 종들입니다.

2. 영적인 열 두 지파(5-8)

■ 본문 : "유다 지파 중에 인침을 받은 자가 일만 이천이요 르우벤 지파 중에 일만 이천이요 갓 지파 중에 일만 이천이요 아셀 지파 중에 일만 이천이요 납달리 지파 중에 일만 이천이요 므낫세 지파 중에 일만 이천이요 시므온 지파 중에 일만 이천이요 레위 지파 중에 일만 이천이요 잇사갈 지파 중에 일만 이천이요 스불론 지파 중에 일만 이천이요 요셉 지파 중에 일만 이천이요 베냐민 지파 중에 인침을 받은 자가 일만 이천이라"

5. From the tribe of Judah 12,000 were sealed, from the tribe of Reuben 12,000, from the tribe of Gad 12,000,

6. from the tribe of Asher 12,000, from the tribe of Naphtali 12,000, from the tribe of Manasseh 12,000,

7. from the tribe of Simeon 12,000, from the tribe of Levi 12,000, from the tribe of Issachar 12,000,

8. from the tribe of Zebulun 12,000, from the tribe of Joseph 12,000, from the tribe of Benjamin 12,000.

■ 목자역

5. 유다 지파 중에서 인침을 받은 사람들이 1만 2천명이요, 르우벤 지파 중에서 1만 2천명이요, 갓 지파 중에서 1만 2천명이요

6. 아셀 지파 중에서 1만 2천명이요, 납달리 지파 중에서 1만 2천 명이요 므낫세 지파 중에서 1만 2천명이요,

7. 시므온 지파 중에서 1만 2천 명이요 레위 지파 중에서 1만 2천명이요, 잇사갈 지파 중에서 1만 2천 명이요

8. 스블론 지파 중에서 1만 2천명이요, 요셉 지파 중에서 1만 2천 명이요, 베냐민 지파 중에서 인침을 받은 사람들이 1만 2천 명입니다.

3. 인 맞은 사람들은 영적 이스라엘가운데 택함 받은 주의 종들

(1) 이스라엘 : "하나님과 주 예수 그리스도의 종 야고보는 흩어져 있는 열 두 지파에게 문안하노라"(약1:1)

🚹 양육과 적용을 위한 묵상노트

이들이 혈통적인 이스라엘이 아닌 것은 이들의 이름이 구약성경에 나오는 열두 지파와 다른 것을 보더라도 알 수 있습니다.

이 본문에는 단 지파나 에브라임 지파가 빠져 있고 대신 레위 지파와 에브라임의 아비인 요셉의 이름이 들어 있습니다. 그러므로 이 본문에 나오는 이스라엘은 구약시대의 이스라엘의 아름다운 신앙의 전통을 계승하면서도 예수님 안에서 이기는 자인 새 이스라엘로 새롭게 탄생한 하나님의 백성들입니다.

구약시대 이스라엘은 애굽에서 나온 이후에 광야에서 성막을 중심으로 군대조직으로 재편되었습니다. 새 이스라엘인 우리는 각 나라에 속해 있으면서 각 교파와 각 교회에 속해 있습니다. 예수님을 중심으로 한 이 다양한 교파와 교회들이 오늘날의 새 이스라엘입니다.

십사만 사천은 온 세상에서 하나님의 부르심을 받아 구원의 인침을 받은 하나님의 백성 가운데 천사들을 통해 다시 예수님과 그 아버지의 이름으로 인침을 받은 주의 종들입니다. 마지막 때의 영원한 복음을 전해야 하는 말씀 전파자로 세워진 주의 종들입니다. 사명의 인침을 받고 말씀 사역의 사명자로 택함을 받은 하나님의 종들이요 선지자들입니다.

이들도 두 증인가운데 하나로 구원 받은 무리 안에 있습니다. 그러나 그들은 말씀 전파자로 세움 받았다는 점에서 생활 속에서 선교하는 그들과 구별됩니다. 구원받은 백성들과 십사만 사천의 관계는 하나이며 둘이고 둘이며 하나입니다. 군대로 비유하면 장교들과 사병들의 관계와 같습니다.

네 번째 사건 [7:9-9:11]

세상 모든 나라와 백성 가운데 구원받은 성도들과 큰 환난의 시작

📖 계시록 7장(2)

 7-3. 셀 수 없는 큰 무리(9-14)

1. 각 나라와 족속과 백성과 방언에서 나온 자들(9)

■ 본문 : "**이 일 후에** 내가 보니 각 나라와 족속과 백성과 방언에서 아무도 능히 셀 수 없는 큰 무리가 나와 흰 옷을 입고 손에 종려 가지를 들고 보좌 앞과 어린 양 앞에 서서"

9. After this I looked and there before me was a great multitude that no one could count, from every nation, tribe, people and language,

9. **이러한 일들이 있은 후에** 나는 아무도 그들의 수를 셀 수 없을 만큼의 많은 무리를 보았습니다. 그들은 모든 나라와 종족과 백성과 다양한 언어를 쓰는 사람들 가운데에서 구원받은 사람들입니다. 그들은 흰 옷을 입고 하나님의 보좌 앞과 어린 양 앞에 서 있으며 손에 종려나무 가지를 들고 있습니다.

🔳 양육과 적용을 위한 묵상노트

말씀 전파자로 사명을 받은 주의 종들이 인침을 받고 구별되는 모습을 본 이후에 요한은 또 다른 환상을 봅니다. 그것은 온 세상에 있는 사람들 가운데 구원받은 무리가 흰 옷을 입고 손에 종려나무 가지를 들고 나오는 모습입니다.

요한의 환상은 십사만 사천이 구별되는 모습을 보는 것부터 시작해서 수많은 사람들이 온 세상에서 구원받는 것을 보는 것으로 점점 더 확대되어 갑니다. 주의 종들이 전하는 복음을 듣고 구원받아 하나님의 자녀가 된 하나님 나라의 백성들의 수는 바다의 모래알 같고 하늘의 별들과 같습니다. 아무도 그 수를 헤아릴 수 없습니다. 그들은 구원 받은 백성답게 흰 옷을 입고 있고 승리자라는 표시로 손에 종려나무 가지를 들고 있습니다.

그들은 15장에서 짐승의 이름이나 그 이름의 수를 이기고 그 오른손이나 이마에 짐승의 표를 받지 않은 성도들이 불 섞인 유리바다 가에 서 있는 것처럼 하나님의 보좌와 어린양 앞에 서 있습니다.

이들이 11장에 나오는 두 증인 가운데 십사만 사천과 더불어 또 하나의 증인들입니다. 십사만 사천이 복음을 전파하는 증인들이라면 이들은 생활 속에서 말씀대로 살면서 삶의 현장에서 선교를 실천하는 증인들입니다.

이들은 그 이름이 생명책에 기록된 사람들입니다. 하나님께서는 이들을 통해 우리들이 가야 할 곳 우리가 있어야 할 최종적인 삶의 종착지가 하나님과 어린양의 보좌가 있는 천국인 것을 알려줍니다.

그래서 우리는 끝까지 이겨야 합니다. 마지막 숨이 넘어갈 때가지 이겨야 합니다. 순결한 모습으로 주님 앞에 서 있을 모습을 그려 보십시오. 환난이나 곤고나 핍박이나 죽음도 두렵지 않습니다. 이기는 사람은 하나님과 어린양의 보좌 앞에 흰 옷을 입고 서게 될 것입니다.

2. 하나님과 예수님을 찬양하고 있는 자들(10)

■ 본문 : "큰 소리로 외쳐 이르되 구원하심이 보좌에 앉으신 우리 하나님과 어린 양에게 있도다 하니"

10. And they cried out in a loud voice: "Salvation belongs to our God, who sits on the throne, and to the Lamb."

10. 그들은 아주 큰 소리로 외치며 말하였습니다. : 우리를 구원하신 분은 보좌 위에 앉으신 우리 하나님과 그분의 어린 양이신 예수님이십니다.

① 양육과 적용을 위한 묵상노트

그들은 오직 구원은 하나님과 어린양으로 오신 그리스도 예수 밖에 없음을 찬양하며 노래합니다. 승리하신 예수 그리스도는 계시록 3장의 말씀대로 하나님의 보좌에 함께 있습니다. 주님은 우리가 승리자가 되면 그 보좌에 함께 앉게 하겠다고 약속하셨습니다. 세상은 전쟁터이고 신앙은 그 전쟁터에서 이기는 힘입니다. 구원은 오직 예수입니다. 하나님께서는 구원받을 다른 이름을 주신 일이 없습니다. 하나님 앞에 나아가는 길은 오직 예수입니다.

3. 모든 천사들의 찬양(11-12)

■ 본문 : "모든 천사가 보좌와 장로들과 네 생물의 주위에 서 있다가 보좌 앞에 엎드려 얼굴을 대고 하나님께 경배하여 이르되 아멘 찬송과 영광과 지혜와 감사와 존귀와 권능과 힘이 우리 하나님께 세세토록 있을지어다 아멘 하더라"

11. All the angels were standing around the throne and around the elders and the four living creatures. They fell down on their faces before the throne and worshiped God,

12. saying: "Amen! Praise and glory and wisdom and thanks and honor and power and strength be to our God for ever and ever. Amen!"

■ 목자역

11. 그러자 하나님의 보좌와 장로들과 네 천사장의 주위에 둘러 서 있던 모든 천사가 그들의 얼굴을 바닥에 대며 하나님의 보좌 앞에 엎드렸습니다. 그리고 하나님께 경배했습니다.

12. 그 천사들이 말하였습니다. 아멘! 찬송과 영광과 지혜와 감사와 존귀와 권능과 강한 힘이 세세무궁토록 우리 하나님께 있을 것입니다. : 아멘!

🗄 양육과 적용을 위한 묵상노트

온 세상에서 구원받은 모든 성도의 찬양이 이어지는 가운데 하나님의 보좌 앞에 있는 모든 천사도 찬양합니다. 이사야 14장이나 에스겔 28장에서 보는 것처럼 타락한 천사인 사탄은 하나님을 찬양하거나 순종하지 않습니다. 그러나 하나님을 경외하는 모든 천사는 아멘에서 시작하여 찬송과 영광과 지혜와 감사와 존귀와 권능과 힘의 일곱 가지로 하나님께 찬양한 후 다시 아멘 합니다.

하나님의 뜻을 이루기 위해 그들은 헌신합니다. 아멘 합니다. 아멘 하여 하나님께 영광을 돌립니다. 우리의 기도와 찬양도 아멘이어야 합니다. 오직 아멘이요 오직 찬양입니다. 아멘은 하나님을 향한 최고의 찬양이며 순종입니다.

4. 큰 환난에서 나온 자들(13-14a)

■ 본문 : "장로 중 하나가 응답하여 나에게 이르되 이 흰 옷 입은 자들이
누구며 또 어디서 왔느냐 내가 말하기를 내 주여 당신이 아시나이다 하니
그가 나에게 이르되 이는 큰 환난에서 나오는 자들인데"

13. Then one of the elders asked me, "These in white robes—who are
they, and where did they come from?"

14a. I answered, "Sir, you know." And he said, "These are they who have
come out of the great tribulation

■ 목자역

13. 장로들 가운데 한 사람이 천사들의 찬양에 화답하며 나에게 말하였습
니다. : 흰 옷을 입고 있는 이 사람들은 누구이며 어디에서 왔습니까?

14a. 그래서 나는 그에게 대답하였습니다. : 장로님, 당신이 아십니다. 그
러자 그 장로님이 나에게 말하였습니다. : 이들은 큰 환난에서 구원받아 나온
사람들입니다.

▮ 양육과 적용을 위한 묵상노트

이들은 누구일까요? 큰 환난의 때를 거치고 그 가운데에서 주님의 말씀
을 붙들고 믿음으로 이겨 구원을 받은 하나님의 백성입니다. 인생에는 크
고 작은 환난이 있습니다. 어떤 이에게는 질병과 가난의 환난이 있습니다.
어떤 이에게는 실패와 좌절의 환난이 있습니다. 또 어떤 이에게는 사랑하

는 사람의 갑작스런 죽음을 통한 이별의 환난이 있습니다.

우리가 사는 세상은 매일이 전쟁터요 매일이 환난입니다. 그 일상적인 환난도 믿음으로 이겨야 합니다. 사탄의 시험도 말씀으로 이겨야 합니다. 주님은 이기신 분이고 우리들은 이기는 사람들이 되어야 합니다.

주님께서는 빌라델비아 교회에게 네가 인내하라는 말씀을 지켰으니 내가 큰 환난의 때를 면하게 하리라고 하셨습니다. 이 인내는 성품이 좋아 참는 인간적인 인내가 아닙니다. 이 인내는 인간적인 것을 넘어서서 하나님이 힘을 주셔서 합력하여 선을 이루시는 하나님을 믿기에 참고 기다리는 소망이 있는 인내입니다. 성령의 열매입니다. 하나님께서 힘을 주셔서 인내하고 참는 것입니다. 그들은 반드시 큰 환난의 때를 넘어서서 이기고 또 이깁니다.

5. 어린양의 피에 옷을 씻어 희게 한 자들(14b)

■ 본문 : "어린 양의 피에 그 옷을 씻어 희게 하였느니라"
14b. and made them white in the blood of the Lamb.

■ 목자역
14b. 그들의 옷은 예수님이 흘린 피로 깨끗하게 빨아 새하얗게 되었습니다.

◾ 양육과 적용을 위한 묵상노트

그들이 이긴 증거가 무엇입니까? 어린 양의 피에 그 옷을 씻어 희게 한 것입니다. 그들은 예수님의 십자가에서 주님과 함께 자기 십자가를 지고 그 정과 욕심을 함께 못 박고 같이 죽고 그 영이 다시 새롭게 산 사람들입니다. 이제는 내 안에 내가 아닌 그리스도 예수께서 산다고 고백하는 사람들입니다.

이들은 인내하는 믿음으로 끝없는 사탄과의 투쟁을 통해 성화를 이루어 간 성도들이고 그 승리의 표시로 흰 옷을 입고 있습니다.

주님은 사데 교회의 이기는 자들에게 흰 옷을 주시겠다고 약속하셨습니다. 깨어 기도하고 마태복음 25장의 말씀처럼 주님의 뜻을 따라 살아야 합니다. 주님 다시 오시는 날까지 기름을 준비해야 합니다.

마지막 때의 어둠을 밝히며 주어진 은사에 따라 최선을 다해 자기 사명을 이루며 살아야 합니다. 이웃을 위한 아름다운 헌신의 삶을 산 사람들에게 흰 옷을 주십니다. 이들은 속에는 탐욕이 가득 차 있는데 겉으로 입으로는 주여 하는 사람들이 아니라 신앙인다운 아름다운 삶의 실천이 있는 사람들입니다.

7-4. 구원받은 백성들이 누릴 가장 큰 축복(15)

이 본문의 내용은 영원한 하나님의 나라에서 이루어질 축복을 말하고 있습니다. 계시록 21장 3절-4절과 22장 3절-5절의 내용과 비슷합니다.

1. 예배자의 축복(15a)

■ 본문 : "그러므로 그들이 하나님의 보좌 앞에 있고 또 그의 성전에서 밤낮 하나님을 섬기매"

15a. Therefore, "they are before the throne of God and serve him day and night in his temple; and he who sits on the throne will spread his tent over them.

■ 목자역

15. 그러므로 그들은 하나님의 보좌 앞에 있습니다. 그리고 하나님의 보좌가 있는 성전에서 밤낮으로 하나님을 섬깁니다.

🚩 양육과 적용을 위한 묵상노트

큰 환난의 때를 믿음으로 이기고 그 삶을 정결하게 하며 어린양의 피에 그 옷을 씻은 사람들은 이십사 장로들처럼 하나님의 보좌 앞에 있게 됩니다. 여기서 말씀하는 그들은 십사만 사천의 하나님의 종들을 포함한 구원받은 모든 하나님의 자녀입니다.

그들은 하나님 앞에서 주님을 찬양하는 영원한 예배자의 삶을 살게 됩니다.

이들의 모습이 계시록 14장과 15장에 잘 나타나 있습니다. 십사만 사천의 주의 종들은 시온 산에서 새 노래를 부르고 큰 환난에서 나온 이들은 불이 섞여 있는 유리바다 가에서 하나님의 거문고를 가지고 하나님의 종 모세의 노래와 어린양의 노래를 부릅니다. 유리바다는 하나님의 보좌 앞에 있는 바다입니다.

2. 하나님의 장막이 드리워지는 축복(15b)

■ 본문 : "보좌에 앉으신 이가 그들 위에 장막을 치시리니"
15b. and he who sits on the throne will spread his tent over them.

■ 목자역
15b. 그때 그 보좌 위에 앉아계신 하나님께서 그들 위에 장막을 쳐 주실 것입니다.

◼ 양육과 적용을 위한 묵상노트

어린양의 피에 그 옷을 씻은 이들의 삶에는 하나님이 함께 하시는 증거

가 나타납니다. 말씀이 육신이 되어 우리와 함께 하시는 주님의 역사가
생활 속의 증거로 나타납니다.

장막을 치신다는 말씀은 임마누엘 하나님의 특징입니다. 출애굽을 할
때는 하나님께서 그들 안에 한 가운데에 장막을 치셨습니다. 그러나 이제
마지막 때에는 하나님께서 그들 위에 장막을 치십니다. 함께 하시고 인도
하심을 넘어서서 보호하시고 책임지시겠다는 의미가 훨씬 더 강조되어
있습니다. 하나님께서는 우리 위에 장막을 치시고 그 그늘아래 우리를 쉬
게 하십니다.

 ## 7-5. 하나님의 장막 안에서 누리는 네 가지 복(16-17)

1. 영원한 만족 (16a)

■ 본문 : "그들이 다시는 주리지도 아니하며 목마르지도 아니하고"
16a. Never again will they hunger; never again will they thirst.

■ 목자역
16a. 그러므로 그들은 이제 다시는 굶주리지 않을 것이며 절대로 목마르지
않게 될 것입니다.

🖪 양육과 적용을 위한 묵상노트

그 증거는 먼저 먹고 사는 문제와 염려에서 벗어나게 하는 일입니다. 일상적인 생활의 궁핍에서 벗어나게 하는 일입니다. 그러므로 생활 속에 먹고 사는 문제 때문에 늘 고민이 있고 염려가 있는 사람은 참 예배자의 모습으로 돌아와야 합니다. 참된 예배자의 삶 속에는 하나님께서 그 삶의 필요를 채워주시는 특별한 은총이 있습니다.

시편 23편에는 하나님을 그 인생의 목자로 삼는 사람들에게 부족함이 없을 것이라는 소망을 주신다고 하셨습니다. 그 소망이 이루어지는 첫 단계가 하나님께서 우리를 푸른 초장에 누이시고 쉴만한 물가로 인도하시는 것입니다.

2. 영원한 보호(16b)

■ 본문 : "해나 아무 뜨거운 기운에 상하지도 아니하리니"

16b. The sun will not beat upon them, nor any scorching heat.

■ 목자역

16b. 그리고 결코 태양이나 어떤 뜨거운 열기도 그들을 해치지 못할 것입니다.

⬛ 양육과 적용을 위한 묵상노트

두 번째 증거는 어떤 악한 세력에 의해서도 상함을 받지 않는 것입니다. 아무 해라고 했습니다. 세상 가운데 자신을 마치 태양처럼 가장하고 다가오는 악한 세력들이 얼마나 많이 있습니까? 어린양의 피로 그의 옷을 씻어 죄 사함 받고 정결하게 되고 하나님의 성전에서 참된 예배자로 사는 사람들을 그 어디에 있든지 그 모든 악의 세력들에게서 하나님이 보호하십니다.

시편 23편에서는 이 믿음과 소망을 이렇게 말씀합니다. "내가 사망의 음침한 골짜기로 다닐지라도 해를 두려워하지 않을 것은 주께서 나와 함께 하심이라 주의 지팡이와 막대기가 나를 안위하시나이다."

3. 영생(17a)

■ 본문 : "이는 보좌 가운데에 계신 어린 양이 그들의 목자가 되사 생명수 샘으로 인도하시고"

17a. For the Lamb at the center of the throne will be their shepherd; he will lead them to springs of living water

■ 목자역

17a. 왜냐하면 하나님의 보좌 가운데 하나님 아버지와 함께 계신 어린양이신 예수님이 그들의 목자가 되어 주시어 그들을 생명수가 솟아나는 샘들이 있는 곳으로 인도하여 주실 것이기 때문입니다.

주님이 인도하시는 그 축복은 일상적인 삶을 넘어서서 영원한 하나님 나라에까지 이어집니다. 다윗은 이 믿음을 "주의 선하심과 인자하심이 반드시 나를 따르리니 내가 여호와의 집에 영원히 거하리로다"라고 고백했습니다. 주는 생명수가 흐르는 강은 구약에서는 에스겔 47장에 나오고 신약에서는 계시록 22장에 나옵니다.

4. 영원한 위로(17b)

■ 본문 : "하나님께서 저희 눈에서 모든 눈물을 씻어 주실 것임이라" 17b. And God will wipe away every tear from their eyes."

■ 목자역

17b. 그리고 하나님께서 그들의 눈에서 흘러내리는 모든 눈물을 깨끗이 닦아 주실 것이기 때문입니다.

■ 양육과 적용을 위한 묵상노트

더 이상 그들에게는 궁핍함이 없습니다. 더 이상 그들에게는 고통이 없습니다. 더 이상 죽음의 세력이 그들을 괴롭히지 못합니다. 왜냐하면 예수님께서 친히 그들을 생명수가 흐르는 천국으로 인도하시고 하나님께서 그들의 눈에서 흐르는 모든 눈물을 씻어주시고 닦아주실 것이기 때문입니다. 우리에게는 우리가 들어가야 할 영원한 생명으로 충만한 천국이 있습니다.

하나님께서는 우리 눈에 흐르는 모든 눈물을 씻어 주십니다. 어떻게 씻어주실까요? 염려를 넘어서는 기도를 하게 하심으로 평안을 주시며 씻어주십니다. 필요를 느낄 때마다 때를 따라 돕는 은혜로 씻어 주십니다.

기쁨과 슬픔을 넘어서서 범사에 감사할 때 그 모든 것이 합력하여 선을 이루게 하심으로 씻어주십니다. 우리의 삶의 헌신과 믿음의 봉사를 기억하시고 그에 합당한 상을 주심으로 눈물을 씻어주십니다.

천국은 눈물이나 고통이나 저주나 죽음이 없는 곳입니다. 하나님께서 요한 사도를 통해 우리에게 미리 천국을 보여주시는 이유가 무엇일까요? 세상에서 당하는 모든 환난을 우리가 소망을 가지고 이기도록 하시는 것입니다.

말씀 위에 서서 믿음으로 이기도록하기 위해서입니다. 천국이 믿어지면 세상을 이길 수 있습니다. 이것이 신앙의 신비입니다. 주님의 은혜입니다. 천국을 미리 보여주시고 인도하실 것을 약속하시는 주님을 찬양합시다.

네 번째 사건 [7:9~9:11]

세상 모든 나라와 백성 가운데
구원받은 성도들과 큰 환난의 시작

▮ 계시록 8장 │ **성도들의 기도와 일곱 나팔 중 네 나팔의 재앙**

 8-1. 나팔 재앙의 준비(1-6)

1. 반시 동안의 고요(1)

■ 본문 : "일곱째 인을 떼실 때에 하늘이 반시간 쯤 고요하더니"

1. When he opened the seventh seal, there was silence in heaven for about half an hour.

■ 목자역

1. 그리고 예수님이 그 일곱 번째 봉인한 것을 떼어 냈을 때에 하늘에서는 약 반시간 정도 아주 고요한 침묵의 시간이 흘렀습니다.

하나님께서는 때때로 침묵하실 때가 있습니다. 예수님이 일곱째 인을 떼신 때도 그렇습니다. 삼십분쯤 되는 시간은 짧은 시간이기도 하고 긴 시간이기도 합니다. 우리 인생 가운데 침묵하시는 하나님의 시간이 그렇습니다.

나는 너무나 간절하고 애절한데 하나님이 침묵하십니다. 왜 이러시느냐고 고난의 이유를 물어도 하나님은 대답하시지 않습니다. 오죽하면 욥이 너무나 깊어지는 고통과 아픔에서 내가 이 가죽을 벗어난 후에라도 하나님께 물어보아야 되겠다고 했겠습니까?

우리는 하나님께서 침묵하시는 이유를 모릅니다. 그러나 하나님께서 그 침묵을 통하여 우리에게 기도해야 할 것을 깨닫게 하시기도 하고 또 다른 하나님의 일들을 준비하게 하십니다. 또 하나님이 침묵하시는 시간은 그리 길지 않습니다. 잠깐 동안의 침묵이요 잠깐 동안의 기다림입니다. 삼십분입니다.

2. 일곱 나팔(2)

■ 본문 : "내가 보매 하나님 앞에 일곱 천사가 서 있어 일곱 나팔을 받았더라"

2. And I saw the seven angels who stand before God, and to them were

given seven trumpets.

■ 목자역

2. 그때 나는 하나님 앞에 서 있는 일곱 천사를 보았는데 그들에게 일곱 나팔이 주어졌습니다.

🔢 양육과 적용을 위한 묵상노트

삼십분의 침묵이 지나간 다음에 하나님의 보좌 앞에 있던 일곱 천사가 일곱 나팔을 받았습니다. 여섯 인 안에는 역사 속에서 주님이 재림하시기 전까지 일어날 모든 재난의 모습이 담겨 있었습니다. 그 모든 재난들이 좀 더 강도를 더하면서 본격적인 큰 환난의 시대가 천사들의 나팔 소리와 함께 시작됩니다.

그래서 어떤 이들은 일곱 인의 재앙과 일곱 나팔의 재앙과 일곱 대접의 재앙이 같은 재앙을 반복하는 것이라고 해석합니다. 그러나 일곱 인은 인류 역사의 종말까지 일어날 전체적인 재앙의 모습을 보여주는 것입니다. 그리고 일곱 나팔은 그 재앙들 가운데 교회들이 포함된 큰 환난의 시기를 보여줍니다.

그러나 일곱 대접은 같은 큰 환난의 시기이기는 하지만 성도들이 휴거한 이후 이 땅에 남아 있는 악인들을 집중적으로 심판하시는 마지막 재앙입니다. 인과 나팔과 대접은 각각의 심판의 목적과 대상이 다르고 시기가 다릅니다. 이것을 바르게 분별해야 인과 나팔 그리고 대접의 삼중 구조로 되어 있는 계시록에서 말씀하는 심판과 재앙의 내용을 바르게 이해할 수 있습니다.

여섯 나팔이 울리고 나면 일곱 번째 나팔 소리와 함께 계시록 11장에서 보는 것처럼 공중으로 재림하신 주님을 영접하기 위해 성도들은 휴거하게 됩니다. 그리고 온 땅에는 땅을 망하게 한 자들을 심판하는 일곱 대접의 진노의 심판이 이루어지고 이어서 주님의 지상 재림이 있게 됩니다.

일곱 번째 나팔이 불기 전에 있게 될 여섯 나팔의 재앙이 큰 환난 가운데 성도들이 포함된 환난의 시기입니다. 앞의 네 나팔 재앙은 자연계에 내리는 재앙을 통해 하나님이 심판하시는 영적인 의미를 알려주고 있고 그 이후 다섯 번째와 여섯 번째는 인간들에 대한 직접 재앙입니다. 벌써 그 재앙이 전개되는 순서와 재앙의 모습 속에서 인과 나팔은 다른 것을 알 수 있습니다.

이 큰 환난의 시기에 하나님의 백성들은 권력을 가진 적그리스도와 거짓 선지자인 적그리스도에 의해 삶의 터전에서 추방당하는 고통과 환난을 당합니다. 또 예수 밖에 있던 자들과 함께 온갖 자연재해 속에서 고난을 당하고 악령들과 큰 전쟁에 의해 죽임을 당합니다. 이 시기를 보편적으로 칠년 대 환난의 시기라고 하는 분들이 많이 있습니다. 그래서 앞의 네 나팔까지를 전 삼년 반 뒤의 두 나팔의 시기를 후 삼년 반이라고 나누어 설명하기도 합니다.

다섯 번째와 여섯 번째의 두 나팔이 울리는 시기는 계시록 11장과 12장과 13장에 나오는 마흔두 달이기도 하고 1,260일이기도 합니다. 그리고 한 때 두 때 반 때입니다. 후 삼년 반은 교회와 성도가 집중적으로 적그리스도에 의해 핍박을 받는 시기입니다.

그러나 좀 더 면밀히 계시록을 살펴보면 이 시기는 보통 칠년 대 환난이라고 말하는 시기 가운데 그 중간 조금 앞에서부터 교회들이 큰 고난을 당하는 1,260일의 환난의 시기입니다. 그리고 그 이후에 모든 교회가 파괴되고 주의 종들과 성도들이 무참히 살해 되고 죽임을 당하는 삼일 반의 참혹한 고난이 있습니다.

그리고 1,260일이 지나고 삼일 반이 지난 다음에 성도의 휴거가 이루어지고 일곱 번째 나팔이 울리면서 악한 자들에 대한 집중적인 재앙인 대접 재앙이 이루어집니다. 이 또한 큰 환난 가운데 속한 마지막 재앙입니다. 이 모든 일이 일곱 나팔이 울리게 될 때 그 시기에 이루어지는 사건들입니다.

칠년 대 환난이라는 개념은 계시록에 나와 있는 개념은 아니고 다니엘서 7장부터 9장에 나오는 칠십 이레의 개념을 정리하면서 마지막 한 이레를 성경에 나오는 종말론을 연구하는 신학자들이 정리한 개념입니다.

보편적인 재앙이 아닌 큰 환난의 시기를 비교적 교회에 대한 핍박이 덜한 온건한 시기인 전 3년 반의 환난기와 본격적으로 교회가 핍박을 당하는 큰 환난기의 후 삼년 반으로 나누는 것인데 계시록은 전 삼년 반보다는 후 삼년 반에 그 무게 중심이 있습니다.

그러나 이 칠년 대 환난이라는 개념은 단순히 전 삼년 반과 후 삼년 반으로 나누는 것보다 교회가 당하는 가장 큰 환난의 시기를 중심에 두고 이해하면 더 쉽게 이해가 됩니다.

즉 후 삼년 반의 앞에 있는 보편적인 고난의 시기와 그 뒤의 삼일 반과 그리고 모든 악을 심판하는 대접 재앙의 시기로 구별하고 나팔재앙과 대접 재앙을 큰 환난의 시기로 보면 이해가 더 쉽습니다. 물론 그 모든 재앙들의 바탕에는 일곱 인의 재앙이 깔려 있습니다.

이렇게 해석할 수 있는 이유는 칠년 대 환난의 근거로 말하는 다니엘서 본문에 그 비밀을 풀 수 있는 열쇠가 있기 때문입니다. 그 본문은 이렇습니다. "그가 장차 많은 사람들과 더불어 한 이레 동안의 언약을 굳게 맺고 그가 그 이레의 절반에 제사와 예물을 금지할 것이며 또 포악하여 가증한 것이 날개를 의지하여 설 것이며 또 이미 정한 종말까지 진노가 황폐하게 하는 자에게 쏟아지리라 하였느니라 하니라"

이 본문이 분명히 한 이레의 절반이라고 했지 한 이레를 둘로 나누어 뒤의 절반이라고 하지 않았습니다. 그리고 그 삼년 반 뒤에 '또'라는 이음 말을 통해 "이미 정한 종말까지 진노가 황폐하게 하는 자에게 쏟아지리라"고 말씀합니다. 악한 자들의 심판은 진노의 일곱대접입니다. 대접재앙은 쏟아지는 재앙입니다.

그러므로 나팔재앙에서 부터 시작되는 큰 환난의 시기는 교회와 성도들의 고난이 포함되어 있는 마흔두 달 곧 1,260일의 시기와 삼일 반 이후에 있을 휴거의 시기를 그 중심에 놓고 그 앞에 일반적인 재난의 시기 그리고 그 뒤에 큰 환난 가운데 사탄과 악인들에 대한 진노의 대접재앙의 시기로 나누어 보는 것이 바른 해석입니다.

예수님은 이 환난의 시기를 마태복음 24장에서 재난이 시작되는 시기(인이 떼어지는 시기)와 큰 환난의 시기(나팔 재앙의 시기)로 나누셨습니다. 계시록은 큰 환난의 시기를 다시 11장과 12장과 13장에서 사탄이 권세를 휘두르는 마흔두 달이나 두 증인이 복음을 전하고 교회는 광야로 피신하는 1,260일 혹은 광야에서 하나님의 보호하심으로 양육을 받는 한 때 두 때 반 때의 삼년 반으로 설명합니다. 그리고 큰 환난의 마지막 시기는 사탄과 악인들에 대한 마지막 재앙인 16장부터 18장까지의 일곱 대접 재앙의 시기로 설명하고 있습니다.

좀 더 세밀히 보면 11장에서 보는 것처럼 두 증인이 복음을 증거 하던 1,260일이 지난 직후 두 증인의 죽음의 시기인 삼일 반이 있습니다. 그 삼일 반 이후에 죽음을 당한 주의 종들과 광야에 있던 성도들의 휴거가 이루어지고 그 이후 다시 16장에서부터 18장에서 보는 것처럼 사탄과 악인들에 대한 마지막 대접 재앙의 심판이 짧은 기간 내에 순식간에 일어납니다.

3. 천사들에 의해 하나님 보좌 앞에 올라가는 성도들의 기도(3-4)

■ **본문** : "내가 보매 하나님 앞에 시위한 일곱 천사가 있어 일곱 나팔을 받았더라 또 다른 천사가 와서 제단 곁에 서서 금향로를 가지고 많은 향을 받았으니 이는 모든 성도의 기도와 합하여 보좌 앞 금단에 드리고자 함이라 향연이 성도의 기도와 함께 천사의 손으로부터 하나님 앞으로 올라가는지라"

3. Another angel, who had a golden censer, came and stood at the altar. He was given much incense to offer, with the prayers of all the saints, on the golden altar before the throne.

4. The smoke of the incense, together with the prayers of the saints, went up before God from the angel's hand.

■ **목자역**

3. 그리고 다른 천사가 하나의 황금으로 만든 향로를 가지고 와서 그 제단 옆에 서 있었는데 그 천사에게 많은 향을 주어졌습니다. 그 이유는 그 향을 모든 성도들의 기도와 함께 섞어 하나님의 보좌 앞에 있는 황금으로 만들어진 분향단에 드리기 위함입니다.

4. 성도들의 기도와 함께 그 향이 탈 때 나는 향기로운 연기가 그 천사의 손에 의하여 하나님 앞에 올라갔습니다.

❶ 양육과 적용을 위한 묵상노트

일곱 천사가 일곱 나팔을 받은 후에 또 다른 천사가 향이 가득한 금 대접을 받았습니다. 그 향은 성도들의 기도와 간구와 부르짖는 소원의 내용입니다.

탄식과 아픔과 저주가 물러가기를 바라는 마음이 담긴 기도입니다. 하나님의 언약이 이루어지기를 바라고 기대하는 소원이 담긴 기도입니다. 시편 50편 15절의 말씀처럼 환난 날에 우리가 하나님께 부르짖어 기도하면 하나님은 우리의 기도를 들으시고 고난에서 건지시고 하나님께 영광을 돌리게 하십니다.

이 모든 향이 태워지는 연기와 함께 모든 성도의 기도는 천사에 의해서 하나님께 상달됩니다. 그러므로 기도가 하나님께 상달되려면 그 기도에는 향이 담겨 있어야 합니다. 기도 속에 그 향이 태워지는 시간이 있어야 합니다. 조개껍질이 깨어지고 진주가 나오는 것처럼 그와 같이 겉 사람이 깨어지는 아픔의 시간이 기도 속에 있어야 합니다.

고통에서 벗어나 평안해지기를 원하십니까? 그렇다면 당신의 기도 속에 향이 담겨 있어야 합니다. 그리고 그 향이 태워져야 합니다. 향은 냄새를 맡기 위해 만드는 것이 아닙니다. 하나님 앞에 드리기 위해 구별하여 정성으로 만드는 것입니다. 향연과 함께 기도는 올라갑니다. 향이 태워지는 연기와 함께 기도가 하나님 앞으로 올라간다는 이 말씀을 우리는 반드시 기억해야 합니다.

4. 나팔 재앙을 통한 심판의 징조(5-6)

■ 본문 : "천사가 향로를 가지고 단 위의 불을 담아다가 땅에 쏟으매 우리 소리와 음성과 번개와 지진이 나더라 일곱 나팔 가진 일곱 천사가 나팔 불기를 준비하더라"

5. Then the angel took the censer, filled it with fire from the altar, and hurled it on the earth; and there came peals of thunder, rumblings, flashes of lightning and an earthquake.

6. Then the seven angels who had the seven trumpets prepared to sound them.

■ 목자역

5. 그 후에 그 천사가 그 향로에 제단의 불을 가득 채웠습니다. 그리고 그 향로를 땅에 쏟았습니다. : 그러자 번개 불이 보이면서 천둥소리와 음성들이 들리고 땅에서 지진이 일어났습니다.

6. 일곱 나팔을 가진 일곱 천사가 나팔을 불려고 준비하였습니다.

1 양육과 적용을 위한 묵상노트

성도들의 기도가 하나님 보좌 앞으로 올려진 후에 그 천사는 빈 향로에 번제단의 불을 담습니다. 그리고 그 불을 땅에 쏟으니 번개와 음성과 우레

소리와 지진이 일어납니다.

이제 하늘에서 작정하셨던 하나님의 심판이 땅에서 본격적으로 시작되고 있음을 보여줍니다. 특히 4장의 하나님의 보좌에서 나온 번개와 음성과 천둥소리에 더하여 지진이 일어나는 모습은 이제 이 땅에 하나님의 본격적인 심판이 시작됨을 보여줍니다.

또한 이 모습은 성도들의 기도 응답이 세상을 심판하는 것으로 나타나는 것을 의미합니다. 순교자들의 기도는 이제 온 세상을 향한 일곱 나팔의 재앙과 악한 자들에 대한 일곱 대접의 진노의 심판으로 응답됩니다.

계시록 18장에서 하나님께서는 악한 세상인 바벨론에 대한 심판이 사도들과 선지자들과 주의 종들과 성도들을 위한 것이라고 말씀합니다. 19장에서는 큰 음녀에 대한 하나님의 심판이 억울하게 피를 흘린 모든 성도들에 대한 부응으로 이루어졌음을 말씀합니다.

우리는 하나님께서 무엇 때문에 이 세상을 심판하시는지 알아야 합니다. 선한 행실을 행하는 자는 생명의 부활로 나아오고 악한 일을 행한 자는 심판의 부활로 나아갑니다. 그러므로 선을 행하다가 낙심하지 마십시오. 때가 이르면 반드시 심은 대로 거두게 됩니다.

기도가 하나님께 상달되는 동안 천사는 금향로에 불을 담아 땅에 쏟고 그동안 일곱 천사는 일곱 나팔을 불 준비를 마쳤습니다. 이제 천사들의 나팔 소리와 함께 본격적인 큰 환난의 시대가 시작됩니다.

 8-2. 첫 번째 나팔 재앙(7) : 땅에 임한 재앙

■ **본문** : "첫째 천사가 나팔을 부니 피 섞인 우박과 불이 나와서 땅에 쏟아지매 땅의 삼분의 일이 타 버리고 수목의 삼분의 일도 타 버리고 각종 푸른 풀도 타 버렸더라"

7. The first angel sounded his trumpet, and there came hail and fire mixed with blood, and it was hurled down upon the earth. A third of the earth was burned up, a third of the trees were burned up, and all the green grass was burned up.

■ **목자역**

7. 첫 번째 천사가 그가 가진 나팔을 불었습니다. : 그러자 하늘에서 피가 섞인 우박과 불이 나오면서 그것이 땅에 쏟아졌습니다. : 그 불로 땅의 삼분의 일이 타 버렸습니다. 그리고 나무들의 삼분의 일과 함께 각종 푸른 풀들도 타버렸습니다.

🚹 양육과 적용을 위한 묵상노트

첫째 천사가 나팔을 불었습니다. 피가 섞인 우박과 불이 땅에 쏟아집니다. 대지의 삼분의 일이 불에 타고 푸른 풀들과 나무들도 불에 태워집니

270

다. 지금의 미세먼지와는 비교도 되지 않는 엄청난 환경재앙이 일어나 온 땅과 대기가 오염됩니다. 곳곳의 산과 들에서 불이 타오르면서 산소가 희박해지고 온난화와 사막화가 급속히 진행되면서 사람들이 살 수 있는 공간들이 자꾸 줄어듭니다.

더러워진 공기 때문에 사람들이 각종 호흡기 질환과 순환기 질환에 시달리게 됩니다. 흙으로 만들어진 인간의 육체에 토양 오염 때문에 원인이나 이름도 알 수 없고 고칠 수도 없는 암보다 훨씬 더 심한 질병들로 고통을 당합니다.

넷째 인을 뗄 때 나타난 사망의 모습으로 나타난 악성 질병이 본격적으로 역사하기 시작하면서 사람들이 죽어가는 시대입니다. 첫째 나팔이 울릴 때 인간들은 그 육체에 큰 고통을 당하게 됩니다.

 8-3. 두 번째 나팔재앙(8-9) : 바다에 임한 재앙

■ 본문 : "둘째 천사가 나팔을 부니 불붙는 큰 산과 같은 것이 바다에 던져지매 바다의 삼분의 일이 피가 되고 바다 가운데 생명 가진 피조물들의 삼분의 일이 죽고 배들의 삼분의 일이 깨어지더라"

8. The second angel sounded his trumpet, and something like a huge mountain, all ablaze, was thrown into the sea. A third of the sea turned into blood,

9. a third of the living creatures in the sea died, and a third of the ships were destroyed.

■ 목자역

8. 두 번째 천사가 나팔을 불었습니다. : 그러자 불이 타오르는 큰 산과 같은 것이 바다에 던져지면서 바다의 삼분의 일이 피가 되었습니다.

9. 그래서 바다 안에 있던 생명을 가진 피조물의 삼분의 일이 죽게 되었고 바다에 있던 배의 삼분의 일이 파괴되었습니다.

🔟 양육과 적용을 위한 묵상노트

땅에 이어 심판의 재앙은 바다로 이어집니다. 핵폭탄과 같은 것이 바다에서 터지면서 온 세상의 바다가운데 삼분의 일이 피바다가 됩니다. 피로 오염된 바다 가운데에서 불붙은 산과 같은 것이 바다에 떨어지면서 그 힘을 이기지 못하는 배들의 삼분의 일이 깨져나가고 그 충격으로 바다 생물의 삼분의 일이 죽게 됩니다. 땅에 이어 해양이 극심하게 오염되면서 사람들의 생명을 앗아가고 삶의 터전을 빼앗아 갑니다. 계속해서 이어지는 재난은 사람들이 돈을 가지고도 곡물을 구할 수 없는 극심한 기근의 시대를 가져 옵니다.

불붙은 큰 산이 떨어진 바다는 13장에서 보는 것처럼 모든 세상입니다. 불붙은 큰 산이 무엇입니까? 큰 권력을 가진 분노한 악한 권력자입니다. 마지막 시대는 세상에 불붙은 큰 산과 같이 분노로 가득 찬 악한 지도자가 나타나 바다로 상징되는 온 세상의 삼분의 일을 지배하는 시대입니다.

그의 분노는 세상에 사는 모든 사람과 교회의 삼분의 일에 지금도 영향을 미치고 있으며 그 결과 살아 있는 모든 영적인 존재들의 삼분의 일이 죽게 됩니다. 성도들의 영적 고향인 교회의 삼분의 일이 깨지는 시대입니다. 지금도 그 불붙은 큰 산은 바다와 같은 온 세상에서 역사하고 있습니다.

둘째 나팔의 시대에 사람들은 바로 곁으로 찾아오는 죽음에 대한 두려움과 극심한 공포 때문에 엄청난 정신적인 고통을 당하게 됩니다.

8-4. 세 번째 나팔재앙(10-11) : 강과 물 샘에 임한 재앙

본문 : "셋째 천사가 나팔을 부니 횃불같이 타는 큰 별이 하늘에서 떨어져 강들의 삼분의 일과 여러 물 샘에 떨어지니 이 별 이름은 쑥이라 물들의 삼분의 일이 쑥이 되매 그 물들이 쓴 물이 됨으로 많은 사람이 죽더라"

10. The third angel sounded his trumpet, and a great star, blazing like a torch, fell from the sky on a third of the rivers and on the springs of water--

11. the name of the star is Wormwood. A third of the waters turned bitter, and many people died from the waters that had become bitter.

10. 세 번째 천사가 나팔을 불었습니다. : 그러자 횃불처럼 활활 타고 있던 하나의 큰 별이 하늘에서부터 강들의 삼분의 일과 물이 나오는 샘들의 삼분의 일 위에 떨어졌습니다.

11. 그 별의 이름은 쓴 쑥입니다. 그래서 그 물들의 삼분의 일이 쓰디 쓴 쑥물과 같이 되었고 그 물들이 너무 써서 사람들 가운데 많은 이들이 그 쓴물로 인해 죽게 되었습니다.

⬛ 양육과 적용을 위한 묵상노트

셋째 천사가 나팔을 불었습니다. 그 천사의 나팔 소리와 함께 횃불 같이 찬란하게 타오르던 별 하나가 갑자기 강과 물 샘들 위에 떨어집니다. 토양 오염과 대기 오염에 이어 해양 오염이 있었습니다. 그리고 이제 본격적인 수질 오염의 시대가 시작됩니다. 육신과 정신을 넘어서는 영적 고통의 시대가 시작됩니다.

출애굽기 15장의 역사처럼 마라의 쓴 물이 변하여 단 물이 되게 하는 것이 하나님의 은혜입니다. 애굽을 탈출한 이스라엘 백성들은 광야에서 쓴 물이 변하여 단 물 되게 하시는 하나님을 만났습니다. 치료하시는 하나님, 여호와 라파이신 하나님을 만났습니다.

그러나 이제 셋째 천사가 나팔을 분 다음에 이루어지는 시대는 단 물이 쓴 물이 되는 시대입니다. 자연계에만 이런 일들이 있는 것은 아닙니다.

영적으로도 이런 일들이 많이 있습니다.

사탄이 그 영들을 장악하고 각종 거짓 기적과 표적으로 역사하는 횃불 같이 타는 이단의 세력이 맑은 샘인 교회를 더럽힙니다. 생수와 같은 하나님의 진리를 왜곡하여 쓴 물이 되게 하고 그 물을 먹여 많은 사람을 죽게 합니다.

하나님을 찬양하고 살던 엘리멜렉과 나오미의 집에 기근과 함께 영적인 타락이 찾아왔습니다. 그곳에서 기쁨과 감사로 살던 나오미는 그 모든 것들이 사라지고 쓰디 쓴 마라가 되었습니다.

도둑이 오는 것은 도적질하고 죽이고 멸망시키려는 것입니다. 횃불 같은 모습으로 속이는 이단들에게 속지 마세요. 쓴 물을 먹으면 그 영이 죽게 됩니다.

지금도 횃불 같이 타는 하늘에서 떨어진 이단의 별은 자기 스스로의 어둠을 감추고 광명의 천사로 가장하여 그가 마치 어둠을 밝히는 것처럼 오늘도 하나님이 창조하신 강물과 물샘들 속에서 역사하고 있습니다.

강물이 구원의 큰 물줄기를 이루고 있는 기독교라면 물의 샘들은 전 세계 곳곳에 있는 예수 그리스도의 교회입니다. 강물과 물 샘들 삼분의 일이 오염되어 있다는 말씀을 우리는 깊이 새겨야 합니다. 세 번째 나팔이 불면 육신적인 고통만이 아니라 정신 적인 고통을 넘어서는 영적인 죽음의 시대가 됩니다.

 8-5. 네 번째 나팔재앙(12) : 해, 달, 별 3분의 1이 어두워짐

■ 본문 : "넷째 천사가 나팔을 부니 해 삼분의 일과 달 삼분의 일과 별들의 삼분의 일이 타격을 받아 그 삼분의 일이 어두워지니 낮 삼분의 일은 비침이 없고 밤도 그러하더라"

12. The fourth angel sounded his trumpet, and a third of the sun was struck, a third of the moon, and a third of the stars, so that a third of them turned dark. A third of the day was without light, and also a third of the night.

■ 목자역

12. 네 번째 천사가 나팔을 불었습니다. : 그러자 해의 삼분의 일과 달의 삼분의 일과 별들의 삼분의 일이 아주 심한 타격을 받았습니다. 그 타격으로 해와 달과 별들의 삼분의 일이 어두워졌기 때문에 낮의 삼분의 일이 빛이 사라졌고 밤도 그렇게 되었습니다.

🚹 **양육과 적용을 위한 묵상노트**

세 천사의 나팔 소리와 함께 육신과 정신과 영혼의 고통과 죽음의 시대가 계속되면서 네 번째 천사의 나팔 소리와 함께 온 우주와 천체에 대지각변동이 일어납니다. 해와 달과 별의 삼분이 일이 마치 심하게 두들겨 맞은 것과 같은 극심한 타격을 받아 제 기능을 하지 못하게 됩니다.

하나님께서 만들어 놓으셨던 천체와 우주의 질서가 흔들렸습니다. 이 모습은 하나님께서 천지를 창조하실 때 빛을 창조하셨던 첫째 날 이전의 모습입니다. 모든 것들이 다시 혼돈하고 공허한 세상을 돌아 간 것입니다. 무질서하고 의미 있는 것들이 다 사라져버린 세상입니다.

해와 달과 별들이 타격을 받은 그 영향으로 지구의 자전 속도도 느려지고 밝은 낮보다 어두운 밤이 훨씬 더 길어지는 큰 어둠의 세상이 찾아옵니다.

낮과 밤의 삼분의 일씩이 빛을 잃어버렸으니 빛이 비추는 낮의 시간이 삼분의 일입니다. 그리고 빛을 받아 어둠을 비치는 밤이 삼분의 일입니다. 그리고 전혀 빛이 없는 시간이 삼분의 일입니다.

계시록 12장을 보면 하나님을 배반하고 떠난 사탄의 세력과 악령들이 전체 하늘의 별들 곧 천사들 가운데 삼분의 일입니다. 전혀 진리가 통하지 않고 빛이 조금도 존재하지 않는 시간이 하루의 삼분의 일입니다.

이 끝을 알 수 없는 어둠의 이름은 무저갱입니다. 사탄은 무저갱의 사자입니다. 다섯 번째 나팔 재앙은 이 어둠의 권세자요 하늘에서 떨어진 별인 사탄이 황충들을 통해 무제한으로 역사하는 시대입니다. 세상은 점점 더 빠르게 어둠의 시간 속으로 흘러 들어가고 있습니다.

진리의 관점에서 보면 세상의 모든 가르침 가운데 참된 구원의 진리를 가르치고 배우는 기독교의 진리가 삼분의 일입니다. 희미한 진리를 가르치는 유대교와 같은 유사 종교가 삼분의 일입니다. 전혀 구원과는 상관이 없는 어둠으로 가득한 사탄의 세력이 삼분의 일입니다.

말세는 모든 것들이 셋으로 나누어지는 시대입니다. 그 셋 가운데 여러분은 어디에 속해 있습니까? 생명과 빛으로 충만한 영에 속한 사람입니까? 아니면 세상과 교회에 적당히 반씩 몸을 담근 양신 역사 가운데 사는 육신에 속한 사람입니까? 아니면 저주받아 멸망으로 끝날 어둠과 육에 속한 사람입니까?

 ## 8-6. 남은 재앙에 대한 예고(13)

■ 본문 : "내가 또 보고 들으니 공중에 날아가는 독수리가 큰 소리로 이르되 땅에 사는 자들에게 화, 화, 화가 있으리니 이는 세 천사들이 불어야 할 나팔 소리가 남아 있음으로다 하더라"

13. As I watched, I heard an eagle that was flying in midair call out in a loud voice: "Woe! Woe! Woe to the inhabitants of the earth, because of the trumpet blasts about to be sounded by the other three angels!

■ 목자역

13. 그 후에 나는 하나님의 명령을 수행하는 한 마리의 독수리와 같은 모습

의 천사가 공중을 날아가며 큰 소리로 외치는 것을 보았습니다. : 이제 남아 있는 세 천사에 의해 곧 울리게 될 세 번의 나팔 소리들이 울리는 그 기간에 땅위에 사는 사람들에게 재앙이 있다, 재앙이 있다, 재앙이 있다!

✝ 양육과 적용을 위한 묵상노트

그때 독수리 같은 모습의 천사가 공중을 날아가면서 큰 소리로 외칩니다. 독수리 같은 모습을 가진 천사는 4장에서 하나님의 보좌 옆에 있던 천사장의 모습과 같습니다. 이 모습의 천사가 나타나 심판을 선포하는 것은 그만큼 이 심판이 신속하면서도 엄중하게 진행될 것임을 보여 줍니다.

또 성경에서 새는 영을 상징하기 때문에 그 모든 새들의 왕인 모습의 천사가 나타난 것은 이제 곧 시작하게 될 심판이 많은 천사와 악령을 통해 이루어질 것임을 예고합니다.

이 천사는 큰 소리로 선포합니다. "아직 남은 세 가지 재앙이 있다." 그 세 가지 재앙이 다섯 번째 나팔 재앙인 황충 재앙과 여섯 번째 나팔 재앙인 유브라데에서 시작되는 악령들에 의해 일어나는 전쟁입니다. 그리고 마지막 세 번째 화는 일곱 번째 나팔 소리와 함께 이루어지는 사탄과 악한 자들에 대한 심판인 일곱 대접의 재앙입니다.

지금은 육신의 고통을 넘어서서 정신적인 고통과 영의 죽음 그리고 진리의 혼돈 시대입니다. 그리고 이제 마흔두 달의 환난과 재앙의 시대가 더 깊고 넓게 우리 앞에 놓여 있습니다.

그러므로 정신 바짝 차리고 깨어 기도해야 합니다. 그리고 사탄의 유혹을 이기고 재림하시는 주님을 맞이할 수 있도록 준비해야 합니다. 그때는 이미 우리 눈앞에 와 있습니다. 하나님은 이기는 자에게 상을 주십니다.

네 번째 사건 [7:9-9:11]

세상 모든 나라와 백성 가운데
구원받은 성도들과 큰 환난의 시작

계시록 9장(1) | 본격적인 큰 환난의 시대 - 두 가지 화

9-1. 다섯 번째 나팔 재앙(1-11) : 첫 번째 화

1. 사탄이 도구로 쓰이는 재앙(1)

■ 본문 : "다섯째 천사가 나팔을 불매 내가 보니 하늘에서 땅에 떨어진
별 하나가 있는데 그가 무저갱의 열쇠를 받았더라"

1. The fifth angel sounded his trumpet, and I saw a star that had fallen
from the sky to the earth. The star was given the key to the shaft of the
Abyss.

1. 그리고 다섯 번째 천사가 나팔을 불었습니다. : 그때 나는 하늘에서 이미 오래전에 땅으로 떨어진 별 하나를 보았습니다. 그것은 마지막 심판이 있기 전에 악령들을 가두는 임시처소이며 죄를 지은 사탄의 무리를 가두는 징벌의 장소인 무저갱을 여는 열쇠를 받아 가지고 있었습니다.

🖪 양육과 적용을 위한 묵상노트

큰 환난의 시기에 다섯 번째 천사의 나팔 소리와 함께 하늘에서 떨어진 별 하나가 등장합니다. 이 별은 원래 하나님이 계시는 하늘에 있던 존재입니다. 하늘에서 떨어진 이 별은 사탄입니다. 천사장 가운데 하나였던 루시퍼는 하나님을 대적하다가 이사야 14장이나 에스겔 28장과 계시록 12장의 말씀처럼 징벌을 받고 땅으로 쫓겨났습니다.

생명의 빛으로 가득한 하늘에서 쫓겨난 사탄은 깊은 어둠의 장소인 무저갱의 사자요 그 어둠의 권세자입니다. 이제 네 번째 나팔이 울린 후에 세상의 시간은 낮의 시간과 밤의 시간 그리고 칠흑 같이 어두운 시간으로 재편되었습니다.

마치 온 세상 사람들이 기독교인들과 유대인들과 불신자들로 나누어진 것처럼 세상은 세 가지의 시간과 장소로 나누어집니다. 무저갱은 칠흑 같은 어둠의 장소입니다. 우주에 있는 블랙홀과 같은 장소입니다. 어슴푸레한 빛조차 사라져버린 장소입니다. 그곳을 여는 열쇠는 지금 사탄이 가지고 있습니다.

2. 연기와 어둠(2)

■ 본문 : "그가 무저갱을 여니 그 구멍에서 큰 화덕의 연기 같은 연기가 올라오매 해와 공기가 그 구멍의 연기로 말미암아 어두워지며"

2. When he opened the Abyss, smoke rose from it like the smoke from a gigantic furnace. The sun and sky were darkened by the smoke from the Abyss.

■ 목자역

2. 그가 무저갱의 문을 열었습니다. : 그러자 큰 용광로에서 나오는 연기 같은 많은 악한 영들이 그 무저갱의 문밖으로 나왔고 그 많은 악한 영들과 그들이 퍼트리는 거짓된 가르침 때문에 세상과 진리가 어두워졌습니다.

✝ 양육과 적용을 위한 묵상노트

사탄이 무저갱을 열었습니다. 그러자 그 무저갱에 갇혀 있던 악한 영들이 마치 활활 타오르는 불 속에서 연기가 피어오르듯이 그 구멍을 통해 해와 공기를 어둡게 할 정도로 헤아릴 수 없이 많이 세상으로 나오기 시작합니다.

해는 진리입니다. 공기는 인간들이 살아가는 세상에서 가장 필요한 것입니다. 인간들이 만든 제도와 사상과 질서입니다. 그런데 그 모든 것들이 악한 영들에 의해 뒤죽박죽이 되면서 모든 세상에 악령들이 무제한으로 역사하는 시대가 됩니다.

진리가 왜곡되고 사탄이 말하는 인본주의로 포장된 거짓된 사상들이 인간들의 마음에 죄가 자리 잡게 됩니다. 생활 속에 죄를 짓게 합니다. 마지막 시대는 거짓된 가르침들이 진리를 가리는 시대입니다. 그래서 우리는 영적인 분별력이 필요합니다. 말세는 거짓이 진리보다 더 힘이 있는 시대입니다.

3. 황충 재앙(3)

■ 본문 : "또 황충이 연기 가운데로부터 땅 위에 나오매 그들이 땅에 있는 전갈의 권세와 같은 권세를 받았더라"

3. And out of the smoke locusts came down upon the earth and were given power like that of scorpions of the earth.

■ 목자역

3. 그 악령들 속에서 온 세상을 황폐하게 하는 악한 권세를 가진 자들이 황충과 같은 모습을 가지고 땅위에 나왔습니다. 그 황충에게는 땅의 전갈이 가진 권세와 같은 권세가 주어졌습니다.

◪ 양육과 적용을 위한 묵상노트

그 악한 사상 가운데 역사하는 사탄의 도구는 황충입니다. 이 황충은 인간 안에 있는 탐욕이 형상화된 것입니다. 탐욕은 우상 숭배입니다. 그 탐욕 때문에 첫 사람 아담과 하와는 영생을 잃어버렸습니다.

그런데 마지막 때에도 극도로 발전해 가는 자본주의는 모든 인간들의 마음속에 끝이 없는 욕망을 심어 영생을 잃어버리게 합니다. 그 황충의 역사는 마치 전갈에게 침을 맞은 것과 같은 모습이 사람들에게 나타나게 합니다.

그것은 곧 지금이 악령들에 의해 그 마음속에 심어진 탐욕 때문에 구원의 진리를 보지 못하고 죄를 짓는 시대라는 것입니다. 그리고 분별력을 잃어버리고 선 대신 악을 택한 그 대가로 앞이 보이지 않는 캄캄한 어둠 속에서 금방 죽을 것 같은 한없는 괴로움과 고통을 당하는 시대라는 것입니다.

4. 재앙을 받는 대상(4-5)

▪ 본문 : "그들에게 이르시되 땅의 풀이나 푸른 것이나 각종 수목은 해하지 말고 오직 이마에 하나님의 인침을 받지 아니한 사람들만 해하라 하시더라 그러나 그들을 죽이지는 못하게 하시고 다섯 달 동안 괴롭게만 하게 하시는데 그 괴롭게 함은 전갈이 사람을 쏠 때에 괴롭게 함과 같더라"

4. They were told not to harm the grass of the earth or any plant or tree, but only those people who did not have the seal of God on their foreheads.

5. They were not given power to kill them, but only to torture them for five months. And the agony they suffered was like that of the sting of a scorpion when it strikes a man.

■ 목자역

4. 그리고 악령에 사로잡힌 악한 권세를 가진 그 황충들에게는 그 이마에 하나님의 인을 받지 못한 사람들은 해치되 그 땅의 풀과 모든 푸른 채소와 나무는 아무것도 해치지 말라는 명령이 내려졌습니다.

5. 또한 그 황충들에게는 인침을 받지 못한 사람들을 다섯 달 동안 괴롭히기는 하되 죽이지는 말라는 명령이 내렸습니다. : 그 황충들이 주는 괴로움은 마치 전갈이 사람을 쏠 때 그 독이 든 침을 맞은 사람들이 겪는 고통과 같은 것입니다.

ⓣ 양육과 적용을 위한 묵상노트

그런데 하나님께서는 그 황충들에 의해 직접적인 고통을 당하는 자들과 그 고통에서 벗어날 자들을 구별하십니다. 황충들의 공격 대상이 아닌 사람들은 누구이며 황충들의 공격 대상인 사람들은 누구일까요?

황충들의 공격 대상이 아닌 사람들은 그 마음과 생각에서 그리고 그 행동에서 온전히 하나님을 섬기며 하나님의 은혜로 사는 사람들입니다.

탐욕이 아닌 은혜로 사는 푸른 풀과 푸른 나무와 같은 하나님의 백성들과 그 이마에 하나님의 인침을 받은 주의 종들입니다. 이들은 마지막 때의 말씀을 전파해야 할 사명자들이며 어린양의 피에 그 옷을 씻어 희게 한 자들입니다.

이들은 구원의 인침을 받아 생명이 있어 푸른 풀이나 나무와 같고 이들은 천사를 통해 하나님의 인침을 받아 주의 종으로 구별된 사람들입니다. 이들은 해치지 말라고 하나님께서 말씀하십니다. 그런데 이 해치지 말라는 말씀을 깊이 묵상해 보면 이 은혜는 욥에게 주신 은혜와 같다는 것을 알게 됩니다.

하나님께서는 사탄이 욥의 모든 것들을 앗아가더라도 그의 생명은 건들지 못하게 하셨습니다. 그리고 마지막 때에 욥의 모든 것이 갑절로 회복되게 하셨습니다. 이처럼 말세에도 사탄은 악령들을 동원하여 푸른 풀과 나무와 같은 성도들을 포함한 모든 사람을 공격합니다.

그러나 참된 믿음의 성도들과 그 이마에 하나님의 인침을 받은 주의 종들의 영혼까지 멸하지는 못합니다. 황충들의 시대에 주의 종들과 성도들의 영혼을 영원히 보호 하시는 주님을 찬양합시다.

5. 이 재앙은 죽고 싶어도 죽지 못하는 재앙(6)

■ 본문 : "그 날에는 사람들이 죽기를 구하여도 죽지 못하고 죽고 싶으나 죽음이 그들을 피하리로다"

6. During those days men will seek death, but will not find it; they will long to die, but death will elude them.

■ 목자역

6. 그래서 이러한 일들이 계속되는 그 기간에 이마에 하나님의 도장을 받지 못한 사람들은 차라리 죽기를 구할 것입니다. 그런데 그들은 절대로 죽을 수가 없습니다. 그 사람들은 차라리 죽기를 간절히 바라지만 오히려 죽음이 그들을 피할 것입니다.

▣ 양육과 적용을 위한 묵상노트

이 시대는 악령들의 괴로움을 당하는 사람들이 그렇게 큰 고통을 당하느니 차라리 죽기를 구합니다. 황충들의 해침은 어떤 특정 부위나 어떤 특정 부분이 아닙니다. 마치 메뚜기 떼가 온 들판의 모든 것을 다 쓸어가는 것처럼 사람들이 살아가는 모든 영역을 황폐하게 하는 것이 황충의 역사입니다.

그것이 가정일 수 있고 자녀일 수 있으며 재물이나 명예나 건강일 수 있습니다. 그러나 죽음의 공포가 그 마음 안에 있어도 그 지옥을 생활 속에서 겪을지언정 죽지를 못합니다. 그 큰 고통의 시기가 다섯 달입니다.

이 다섯 달은 노아의 홍수 때 온 땅이 완전히 물에 잠긴 시기입니다. 물 위에 떠 있는 노아의 방주 속에 있는 여덟 사람 외에 땅에 있는 모든 이들이 죽음의 고통을 당하는 시기입니다. 그러나 여전히 고난의 시간을 정하시는 분은 하나님이시고 생명의 주관자도 하나님이십니다.

6. 황충들의 모양과 권세(7-10)

■ 본문 : "황충들의 모양은 전쟁을 위하여 준비한 말들 같고 그 머리에 금 같은 관 비슷한 것을 썼으며 그 얼굴은 사람의 얼굴 같고 또 여자의 머리털 같은 머리털이 있고 그 이빨은 사자의 이빨 같으며 또 철 호심경 같은 호심경이 있고 그 날개들의 소리는 병거와 많은 말들이 전쟁터로 달려 들어가는 소리 같으며 또 전갈과 같은 꼬리와 쏘는 살이 있어 그 꼬리에는 다섯 달 동안 사람들을 해하는 권세가 있더라"

7. The locusts looked like horses prepared for battle. On their heads they wore something like crowns of gold, and their faces resembled human faces.

8. Their hair was like women's hair, and their teeth were like lions' teeth.

9. They had breastplates like breastplates of iron, and the sound of their wings was like the thundering of many horses and chariots rushing into battle.

10. They had tails and stings like scorpions, and in their tails they had power to torment people for five months.

7. 그 황충들의 모양은 전쟁을 위해 예비되어있고 신속한 기동력을 가진 말들과 같았습니다. 그리고 그것들의 머리 위에는 황금으로 만든 것처럼 보이는 면류관이 있었습니다. 그리고 그것들의 얼굴은 지혜와 능력을 나타내는 사람들의 얼굴과 같았습니다.

8. 황충들은 거짓된 가르침이지만 매력적인 사상을 상징하는 여인들의 머리털과 같은 머리털을 가졌고 그것들의 이빨은 강력한 파괴력과 강인함을 상징하는 사자의 이빨과 같았습니다.

9. 그것들은 가슴에 자신들을 방어하는 쇠로 만든 갑옷 같은 것을 입고 있었습니다. 또한 황충들의 날개에서 나는 소리는 전쟁을 위하여 달려가는 많은 말들이 끄는 전차의 소리와 같았습니다.

10. 그것들은 상대방을 강력하게 공격할 수 있는 전갈들이 가진 것과 같은 꼬리와 쏘는 침을 가졌습니다. 그리고 황충들은 그 꼬리로 사람들을 다섯 달 동안 해칠 수 있는 권세를 가지고 있었습니다.

⬛ 양육과 적용을 위한 묵상노트

이 세상은 낙원이 아닙니다. 전쟁터입니다. 황충들은 악한 사탄이 이끄는 악령들입니다. 우리는 지금 전쟁터에 있습니다. 그 악령들은 17장에 나오는 음녀처럼 다양하게 위장한 모습을 우리에게 보여 줍니다.

그 악령들은 전쟁터를 향해 달려가는 말들처럼 신속하고 힘이 있습니다. 그 머리에는 사탄에게 받은 권세를 상징하는 금 면류관 같은 것이 있습니다. 이십 사 장로처럼 하나님께 받은 진짜 면류관이 아닌 사탄으로부터 받은 가짜 면류관입니다. 이것은 사탄이 일시적으로는 이기는 것 같아도 그 승리가 영원할 수 없음을 말해 줍니다. 영원한 승리자는 오직 예수님 한 분이십니다. 그리고 주의 종들과 성도들이 이기는 자입니다.

사탄과 악령은 항상 사람의 모습으로 나타납니다. 흉측한 짐승이나 괴물의 모습으로 나타나면 우리는 금방 분별할 것입니다. 그러나 악령들이 아주 지혜로운 인간의 모습으로 나타나기 때문에 악령들의 역사를 구별하기 힘든 것입니다. 오늘 우리 시대에는 악령에 사로잡힌 사람들이 넘쳐나는 시대입니다.

그들은 아주 긴 머리털을 가진 아름다운 여인으로 다가옵니다. 성적으로도 아주 매력적인 모습으로 우리에게 다가옵니다. 그러나 그 이빨이 사자의 이빨 같이 날카로운 것이어서 한번 물면 망할 때까지 절대로 놓지 않습니다.

그러므로 우리는 영적인 분별력이 있어야 합니다. 그렇지 않으면 세상의 권세를 가지고 아주 지혜롭고 멋진 모습으로 다가와 우리를 미혹하고 망치는 악한 영들에게 사로잡힌 사람들에 의해 망하게 됩니다.

악령에 사로잡힌 자들은 자기 스스로를 충분히 방어할 수 있는 것을 가지고 있습니다. 사기꾼들이 어떤 경우에 법관들보다 세상의 법에 더 정통한 것처럼 사탄은 그가 권세를 잡고 휘두르는 세상에 대해 너무나 잘 알고 있습니다.

또 악한 자들은 절대 혼자 움직이지 않습니다. 서로가 이탈하지 못하도록 떼를 지어 움직이고 그 세력을 세상에 과시하며 자신들을 감히 대적하지 못하도록 합니다. 악령들이 역사하는 이단 집단이나 거짓 종교 세력과 정치권력의 특징은 전체주의와 집단주의입니다. 강력한 무기를 가지고 큰 소리를 내면서 세를 과시하는 것이 악령들에 사로잡힌 자들이 모인 집단의 특징입니다.

서머나 교회나 빌라델비아 교회는 작은 교회였습니다. 그러나 그들에게 환난은 있을지언정 책망이 없었습니다. 떼 지어 다니는 황충처럼 크고 화려한 곳에 구원이 있는 것 아닙니다. 오직 예수의 믿음이 있는 곳에 구원이 있습니다.

7. 황충들의 왕(11)

■ 본문 : "그들에게 왕이 있으니 무저갱의 사자라 히브리어로는 그 이름이 아바돈이요 헬라어로는 그 이름이 아볼루온이더라"

11. They had as king over them the angel of the Abyss, whose name in Hebrew is Abaddon, and in Greek, Apollyon.

■ 목자역

11. 그 황충들에게는 그들을 다스리는 왕인 무저갱의 사자가 있습니다.

그 황충들의 왕의 이름은 히브리말로 아바돈인데 그것은 땅의 가장 깊은 곳으로 죽은 자들이 있는 장소라는 뜻을 가지고 있습니다. 그리고 헬라어로는 그 이름이 멸망과 파괴라는 뜻을 가진 아폴리온입니다.

⬛ 양육과 적용을 위한 묵상노트

악령들에게는 그들을 통치하는 왕이 있습니다. 그는 무저갱의 사자이고 어둠의 권세자인 아바돈이고 멸망자인 아볼루온입니다. 오늘 이 시대는 악령들이 화려하고 멋진 모습의 사람으로 나타나 진리의 빛을 가리고 교회를 무너뜨리며 사람들을 고통으로 몰아넣는 욕망과 탐욕의 시대입니다.

사탄은 아담과 하와에게 찾아와 거짓말로 속여 선악과를 따먹게 하고 사십일을 금식하신 예수님에게 찾아와 돌로 떡을 만들어 먹으라는 유혹했습니다. 또 하나님 대신 자신을 경배하면 세상 모든 영광과 권세를 주리라고 거짓으로 달콤하게 유혹하던 그 사탄은 오늘날 악령들을 무제한으로 동원하여 사람들을 미혹하고 인간의 마음속에 탐욕을 심어 죄를 짓게 하고 넘어지게 합니다.

시대를 분별해야 합니다. 지금은 악령들이 다양한 사람의 모습을 가지고 무제한으로 역사하는 시대입니다. 하나님의 예언의 말씀이 이 역사 속에서 실현되는 것을 아는 것이 영적인 지혜입니다.

다섯 번째 사건 [9:12-15:4]

전쟁과 사명을 감당하는 교회와 사탄의 박해 그리고 승리의 노래

✝ 계시록 9장(2)

■ 본문 : "첫째 화는 지나갔으나 보라 아직도 **이 후에** 화 둘이 이르리로다"

12. The first woe is past; two other woes are yet to come.

■ 목자역

12. 첫째 화는 지나갔습니다. : 그러나 보세요, **이러한 일들 후에** 아직 두 가지 화가 더 남아 있습니다.

🔟 양육과 적용을 위한 묵상노트

다섯 번째 나팔 이후에 여섯 번째 나팔이 울립니다. 그렇다고 황충들 곧 악령들의 역사가 끊어진 것이 아닙니다. 다섯 번째 나팔이 울린 이후 그 황충과 같은 악령들의 역사가 계속되는 가운데 교회에 대한 더 많은 박해가 시작되고 성도들에 대한 더 큰 환난의 시기가 시작됩니다. 그리고 악한 자들을 향한 하나님의 마지막 진노가 담긴 재앙의 시대가 다가옵니다.

이것은 마치 인을 뗄 때 네 말의 시대가 동시대의 역사인 것과 같고 그 가운데 순교자들이 속출하는 것과 같습니다. 여섯 번째 나팔소리가 울리는 시대가 되면 많은 순교자들이 나오게 되는데 이 시대가 다섯 번째 인을 뗄 때 이미 보여주시고 말씀하신 내용이요 그 시대가 곧 여섯 번째 나팔의 시대입니다.

계시록의 사건들은 하나의 사건이 완전히 끝나고 그 다음 사건이 계속 이어지는 것이 아닙니다. 계속 중첩되어 이어지는 사건들입니다. 이 중첩되어 이루어지는 사건들의 모습을 사도 요한은 아홉으로 이어지는 사건과 서른다섯 가지 환상의 모습으로 보고 있는 것입니다.

이것은 마치 하나의 사건을 여러 개의 카메라가 동시에 각각의 각도에서 촬영하지만 편집을 통해 다양하게 보여주는 것처럼 요한 사도도 이일 후에 라는 용어로 아홉 가지로 구별된 계시록의 사건들을 다시 그가 본 서른다섯 가지 환상의 모습으로 보여주고 있습니다.

그래서 사건과 사건 사이의 간격은 무엇인지 그리고 그 이음새는 어떤 것이지를 구별해야 합니다. 그리고 그 환상의 내용은 그 사건들의 어떤 모습을 어떤 각도에서 보여주는 것인지를 구별할 수 있어야 합니다. 이 눈이 열려야 계시록의 사건들과 그 말씀들의 의미를 바르게 해석할 수 있습니다.

 9-3. 여섯 번째 나팔과 두 번째 화(13-19)
: 전쟁을 통한 심판의 재앙

1. 재앙의 성격(13-14)

■ 본문 : "여섯째 천사가 나팔을 불매 내가 들으니 하나님 앞 금 제단 네 뿔에서 한 음성이 나서 나팔 가진 여섯째 천사에게 말하기를 큰 강

유브라데에 결박한 네 천사를 놓아 주라 하매"

13. The sixth angel sounded his trumpet, and I heard a voice coming from the horns of the golden altar that is before God.

14. It said to the sixth angel who had the trumpet, "Release the four angels who are bound at the great river Euphrates."

■ 목자역

13. 여섯 번째 천사가 나팔을 불었습니다. : 그때 나는 하나님 앞에 있는 황금으로 되어 있는 그 분향단의 네 뿔들 사이에서 나오는 한 목소리를 들었습니다.

14. 분향단에서 나는 그 소리는 나팔을 가지고 있는 여섯째 천사에게 말했습니다. : 큰 강 유브라데에 묶여있는 네 영들을 풀어주어라.

ⓘ 양육과 적용을 위한 묵상노트

여섯 번째 천사가 나팔을 불자 하나님의 보좌 앞 분향단 위에 있는 네 뿔 사이에서 소리가 났습니다. 보통 성전의 구조는 분향단은 성소에 있고 언약궤는 지성소에 있습니다. 그러나 예수님의 십자가 사건 이후 성소와 지성소를 구별하던 성소의 휘장이 갈라진 이후에 그 언약궤가 있던 바로 그 자리에 하나님의 보좌가 놓이게 되었습니다.

계시록에서는 성소에서 두 날개로 언약궤를 가리고 있던 천사들의 모습은 지성소에 있는 하나님 보좌 주변의 네 천사장의 모습으로 나타나며 언약궤에 담겨 있던 하나님의 언약은 보좌 둘레에 있는 무지개의 모습으로 나타납니다.

그래서 지상 성전에 있던 성전의 모습을 하늘에 있는 것들의 모형과 그림자라고 하는 것입니다. 이제 하나님께서 직접 통치하시는 시대에는 하늘 성전의 보좌 가운데 계신 주님 앞에 있던 분향단의 네 뿔 사이에서 음성이 들립니다. 그 음성은 유브라데 강가에 묶여 있던 네 천사를 놓아주라는 것입니다.

그 활동을 제한받고 있는 것으로 봐서 이들은 사탄을 따라 타락한 영들입니다. 그런데 이제 마지막 때 하나님께서 심판하실 때가 되니 이들이 활동을 할 수 있도록 주님이 그 제한을 풀어주십니다.

이들이 놓인 곳은 유브라데입니다. 유브라데는 처음 창조 때 하나님께서 낙원을 만드셨던 곳입니다. 그곳에서 인류는 타락의 역사를 시작했습니다. 바로 그 장소입니다. 인간들이 죄를 짓고 타락한 장소에 묶여 있던 힘이 센 악령들이 풀려나게 되고 바로 그 곳에서부터 엄청난 전쟁이 시작됩니다.

그러므로 우리는 알아야 합니다. 아무리 좋은 곳이라고 해도 인간이 타락하면 곧 바로 그 곳은 전쟁의 처소가 되고 악령들이 역사하는 장소가 됩니다. 유브라데 강가에서 하나님을 대적하는 바벨론이 시작되었고 노아 홍수 이후에 인류 역사 가운데 가장 오래된 인본주의 문명인 수메르 문명이 시작되었습니다.

정치와 경제 문화와 문명 이 네 가지가 타락한 인류의 역사를 구성하는 네 가지 요소입니다. 유브라데 강가에서 풀려난 네 명의 악한 영들이 역사합니다.

2. 하나님의 계획(15)

■ 본문 : "네 천사가 놓였으니 그들은 그 년 월 일 시에 이르러 사람 삼분의 일을 죽이기로 준비된 자들이더라"

15. And the four angels who had been kept ready for this very hour and day and month and year were released to kill a third of mankind.

■ 목자역

15. 풀려난 그 네 악령은 하나님께서 심판하시기로 작정하신 그 해의 그 달 그 날 그 시간에 사람들의 삼분의 일을 죽이기 위해 준비되어 있던 자들이었습니다.

¹ 양육과 적용을 위한 묵상노트

유브라데 강가에 묶여 있던 네 악령들은 하나님께서 정하신 때에 일어나 사람들 삼분의 일을 죽일 것입니다. 유브라데는 선과 악이 부딪히는 장소이고 진리와 비진리가 싸우는 장소입니다.

바로 그곳에서 시작된 전쟁은 온 세상으로 퍼져나가게 됩니다. 시간과 장소를 특정하지 않은 것은 그 시간이 알려지지 않은 비밀에 속한 시간이라는 의미와 더불어 어느 특정한 한 때를 정하지 않은 시간이라는 의미가 있습니다.

하루 한 시간에 순간적으로 이루어지는 일이 아니라 악령들이 풀려난 시간부터 계속해서 이루어지는 것이라는 의미입니다. 그리고 그 내용은 오로지 하나님만 아신다는 의미입니다.

그러므로 예수님의 재림의 날이나 이 유브라데에서부터 시작되는 이 전쟁의 개시일을 특정한 한 날로 생각하고 찾으려 하는 인간들의 모든 시도는 어리석은 일입니다. 성경 본문을 자세히 읽고 그 의미를 깊이 묵상해 보세요. 이날은 특정한 어느 하루의 시간이 아닙니다.

3. 전쟁을 통한 심판(16-19)

■ 본문 : "마병대의 수는 이만 만이니 내가 그들의 수를 들었노라 이같은 환상 가운데 그 말들과 그 위에 탄 자들을 보니 불빛과 자줏빛과 유황빛 호심경이 있고 또 말들의 머리는 사자 머리 같고 그 입에서는 불과 연기와 유황이 나오더라 이 세 재앙 곧 자기들의 입에서 나오는 불과 연기와 유황으로 말미암아 사람 삼분의 일이 죽임을 당하니라 이 말들의 힘은 입과 꼬리에 있으니 꼬리는 뱀 같고 또 꼬리에 머리가 있어 이것으로 해하더라"

16. The number of the mounted troops was two hundred million. I heard

their number.

17. The horses and riders I saw in my vision looked like this: Their breastplates were fiery red, dark blue, and yellow as sulfur. The heads of the horses resembled the heads of lions, and out of their mouths came fire, smoke and sulfur.

18. A third of mankind was killed by the three plagues of fire, smoke and sulfur that came out of their mouths.

19. The power of the horses was in their mouths and in their tails; for their tails were like snakes, having heads with which they inflict injury.

■ 목자역

16. 그들이 거느린 기병대의 숫자를 들었는데 그 수는 이억이었습니다.

17. 그리고 그때에 나는 환상 가운에 그 말들과 그 말들 위에 타고 있는 사람들을 보았습니다. 그들의 가슴에는 불빛과 자줏빛과 유황빛이 나는 방패가 있습니다. : 그 말들의 머리는 사자의 머리 같고 그들의 입에서는 불과 연기와 유황이 나옵니다.

18. 그 세 가지 재앙들 곧 그들의 입으로부터 나오는 그 불과 연기와 유황으로 사람들의 삼분의 일이 죽임을 당했습니다.

19. 그 말들의 권세는 그들의 거짓을 말하는 입과 사탄의 권세로 사람들을 해치는 꼬리에 있습니다. : 그 꼬리는 뱀과 같은데 그것에 머리가 있어 그것들에 있는 간교한 지혜로 사람들을 상하게 했습니다.

✝ 양육과 적용을 위한 묵상노트

그 마병대의 수가 이만만이라고 했습니다. 지금까지 성경에서 헤아릴 수 없는 많은 수를 말할 때는 천천이요 만만이라고 표현했습니다. 그런데 여기는 이만만입니다. 이 숫자는 문자대로 이억이라는 것이 아니라 이루 헤아릴 수 없는 많은 악령들이 무제한으로 역사하는 시대라는 것입니다. 예수님이 재림하시기 이전에 마지막으로 사탄이 발광하는 시대입니다.

기병대는 가장 강력한 전쟁의 수단을 말합니다. 그 말 탄 자들을 보면 전쟁과 파괴와 살육과 지옥을 상징하는 불빛과 자주 빛과 유황 빛의 가슴을 보호하는 호신 도구를 착용하고 있습니다.

그 말들의 머리는 용맹한 사자와 같고 그 말들의 입에서는 불과 연기와 유황이 나옵니다. 이 말들이 문자 그대로의 말이 아니라는 것입니다. 그 말들은 인류 문명사에서 발달한 살상 무기들입니다. 둘째 인을 뗄 때 말 탄 자가 가지고 있던 큰 칼입니다. 사람들 삼분의 일이 죽는 무자비한 살육이 벌어지는 전쟁의 현장을 성경은 우리에게 보여주고 있는 것입니다.

그 말들의 권세는 입과 꼬리에 있는데 입에서 나오는 세 가지로 사람 삼분의 일을 죽이고 거짓 선지자를 상징하는 꼬리에 그 말들을 움직이는 머리가 있어 간교한 거짓으로 사람들을 속이고 해치는 일들이 일어납니다. 꼬리는 뒤에 있습니다. 악령들은 전면에 나서지 않고 어둠에 숨어 배후에서 조종합니다. 그 꼬리에 있는 머리는 하나가 아닙니다. 여러 개의 머리입니다.

그러므로 마지막 시대에는 몸통과 뿌리는 같지만 각각 다른 모습으로 역사하는 다양한 거짓 종교들과 거짓 사상들과 거짓 선지자들이 역사합니다. 계시록 17장을 보면 음녀가 탄 일곱 머리와 열 뿔을 가진 짐승의 몸에는 하나님을 모독하는 이름들이 가득합니다. 같은 뿌리에서 나와 다양한 머리로 역사하는 거짓된 것들을 잘 분별하시기 바랍니다. 머리가 일곱이고 뿔이 열이니 얼마나 간교한 지혜가 넘쳐나고 해치는 도구가 다양하겠습니까?

유브라데 전쟁의 시대는 무차별적으로 사람들을 죽이고 악령이 다양한 거짓으로 사람들을 속여 그 영혼까지 해치는 시대입니다.

4. 우상을 섬기는 죄 때문에 임하는 재앙(20-21)

■ 본문 : "이 재앙에 죽지 않고 남은 사람들은 손으로 행한 일을 회개하지 아니하고 오히려 여러 귀신과 또는 보거나 듣거나 다니거나 하지 못하는 금, 은, 동과 목석의 우상에게 절하고 또 그 살인과 복술과 음행과 도둑질을 회개하지 아니하더라"

20. The rest of mankind that were not killed by these plagues still did not repent of the work of their hands; they did not stop worshiping demons, and idols of gold, silver, bronze, stone and wood–idols that cannot see or hear or walk.

21. Nor did they repent of their murders, their magic arts, their sexual immorality or their thefts.

■ 목자역

20. 그런데 이러한 재앙들에 의해서도 죽지 않은 사람들은 그들이 그 손으로 행한 일들을 전혀 회개하지 않습니다. 오히려 귀신들과 금이나 은이나 동이나 돌이나 나무로 만든 우상들을 섬기며 절하기를 그치지 않았습니다. 그 우상들은 볼 수도 없고 듣지도 못하고 걷지도 못하는 것들입니다.

21. 또한 그들은 사람들을 죽인 일이나 마술을 행한 것이나 그들의 음행이나 도적질한 것 등 그 어느 것 하나도 전혀 회개하지 않았습니다.

① 양육과 적용을 위한 묵상노트

평소에 갖은 악행을 저지르고도 이 재앙에 죽지 않고 살아남은 자들이 있습니다. 선한 사람들보다 악한 자들이 오히려 그 생명력이 강함을 알 수 있습니다. 그들은 그들이 저질러온 그 어떤 악행도 회개하지 않습니다.

오히려 그와 같은 재앙을 그들이 섬기는 사탄과 귀신들의 도움으로 피했다고 생각하고 더욱 더 하나님을 떠나 사탄과 귀신들을 섬기고 보거나 듣거나 말하지도 못하는 우상들을 경배합니다. 마지막 시대는 귀신에 사로잡혀 사탄을 경배하는 자들이 공개적인 자리에서 공식적으로 더 많이 활동하는 시대입니다.

그들은 일상적으로 행하는 살인과 음행과 복술과 도둑질을 회개하지 않고 더 심한 악행들을 저지릅니다. 참으로 많은 순교자들이 나오는 고난과 핍박이 일상화 되고 순교가 보편화 되는 악한 영들의 전성시대입니다.

악한 영들에 사로잡힌 자들은 짐승과 그 우상에게 경배하고 그 오른손이나 이마에 짐승의 표를 받은 자들입니다. 그러므로 온 세상이 악에 물들어 회개가 없는 세상에 될 때 계시록 16장부터 18장에서 보는 것처럼 하나님께서 그 죄악이 하늘에 닿은 것을 보시고 그 악행을 기억하시고 그 악한 세상을 완전히 심판하시는 것입니다. 마지막 시대의 징조를 아는 것이 지혜입니다.

다섯 번째 사건 [9:12-15:4]

전쟁과 사명을 감당하는 교회와 사탄의 박해 그리고 승리의 노래

계시록 10장 ┃ 교회의 사명(1) - 말세를 사는 주의 종의 사명

 10-1. 힘센 천사의 등장(1-2)

1. 하늘에서 내려온 또 한명의 힘센 천사(1)

■ 본문 : "내가 또 보니 힘 센 다른 천사가 구름을 입고 하늘에서 내려오는데 그 머리 위에 무지개가 있고 그 얼굴은 해 같고 그 발은 불기둥 같으며"

1. Then I saw another mighty angel coming down from heaven. He was robed in a cloud, with a rainbow above his head; his face was like the sun, and his legs were like fiery pillars.

1. 또 나는 힘세고 강한 또 다른 천사가 하늘에서 내려오는 것을 보았습니다. 그는 하나님의 영광으로 가득한 구름에 싸여 있었습니다. 그의 머리 위에는 언약의 상징인 무지개가 있으며 그의 얼굴에서는 하나님의 거룩하심과 영광을 드러내는 햇빛과 같은 강한 빛이 나고 그의 발은 심판을 위해 타오르는 불기둥 같았습니다.

🔲 양육과 적용을 위한 묵상노트

심판하시는 주님으로 오실 예수님을 닮은 힘센 천사가 구름을 입고 하늘에서 내려옵니다. 구름을 입었다는 표현은 하나님의 영광 가운데 내려온다는 말씀입니다. 그 천사의 머리 위에는 하나님의 언약을 상징하는 무지개가 있고 그 얼굴은 해와 같이 빛이 나며 그 발은 심판의 권세를 상징하는 불기둥 같습니다.

이 힘센 천사는 계시록에서 중요한 순간에 세 번 등장하는데 첫 번째는 5장에서 예수님이 심판주로 등극하시는 대관식을 시작할 때 등장합니다. 두 번째는 오늘 본문에서 요한 사도에게 말씀의 두루마리를 전해주며 그 말씀을 먹고 잘 소화하여 만국에게 다시 복음을 전해야 하는 사명과 11장에서 요한에게 금 갈대 자를 주어 하나님의 성전을 측량할 사명을 전달해 주면서 등장합니다.

세 번째는 18장에서 바벨론의 심판을 선언할 때 등장합니다. 힘센 천사는 계시록 4장에 나오는 천사장들과는 다른 천사들입니다. 그런데 이 힘센 천사가 셋인 것을 보면 네 천사장을 포함하여 하나님의 권능을 대신 행하는, 10장에서 일곱 우레로 표현되는 일곱 천사들 가운데 하나인 것으로 추정됩니다.

2. 작은 두루마리(2)

■ 본문 : "그 손에는 펴 놓인 작은 두루마리를 들고 그 오른 발은 바다를 밟고 왼 발은 땅을 밟고"

2. He was holding a little scroll, which lay open in his hand. He planted his right foot on the sea and his left foot on the land"

■ 목자역

2. 그 천사의 손에는 세상 끝 날에 이루어질 내용들이 기록되어 있는 펼쳐진 작은 두루마리가 있었습니다. 그리고 그것에 쓰여 있는 내용들은 온 세상에 적용될 것들입니다. 그의 오른 발은 바다 위에 있고 그의 왼 발은 땅위에 있었습니다.

✝ 양육과 적용을 위한 묵상노트

그 천사의 손에는 일곱 인이 떼어진 두루마리에 담겨 있던 내용 가운데 사도 요한이 이제부터 다시 받아 전해야 할 내용이 담겨 있는 작은 두루마리가 있습니다. 간결하면서도 핵심적인 심판과 구원에 관한 영원한 복음입니다.

구약 시대의 다니엘이나 혹은 마리아에게서 예수님이 태어날 것이라는
하나님의 귀한 소식을 전한 천사는 가브리엘이었습니다. 지금 이 천사는
가브리엘과 같은 역할을 행하고 있습니다. 이 두루마리는 작은 두루마리
이기 때문에 5장에 나오는 일곱 인을 봉한 두루마리는 아닙니다. 그 내용
가운데 큰 환난과 악에 대한 마지막 심판과 성도들에 대한 최종적인 구원
의 내용이 담긴 책입니다.

그 작은 두루마리에 적혀 있는 복음의 내용은 온 세상에 전해지고 적용
되어야 할 내용이기 때문에 그 힘 센 천사는 바다와 땅을 동시에 밟고
있습니다.

10-2. 천사가 외치는 소리(3-4)

■ 본문 : "사자가 부르짖는 것 같이 큰 소리로 외치니 그가 외칠 때에
일곱 우레가 그 소리를 내어 말하더라 일곱 우레가 말을 할 때에 내가
기록하려고 하다가 곧 들으니 하늘에서 소리가 나서 말하기를 일곱 우레
가 말한 것을 인봉하고 기록하지 말라 하더라"

3. "and he gave a loud shout like the roar of a lion. When he shouted,
the voices of the seven thunders spoke.

4. And when the seven thunders spoke, I was about to write; but I heard

a voice from heaven say, "Seal up what the seven thunders have said and do not write it down."

■ 목자역

3. 그는 아주 위엄 있게 사자가 포효하는 것과 같은 큰 소리로 외쳤습니다. 이렇게 그 천사가 외쳤을 때에 하늘에 있는 존재들인 일곱 천둥이 다함께 하나님의 뜻이 담겨있는 내용을 크게 소리를 내며 말하였습니다.

4. 그래서 나는 그 일곱 천둥이 말하는 것을 즉시 기록하려고 했습니다.
: 그런데 바로 그 순간 나에게 하늘에서 말씀하시는 한 음성이 들렸습니다.
: 너는 그 일곱 천둥이 말한 내용들은 봉인하고 그들이 말한 것은 기록하지 말라.

🔼 양육과 적용을 위한 묵상노트

그 천사는 사자와 같이 큰 소리로 외쳤습니다. 사자와 같은 목소리라는 표현은 그 복음의 내용이 심판에 관한 말씀이기 때문이요 일곱 우레가 소리를 내는 것은 5장에서 천사들의 찬양에 장로 한 사람이 화답하던 것처럼 그 내용에 동의하기 때문입니다. 하나님의 보좌 옆에 있던 천사장들과 같은 천사들의 위엄 있는 목소리가 하나님의 보좌 주위에서 나오고 있는 것을 의미합니다.

6장을 보면 우레와 같은 소리는 네 생물들 곧 천사장들이 내는 소리입니다. 그런데 본문에서는 일곱 우레의 소리이기 때문에 그 소리는 천사장들과 같은 반열에 속한 다른 천사들의 소리입니다.

그 우렁차고 큰 소리로 전해지는 내용을 요한 사도가 기록하려고 하자 그 내용은 인봉하고 기록하지 말라고 하늘에서 말씀합니다. 요한이 그 환상을 보는 시점이 아직 그 내용을 공개할 때가 아니기 때문입니다.

하나님의 모든 경륜과 하늘의 모든 것을 우리는 다 알 수 없습니다. 이단들은 이 내용도 자신들은 안다고 주장합니다. 요한 사도가 기록하지도 않은 내용을 어떻게 알겠습니까? 자신의 위치를 요한 사도보다 더 높은 곳으로 올려놓으려는 이단 교주의 속셈이 담겨 있는 말입니다. 자신들의 교주를 재림 예수라고 주장하고 신격화하려는 이단들의 억지 주장입니다. 속지 말아야 합니다.

 10-3. 하나님의 심판을 선포하는 힘센 천사의 맹세(5-6)

1. 하늘을 향한 맹세(5)

■ 본문 : "내가 본 바 바다와 땅을 밟고 서 있는 천사가 하늘을 향하여 오른손을 들고"

5. Then the angel I had seen standing on the sea and on the land raised his right hand to heaven.

5. 내가 보았던 그 힘센 천사는 바다와 땅을 밟고 서 있었습니다. 그 천사는 하나님께 맹세하기 위해 하늘을 향하여 그의 오른손을 들었습니다.

✝ 양육과 적용을 위한 묵상노트

이 힘센 천사는 오른손을 들고 하늘에 계신 하나님께 맹세합니다. 이처럼 우리들의 모든 다짐과 결심도 하나님을 향한 것이어야 합니다. 우상이나 귀신들을 불러 맹세하는 것은 망하는 지름길입니다. 이제 우리 문화 가운데에도 돼지머리 산당제사는 없어져야 합니다. 그것은 사탄을 경배하는 행위입니다.

2. 천지를 창조하신 하나님께 맹세(6)

■ 본문 : 세세토록 살아 계신 이 곧 하늘과 그 가운데에 있는 물건이며 땅과 그 가운데에 있는 물건이며 바다와 그 가운데에 있는 물건을 창조하신 이를 가리켜 맹세하여 이르되 지체하지 아니하리니"

6. And he swore by him who lives for ever and ever, who created the heavens and all that is in them, the earth and all that is in it, and the sea and all that is in it, and said, "There will be no more delay!

■ 목자역

6. 그리고 그는 영원히 살아 계신 하나님을 향하여 맹세하였습니다. 하나

님은 하늘과 그 안에 있는 것들과 땅과 그 안에 있는 것들과 바다와 그 안에 있는 모든 것들을 창조하신 분입니다. 이제 더 이상 심판을 지체할 시간이 없습니다. 이제 더 이상 심판을 피하거나 구원받을 기회가 없습니다.

⚄ 양육과 적용을 위한 묵상노트

이 천사의 맹세는 영원히 살아계신 하나님을 향한 맹세입니다. 전능하신 하나님은 천지 모든 만물을 창조하신 하나님이십니다. 이제 하나님께서 세상의 모든 악을 심판하실 시간이 다가왔습니다. 이제 더 이상 지체할 시간이 없습니다. 바로 눈앞에 와 있습니다. 심판은 현재적인 것이며 또한 미래적인 것입니다. 우리는 마지막 심판에 대한 이 경고의 음성을 주의 깊게 들어야 합니다.

 10-4 . 구원의 비밀(7)

■ 본문 : "일곱째 천사가 소리 내는 날 그의 나팔을 불려고 할 때에 하나님이 그의 종 선지자들에게 전하신 복음과 같이 하나님의 그 비밀이 이루어지리라 하더라"

7. But in the days when the seventh angel is about to sound his trumpet, the mystery of God will be accomplished, just as he announced to his servants the prophets."

■ 목자역

7. 그러니 이제 그 일곱 번째 천사가 준비하고 있는 그 나팔 소리가 울리는 그 기간 동안에 하나님께서 그분의 종들 곧 그 선지자들에게 복음 안에서 말씀하셨던 그 심판과 구원의 비밀이 풀어지고 그 내용이 현실로 이루어지게 될 것입니다!

⬛ 양육과 적용을 위한 묵상노트

계시록에는 모두에게 알려져야 하는 세 가지 비밀이 있습니다. 그 하나는 1장에서 말씀하신 교회의 비밀입니다. 둘째는 본문의 심판과 구원의 비밀입니다. 그리고 셋째는 17장에 나타나는 음녀와 일곱 머리 열 뿔 가진 짐승을 통해 역사하는 사탄의 비밀입니다. 계시록은 이 세 가지 비밀이 풀어지면서 이루어지는 심판과 구원의 사건을 우리에게 알려주는 예언서입니다.

마지막 악인들에 대한 심판과 주의 종들과 성도들의 구원은 일곱 번째 나팔과 관계가 있습니다. 일곱 번째 나팔을 고린도 전서 15장에서는 마지막 나팔이라고 합니다. 데살로니가 전서 4장에는 하나님의 나팔 소리라고 하고 마태복음 24장에서는 큰 나팔 소리라고 합니다.

어떤 분들은 하나님의 나팔 소리와 천사들이 부는 나팔 소리가 다르기 때문에 휴거가 두 번 있다고 말하는 분들도 있습니다. 그러나 어떤 경우에도 대통령이 직접 나팔을 불지는 않습니다. 그런 것처럼 하나님의 나팔

소리는 천사들이 부는 나팔 소리요 마지막 나팔 소리요 큰 나팔 소리입니다.

 ## 10-5. 요한이 먹은 작은 두루마리(8-10)

1. 이 두루마리는 천사의 손에 있는 두루마리이다(8)

■ 본문 : "하늘에서 나서 내게 들리던 음성이 또 내게 말하여 이르되 네가 가서 바다와 땅을 밟고 서 있는 천사의 손에 펴 놓인 두루마리를 가지라 하기로"

8. Then the voice that I had heard from heaven spoke to me once more: "Go, take the scroll that lies open in the hand of the angel who is standing on the sea and on the land."

■ 목자역

8. 그때 내가 들었던 하늘에서 나던 그 음성이 다시 나에게 말하였습니다. : 가서 바다와 땅을 밟고 서 있는 그 천사의 손에 펼쳐 있는 그 두루마리를 가져라!

1 양육과 적용을 위한 묵상노트

그때 하늘에서 주님의 음성이 다시 들렸습니다. "그 천사의 손에 있는 두루마리를 가져라." 말세를 사는 주의 종들이 가장 힘써야 할 일은 주님께서 말씀하신 대로 하늘의 말씀이 담긴 두루마리를 갖는 일입니다.

목회자들은 하나님의 계시가 담겨 있는 성경의 전문가가 되어야 합니다. 마태복음 22장을 보면 사두개인들은 성경도 모르고 하나님의 능력도 모르기 때문에 부활에 대한 하나님의 뜻을 오해하였습니다. 부활을 부인하였습니다. 그러므로 우리는 성경을 알아야 합니다. 하나님의 능력을 알아야 합니다.

2. 천사의 손에 펴 놓인 작은 두루마리(9)

■ 본문 : "내가 천사에게 나아가 작은 두루마리를 달라 한즉 천사가 이르되 갖다 먹어 버리라 네 배에는 쓰나 네 입에는 꿀 같이 달리라 하거늘"

9. So I went to the angel and asked him to give me the little scroll. He said to me, "Take it and eat it. It will turn your stomach sour, but in your mouth it will be as sweet as honey."

■ 목자역

9. 그래서 나는 그 천사에게 가서 그 작은 두루마리를 달라고 하였습니다. 그러자 그가 나에게 말하였습니다. : 이것을 가져다 먹어라. 그러면 이것이 네 입에서는 꿀 같이 달겠지만 네 속은 쓰게 할 것이다.

그래서 요한 사도는 그 천사에게 그 두루마리를 달라고 하였습니다. 그 천사는 그 두루마리를 주면서 가져다 먹으라고 했습니다. 그 말씀의 두루마리는 입에는 달지만 배에는 쓰게 될 것이라고 천사가 말합니다.

하나님의 말씀은 그저 소유하는 것으로는 아무 의미가 없습니다. 교회를 다니고 성경을 가지고 있어서 되는 일이 아닙니다. 그 말씀을 되씹고 되씹어 소화 시켜야 합니다. 완전히 나와 하나가 되도록 내 것으로 만들어야 합니다.

3. 작은 두루마리를 먹은 요한(10)

■ 본문 : " 내가 천사의 손에서 작은 두루마리를 갖다 먹어 버리니 내 입에는 꿀 같이 다나 먹은 후에 내 배에서는 쓰게 되더라."

10. I took the little scroll from the angel's hand and ate it. It tasted as sweet as honey in my mouth, but when I had eaten it, my stomach turned sour.

10. 그래서 나는 그 천사의 손에서 작은 두루마리를 가져다가 그것을 삼켰습니다. 그것은 내 입에서는 꿀같이 달콤했습니다. : 그런데 그것을 내가 먹었을 때 그것은 내 속을 너무나 쓰리게 했습니다.

⬛ 양육과 적용을 위한 묵상노트

그래서 그 말씀의 두루마리를 가져다 삼켰는데 그 말씀이 입에는 꿀 같이 다나 배에는 쓰게 되었습니다. 왜요? 축복과 치료와 구원의 말씀은 듣기도 좋고 말하기도 좋습니다. 그러나 심판의 말씀은 듣기도 싫고 전하기는 더욱 어렵습니다. 다른 사람보다 먼저 내 안에서 갈등을 일으키고 감추어진 죄를 드러내고 내 안의 아픔을 바라보게 하고 나를 쑤시고 찌르며 고통을 줍니다.

누군가를 축복하고 칭찬하는 일은 쉽습니다. 그러나 그의 죄와 악을 지적하고 회개를 촉구하는 일은 대단히 어려운 일입니다. 그래서 입에는 달고 배에는 쓴 것이 하나님의 말씀입니다. 말씀을 알게 되고 깨닫는 것은 즐거운 일입니다. 그러나 그 말씀대로 사는 것은 정말 어려운 일입니다. 입에는 달고 배에는 쓰다고 말씀하시는 그 의미를 바로 알아야 합니다.

 ## 10-6. 요한 사도의 두 번째 사명 : 다시 예언(11)

■ 본문 : "그가 내게 말하기를 네가 많은 백성과 나라와 방언과 임금에게 다시 예언하여야 하리라 하더라"

11. Then I was told, "You must prophesy again about many peoples, nations, languages and kings."

11. 그 천사는 나에게 말하였습니다. : 당신은 반드시 많은 민족들과 많은 나라와 다양한 언어를 쓰는 사람들과 많은 왕 앞에서 또 다시 예언해야 합니다.

🔳 양육과 적용을 위한 묵상노트

그 힘센 천사는 요한 사도에게 두 번째 사명을 줍니다. 그것은 1장에서 받은 문서 선교의 사명 다음에 주어지는 복음 전파의 사명입니다. 목회자 에게는 이 두 가지 사명이 있습니다. 우리는 글로 또 말로 복음을 전해야 합니다.

환경이나 여건을 탓하지 말고 전해야 합니다. 사도 바울처럼 사람들에 게 좌우되지 않고 언제나 어디서나 복음을 전해야 합니다. 바울은 자기 힘으로 다닐 수 있을 때는 가는 곳마다 교회를 세우고 그 입술로 복음을 전했습니다. 옥에 갇혔을 때에는 편지로 복음을 전했습니다.

바울처럼 요한처럼 우리도 온 세상 모든 사람들에게 신분과 계급과 인 종과 문화와 지리를 초월해서 계속 하나님의 말씀을 전해야 합니다. 요한 은 평생 목회자로 살았습니다. 그리고 이제 구십 세가 넘은 나이에 밧모 섬에 유배를 왔습니다.

그러면 이제 인간적으로 보면 쉴 때가 되었습니다. 그런데 주님은 계속하라고 하십니다. 다시 일어나 그 일을 하라고 하십니다.

　그래서 우리 목회자들은 살아 있는 날 동안 하나님의 종이요 선지자로서의 사명을 감당해야 합니다. 살아 있는 날 동안 글로 쓰든지 입술로 증언하든지 계속해야 합니다. 죽는 날까지 하나님의 말씀을 전하는 일에 충성해야 합니다. 생명의 면류관과 의의 면류관이 주어집니다.

다섯 번째 사건 [9:12-15:4]

전쟁과 사명을 감당하는 교회와
사탄의 박해 그리고 승리의 노래

계시록 11장 | 교회의 사명(2) -두 증인의 사명과 일곱 번째 나팔
그리고 그리스도의 나라

 11-1. 하나님의 성전 측량(1)

1. 지팡이 같은 갈대(1a)

■ 본문 : "또 내게 지팡이 같은 갈대를 주며"

1a. I was given a reed like a measuring rod

■ 목자역

1a. 그 천사는 나에게 지팡이 같은 갈대를 주었습니다.

◼ 양육과 적용을 위한 묵상노트

요한 사도에게 두 번째 나타난 힘센 천사는 또 하나의 사명을 줍니다. 첫 번째는 문서 선교 두 번째는 말씀 선교였는데 세 번째 사명은 하나님의 성전에서 경배하는 성도들을 측량하라는 것입니다.

측량한다는 말씀은 기준 안에 들어오는 성도들을 구별하라는 것입니다. 그리고 보호하는 것입니다. 그런데 이 사명은 하나님의 말씀을 받아먹은 요한 사도에게 준 것입니다. 오늘날로 말하면 하나님의 말씀을 받아 그 말씀의 깊은 뜻을 이해하고 말씀을 바르게 전하는 주의 종인 선지자들에게 주어지는 사명입니다. 그래서 성도들은 말씀을 바르게 전하는 목회자와의 관계는 항상 좋아야 합니다. 그들이 말씀의 자를 가지고 측량합니다. 구별합니다.

그들을 측량하는 도구는 지팡이 같은 갈대인데 이것은 정금 같이 순수한 하나님의 말씀입니다. 마지막 시대의 구별된 성도의 기준은 누가 더 순수한 하나님의 말씀 따라 살고 하나님의 말씀 따라 하나님께 경배하느냐 하는 것입니다.

2. 성전측량(1b)

◼ 본문 : "말하기를 일어나서 하나님의 성전과 제단과 그 안에서 경배하는 자들을 측량하되"

1b. and was told, "Go and measure the temple of God and the altar, and count the worshipers there.

■ 목자역

1b. 그리고 나에게 말하였습니다. : 일어나 하나님의 성전과 제단과 그 안에서 경배하는 자들의 수를 세어라.

⑤ 양육과 적용을 위한 묵상노트

그 일을 위해 요한 사도는 다시 일어나야 합니다. 영적인 무장을 새롭게 해야 합니다. 목회자는 항상 자신의 삶을 관리해야 합니다. 그리고 언제나 주저앉지 않고 사명을 이루기 위해 성령님께 의지하고 일어나야 합니다.

하나님의 말씀을 받아먹고 기도하면서 깨어 있어야 합니다. 하나님의 말씀을 받아먹고 그 말씀을 자신이 먼저 소화해야 합니다. 그리고 그 말씀을 전하면서 온 세상 가운데에서 하나님의 말씀 따라 사는 사람들을 구별해 내야 합니다. 우리는 이 말씀 속에서 하나님의 성전과 제단과 그 안에서 경배하는 자들을 측량하라는 말씀을 깊이 새겨야 합니다.

본문에 나오는 하나님의 성전에 대해 어떤 이들은 제 삼 성전이 예루살렘에 다시 세워진 이후에 일어날 일이라고 말하기도 합니다. 그들은 제 삼 성전은 지금의 예루살렘이 이스라엘의 수도가 되고 이슬람 사원이 서 있는 그 자리에 솔로몬 성전과 스룹바벨 성전의 뒤를 잇는 성전이라고 합니다.

그러나 예수님이 이 땅에서 육신의 몸으로 활동하시던 헤롯 시대에도 헤롯성전이라고 불러지는 성전이 있었습니다. 그러므로 필요에 따라 앞으로 세워질 성전이 제 삼 성전이라는 주장은 억지입니다.

또 이 본문 말씀은 제 삼 성전을 세운 후에 이일을 하라는 것이 아니라 요한 사도와 같은 주의 종들에게 온 세상에 하나님의 말씀을 전하는 사명을 감당하면서 하라는 것입니다. 특별히 하나님의 성전을 강조하는 이유는 성경에 나오는 성전의 구조와 그 시대의 역사에 비추어 보면 금방 이해가 됩니다.

로마가 다스리던 그 시대에는 도시 곳곳에 이방 신들을 섬기는 신전들이 많이 있었습니다. 제우스 신전, 아폴로 신전 등 가는 곳마다 신전이 있었습니다. 그러므로 본문이 말씀하는 하나님의 성전은 이와 같은 이방 신전들이 아닌 하나님을 경배하는 사람들이 모여 예배하는 성전입니다. 그곳은 바로 교회요 하나님의 사람들이 모여 예배하고 기도하는 장소입니다.

그러므로 여기 말씀하는 성전은 먼저는 온 세상 가운데 있는 교회입니다. 그리고 고린도 전서 3장의 말씀에 비추어 보면 하나님의 성전은 성령께서 거하시는 성결한 성도들의 몸입니다. 영적으로 보면 우리 안에 있는 영혼이 하나님의 말씀을 따라 온 몸으로 하나님께 경배하는 것을 의미하기도 합니다. 더 나아가서 보면 지성소와 같은 모습을 가진 천국의 새 예루살렘 성 그 자체가 하나님의 성전입니다. 그래서 천국에는 이 세상에 있는 것과 같은 성전이 없습니다.

우리 몸은 하나님의 성전입니다. 살아 계신 하나님의 말씀은 우리의 영혼에 새겨지고 그 말씀이 새겨진 사람은 신령과 진정으로 예배를 드립니다. 이 예배가 예수님께서 사마리아 여인에게 말씀하신 참 예배입니다. 하나님은 예나 지금이나 참으로 하나님의 성전에서 하나님께 예배를 드리는 사람들을 찾으십니다.

성전은 예배의 처소이며 제단은 기도의 자리입니다. 하나님께서는 하나님의 교회에서 영적인 예배를 드리고 기도하며 헌신하는 백성들을 찾으십니다. 그래서 빌라델비아 교회에 주신 말씀에서는 이기는 자에게 성전의 기둥이 되게 하겠다고 하십니다. 구약시대 하나님의 성전에는 야긴과 보아스라는 두 기둥이 있었습니다. 하나님께서 함께 하시고 견고하게 하신다는 의미입니다.

하나님의 성전에서 영적인 예배를 드리는 사람은 환난 풍파에 넘어지지 않도록 견고하게 세우시고 늘 함께 하십니다. 지금의 이 땅에서 이루어지는 천년왕국 시대를 말씀하는 7장에는 성전이 있습니다. 그러나 영원한 천국인 계시록 21장의 하나님께서 새롭게 창조하시는 새 하늘과 새 땅에는 성전이 없습니다. 왜냐하면 전능하신 하나님과 어린양이 친히 성전이 되시기 때문입니다.

11-2. 성전 밖 마당(2)

■ **본문** : "성전 바깥마당은 측량하지 말고 그냥 두라 이것은 이방인에게 주었은즉 그들이 거룩한 성을 마흔두 달 동안 짓밟으리라"

2. But exclude the outer court; do not measure it, because it has been given to the Gentiles. They will trample on the holy city for 42 months.

■ **목자역**

2. 그러나 그 성전의 바깥마당은 그냥 두고 측량하지 말라. 그곳은 세상 사람들에게 주어졌으니 그들이 그 거룩한 성을 가장 큰 고난과 시련과 심판의 때인 큰 환난의 기간 가운데 마흔두 달 동안 짓밟을 것이다.

🔋 양육과 적용을 위한 묵상노트

헤롯시대 성전의 구조로 보면 성전 바깥마당은 제사장들이 하나님께 제사 드리기 위해 드나들던 성소와 지성소가 아닌 다른 장소입니다. 그곳은 성전 건물 밖에 있는 여인의 뜰과 이방인의 뜰입니다. 성전 건물이 서 있는 바로 그 앞에 있는 장소까지 이방인들이 짓밟는다는 것은 그 고난이 얼마나 심한 것인가를 알게 합니다. 그러나 그 시기에도 그들은 성소 안에는 들어오지 못합니다.

아무리 심한 고난의 시기에도 하나님께서 지키시는 공간이 있습니다.

그리고 그곳에는 하나님께 참으로 온 몸과 마음으로 경배하는 이들이 있습니다.

이 말씀을 영적으로 해석해 보면 우리의 예배가 참 예배가 되면 될수록 우리의 외적인 삶에는 고난이 있을 수 있다는 것입니다. 영적으로 내적인 은혜가 깊어지면 깊어질수록 우리의 정신과 육체와 외적인 삶에는 견디기 힘든 어려움이 찾아올 수 있습니다. 그 기간이 마흔두 달입니다.

마흔두 달을 날마다의 고난으로 세세하게 세어보면 1,260일입니다. 또 크게 보면 한때 두 때 반 때요 삼년 반입니다. 인생의 가장 큰 고난의 시기는 어느 때는 서머나 교회처럼 열흘이기도 하고 어떤 때는 오늘의 본문처럼 마흔두 달이기도 합니다. 그리고 그 고난의 끝에 찾아오는 시간은 두 증인의 죽음 후에 찾아오는 사흘 반처럼 그 고난 끝에 모든 것들이 다 죽음과 멸망으로 끝나고 멈춰버린 것 같은 시간도 있습니다.

우리는 이 사실을 늘 기억해야 합니다. 고난과 시련은 너무나 다양하고 너무나 다른 색깔로 큰 아픔과 상처를 주면서 우리에게 다가옵니다. 그럴 때마다 우리는 그 고난의 시간들을 매일의 시간으로 새기면서 1,260일을 이겨야 합니다.

또 한 달 두 달 세면서 마흔두 달을 이겨야 합니다. 그러면 일 년도 가고 이 년도 가고 삼년 반이 지나갑니다. 시간이 어찌 흐르든지 고난이 어떻게 지나가든지 고난의 시간이 영원하지 않다는 것을 기억해야 합니다.

그리고 믿음으로 인내하고 믿음으로 이겨야 합니다. 인생의 나이마다 주어진 사명을 잘 감당하면서 이겨야 합니다. 그 끝에 승리의 새 아침이 있습니다.

 ## 11-3. 두 증인의 정체와 사명(3-4)

■ 본문 : "내가 나의 두 증인에게 권세를 주리니 그들이 굵은 베옷을 입고 천이백육십 일을 예언하리라 그들은 이 땅의 주 앞에 서 있는 두 감람나무와 두 촛대니"

3. And I will give power to my two witnesses, and they will prophesy for 1,260 days, clothed in sackcloth.

4. These are the two olive trees and the two lampstands that stand before the Lord of the earth.

■ 목자역

3. 하나님께서 그 두 증인에게 권세를 주실 것이다. 그러면 그들은 큰 환난의 기간 가운데 일천 이백 육십일 동안 굵은 베옷을 입고 예언을 할 것이다.

4. 그 두 증인은 온 땅의 주님 앞에 서 있는 두 감람나무요 말세에 복음을 전해야 할 사명을 맡은 주의 종들이며 세상에 빛을 비추는 촛대로서의 역할을 감당해야 하는 교회들이다.

⚡ 양육과 적용을 위한 묵상노트

그 엄청난 고난의 시간인 1,260일이 시작됩니다. 1,260일의 하루하루가 매일 고난이고 시련입니다. 그 고난의 시대가 열릴 때 하나님께서는 성도들의 삶을 그 고난 속에 그냥 내버려 두시지 않습니다. 먼저는 그 악한 세상을 향해 하나님의 진리의 말씀으로 예언을 하게 될 두 증인을 구별하여 세우십니다.

그 시간이 찾아올 때에 먼저 요한 사도처럼 하나님의 말씀을 받아먹고 그 말씀대로 살면서 그 말씀을 전하는 십사만 사천의 주의 종 선지자들을 말세의 사명자로 세워주십니다.

이 말씀은 적그리스도 세력들에게는 심판의 말씀이고 고난 중에 있는 하나님의 백성들에게는 위로와 희망의 말씀입니다. 마지막 때에는 하나님의 말씀이 있어야 고난을 이길 수 있다는 것을 우리에게 보여줍니다.

그들이 굵은 베옷을 입고 예언하는 것은 나라가 망할 때 애통하면서 예언하던 예레미야와 같은 모습입니다. 자신들의 인간적인 모든 영광과 명예는 다 내려놓고 오직 하나님의 말씀만 대언하는 참 예언자의 자세입니다. 오늘날 화려한 옷과 온갖 좋은 것들로 치장하고 최고 좋은 것들을 누리면서 귀에 달콤한 말만 하나님의 말씀이라고 전하는 일부 목회자들과는 전혀 다른 모습입니다.

참 예언자의 모습은 굵은 베옷을 입은 모습입니다. 항상 성령님과 동행하던 바울 사도처럼 모든 것을 다 내려놓고 오직 주의 말씀을 전하는 자세입니다.

그들을 가리켜 두 감람나무요 두 촛대라고 합니다. 스가랴서에서 말씀하는 것처럼 포로기에서 돌아와 하나님의 성전을 짓던 총독인 스룹바벨과 대 제사장이었던 여호수아 제사장 같은 자들입니다. 하나님의 집을 세우기 위해 온전히 헌신하는 종들입니다. 감람나무라고 하는 것은 성령의 기름부름이 충만함을 뜻하고 촛대는 어둠을 밝히는 빛의 역할을 감당하기 때문입니다.

사탄에게도 이들을 흉내 낸 두 짐승이 있습니다. 그들은 바다에서 올라온 권력을 가진 적그리스도인 짐승과 땅에서 올라온 거짓 선지자인 짐승입니다.

이 두 증인은 교회로 보면 서머나 교회와 빌라델비아 교회 같은 교회들입니다. 어떤 고난 속에서도 죽도록 충성하며 믿음을 지키고 적은 능력을 가지고도 주님의 이름을 지키고 그 믿음을 지키며 하나님이 맡겨주신 사명을 감당하는 교회들입니다. 세상에 빛을 비추는 교회입니다.

또한 마지막 시대의 두 증인 가운데 한 증인은 십사만 사천과 같은 자세로 하나님의 말씀을 전하는 주의 종들이며 또 하나의 증인은 그 오른손이나 이마에 짐승의 표를 받지 않고 짐승이나 우상에게 경배하지 않는 흰 옷 입은 무리들입니다. 이들이 온 세상에서 부의 복음을 말씀으로 또 그 몸의 착한 행실로 전하는 두 증인입니다.

주님이 온 땅의 주인이십니다. 그 당시 온 땅을 통치한다고 스스로를 만왕의 왕이요 만 주의 주라고 부르게 했던 로마 황제 도미티안과 같은 적그리스도인 권력자들이 온 땅의 주인이 아닙니다. 성도들에게 고난이 다가오면 온 세상의 주인이 바뀐 것 같지만 온 땅의 주인은 여전히 창조주 하나님이십니다. 그 주님이 목숨 걸고 복음을 증언할 두 증인을 세우십니다.

11-4. 두 증인이 받은 하늘의 권세(5-6)

■ 본문 : "만일 누구든지 그들을 해하고자 하면 그들의 입에서 불이 나와서 그들의 원수를 삼켜 버릴 것이요 누구든지 그들을 해하고자 하면 반드시 그와 같이 죽임을 당하리라 그들이 권능을 가지고 하늘을 닫아 그 예언을 하는 날 동안 비가 오지 못하게 하고 또 권능을 가지고 물을 피로 변하게 하고 아무 때든지 원하는 대로 여러 가지 재앙으로 땅을 치리로다"

5. If anyone tries to harm them, fire comes from their mouths and devours their enemies. This is how anyone who wants to harm them must die.

6. These men have power to shut up the sky so that it will not rain during the time they are prophesying; and they have power to turn the waters into blood and to strike the earth with every kind of plague as often as they want.

5. 그 기간 동안 만일 누군가가 그들을 해치려고 하면 그들의 입에서 불과 같은 말씀이 나와 그들을 대적하는 자들을 삼켜버릴 것이다. : 그리고 만일 어떤 이들이 그들을 해치려고 하면 그들은 반드시 죽임을 당할 것이다.

6. 그들은 예언을 하는 날 동안에 많은 비가 내리지 못하도록 하늘을 닫는 권세를 가지고 있다. 그리고 그들은 물들이 변하여 피가 되게 하는 능력과 원할 때마다 여러 가지 재앙으로 그 땅을 치는 권세를 가지고 있다.

▣ 양육과 적용을 위한 묵상노트

하나님께서는 말씀을 대언하는 주의 종들이 그 사명을 잘 감당할 수 있는 권능을 주십니다. 마가복음 16장의 말씀처럼 말씀을 전할 때 그 따르는 표적으로 하나님의 말씀을 더 힘차게 증언하게 하십니다. 아무리 고난이 심해도 사명자를 지키시고 인도하시는 하나님을 찬양합시다. 또 하나님의 말씀을 전할 때 따르는 표적으로 말씀을 힘 있게 증언하게 하시는 주님을 찬양합시다.

그들은 모세와 같고 엘리야와 같습니다. 모세는 하나님이 함께 하시는 권능으로 물이 피가 되는 이적과 같은 여러 가지 재앙을 통하여 이스라엘 백성들을 애굽에서 구해낸 하나님의 종입니다. 그리고 엘리야는 기도를 통해 하늘에서 불이 내려오게 하여 이스라엘을 우상숭배로 물들이던 이세벨의 악행에서 이스라엘 민족의 순순한 신앙을 지켜낸 하나님의 종입니다.

모세와 엘리야처럼 하나님께서 세우신 주의 종이요 말씀의 증인이라면 그 입에서 나오는 말씀이 불이 됩니다. 대적하는 자들을 압도하게 되고 그들을 해치려고 하는 자들은 반드시 두 증인이 선포하는 말씀이 증거가 되어 영원한 멸망으로 들어가게 됩니다. 반드시 죽임을 당합니다.

하나님의 말씀을 바르게 전하며 말씀대로 사는 주의 종의 영광과 은혜가 바로 여기에 있습니다. 모든 죄악을 태우는 불같은 말씀 그리고 복음 전파에 따르는 표적 이것은 주님이 세우신 성결한 주의 종들에게 주어지는 하나님의 은혜요 성령님의 역사입니다.

아브라함을 부르실 때부터 하나님께서는 너를 축복하는 자를 축복하고 저주하는 자를 주님이 저주하시겠다고 하셨습니다. 참된 주의 종들에게는 말씀과 기도로 이 땅의 역사를 묶고 푸는 입술의 권세가 있습니다. 이 깊고 깊은 신앙의 경지를 그 누가 알겠습니까? 오직 성령님만 보여주시고 알게 하는 역사입니다.

 ## 11-5. 두 증인의 피살(7)

■ 본문 : "저희가 그 증언을 마칠 때에 무저갱으로부터 올라오는 짐승이 그들과 더불어 전쟁을 일으켜 그들을 이기고 그들을 죽일 터인즉"

Now when they have finished their testimony, the beast that comes up from the Abyss will attack them, and overpower and kill them.

■ 목자역

7. 그들이 그 예정되었던 기간 동안의 증언을 마치게 될 때 무저갱에서 올라온 적그리스도인 그 짐승이 그들을 대항하여 전쟁을 일으킬 것이다. 그리고 그 짐승이 그 두 증인을 이길 것이고 그들을 죽일 것이다.

🔟 양육과 적용을 위한 묵상노트

마흔두 달 동안의 큰 환난과 고난의 기간 동안 1,260일을 날마다 세어가면서 하나님의 말씀을 전하던 주의 종들이 그 예언을 마치는 시기가 있습니다. 땅 끝까지 복음이 전해진 시기입니다. 복음도 전해지는 시간이 있습니다. 언제까지 끝없이 하는 일이 아닙니다. 그러므로 내 생명이 붙어 있는 동안 우리는 이 복음을 전해야 합니다.

그러자 무저갱에서 한 짐승이 올라옵니다. 천사들은 하늘에서 내려옵니다. 하나님의 보좌가 있는 곳에서 내려옵니다. 그러나 악령들은 유브라데 강가와 같은 땅에 묶여 있기도 하고 무저갱에서 올라옵니다. 빛의 사자와 어둠의 사자는 그 근본에서 이렇게 차이가 있습니다.

그 짐승은 가장 깊고 끝이 없는 어둠에서 나온 자로서 마귀로부터 부여받은 엄청난 권세와 힘을 가지고 두 증인과 전쟁을 합니다. 그리고 두 증인을 죽입니다. 큰 환난의 시기의 끝 곧 모든 악이 멸망당하는 마지막 대접재앙이 있기 전에 오히려 두 증인이 죽임을 당하는 때가 있습니다.

바로 이 시기가 계시록 10장에서 말씀하는 일곱 번째 천사가 나팔을 불려고 할 때입니다. 성경이 그 나팔을 불었을 때가 아니라 불려고 할 때에 라고 말씀하는 이유가 바로 여기에 있습니다. 이제 사탄과 악인들에 대한 하나님의 마지막 심판과 참된 믿음을 가진 주의 종들과 성도들에 대한 마지막 구원의 역사가 이루어질 시간 바로 직전에 두 증인의 죽음의 시간이 있습니다.

두 증인이 당하는 그 고난을 누가 이해할 수 있겠습니까? 그러나 두 증인이 죽었다는 것은 이제 더 이상 복음을 전할 자들이 없다는 것이고 복음을 전해야 할 이유가 없다는 것입니다. 이제는 그동안 전한 복음에서 말씀하신 일들이 이루어져야 할 시간입니다.

이 시기는 두 증인 가운데 하나인 목숨을 걸고 말씀을 전하던 종들은 그 목숨을 잃어버리게 되고 또 삶을 통해 온 몸으로 복음을 전하다가 사탄의 박해를 피해 광야로 피신을 간 흰 옷 입은 무리들은 다 사라진 것 같은 시기입니다.

10장에서 말씀하신 하나님의 비밀이 이루어져야 할 시간입니다. 그런데 이 시기는 외적으로 보면 하나님의 은혜가 다 사라진 것처럼 보이고 사탄과 악한 자들이 완전히 이긴 것 같이 보이는 시기입니다. 그러나 하나님의 역사는 악이 승리한 것 같은 여기에서 끝나는 것이 아닙니다. 십자가 다음에 부활입니다.

1. 큰 성 길에 있는 두 증인의 시체(8)

■ **본문** : "그들의 시체가 큰 성 길에 있으리니 그 성은 영적으로 하면 소돔이라고도 하고 애굽이라고도 하니 곧 그들의 주께서 십자가에 못 박히신 곳이라"

8. "Their bodies will lie in the street of the great city, which is figuratively called Sodom and Egypt, where also their Lord was crucified."

■ **목자역**

8. 그 두 증인의 시체는 그 큰 성의 길에 있을 것이다. 그곳은 예언자의 언어로나 성령께서 열어주시는 영적인 통찰력을 가지고 해석하면 소돔이라고도 하고 애굽이라고도 하는 곳이다. 바로 그 장소에서 그들의 주님도 못박혀 십자가에 매달려 죽으셨다.

🖩 양육과 적용을 위한 묵상노트

두 증인의 시체는 그 큰 성의 길에 있습니다. 그 도시는 소돔과 같이 타락한 도시이고 애굽과 같이 우상을 섬기는 사악한 도시입니다. 처참하게 파괴된 교회들의 잔해와 죽임을 당한 주의 종들과 성도들의 시체는 사람들이 가장 많이 지나다니는 큰 길가에 버려져 있습니다.

주님이 죽임을 당하셨던 그 장소는 타락한 예루살렘이요 그 시대에 바벨론으로 상징되는 큰 도성 로마요 오늘날 인본주의에 사로잡혀 하나님을 대적하는 모든 세상에 있는 화려하고 멋진 도시들입니다. 하나님을 대적하는 악으로 가득한 도시들입니다.

2. 구경거리가 된 두 증인의 시체(9)

■ 본문 : "백성들과 족속과 방언과 나라 중에서 사람들이 그 시체를 사흘 반 동안을 보며 무덤에 장사하지 못하게 하리로다"

9. For three and a half days men from every people, tribe, language and nation will gaze on their bodies and refuse them burial.

■ 목자역

9. 그때 온 세상에 흩어져 사는 백성들과 종족들과 언어들과 나라들 가운데 사는 많은 사람이 나와 그 두 증인의 시체를 사흘 반 동안 보게 되리라. 그리고 그 두 증인의 시체는 무덤 안에 놓이는 것조차 허용되지 않으리라.

↑ 양육과 적용을 위한 묵상노트

교회가 파괴되고 성도들이 죽임을 당하는 이 일은 어느 한 지역에서만 일어나는 일이 아닙니다. 마지막 때 사탄이 최고로 권세를 휘두르는 바로 그 시대에는 온 세상에서 일어날 일입니다. 복음이 땅 끝까지 전해지는 동시에 핍박도 온 세상에서 일어납니다. 마흔두 달의 환난의 시기는 십사만 사천의 주의 종들과 성도들의 고난과 죽음과 교회의 파괴가 일상화되는 시기입니다.

그들은 히브리서 11장의 말씀처럼 삶의 터전을 뺏기고 추방당하고 죽임을 당한 이후에도 견딜 수 없는 수치와 모욕을 당할 것입니다. 어떤 악인도 죽으면 무덤에 장사하는 것은 최소한의 예의입니다. 그러나 그 두 증인은 죽임을 당하고도 시체조차 수습하지 못한 상태로 사흘 반을 지내야 합니다.

복음 증거자로 살고 믿음으로 산 그 결과가 여기까지라면 그 어찌 교회를 지키고 복음을 전하겠습니까? 그런데 그 마지막 사탄의 핍박과 조롱과 죽음의 역사를 견뎌내지 못하면 그 다음의 영원한 부활도 없습니다.

두 증인의 죽음을 말씀하면서 예수님의 십자가와 그 죽음을 말씀하는 이유가 바로 여기에 있습니다. 예수님은 마지막 십자가의 조롱과 수치와 고난을 죽음으로 이기셨습니다. 그리고 사흘 만에 영원히 사는 영적인 신령한 몸으로 부활하셨습니다. 우리에게는 그 죽음 이후에 사흘 반입니다. 이 진리를 미리 알고 끝까지 믿고 어떤 고난도 이겨야 합니다. 그 고난이 축복이 될 때까지!

3. 두 증인의 죽음을 즐거워하는 자들(10)

■ 본문 : "이 두 선지자가 땅에 사는 자들을 괴롭게 한 고로 땅에 사는 자들이 그들의 죽음을 즐거워하고 기뻐하여 서로 예물을 보내리라 하더라"

10. The inhabitants of the earth will gloat over them and will celebrate by sending each other gifts, because these two prophets had tormented those who live on the earth.

■ 목자역

10. 그때 그 땅에 사는 사람들은 서로 기쁨이 넘치도록 즐거워하며 그들끼리 서로 선물을 주고받으리라. 왜냐하면 그동안 이 두 예언자가 죄에 대한 심판의 말씀을 증언하여 그 땅 위에 사는 자들을 괴롭게 했기 때문이다.

■ 양육과 적용을 위한 묵상노트

세상의 빛과 소금이 되고 어둠을 밝히는 성도와 교회는 많은 사람들에게 구원의 방주입니다. 그러나 하나님을 떠나 사탄의 영에 사로잡힌 자들은 악에 대한 심판을 말씀하는 주의 종들과 성도들과 교회가 있는 것 자체가 괴롭습니다.

그래서 악인들은 복음을 전하는 주의 종들과 교회가 없어지고 성도들이 사라진 현실을 즐거워합니다. 그들은 서로 선물을 보내 교회를 없애는데 공헌을 한 것을 서로 치하하며 교회가 없어진 것과 주의 종들과 성도들의 죽음을 축하합니다.

빌립보서 2장의 말씀대로 구원은 하나님의 선물입니다. 그러나 그들은
교회가 없어진 것을 서로 축하하면서 선물을 보내고 그들이 심판이 찾아
오는 그 마지막 시간을 술과 마약과 쾌락에 빠져 광란의 세월을 보내게
됩니다.

11-7. 두 증인의 부활(11)

■ **본문** : "삼일 반 후에 하나님께로부터 생기가 그들 속에 들어가매 그들
이 발로 일어서니 구경하는 자들이 크게 두려워하더라"

11. But after the three and a half days a breath of life from God entered
them, and they stood on their feet, and terror struck those who saw them.

■ **목자역**

11. 그 삼일 반이 지난 후에 하나님께로부터 생명의 영이 그 증인들 안에
들어 왔습니다. 그 순간 그들은 그들의 발로 일어섰습니다. 그러자 그들을
바라보고 있던 사람들에게는 큰 두려움이 몰려 왔습니다.

🔳 양육과 적용을 위한 묵상노트

그러나 세상 사람들이 성도들이 사라지고 교회가 파괴된 사실을 그토록

즐거워하던 삼일 반이 지나갑니다. 이제 그들에 대한 하나님의 심판과 의로운 자들에 대한 구원의 시간이 다가옵니다. 하나님께서 작정하신 사흘 반이 지나갔습니다. 하나님께로부터 오는 생명의 숨이 무너진 교회들에 들어가고 죽임을 당한 주의 종들과 성도들의 몸속에 들어가게 됩니다.

마치 에스겔 47장에서 골짜기에 부는 성령의 바람이 마른 뼈들을 일으켜 세운 것처럼 두 증인의 꺾인 두 다리에 힘줄이 생기고 살이 붙고 죽었던 육체 속에 새로운 부활의 역사가 나타납니다.

하나님의 생기가 들어가면서 두 증인은 세상 사람들 가운데 누구의 도움 없이 스스로 두 발로 일어서게 됩니다. 하나님이 교회를 다시 세우시고 죽어버린 주의 종들과 성도들을 다시 일으켜 세우십니다. 구경하던 자들은 큰 공포와 두려움에 싸이게 됩니다. 이 두려움은 그들이 저지른 죄와 악에 대해 심판받을 것에 대한 공포와 두려움입니다. 죄를 지은 아담이 가졌던 두려움입니다.

11-8. 두 증인의 들려 올림 받음(攜擧,12)

■ 본문 : "하늘로부터 큰 음성이 있어 이리로 올라오라 함을 그들이 듣고 구름을 타고 하늘로 올라가니 그들의 원수들도 구경하더라"

12. "Then they heard a loud voice from heaven saying to them, "Come up here." And they went up to heaven in a cloud, while their enemies looked on."

■ 목자역

12. 그때 그 증인들은 하늘에서 그들에게 말씀하시는 큰 음성을 들었습니다. : 너희들은 이리로 올라오라 : 그러자 그들은 하나님의 능력과 영광 가운데 구름을 타고 하늘로 올라갔습니다. 그 모습을 그들의 원수들도 보았습니다.

▣ 양육과 적용을 위한 묵상노트

죽음에서 일어선 두 증인에게 하늘에서 음성이 들립니다. 이들이 데살로니가 4장의 주님이 재림하실 때 먼저 일어나 들려 올림 받을 주안에서 죽은 자들입니다. 계시록 14장에서 성령께서 쉼을 얻으리라고 말씀한 자들입니다.

이리로 올라오라! 이 두 증인은 두 교회요 14만 4천의 주의 종들이며 짐승과 우상에게 경배하지 않고 그 오른손이나 이마에 짐승의 표를 받지 않은 자들입니다.

바로 이 장면이 계시록에서 말씀하는 휴거의 사건입니다. 데살로니가 전서 4장과 마태복음 24장 그리고 고린도 전서 15장에는 이 부활과 휴거에 관한 내용들이 잘 정리되어 있습니다.

순교자들의 죽음 그 다음에는 생명의 부활이 있고 그 부활 다음에 휴거가 있습니다. 그리고 그 다음이 어린양의 혼인잔치이며 지상 재림과 천년왕국이요 그 다음이 마귀가 불 못에 들어가는 것입니다. 그리고 모든 자들이 흰 보좌 앞에서 그들의 행위대로 심판을 받은 후에 이루어지는 새 하늘과 새 땅입니다.

휴거는 모든 믿는 자의 소망입니다. 일곱 번째 나팔 소리와 함께 이루어질 이 휴거의 사건에 동참하지 못하면 일곱 대접의 재앙을 당하게 됩니다. 악령들에 의해 극심한 고통을 당하게 되고 유황불이 타오르는 영원한 형벌의 장소인 지옥에 떨어집니다. 그래서 우리는 신부단장하고 휴거를 준비해야 합니다.

 ## 11-9. 부활과 휴거 때 생기는 현상들(13)

■ 본문 : "그 때에 큰 지진이 나서 성 십분의 일이 무너지고 지진에 죽은 사람이 칠천이라 그 남은 자들이 두려워하여 영광을 하늘의 하나님께 돌리더라"

13. At that very hour there was a severe earthquake and a tenth of the city collapsed. Seven thousand people were killed in the earthquake, and the survivors were terrified and gave glory to the God of heaven.

■ 목자역

13. 그 때에 큰 지진이 일어났습니다. 그러자 그 성의 십분의 일이 무너졌습니다. 그리고 그 지진으로 칠천 명의 사람들이 죽임을 당했습니다. 그 재앙

을 피하고 살아남은 사람들은 두려움에 떨면서 하늘의 하나님께 영광을 돌렸습니다.

▣ 양육과 적용을 위한 묵상노트

마지막 때는 큰 지진의 시대입니다. 왜 지진이 하나님의 심판의 도구입니까? 그것은 지진은 기존의 모든 질서를 파괴하고 뒤집어 놓고 찢어놓은 것이기 때문입니다.

스가랴 14장에는 예수님의 재림 때 일어날 큰 지진의 모습이 무엇인지를 보여 줍니다. 이 큰 성 바벨론은 하나님을 떠난 온 세상의 도시들을 대표합니다. 그 가운데 십분의 일이 지진으로 파괴되고 칠천 명의 사람들이 죽임을 당합니다.

엘리야 시대에는 엘리야 외에 드러나지 않는 믿음의 사람들이 칠천 명이었습니다. 그러나 마지막 때는 사악함을 대표하는 악인 중의 악인들 칠천 명이 한꺼번에 죽임을 당합니다.

그 재앙에 죽지 않고 살아남은 자들 가운데 극히 일부는 휴거와 심판의 와중에 그들을 살려주신 하나님께 영광을 돌립니다. 그러나 이들이 하나님께 영광을 돌리는 행위는 그들이 죄를 회개해서 드리는 영광이 아닙니다.

그저 죽지 않고 살아남은 것에 대한 순간적인 감사입니다. 순간적인 속임수입니다. 그것은 18장에서 보는 것처럼 휴거 때 들려 올림 받지도 못하고 바벨론의 일부가 무너질 때 죽지 않고 살아남아 마지막 심판을 당하게 되는 그들의 행위를 보면 알 수 있습니다. 전체의 십분의 일에 대한 재앙과 칠천 명이 죽는 심판은 이제 곧 모든 것들을 심판하시겠다고 하는 엄중한 경고입니다.

11-10. 세 번째 화에 대한 예고(14)

■ 본문 : "둘째 화는 지나갔으나 보라 셋째 화가 속히 이르는도다"

14. The second woe has passed; the third woe is coming soon.

■ 목자역

14. 둘째 재앙은 지나갔습니다. : 보십시오, 이제 셋째 재앙이 아주 빠르게 다가오고 있습니다.

1 양육과 적용을 위한 묵상노트

여섯 번의 나팔 재앙 가운데 유브라데 전쟁에서부터 시작해서 주의 종들과 성도들이 고난과 죽임을 당하고 교회가 파괴된 이후 삼일 반이 지나고 부활하고 휴거합니다. 그리고 큰 성 바벨론에 대한 부분적인 심판이 둘째 화의 내용입니다.

그리고 이제 하나님께서 주의 종들과 성도들이 휴거하고 없는 세상에 남아 있는 모든 사탄의 세력들과 악인들을 심판하시는 내용이 세 번째 화입니다. 세 번째 재앙이 신속하게 다가오고 있습니다.

 11-11. 일곱째 천사의 나팔(15-18)

1. 하늘에서 들리는 큰 음성(15)

■ 본문 : **"일곱째 천사가 나팔을 불매** 하늘에 큰 음성들이 나서 이르되 세상 나라가 우리 주와 그의 그리스도의 나라가 되어 그가 세세토록 왕 노릇 하시리로다 하니"

15."The seventh angel sounded his trumpet, and there were loud voices in heaven, which said: "The kingdom of the world has become the kingdom of our Lord and of his Christ, and he will reign for ever and ever."

■ 목자역

15. **일곱 번째 천사가 나팔을 불었습니다.** : 그러자 하늘에서 나는 큰 음성들이 있었습니다. : 세상의 나라가 우리 하나님과 그분의 그리스도의 왕국이 되었습니다. 그러므로 주님이 왕이 되어 영원히 통치하실 것입니다.

✝ 양육과 적용을 위한 묵상노트

일곱 번째 천사의 나팔이 울렸습니다. 그러자 악인들을 심판하기 이전에 하나님의 나라가 땅에서 이루어지는 것을 하늘에서 먼저 선언합니다. 이제 하나님의 뜻은 하늘에서만 아니라 땅에서도 온전히 이루어집니다.

하늘에서 공중으로 쫓겨나고 공중에서 땅으로 쫓겨난 사탄의 세력이 완전히 심판을 받고 그들이 지옥 불에 던져질 시간이 되었습니다. 이제 세상의 모든 나라를 하나님이 직접 통치하실 것입니다.

어떤 분들은 새 시대 통치론을 말하는 분들이 있습니다. 구약시대에는 천사들이 통치하고 신약시대에는 마귀가 통치하고 주님 재림하시면 성도들이 통치한다는 식입니다. 그럴듯하지만 말이 안 됩니다. 피조물인 천사나 사탄이 어찌 이 세상의 모든 것을 통치합니까? 또 우리들도 주님의 허락 없이 어떻게 통치합니까? 우리에게 주어지는 통치권은 주님이 허락하신 범위 안에서입니다.

세초로부터 세말까지 모든 만물을 통치하시는 분은 창조주이신 하나님이십니다. 반역자인 사탄이 부분적으로 하나님의 권위를 침탈하고 악한 세력들을 미혹하여 세상을 다스리는 것 같이 보이지만 여전히 하나님께서 모든 것들을 통치하셨고 지금도 통치하시며 앞으로도 통치하실 것입니다.

주님이 재림하시면 온 세상이 완전히 그리스도이신 예수님과 그 백성들이 통치하는 나라가 됩니다. 이 나라가 계시록 20장에 나오는 천년왕국입니다. 구약시대의 이스라엘 백성들은 수많은 위기 속에서 나라를 잃어버린 세월들이 너무 길었습니다. 그래서 그들은 새로운 세상에 대한 꿈을 많이 꾸고 그리워했습니다.

그러나 그들이 그리던 세상은 계시록에 나오는 새 하늘과 새 땅이 아닙니다. 이사야 65장에 나오는 새 하늘과 새 땅에는 죽음이 있습니다. 그들은 지상에서 이루어질 영원한 나라를 그리워했습니다. 그들이 그리던 것은 계시록 20장에서 말하는 천년왕국과 완전히 같은 것은 아니지만 상당히 닮아 있습니다.

계시록에서 말씀하는 새 하늘과 새 땅은 죽음이 없는 영원한 나라입니다. 그것이 오늘 본문이 말씀하는 하나님의 나라이고 계시록 21장과 22장에서 말씀하는 완전히 새로 창조된 하나님의 나라입니다.

2. 이십사 장로들이 엎드려 찬양하며 경배(16)

■ 본문 : "하나님 앞에서 자기 보좌에 앉아 있던 이십사 장로가 엎드려 얼굴을 땅에 대고 하나님께 경배하여"

16. And the twenty-four elders, who were seated on their thrones before God, fell on their faces and worshiped God,

■ 목자역

16. 그러자 하나님 앞에 있는 자기들 보좌에 앉아있던 이십 사 장로가 그들의 얼굴을 바닥에 대고 엎드려 하나님께 경배했습니다.

🖪 양육과 적용을 위한 묵상노트

이때 하나님의 보좌 앞에 있는 자기들의 보좌에 앉아 있던 이십사 장로가 하나님 앞에 엎드려 바닥에 얼굴을 대고 경배합니다. 엎드려 얼굴을 바닥에 대는 것은 자신을 최고로 낮추고 상대방을 최고로 높이는 자세입니다. 항상 우리들도 이들처럼 하나님께 겸손하게 자신을 낮추고 경배해야 합니다.

11-12. 이십사 장로의 감사 찬양의 내용(17-18)

1. 하나님의 직접통치(17)

■ 본문 : "이르되 감사하옵나니 옛적에도 계셨고 지금도 계신 주 하나님 곧 전능하신 이여 친히 큰 권능을 잡으시고 왕 노릇 하시도다"

17. saying: "We give thanks to you, Lord God Almighty, the One who is and who was, because you have taken your great power and have begun to reign.

17. 그 장로들이 말하였습니다. : 전에도 계셨고 지금도 계신 전능하신 주하나님! 우리는 주님께 감사합니다. 왜냐하면 이제 주님께서 친히 왕이 되셔서 그 크신 권능으로 온 땅을 직접 통치하시기 때문입니다.

❶ 양육과 적용을 위한 묵상노트

그들의 경배의 내용과 찬양의 내용은 과거로부터 지금까지 여전히 살아계신 전능하신 주 하나님을 향한 찬양입니다. 이제 하나님께서 온 세상을 친히 통치하실 것에 대한 찬양과 경배입니다. 이 본문에서 말씀하는 큰 권능은 무한한 에너지입니다. 무엇이든 할 수 있는 힘입니다. 이름뿐인 권세가 아니라 실질적으로 모든 만물을 창조하고 만들며 세우고 움직이고 만드는 에너지입니다. 사탄의 모든 세력을 꺾으시는 전능하신 하나님의 그 힘이 역사합니다.

2. 공의의 심판(18a)

■ 본문 : "이방들이 분노하매 주의 진노가 내려 죽은 자를 심판하시며"

18a. The nations were angry; and your wrath has come. The time has come for judging the dead,

■ 목자역

18a. : 그 소식을 들은 하나님을 대적하던 이방나라들과 그 왕들이 분노하

자 주님께서 그들에게 진노하시고 심판의 재앙을 내리셨습니다. 이제 하나님께서 친히 죄에서 벗어나지 못해 그 영이 죽어 있는 사람들 곧 악인들을 심판하실 시간이 왔습니다. 이들은 사탄에게 속해 있는 자들과 휴거 이후에 이 땅에 남아 있는 사람들입니다.

✝ 양육과 적용을 위한 묵상노트

하나님의 심판은 공의의 심판입니다. 이방들은 하나님을 떠난 자들이 세운 나라입니다. 하나님을 대적하는 나라요 그 통치자들입니다. 그들이 하나님의 통치에 굴복하지 않고 대적합니다. 그러나 그들은 이미 그 안에 하나님의 생명이나 생기가 없는 죽은 자 들입니다. 그들은 반드시 하나님의 심판을 받습니다.

3. 주님을 경외하는 자들에게 상을 주시는 심판(18b)

■ 본문 : "종 선지자들과 성도들과 또 작은 자든지 큰 자든지 주의 이름을 경외하는 자들에게 상주시며"

18b. and for rewarding your servants the prophets and your saints and those who reverence your name, both small and great-

■ 목자역

18b. 그리고 하나님께서 주님의 종 예언자들과 성도들 그리고 작은 자든지 큰 자든지 주님의 이름을 경외하는 사람들에게 상을 주실 것입니다.

❶ 양육과 적용을 위한 묵상노트

휴거가 이루어진 이후에 하나님은 악인들을 심판하십니다. 하나님의 심판은 하나님을 대적하는 자들은 멸망시키시고 하나님을 경외하는 자들에게는 각각 그들의 공로에 따라 상을 주시는 공정한 심판입니다. 계시록 20장에서는 죄악 가운데 죽은 자들을 그들의 행위대로 심판하시고 22장에서는 천국에 들어가는 주의 종들과 성도들에게 각 사람이 행한 대로 상을 주신다고 하십니다.

종 선지자들은 십사만 사천과 같이 하나님의 말씀을 전하는 주의 종들입니다.

성도들은 짐승이나 그 우상에게 경배하지 아니하고 그 오른손이나 이마에 표를 받지 않은 사람들입니다. 이들은 두 증인의 사명을 감당한 사람들입니다.

작은 자나 큰 자나 신분의 고귀나 비천에 관계없이 하나님을 경외한 주의 종들과 성도들은 그들의 행위에 따라 상을 받습니다. 그래서 하나님은 외모를 보지 않고 중심을 보시는 하나님이십니다.

4. 땅을 망하게 하는 자들을 멸망시키는 심판(18c)

■ 본문 : "또 땅을 망하게 하는 자들을 멸망시키실 때로소이다 하더라"
18c. "and for destroying those who destroy the earth."

■ 목자역
18c. 그리고 이제 그 땅을 더럽히고 망하게 하는 자들은 멸망시키실 때입니다.

🔳 양육과 적용을 위한 묵상노트

이 땅은 본래 하나님께서 창조하신 아름다운 땅입니다. 그런데 사탄의 속임수에 아담이 넘어간 이후 이 땅은 악인들에 의해 계속 더럽혀져 왔습니다. 이제 그 땅을 망하게 하는 자들을 멸망시키시는 영원한 심판의 시간이 되었습니다.

땅을 망하게 하는 자들은 귀신을 섬기고 음행으로 땅을 더럽히며 각종 우상들을 섬기며 거짓된 술수를 부리고 도둑질을 밥 먹듯 하고 거짓을 행하는 자들입니다. 그래서 이 심판은 멸망의 심판입니다. 곧 악인들이 불과 유황으로 타는 못에 던져지는 악에 대한 최후의 심판입니다.

12장부터 13장에는 주의 종들과 성도들 그리고 교회의 환난과 핍박의 모습들이 나타납니다. 그리고 14장과 15장에는 두 가지 추수와 승리한 두 증인의 모습이 나타납니다.

그런데 주님께서는 11장에서 12장과 13장의 그 끔찍한 고난의 내용들을 구체적으로 보여주고 말씀하시기 이전에 11장에서 두 증인의 사역과 죽음과 휴거와 최후의 승리에 대한 말씀을 먼저 하십니다.

그 이유가 무엇일까요? 큰 환난이 다가오기 전에 우리의 믿음을 더 굳건하게 세우시려는 것입니다. 환난 이후에 이루어질 승리의 결과를 미리 알면 마음을 새롭게 하고 십자가를 바라보며 오늘의 환난을 믿음으로 이길 수 있습니다.

 ## 11-13. 하늘에 있는 하나님의 성전이 열리다(19)

■ 본문 : "이에 하늘에 있는 하나님의 성전이 열리니 성전 안에 하나님의 언약궤가 보이며 또 번개와 음성들과 우레와 지진과 큰 우박이 있더라"

19. Then God's temple in heaven was opened, and within his temple was seen the ark of his covenant. And there came flashes of lightning, rumblings, peals of thunder, an earthquake and a great hailstorm.

■ 목자역

19. 그때 하늘에 있는 하나님의 성전이 열렸습니다. 그리고 하나님의 성전의 지성소 안에 있는 주님의 언약궤가 보이며 번개와 음성들과 천둥과 지진과 큰 우박이 있었습니다.

⬆ 양육과 적용을 위한 묵상노트

그러자 하늘에 있는 하나님의 성전이 열렸습니다. 그 심판의 주관자가 하나님이심을 알게 합니다. 그리고 이 심판이 하나님의 약속에 따라 이루어지는 것을 보여주는 언약궤가 보였습니다.

그리고 모든 심판이 완성되는 것을 나타내는 다섯 가지 모습이 보였습니다. 번개와 음성들과 우레 소리와 지진 외에 한 가지가 더해집니다. 큰 우박입니다. 이 모습은 계시록 16장에 일곱 번째 대접이 바벨론에 쏟아질 때 나타나는 현상입니다.

하나님이 바벨론을 멸망시키는 심판의 구체적인 내용은 18장에서 보여줍니다. 첫째 나팔을 불 때 땅에 떨어진 우박은 그저 피가 섞인 우박이라고 했는데 바벨론에 쏟아지는 그 우박의 무게는 한 달란트 약 36.5kg이 넘는 것입니다.

하나님을 떠난 인간들이 사탄의 영에 사로잡혀 인본주의와 자본주의라는 이름으로 발전시켜온 이 세상의 모든 문화와 문명이 철저하게 파괴되는 모습을 우리에게 보여줍니다. 마지막 시대는 구원과 심판이 분명하게 나누어지고 천국과 지옥이 온전히 나누어지는 시대입니다.

다섯 번째 사건 [9:12−15:4]

전쟁과 사명을 감당하는 교회와 사탄의 박해 그리고 승리의 노래

⬆ 계시록 12장 ┃ 교회와 예수님과 마귀

계시록은 크게 둘로 나누면 1장에서 11장까지의 전반부와 12장부터 22장까지의 후반부로 나눌 수 있습니다.

후반부인 12장부터 22장까지는 11장까지에서 보여 준 내용들을 바탕으로 마지막 때에 일어날 일들을 좀 더 상세하게 구체적으로 묘사하고 있습니다.

사탄의 본격적인 교회에 대한 핍박(12장-13장)과 교회의 승리(14장-15장) 그리고 음녀와 바벨론에 대한 심판(16장-18장)과 예수님의 재림(19장)과 천년왕국과 마지막 흰 보좌 심판(20장) 그리고 우리의 마지막 소망인 새 하늘과 새 땅 곧 천국(21장-22장)의 모습이 그려지고 있습니다.

12-1. 해를 옷처럼 입은 여자의 해산(1-2)

1. 한 여자의 등장(1a)

■ 본문 : "하늘에 큰 이적이 보이니 해를 옷 입은 한 여자가 있는데"

1a. A great and wondrous sign appeared in heaven: a woman clothed with the sun,

■ 목자역

1a. 하늘에서 하나의 큰 표적이 보였습니다. 빛나는 태양을 마치 옷처럼 입고 있어 하나님의 영광의 빛으로 가득 싸여 있는 교회의 모습을 보여주는 한 여자가 있습니다.

🔟 양육과 적용을 위한 묵상노트

계속 이어지는 환상은 하늘에서 나타난 일을 보여줍니다. 그것은 하나의 표적으로 나타납니다. 표적이라는 말씀은 무엇인가를 드러내기 위한 상징이라는 뜻입니다. 요한 사도는 요한복음에서 이 표적이라는 단어를 즐겨 사용했습니다. 요한 복음 2장에서 물이 변하여 포도주가 되는 것도 표적입니다.

계시록 1장 1절에서 요한에게 말씀하신 대로 주의 종들에게 알게 하시

360

려고 요한 사도에게 상징적인 표적으로 보여주시는 환상은 이처럼 다양하게 나타납니다. 이적을 통해 드러나는 상징은 본문에 두 번 나오는 데 한 번은 1절에 나오고 한 번은 3절에 사탄이 크고 붉은 용의 모습으로 나타납니다. 계시록에 나오는 또 한 번의 이적과 상징은 15장 1절에 나옵니다.

오늘 본문에 큰 이적으로 나타난 이 모습은 태양으로 상징되는 진리의 빛으로 찬란한 교회의 모습입니다. 이 여자는 신구약 시대 모든 교회를 상징하는데 이 여자가 찬란한 태양의 빛으로 가득한 것은 구약의 교회나 신약의 교회 모두 하나님의 영광과 진리로 가득한 것을 보여 줍니다.

2. 해를 입고 달을 밟고 열두 별의 면류관을 쓴 여자(1b)

■ 본문 : "그 발아래에는 달이 있고 그 머리에는 열두 별의 관을 썼더라." 1b. : with the moon under her feet and a crown of twelve stars on her head.

■ 목자역

1b. 그 여자의 발아래에는 예수 그리스도의 복음이 전파되기 이전 율법의 시대를 상징하는 달이 있고 그 여자의 머리 위에는 또 하나의 상징으로 이스라엘 열두 지파와 열두 사도로 대표되는 모든 주의 종과 하나님의 백성을 나타내는 열두 개의 별이 있는 면류관이 있었습니다.

⬆ 양육과 적용을 위한 묵상노트

하나님의 언약을 하나님을 사랑하는 법과 이웃들을 사랑하는 법을 조문으로 정리한 것이 율법입니다. 교회는 이 율법을 상징하는 달 곧 구약시대 위에 서 있습니다. 법은 말로 하던 언약을 문서로 정리한 것입니다.

그리고 복음은 그 조문화된 율법의 진리를 완성한 것입니다. 그래서 이 여자는 예수 그리스도의 복음 안에서 새롭게 시작된 신약시대 교회의 영광을 보여주는 열두 별의 면류관을 쓰고 있습니다.

이 여자는 누구입니까? 교회입니다. 구약의 율법을 계승하고 예수님의 구원의 복음을 전하며 주님의 재림을 기다리는 교회입니다. 이 여인은 천주교에서 말하는 것처럼 예수님을 낳은 마리아도 아니고 이단들이 말하는 것처럼 이단 교주의 모습도 아닙니다.

이 여자는 율법을 바탕으로 형성된 구약시대의 교회이며 예수님과 사도들이 전해주신 하나님의 말씀으로 태어난 어린양의 신부인 교회입니다.

3. 여자의 임신과 해산의 고통(2)

■ 본문 : "이 여자가 아이를 배어 해산하게 되매 아파서 애를 쓰며 부르짖더라"

2. She was pregnant and cried out in pain as she was about to give birth.

2. 그때 그 여자는 임신 중이었습니다. 그 여자는 곧바로 아이를 낳게 되었는데 해산하면서 아이를 낳는 고통이 심해 아파서 애를 쓰며 부르짖었습니다.

■ 양육과 적용을 위한 묵상노트

이 여인의 모습은 아이를 낳기 위해 진통하는 임신부의 모습입니다. 구약의 교회는 창세기 3장 15절에 약속된 여자의 후손인 예수님을 낳았습니다. 그 예수님이 오시기까지 아브라함으로부터만 헤아려도 2,000년 이상이 지나갔습니다.

그리고 예수님을 통해 성령강림과 함께 만들어진 신약의 교회는 17절의 말씀처럼 하나님의 계명을 지키며 예수의 증거를 가진 자들 곧 여자의 후손들인 성도들을 낳았고 지금도 낳고 있습니다. 예수님은 여자의 후손이며 성도들은 여자의 후손들입니다.

사도 바울은 성도들을 낳기 위한 해산의 고통을 자신도 겪고 있다고 했습니다. 구약의 교회가 예수님이 오시기까지 수천 년의 역사와 시간 속에서 때가 찰 때까지 임신과 해산의 고통을 겪은 것처럼 오늘 우리의 교회들도 새로운 성도들을 낳기 위한 해산의 고통이 있어야 합니다.

그런데 천주교회에서는 예수님을 낳은 마리아를 신격화하기 위해 이 여자를 마리아라고 하고 이단 교주는 이 여자가 이단의 무리들을 낳은 자신이라고 주장합니다. 그러나 이 여인은 마리아도 아니고 이단 교주도 아닌 예수 그리스도의 교회입니다.

 12-2. 붉은 용의 등장과 그 이유(3-4)

1. 한 붉은 용의 등장(3)

■ 본문 : "하늘에 또 다른 이적이 보이니 보라 한 큰 붉은 용이 있어 머리가 일곱이요 뿔이 열이라 그 여러 머리에 일곱 왕관이 있는데"

3. Then another sign appeared in heaven: an enormous red dragon with seven heads and ten horns and seven crowns on his heads.

■ 목자역

3. 그때 하늘에서 또 다른 이적이 보였습니다. 자 보십시오! 저 일곱 개의 머리와 열 개의 뿔을 가지고 있는 거대한 붉은 용, 곧 사탄을! 그 용은 그 일곱 개의 머리 위에 각각 왕관을 쓰고 있습니다.

■ 양육과 적용을 위한 묵상노트

여자가 아이를 낳으려고 할 때 하늘에는 사탄이 붉은 용의 모습으로 나타납니다. 사탄이나 짐승이나 음녀는 모두 피의 색인 붉은 색입니다.

이 용은 일곱 개의 머리와 열 개의 뿔을 가진 모습으로 나타나는데 그 일곱 머리에는 그가 가진 다양한 권세를 상징하는 일곱 왕관이 있습니다.

붉은 용으로 등장한 사탄은 계시록 17장에 등장하는 짐승의 모습보다 더 흉측한 모습입니다. 또한 그 모습은 앞으로 13장에서 등장하게 될 바다에서 올라온 짐승의 뿌리가 사탄인 것을 미리 알게 합니다.

이 일곱 머리는 역사적으로 이스라엘을 괴롭히던 다섯 나라와 로마와 로마 이후에 등장할 나라를 상징합니다. 그들은 애굽과 앗수르와 바벨론과 메데바사와 헬라의 다섯 나라와 로마와 그 다음의 일곱 번째 나라입니다. 그래서 그들의 머리에는 통치권을 상징하는 왕관이 있습니다.

용의 모습으로 등장한 사탄의 머리는 하나가 아니라 일곱입니다. 그만큼 거짓과 술수에 능하고 순간마다 상대방을 속이기 위해 갑자기 이 머리 저 머리로 변신하는 것이 사탄입니다. 같은 몸에서 나온 일곱 머리의 역사가 모두 사탄의 역사라는 것을 잊지 말아야 합니다.

그리고 일곱 머리로부터 솟아나는 뿔이 열인데 그것은 일곱 머리가진 사탄의 권세에 기초해서 온 세상에 세워진 나라들이고 또 세워질 나라들입니다. 그들은 또한 사람들이 살아가는 생활 현장의 각기 다른 분야에서 사탄을 숭배하고 하나님을 대적하는 인본주의 정치와 경제 그리고 문화와 문명과 철학과 종교와 과학과 예술과 군사력과 정신세계를 대표하는 우상들로 나타납니다.

이 열 뿔의 역사 가운데 계시록 13장에 나오는 두 짐승 가운데 바다에서 올라온 짐승을 통해 종교와 과학을 뺀 여덟 가지가 정치의 이름으로 통합되어 역사하고, 땅에서 올라온 두 뿔 가진 짐승을 통해 두 개의 뿔 곧 종교와 과학의 이름으로 땅에서 올라온 짐승의 모습으로 역사한다고 볼 수 있습니다.

땅에서 올라오는 짐승의 두 뿔 가운데 한 뿔은 종교 다원주의와 뉴 에이지 운동과 같은 것들의 모습으로 역사하고 또 한 뿔은 진화론과 과학만능주의 같은 것들로 역사합니다.

땅에서 올라 온 짐승이 역사적으로 보면 발람이요 니골라 당이요 이세벨입니다. 그들은 오늘 날에도 권력을 가진 자들과 하나가 되어 각종 이단 사설로 성도를 미혹하고 넘어지게 합니다.

일곱 머리와 열 뿔 가진 사탄의 대리자로 등장하는 짐승들과 음녀의 역사는 계시록 13장과 17장과 18장에 자세히 나오고 있습니다. 이 사탄의 역사는 악령들을 통해 지금도 온 세상에 역사합니다. 그들은 귀신의 영들입니다.

사탄은 일곱 머리와 열 뿔이 하나가 될 때 온전한 권세를 행사합니다. 그래서 17장에서 음녀는 일곱 머리와 열 뿔 가진 짐승을 탄 모습으로 등장합니다. 정치와 종교가 하나로 통합된 모습이 짐승을 타고 있는 음녀의 모습입니다. 그 음녀를 17장 18절에서는 "네가 본 그 여자는 땅의 왕들을 다스리는 큰 성이라 하더라."는 말씀으로 그 정체를 보여줍니다.

그러나 예수 그리스도는 마흔두 달이 아니라 영원히 만왕의 왕이요 만주의 주로서 일곱 뿔과 일곱 영의 역사를 일으키시는 분입니다. 어린양의 일곱 뿔은 가고 오는 모든 세대를 다스리는 완전한 권세입니다. 사탄은 잠시 동안 일곱 머리와 열 뿔로 예수님의 일곱 뿔과 일곱 영을 이기는 것처럼 역사합니다.

그러나 예수님은 이제로부터 영원히 완전히 하늘과 땅을 통치하시는 권세자요 하나님의 일곱 영이신 성령님과 하나이신 분으로 통치하십니다. 그래서 예수 그리스도는 이긴 자이고 우리는 그분과 함께 이기는 자가 되는 것입니다.

2. 사탄에 의해 땅에 던져진 하늘의 별들(4)

■ 본문 : "그 꼬리가 하늘의 별 삼분의 일을 끌어다가 땅에 던지더라 용이 해산하려는 여자 앞에서 그가 해산하면 그 아이를 삼키고자 하더니"

4. His tail swept a third of the stars out of the sky and flung them to the earth. The dragon stood in front of the woman who was about to give birth, so that he might devour her child the moment it was born.

■ 목자역

4. 그 용은 꼬리에 있는 그의 권세로 하늘에 있는 별들의 삼분의 일 곧

그와 함께 타락한 천사들을 끌어다가 땅에 던졌습니다. 또한 그 용 곧 사탄은 그 여자가 아이를 낳기만 하면 즉시 그 아이를 삼켜버리려고 이제 곧 아이를 낳으려고 하는 그 여자 앞에 서 있습니다.

■ 양육과 적용을 위한 묵상노트

사탄은 그 꼬리로 하늘에 있던 별들의 삼분의 일을 땅에 떨어지게 합니다. 용의 꼬리는 거짓을 상징합니다. 일곱 머리를 가진 사탄의 거짓에 속은 하늘의 별들은 원래 천사들인데 9장에 나오는 말들의 꼬리에 머리가 있는 것과 같이 꼬리가 상징하는 거짓에 속아 하나님을 섬기는 천사의 자리를 이탈하여 악의 화신이요 뿌리인 사탄의 무리가 된 악령들입니다.

하늘의 별 삼분의 일이라고 했으니 악한 영이 된 천사들의 수는 이루 헤아릴 수 없을 정도로 많이 있습니다. 오늘날에도 이 악령들은 온 땅에서 사람들 안에서 혹은 어떤 환경 속에서 진리를 가장한 모습으로 역사하고 있습니다. 사탄의 거짓에 속으면 안 되는 이유가 여기에 있습니다.

아무리 천사들이 하늘의 별과 같은 아름답고 멋진 존재들이라도 해도 한 번 사탄에게 속아 넘어지면 그때는 스스로 혼자는 절대로 헤어날 수 없는 무저갱 곧 끝이 없는 깊은 어둠 속에 갇히게 됩니다. 그래서 성도들은 진리와 비 진리 그리고 참과 거짓을 잘 분별해야 합니다.

12-3. 아이의 출산과 여자의 피난(5-6)

1. 여자가 낳은 아이(5a)

■ 본문 : "여자가 아들을 낳으니 이는 장차 철장으로 만국을 다스릴 남자라"

5a. She gave birth to a son, a male child, who will rule all the nations with an iron scepter.

■ 목자역

5a. 그 여자는 장차 모든 것을 다 깨부수는 쇠몽둥이 같은 권세를 가지고 세상 모든 나라를 다스리게 될 사내아이인 예수님을 낳았습니다.

⬛ 양육과 적용을 위한 묵상노트

아담으로부터 시작된 구약시대 4,000년의 역사 끝에 그 오랜 진통과 시련을 거쳐 예수님이 태어납니다. 이분은 시편 2편에서 말씀하시는 것처럼 모든 것을 다스리는 왕의 권세를 가지고 악이 가득한 온 땅을 철장으로 다스리시고 심판하실 분입니다.

2. 하나님 앞과 그 보좌 앞으로 올려진 아이(5b)

■ 본문 : "그 아이를 하나님 앞과 그 보좌 앞으로 올려가더라"

5b. "And her child was snatched up to God and to his throne."

5b. 사탄의 씨나 죄를 지은 사람의 씨가 아닌 성령께서 잉태하게 하심으로 마리아라는 한 여인을 통해 죄의 유전성이 없이 태어난 그 여자의 아이 곧 예수님은 하나님과 그분의 보좌가 있는 곳으로 이끌려 올림 받았습니다.

◨ 양육과 적용을 위한 묵상노트

이 땅에 사람의 몸으로 오신 예수님은 하나님이 어떤 분인지를 우리에게 보여주신 분입니다. 하나님의 말씀이 육신이 되어 우리에게 오셨기 때문에 그분은 하나님과 우리 사이의 중간에 막힌 담을 허시고 말씀을 통해 소통하게 하십니다. 말은 사람과 사람 사이를 소통하게 하고 하나님의 말씀은 영이요 생명이기 때문에 영이신 하나님과 육체를 가진 사람 사이를 소통하게 합니다.

주님은 육신을 입고 이 땅에 오신 목적대로 그 모든 속죄의 사역을 십자가에서 완전히 이루시고 부활하시고 승천하셨습니다. 그리고 지금 창세 이전에 가지셨던 영광의 모습으로 하나님 보좌에 함께 계십니다.

3. 광야로 도망간 여자(6a)

■ 본문 : "그 여자가 광야로 도망하매"

6a. "The woman fled into the desert"

■ 목자역

6a. 그리고 그 여자는 광야로 피해갔습니다.

☐ 양육과 적용을 위한 묵상노트

그리고 이제 새롭게 시작된 교회는 사탄의 박해를 피해 광야로 자신의 거처를 옮겼습니다. 광야는 바벨론이나 로마나 예루살렘 같은 도시가 아닙니다. 그러므로 뱀과 전갈과 같은 독충들이 있는 곳이며 안전한 곳이 아닙니다. 광야는 17장에서 보는 것처럼 붉은 빛 짐승을 타고 있는 음녀가 있는 곳입니다.

4. 광야에 예비되어 있는 장소(6b)

■ 본문 : "거기서 천이백육십 일 동안 그를 양육하기 위하여 하나님께서 예비하신 곳이 있더라"

6b. "where she might be taken care of for 1,260 days."

6b. 그 여자가 피해간 그곳에는 큰 환난의 기간인 일천이백육십일 동안 그녀 곧 교회와 성도들이 보살핌을 받을 수 있도록 하나님께서 미리 준비해 두신 한 장소가 있었습니다.

🛈 양육과 적용을 위한 묵상노트

그런데 바로 그 광야에 하나님께서 큰 환난의 시기인 1,260일을 넘길 수 있도록 구별하여 두신 곳이 있습니다. 이것이 놀라운 일입니다. 마태복음 4장을 보면 예수님도 성령에게 이끌려 광야로 가셨는데 그곳에서 사탄을 만났습니다.

그 광야에서 주님은 기도하시고 성령 충만을 받아 하나님의 말씀으로 바로 그 광야를 찾아와 시험하던 마귀를 이기셨습니다. 하나님은 어디에서나 예비하시는 하나님이십니다. 짐승과 그 우상을 경배하지 않고 순결한 믿음을 지키기 위해 도시와 같이 안전하게 살 수 있는 곳도 포기하고 더 위험한 광야로 나가는 성도들을 하나님께서는 책임져주시고 보호해주시고 필요를 채워주십니다.

인생에는 누구에게나 고난의 시기가 있습니다. 그 고난의 시기에 당신은 어떤 믿음으로 세상을 사십니까? 혹 광야와 같을 수도 있는 미래에 대한 두려움 때문에 벗어나야 할 바벨론에 그냥 머물러 있지는 않으십니까? 그러나 오늘 성경은 바벨론을 벗어난 교회가 광야에 있을지라도 하나님은 바로 그곳에서 1,260일을 준비된 피난처에서 양육하시며 이기게 하신다고 말씀합니다.

성경에는 이 고난의 시기가 여러 곳에 다양한 모습으로 나옵니다. 엘리야 시대의 삼년 반의 가뭄, 신구약 중간기의 안티오커스 에피파네스를 통한 혹독한 고난의 시기가 삼년 반입니다. 예수님의 복음 전도기가 삼년 반입니다.

또 이스라엘이 66년부터 시작된 유대전쟁을 통해 완전히 망하게 된 시기도 삼년 반이요, 네로의 박해를 통해 바울과 베드로가 순교하고 교회가 고난을 당한 때도 64년부터 68년까지도 삼년 반이며 사도 요한이 황제 도미티안의 박해로 극심한 고통을 당하는 것도 삼년 반입니다.

이처럼 성경은 인생의 가장 극심한 고통의 시기를 1,260일 혹은 삼년 반 혹은 마흔두 달로 표현합니다. 그보다 더 심한 고난의 시간은 계시록 11장에서 말씀하는 것처럼 1,260일이 끝날 무렵에 다가오는 삼일 반입니다.

그런데 하나님께서는 어떤 고난에도 예수님의 피로 하나님과의 관계를 끊어놓았던 그 죄를 씻어낸 성도들의 영혼은 보호하십니다. 바벨론을 피해 교회가 피신한 광야에도 일곱 머리 열 뿔 가진 짐승과 음녀가 있습니다.

그러나 바로 그 광야에 하나님께서 준비하신 처소가 있다는 말씀을 늘 기억해야 합니다. 하나님의 성전과 제단과 그 안에서 경배하는 자들을 측량하라고 하신 말씀을 늘 기억해야 합니다. 하나님을 믿으면 빌라델비아 교회처럼 온 땅에 거하는 자들을 시험하는 그 환난의 때를 넘기도록 보호하십니다. 하나님을 의지하면 이길 힘을 주십니다. 하나님은 우리의 영혼의 아버지이십니다.

 ## 12-4. 하늘의 전쟁(7)

■ 본문 : "하늘에 전쟁이 있으니 미가엘과 그의 사자들이 용과 더불어 싸울 새 용과 그의 사자들도 싸우나"

7. "And there was war in heaven. Michael and his angels fought against the dragon, and the dragon and his angels fought back."

■ 목자역

7. 하늘에서 전쟁이 터졌습니다. 하나님의 군대장관인 천사장 미가엘과 그에게 속한 천사와 용과 그 용에게 속한 타락한 악한 천사들이 싸움을 했습니다.

◨ 양육과 적용을 위한 묵상노트

요한이 보는 환상이 다시 바뀌면서 하늘에서 일어난 전쟁을 보게 됩니다. 그 전쟁은 하나님의 군대장관인 미가엘 천사와 그를 돕는 하늘의 군대들과 사탄과 그를 따르는 마귀의 군대인 악령들과의 싸움입니다.

전쟁은 땅에만 있는 것이 아닙니다. 하늘에서도 전쟁이 있었습니다. 지금도 공중의 권세 잡은 자 마귀는 성도들의 영혼을 도적질하기 위해 각종 교묘한 방법으로 공중에서 성도들의 기도가 상달되는 것을 방해하고 있습니다.

그래서 계시록 8장의 말씀처럼 우리의 영의 기도가 성령님을 힘입은 향이 섞인 기도가 되어야 공중의 권세 잡은 자 마귀의 방해를 뚫고 그 기도가 천사의 손에 의하여 하나님께 상달됩니다. 우리는 공중의 권세 잡은 자가 마귀라는 이 사실을 늘 기억해야 합니다.

 ## 12-5. 붉은 용의 정체(8-9)

■ 본문 : "이기지 못하여 다시 하늘에서 그들이 있을 곳을 얻지 못한지라 큰 용이 내쫓기니 옛 뱀 곧 마귀라고도 하고 사탄이라고도 하며 온 천하를 꾀는 자라 그가 땅으로 내쫓기니 그의 사자들도 그와 함께 내쫓기니라"

8. "But he was not strong enough, and they lost their place in heaven. 9. The great dragon was hurled down—that ancient serpent called the devil, or Satan, who leads the whole world astray. He was hurled to the earth, and his angels with him."

■ 목자역

8. 그러나 그 용과 그에게 속한 악한 영들은 미가엘과 그에게 속한 천사들

을 이기지 못하였습니다. 그래서 그 용과 악한 영들은 하늘에서는 더 이상 잠시 동안이라도 있을만한 장소조차 찾을 수 없게 되었습니다.

9. 옛 뱀, 마귀 그리고 사탄이라고 불리는 온 세상에 살던 사람들을 속이던 거대한 그 용이 땅으로 쫓겨났습니다. 그리고 그에게 속해 있던 악한 영들도 함께 땅으로 쫓겨났습니다.

🔟 양육과 적용을 위한 묵상노트

그 싸움은 당연히 하나님의 군대장관인 미가엘과 그의 군대들의 승리로 끝이 납니다. 그러자 사탄이라고도 하고 마귀라고도 하고 옛 용 혹은 옛 뱀이라고 부르는 사탄이 땅으로 내어 쫓기게 되고 그를 따르던 악령의 무리들도 다 쫓겨나게 됩니다.

그 용은 작은 용이 아닙니다. 거대한 용입니다. 거대하다는 것은 큰 권세와 힘이 있다는 뜻입니다. 그 세력이 크다는 것입니다. 마귀는 천사들의 삼분의 일을 속여 자기 세력으로 만들어 하나님을 대적할 만한 간교한 지략과 권세와 큰 힘을 가진 자였습니다.

유다서 1장의 말씀처럼 지금 그들 가운데 일부는 무저갱과 같은 어둠의 세계에 갇혀 있고 또 어떤 악령들은 떠도는 별들이 되어 사람들을 미혹합니다. 무저갱에 갇혀 있던 악령들은 계시록 9장의 말씀처럼 사탄이 무저갱을 열 때 해와 공기를 어둡게 하는 그 연기 속에서 황충과 같은 모습으로 나타납니다. 연기는 하나님의 진리를 어지럽히는 거짓된 사상과 헛된 가르침들입니다.

그리고 어떤 악령들은 귀신이 되어 이 땅에 사는 사람들을 여러 가지로
속이고 병들게 하고 괴롭히며 죽게 합니다. 어떤 귀신은 사람들을 미치게
하고 어떤 귀신들은 떼를 지어 몰려다니며 사람들의 산업을 망하게 합니
다. 이 귀신들의 역사를 잘 분별해야 합니다. 예수님의 보혈의 능력에 의
지하여 예수님의 이름으로 몰아내는 권세 있고 능력 있는 신앙인이 되어
야 합니다.

 12-6. 하늘에서 난 큰 음성과 마귀를 이기는 비결(10-11)

1. 하늘에서 들리는 큰 음성(10a)

■ 본문 : "내가 또 들으니 하늘에 큰 음성이 있어 가로되"
10a. Then I heard a loud voice in heaven say

■ 목자역
10a. 그때 나는 하늘에서 나는 매우 큰 음성을 들었습니다.

☑ 양육과 적용을 위한 묵상노트

그때 하늘에서 큰 음성이 들렸습니다. 우리의 귀는 늘 하늘을 향해 열려

있어야 합니다. 하나님이 말씀하실 때 들을 수 있는 귀가 있어야 합니다.

2. 하나님의 구원과 능력과 나라를 선포(10b)

■ 본문 : "이제 우리 하나님의 구원과 능력과 나라와 또 그의 그리스도의 권세가 나타났으니 우리 형제들을 참소하던 자 곧 우리 하나님 앞에서 밤낮 참소하던 자가 쫓겨났고"

10b. Now have come the salvation and the power and the kingdom of our God, and the authority of his Christ. For the accuser of our brothers, who accuses them before our God day and night, has been hurled down.

■ 목자역

10b. 이제 우리의 하나님의 구원과 능력과 나라와 그분의 그리스도의 권세가 나타났습니다. 그리고 우리 형제들을 날마다 거짓 증거로 모략하고 참소하던 그 마귀가 쫓겨났습니다. 그 마귀는 하나님 앞에서 우리 형제들을 밤낮으로 헐뜯고 거짓말로 비난하던 자입니다.

🔟 양육과 적용을 위한 묵상노트

그 소리는 이제 하늘에서 사탄이 쫓겨남으로 하늘에는 하나님의 구원과 능력과 나라가 완전히 이루어지고 그리스도의 권세가 나타난 것을 찬양하는 노래입니다.

그리고 늘 하나님 앞에서 욥에 대해 거짓 증거를 들여대면서 참소하던 것처럼 우리 믿음의 형제들을 거짓말로 중상모략하며 참소하던 마귀가 하늘에서 내어쫓긴 것을 보고 하나님께 찬양하는 내용입니다.

3. 성도의 3대 무기 : 보혈의 능력과 하나님의 말씀과 순교자 의 믿음(11)

■ 본문 : 또 우리 형제들이 어린 양의 피와 자기들이 증언하는 말씀으로 써 그를 이겼으니 그들은 죽기까지 자기들의 생명을 아끼지 아니하였도다

11. They overcame him by the blood of the Lamb and by the word of their testimony; they did not love their lives so much as to shrink from death.

■ 목자역
11. 그리고 우리의 형제들도 어린양의 피와 그들이 증언하는 말씀으로 마 귀를 이겼습니다. 이렇게 끝내 승리한 우리의 형제들은 믿음 때문에 죽임을 당하는 그 순간에도 자기들의 생명까지 아끼지 않았습니다.

⬆ 양육과 적용을 위한 묵상노트

하늘에서 땅으로 내어쫓긴 마귀는 하나님을 믿는 형제들을 괴롭힙니다. 그러나 믿음의 형제들은 예수님의 피로 그 영혼의 죄가 씻어졌기 때문에 마귀를 이깁니다. 그리고 예수님처럼 그들이 증언하는 하나님의 말씀으로 마귀를 이깁니다. 순교자인 그들은 예수님처럼 목숨을 걸고 끝까지 싸워

마귀를 이깁니다.

마태복음 4장을 보면 예수님께서는 40일을 금식하신 이후에 찾아와 돌로 떡을 만들어 먹으라는 마귀의 시험을 "사람이 떡으로만 사는 것이 아니라 하나님의 말씀으로 산다."는 말씀으로 이기셨습니다.

인간의 육체는 떡으로 삽니다. 그러나 사람의 영혼은 하나님의 말씀으로 삽니다. 그래서 주님께서는 "내가 너희에게 이르는 말이 영이요 생명"이라고 하셨습니다. "믿음의 결국은 영혼의 구원을 받음이라."는 베드로 사도의 말씀도 이 구원의 진리를 우리에게 밝혀주고 있습니다.

이들은 죽음을 강요당하는 순간에도 그 믿음을 지켰습니다. 그들은 이긴 자들이며 그 모습이 계시록 6장의 다섯 번째 인을 뗄 때 하나님 보좌 앞에 있는 순교자들의 모습으로 나옵니다. 이기는 자에게는 하나님의 낙원에 있는 생명나무 열매와 구원을 확증하는 흰 옷이 주어집니다. 둘째 사망을 받지 않습니다.

마귀는 하나님께 여러 가지로 참소하고 우리를 미혹하고 낙심시켜 넘어지게 합니다. 그러나 우리는 날마다 예수님의 보혈과 하나님의 말씀과 순교를 각오하는 순결한 믿음으로 마귀를 이겨야 합니다.

■ 본문 : "그러므로 하늘과 그 가운데에 거하는 자들은 즐거워하라 그러나 땅과 바다는 화 있을진저 이는 마귀가 자기의 때가 얼마 남지 않은 줄을 알므로 크게 분내어 너희에게 내려갔음이라 하더라"

12. "Therefore rejoice, you heavens and you who dwell in them! But woe to the earth and the sea, because the devil has gone down to you! He is filled with fury, because he knows that his time is short."

■ 목자역

12. 그러므로 하나님이 통치하시는 영적인 세계인 하늘들과 그 안서에 살고 있는 성도들은 기뻐하며 즐거워하십시오! : 그러나 땅과 바다 곧 마귀가 쫓겨 내려간 온 세상은 화가 있을 것입니다. 왜냐하면 마귀가 크게 화를 내면서 당신들에게 내려갔기 때문입니다. 마귀는 이제 그가 멸망당하기까지 그에게 남아있는 시간이 거의 없다는 것을 잘 알고 있습니다.

🚹 양육과 적용을 위한 묵상노트

마귀가 사라진 하늘에는 하나님의 은혜와 기쁨으로 충만합니다. 하나님이 만드셨던 에덴도 마귀의 미혹의 역사가 있기 전에는 은혜와 기쁨과 행복이 가득한 곳이었습니다. 그러므로 오늘 우리들도 우리들의 일상적인 생활 속에서 그리고 마음 안에서 마귀가 역사하지 못하도록 마귀를 쫓아내야 합니다.

마귀가 역사하는 세상에는 화가 있습니다. 재앙이 있습니다. 불행과 고통이 있습니다. 지금 우리가 살아가는 땅과 바다 곧 이 세상에는 마귀가 역사합니다. 그러나 그 마귀가 역사할 날들이 길지 않습니다. 왜냐하면 이제 곧 주님이 재림하셔서 마귀의 도구로 쓰임 받는 적그리스도와 거짓 선지자들과 그들을 추앙하는 모든 악한 세력과 마귀를 불 못에 던지실 것이기 때문입니다.

 12-8. 붉은 용의 박해(13-17)

1. 붉은 용이 교회를 핍박하는 이유(13)

■ 본문 : "용이 자기가 땅으로 내쫓긴 것을 보고 남자를 낳은 여자를 박해하는지라"

13. When the dragon saw that he had been hurled to the earth, he pursued the woman who had given birth to the male child.

■ 목자역

13. 그 용은 자기가 땅으로 쫓겨난 것을 알고 그 남자아이를 낳은 여자를 괴롭혔습니다.

382

▣ 양육과 적용을 위한 묵상노트

교회가 아무 것도 하지 않으면 마귀의 시험도 없습니다. 사데 교회 같이 잠들어 있으면 마귀는 역사하지 않습니다. 그러나 교회가 믿음과 말씀으로 성도들을 낳기 시작하면 마귀는 반드시 역사합니다.

마귀는 구약의 교회가 예수님을 낳고 예수님이 부활 승천하신 이후 성령님을 통해 교회가 시작되었을 때에도 교회와 주의 종들과 성도들을 핍박했습니다. 그리고 이제 다시 하늘에서 땅으로 쫓겨난 후에도 교회를 극심하게 핍박합니다.

이렇게 마귀는 항상 때와 장소나 시기를 나누지 않고 교회를 핍박합니다. 그래서 평안하다고 방심하면 안 됩니다. 사데 교회는 잠들어 있다가 이름만 남은 교회가 되었습니다.

마귀는 전도의 문을 막고 선교의 문을 막으며 시험에 들게 하고 교회를 분열시킵니다. 그래서 주의 종들과 성도들은 영적인 분별력이 있어야 하고 순결해야 하고 정금 같은 믿음이 있어야 합니다. 그래야 마귀를 이길 수 있습니다.

2. 광야로 피한 여자(14a)

■ **본문** : "그 여자가 큰 독수리의 두 날개를 받아 광야 자기 곳으로 날아가"

14a. The woman was given the two wings of a great eagle, so that she might fly.

■ **목자역**

14a. 그러자 그렇게 사탄에게 핍박을 받던 그 여자는 하나님의 특별하신 보호하심과 인도하심 가운데 큰 독수리의 두 날개를 받아 그녀가 있도록 준비된 광야의 그 장소로 날아갔습니다.

⊞ 양육과 적용을 위한 묵상노트

그 핍박과 환난 가운데 있는 교회를 위해 하나님께서는 큰 독수리를 준비하십니다. 하나님 보좌 주변에 있던 네 천사장 가운데 하나의 모습이 독수리의 모습입니다.

큰 독수리라는 표현은 일곱 머리와 열 뿔 가진 용의 큰 권세로부터 보호하기 위해 하나님께서 그보다 더 큰 권능으로 신속하게 그 고난으로부터 벗어날 수 있도록 역사하신다는 것입니다. 하나님은 큰 독수리의 날개와 같은 넉넉하고 안전한 품으로 우리를 보호하시는 우리의 아버지이십니다.

다니엘에게 찾아와 평안함과 강건함을 빌어주던 천사처럼 믿음을 지키고 복음 전도자로 사는 주의 종들과 성도들을 하나님은 보호하시고 인도하십니다. 준비하신 장소로 걸어가지도 않고 달려가지도 않고 날아가도록 힘을 주시는 주님을 찬양합니다. 여호와 하나님을 앙망하는 사람은 독수리가 날개치며 푸른 하늘로 올라가는 것처럼 새 힘을 얻을 것입니다.

3. 한 때와 두 때와 반 때(14b)

■ 본문 : "거기서 그 뱀의 낯을 피하여 한 때와 두 때와 반 때를 양육받으매"

14b. where she would be taken care of for a time, times and half a time, out of the serpent's reach.

■ 목자역

14b. 그곳에서 그 여자는 그 뱀의 얼굴을 피하여 한 해와 두 해와 반 때 곧 큰 환난의 기간인 삼년 반 동안 돌보아 주심을 받았습니다.

🔟 양육과 적용을 위한 묵상노트

하나님께서 준비하신 그곳은 사탄이 들어와서는 역사하지 못하는 곳입니다. 그곳에서 마귀에게는 마흔두 달이요 성도에게는 1,260일이며 하나님께는 삼년 반인 그 고난과 아픔의 세월을 보내고 이겨내야 합니다.

4. 붉은 용의 핍박(15-16)

■ 본문 : "여자의 뒤에서 뱀이 그 입으로 물을 강 같이 토하여 여자를 물에 떠내려가게 하려 하되 땅이 여자를 도와 그 입을 벌려 용의 입에서 토한 강물을 삼키니"

15. Then from his mouth the serpent spewed water like a river, to overtake the woman and sweep her away with the torrent.

16. But the earth helped the woman by opening its mouth and swallowing the river that the dragon had spewed out of his mouth.

■ 목자역

15. 그러자 그 뱀은 그 여자가 물에 떠내려가게 하려고 그 여자의 뒤에서 강물과 같은 많은 물 곧 엄청난 핍박과 갖은 유혹 및 잘못된 사상들과 이단 사설들을 그의 입에서 토해냈습니다.

16. 그런데 바로 그 순간 하나님의 역사로 땅이 그 여자를 도와 자신의 입을 열어 용이 입으로 토해 낸 그 강물을 다 삼켰습니다.

🗹 양육과 적용을 위한 묵상노트

교회시대의 성도들을 향한 사탄의 공격은 아담과 하와를 그 간교한 말로 유혹하던 뱀의 모습으로 나타납니다. 각종 이단 사설과 각종 철학과 각종 과학을 동원하여 하늘에 속한 교회를 땅에 넘어지게 하려 합니다. 그러나 하나님께서는 오히려 그 땅의 것을 통하여 교회를 더 든든하게 세워 가십니다.

뱀은 그 모든 일이 앞이 아닌 뒤에서 일어나게 합니다. 앞에서 일어나면 경계심을 가지고 살펴볼 수 있습니다. 그러나 뒤에서 침범하고 은밀하게 어둠 속에서 공격해 오면 당할 수밖에 없습니다. 그런데 뒤에서 하는 공격도 주님이 땅을 동원해 막아주십니다.

광야에는 사막이 있습니다. 물을 흡수하는 땅입니다. 하나님께서 그 물이 교회가 있는 광야의 그 장소까지 들어가지 않도록 그 광야에 사막과 같이 버려져 있던 것들을 통해 교회를 보호하십니다. 사막이 있는 광야로 피하게 하신 주님을 찬양합시다.

버려진 땅 광야로 피하게 하시고 그 광야에서도 아무도 관심조차 없는 사막과 같은 것들을 통해, 강물같이 빠르고 거센 세력으로 뱀에서 다시 용이 되어 공격해 오는, 사탄의 그 엄청난 공격으로 인한 교회의 위기를 넘어가게 하시는 하나님께 감사합시다. 그 크고 놀라운 하나님의 섭리와 계획을 그 누가 알겠습니까? 하나님께서 보호하시면 그 누구도 건들 수 없습니다.

거대한 물줄기와 같은 시험과 시련이 오면 교회는 흔들리는 것 같이 보이지만 하나님의 섭리는 오묘한 것이어서 오히려 그 모든 환경을 통해서 시험의 때를 이기게 하십니다. 그 오묘하신 하나님의 섭리를 그 누가 알겠습니까?

5. 바다 모래위에 선 붉은 용(17)

■ 본문 : "용이 여자에게 분노하여 돌아가서 그 여자의 남은 자손 곧 하나님의 계명을 지키며 예수의 증거를 가진 자들과 더불어 싸우려고 바다 모래 위에 서 있더라"

17. Then the dragon was enraged at the woman and went off to make war against the rest of her offspring—those who obey God's commandments and hold to the testimony of Jesus.

■ 목자역

17. 일이 이렇게 되자 그 용은 핍박을 피해 광야로 피신한 그 여자에게 크게 화를 내었습니다. 그리고 그 여자의 남은 자손들과 전쟁을 하려고 돌아 갔습니다. 그 여자의 남은 자손들은 하나님의 계명을 지키는 성도들이며 예수의 증거를 가지고 있는 성도들입니다.

(18) 그 용이 그 바다의 모래 위에 서 있었습니다.

🚹 양육과 적용을 위한 묵상노트

교회를 무너지게 하려고 했던 사탄이 그 계략이 수포로 돌아가자 크게 화를 냅니다. 사탄의 역사 가운데 가장 특징적인 것 가운데 하나가 화를 자주 낸다는 것입니다. 자기 생각대로 안 된다고 화를 내고 자기가 원하는 대로 안 된다고 화를 냅니다. 이것은 하나님의 거룩한 분노와는 상반된 것입니다.

그래서 우리들도 마음속에 화가 나고 분노가 치솟을 때 이것이 하나님의 거룩한 분노인지 아니면 사탄의 계략에 빠진 것인지를 분별할 수 있어야 합니다. 사탄은 화를 내게 하고 평화를 잃어버리게 합니다. 땅의 평화를 없애버리고 서로 죽이게 하고 마구잡이로 큰 칼을 휘두르는 것이 마귀의 역사입니다.

마귀는 여자의 남은 자손 곧 믿음을 가진 성도들과 늘 싸움을 합니다. 여자의 후손인 예수님을 믿는 성도들은 하나님의 계명을 지킵니다. 십계명을 지키고 서로 사랑하라는 새 계명을 지킵니다.

그리고 예수님이 만왕의 왕이시며 만주의 주이신 것과 하나님의 아들이라는 것을 늘 증언하고 그가 하나님의 사람인 증거로 그 입술을 열어 예수님을 증언합니다. 계시록 19장의 말씀처럼 예수님의 영은 대언의 영이십니다.

이 참된 성도들과 싸우려고 마귀는 바다 모래 위에 서 있습니다. 바다 모래는 세상에 있는 하나님을 믿지 않는 모든 사람들입니다. 그들을 통해 하나님의 교회를 무너지게 하려는 시도가 13장에 나오는 두 짐승의 역사입니다.

다섯 번째 사건 [9:12-15:4]

전쟁과 사명을 감당하는 교회와
사탄의 박해 그리고 승리의 노래

☩ 계시록 13장 ｜ 두 짐승과 666

13장 1부 : 바다에서 나온 짐승(1-10)

 13-1. 바다에서 나온 짐승의 모습(1-2)

1. 바다에서 나온 짐승(1a)

■ 본문 : "내가 보니 바다에서 한 짐승이 나오는데"

1a. And I saw a beast coming out of the sea

■ 목자역

1a. 그리고 나는 그 바다에서 한 짐승 곧 권력을 가진 적그리스도가 올라오는 것을 보았습니다.

괴물과 같은 한 짐승이 바다에서 올라옵니다. 바다는 온 세상이고 짐승은 권력을 가진 적그리스도이며 그가 통치하는 나라입니다. 계시록이 기록될 당시 로마의 권력자인 황제와 나라는 구별되지 않습니다.

2. 열 뿔과 일곱 머리를 가진 짐승(1b)

■ 본문 : "뿔이 열이요 머리가 일곱이라 그 뿔에는 열 왕관이 있고 그 머리들에는 신성 모독 하는 이름들이 있더라"

1b. He had ten horns and seven heads, with ten crowns on his horns, and on each head a blasphemous name.

■ 목자역

1b. 그 짐승 곧 적그리스도는 각 지역을 통치하는 왕들을 상징하는 열 개의 뿔과 온 나라를 통치하는 황제를 상징하는 일곱 개의 머리를 가지고 있습니다. 그리고 그 짐승의 뿔들 위에는 열 개의 왕관이 있으며 그 짐승의 일곱 개의 머리 위에는 하나님을 모독하는 이름들이 쓰여 있습니다.

■ 양육과 적용을 위한 묵상노트

그 짐승의 뿔은 열인데 그 뿔들 위에는 왕관이 있습니다. 이 짐승은 사탄의 하수인이므로 머리보다는 뿔이 더 강조되고 있습니다. 12장에 나타나는 사탄은 일곱 머리에 왕관이 있었는데 이 짐승은 지역을 나누어 다스리는 권세를 사탄으로부터 받았기 때문에 열 뿔에 왕관이 있습니다.

이것은 온 세상의 각 지역을 나누어 다스리는 권세를 상징하기도 하고 또 인간 세상에 있는 모든 분야를 나누어 다스리는 권세를 상징하기도 합니다. 그것은 인간들이 살아가는 사회에서 일어나는 정치와 경제와 문화와 문명 그리고 철학과 종교와 과학과 예술과 군사 분야와 정신세계의 모습들입니다. 이 모든 것들의 배후에서 역사하는 사탄의 영은 귀신의 영이며 불순종의 영입니다.

또한 그 짐승의 머리는 일곱인데 이것은 역사적으로는 이스라엘 백성들을 괴롭혀 오던 모든 나라들 곧 애과 앗수르와 바벨론과 메대바사와 헬라와 로마 그리고 로마에 이어 나타날 적그리스도의 나라와 그 통치자입니다.

또한 그 일곱 머리는 자신들을 하나님이라고 자칭하며 그리스도인들을 탄압하고 죽이던 로마의 네로와 도미티안 같은 황제들이고 또 그 뒤를 이어 모든 악한 권력자의 모든 속성을 다 가진 큰 권력자인 적그리스도입니다.

일곱 머리와 열 뿔 가진 이 짐승의 모습은 계시록 17장에 나오는 장차 무저갱에서 나와 멸망으로 들어갈 여덟 번째 왕과 같은 짐승의 모습입니다. 그 일곱 머리에는 하나님을 모독하는 이름들이 있습니다. 권력을 가진 적그리스도의 가장 큰 특징은 그가 하나님의 자리에 올라 하나님을 모독하는 것입니다.

3. 짐승의 모습과 권세의 근거(2)

■ 본문 : "내가 본 짐승은 표범과 비슷하고 그 발은 곰의 발 같고 그 입은 사자의 입 같은데 용이 자기의 능력과 보좌와 큰 권세를 그에게 주었더라"

2. The beast I saw resembled a leopard, but had feet like those of a bear and a mouth like that of a lion. The dragon gave the beast his power and his throne and great authority.

■ 목자역

2. 내가 본 그 괴물은 표범같이 생겼습니다. 그 짐승의 발은 곰의 발 같고 그 입은 사자의 입같이 생겼습니다. 용 곧 사탄이 그 괴물 같은 적그리스도에게 자신의 능력과 보좌와 큰 권세를 주었습니다.

① 양육과 적용을 위한 묵상노트

사자는 역사적으로 바벨론(BC606-537)과 그 왕 느부갓네살을 가리키고, 곰은 메데바사(BC536-332)와 그 왕 고레스를 가리키며 표범은 헬라(BC331-64)와 그 왕 알렉산더를 가리키고 다니엘서에서 말하는 괴물(괴이한 짐승)은 이 세 짐승의 모든 것들을 이어받은 로마(BC64~)와 그 시대의 황제들인 네로나 도미티안 같은 자들을 가리키는데 이 내용은 다니엘서 2장과 7장

그리고 8장에 설명이 잘 되어 있습니다.

사탄은 자신이 가지고 있는 능력과 보좌와 큰 권세를 그 시대의 로마와 그 황제들에게 주었고 그것은 오늘날 세계 도처에 있는 권력을 가진 적그리스도들에게 이어지고 있습니다. 자신을 하나님의 자리에까지 올린 사탄의 역사는 데살로니가 후서 2장에 기록되어 있습니다.

그러므로 하나님을 대적하는 자리에 앉아 세상을 통치하는 자들은 그 자체가 사탄인 것을 알아야 합니다. 사탄이 준 보좌에 그들이 앉아 있고 사탄이 준 능력과 큰 권세로 하나님인 것처럼 활동을 합니다. 분별해야 합니다.

13-2. 죽게 되었다가 나은 짐승의 머리(3)

■ 본문 : "그의 머리 하나가 상하여 죽게 된 것 같더니 그 죽게 되었던 상처가 나으매 온 땅이 놀랍게 여겨 짐승을 따르고"

3. One of the heads of the beast seemed to have had a fatal wound, but the fatal wound had been healed. The whole world was astonished and followed the beast.

■ 목자역

3. 그 짐승의 머리들 곧 로마의 황제들 가운데 하나가 통치하던 시절 로마

는 파르티안 제국의 침략을 받아 거의 사라질 정도로 치명적인 타격을 받았습니다. 그러나 그 치명적인 상처를 입었던 그 괴물의 머리 가운데 하나는 곧 치료를 받아 회복되어 낫게 되었습니다. 그러자 그 땅에 있는 사람들 모두가 깜짝 놀라 그 괴물을 따랐습니다.

📖 양육과 적용을 위한 묵상노트

1세기 중반의 로마는 한 때 극심한 권력 다툼과 외침으로 나라가 거의 망할 것처럼 보였습니다. 그러나 곧 그 혼란을 수습하고 나라가 안정되자 더 강력한 황제권을 수립하게 되었습니다.

오늘날 이 세상에 있는 하나님을 대적하는 나라와 정치와 경제와 문화와 문명도 마찬가지입니다. 이들은 한 나라가 망하면 곧 없어질 것 같고 죽는 것 같아 보이지만 주님이 재림하실 때까지 또 다른 나라나 또 다른 권력을 가진 자로 다시 살아납니다.

모양과 형태를 달리하여 계속해서 되살아납니다. 그리고 그들은 계속해서 사탄이 준 능력을 행하고 사탄이 준 큰 권세를 행사합니다. 그래서 이 땅에 사는 사람들은 계속해서 그를 따르고 하나님처럼 경배하는 것입니다.

13-3. 용에게 받은 짐승의 권세(4-5)

■ 본문 : "용이 짐승에게 권세를 주므로 용에게 경배하며 짐승에게 경배하여 이르되 누가 이 짐승과 같으냐 누가 능히 이와 더불어 싸우리요 하더라 또 짐승이 과장되고 신성 모독을 말하는 입을 받고 또 마흔두 달 동안 일할 권세를 받으니라"

4. Men worshiped the dragon because he had given authority to the beast, and they also worshiped the beast and asked, "Who is like the beast? Who can make war against him?"

5. The beast was given a mouth to utter proud words and blasphemies and to exercise his authority for forty-two months

■ 목자역

4. 그 땅에 있는 모든 이들은 용 곧 사탄이 머리 하나가 상하였다가 나은 그 짐승 곧 적그리스도인 황제에게 자기의 권세를 주었기 때문에 사탄과 그 황제를 경배하며 말하였습니다. : 어느 나라가 그 나라와 같으랴? 그리고 누가 감히 그 황제와 싸울 수 있겠는가?

5. 그뿐만 아니라 그 짐승에게 하나님을 심하게 과장하여 모독하는 말을 할 수 있는 입이 주어졌습니다. 그리고 적그리스도인 그 짐승에게는 큰 환난의 기간인 마흔두 달 동안 제 멋대로 행동할 수 있는 권세가 주어졌습니다.

✝ 양육과 적용을 위한 묵상노트

사탄의 권세를 받은 적그리스도를 보고 하나님을 떠난 사람들은 급속하게 사탄을 숭배하고 사탄의 대리자인 적그리스도를 섬기기 시작합니다. 그 적그리스도가 가진 권세는 지금까지 사람들이 보지 못했던 엄청난 것입니다. 그래서 사람들이 그 괴물을 보고 경악하면서 그 누가 그 짐승과 겨루어 싸울 수 있을 것인가 하고 탄식을 하게 됩니다.

그러나 그 짐승의 권세는 영원한 것이 아닙니다. 그 괴물과 같은 짐승의 권세를 꺾고 승리하실 분은 어린양이신 예수님입니다. 승리자이신 예수 그리스도입니다. 그런데 지금 사람들의 눈에는 승리자이신 예수님이 보이지 않고 슈퍼 권력을 가진 적그리스도만 보입니다. 오늘 우리 눈에는 과연 무엇이 보입니까?

그 짐승 곧 권력을 가진 적그리스도는 심하게 하나님의 이름을 모독하며 마흔두 달 동안 온 세상을 통치할 권세를 받았습니다. 이 마흔두 달이 사탄이 가장 극심하게 역사하는 시간이요 두 증인은 목숨을 걸고 복음을 전하는 기간이며 수많은 순교자들이 나오는 기간입니다.

지난 세월 속에도 있었고 앞으로 우리가 만날 말세의 대 환난의 시기에도 하나님께서 작정하신 때까지 순교자들이 계속 나옵니다. 6장에서 순교자들의 수가 차기까지 라는 말씀은 하나님이 작정하신 악인들에 대한 심판이 시작될 때까지라고도 말할 수 있습니다.

13-4. 교회를 핍박하는 짐승(6-7)

1. 비방(6)

■ 본문 : "짐승이 입을 벌려 하나님을 향하여 비방하되 그의 이름과 그의 장막 곧 하늘에 사는 자들을 비방하더라"

6. He opened his mouth to blaspheme God, and to slander his name and his dwelling place and those who live in heaven.

■ 목자역

6. 그 짐승이 그 입을 열어 하나님의 이름과 그분의 장막 곧 하늘에 속해 있는 성도들을 모독하고 희롱했습니다.

ⓘ 양육과 적용을 위한 묵상노트

사탄이 준 큰 권세와 능력을 받은 적그리스도는 가장 먼저 하나님을 대적하며 하나님의 이름을 모독하는 일부터 시작합니다. 예수 그리스도의 이름으로 세계 도처에 세워진 교회들을 무너뜨리고 성도들을 모독하며 희롱합니다.

하늘에 속한 성도들은 하나님이 기준이고 하나님의 이름에 의지하며 성경에서 말씀하는 구원의 가르침을 따라 사는 사람들입니다. 그러나 성도들을 핍박하는 자들은 땅에 속한 짐승과 그 우상의 사상과 가치관을 따라갑니다. 그 괴물은 적그리스도이며 땅으로 쫓겨난 사탄처럼 땅에 속한 자입니다. 그들은 그들이 쫓겨난 하늘에 속한 사람들을 비방하고 희롱합니다.

2. 성도들과 싸워 이김(7a)

■ 본문 : "또 권세를 받아 성도들과 싸워 이기게 되고"

7a. He was given power to make war against the saints and to conquer them.

■ 목자역

7a. 그리고 그 짐승은 권세를 받아 성도들과 싸워 이기게 되었습니다.

① 양육과 적용을 위한 묵상노트

그 마흔두 달 동안 하나님의 종이요 선지자로서 부름 받고 세움 받은 십사만 사천과 짐승과 그 우상에게 경배하지 아니하고 그 오른손이나 이마에 짐승의 표를 받지 않은 두 증인은 목숨 걸고 말씀을 전하고 믿음을 지킵니다.

그러나 너무나 큰 사탄의 권세를 부여받은 짐승의 간교하고 거짓된 속임수와 또 견딜 수 없을 정도의 핍박 때문에 많은 성도들이 믿음을 포기하고 짐승과 그 우상에게 경배하고 그 짐승의 표를 받게 됩니다.

성도들과 싸워 이기게 된다는 이 말씀 속에 우리는 때때로 우리에게 큰 환난과 순교의 상황이 다가오고 있다는 것을 알아야 합니다. 이 세상에서는 성도인 우리가 항상 이기는 것은 아닙니다.

그러나 마지막 승리는 예수 그리스도와 성도들의 것입니다. 그래서 끝까지 믿음을 지켜야 합니다. 계시록 12장의 말씀처럼 마지막까지 믿음의 형제들이 사탄을 이기고 세상을 이기게 하는 것은 어린양의 피와 자기들의 입으로 증언하는 말씀이며 목숨까지 아끼지 않는 절대적 신앙입니다. 마지막 승리는 주님의 것이요 참된 믿음을 지킨 성도의 것입니다.

3. 땅을 다스리는 권세(7b)

■ 본문 : "각 족속과 백성과 방언과 나라를 다스리는 권세를 받으니"

7b. And he was given authority over every tribe, people, language and nation.

■ 목자역

7b. 또한 적그리스도인 그 괴물은 모든 종족들과 백성들과 언어들과 나라들을 다스리는 권세를 받았습니다.

이 짐승의 권세는 어느 한 지역에 국한된 권세가 아닙니다. 온 세상을 상징하는 바다에서 올라온 이 괴물의 권세는 모든 종족과 백성과 사람들의 말이 있는 곳이면 그 어디든지 다스리는 권세입니다. 그리고 온 세상 나라를 통치하는 권세입니다. 이 괴물의 역사는 열 왕과 함께 통치하는 역사입니다.

 ## 13-5. 고난의 시대와 어린 양의 생명책(8)

■ 본문 : "죽임을 당한 어린 양의 생명책에 창세 이후로 이름이 기록되지 못하고 이 땅에 사는 자들은 다 그 짐승에게 경배하리라"

8. All inhabitants of the earth will worship the beast--all whose names have not been written in the book of life belonging to the Lamb that was slain from the creation of the world.

■ 목자역

8. 그래서 천지가 창조될 그때부터 죽임을 당하신 어린 양의 생명책에 자기 이름이 기록되지 못하고 그 땅 위에 살고 있는 사람들은 모두 다 그 적그리스도에게 절하며 하나님처럼 섬기게 될 것입니다.

✝ 양육과 적용을 위한 묵상노트

그는 창세 이후로 이 세상에 존재했던 모든 적그리스도 나라들을 이어 받고 모든 악행을 행한 통치자들의 모든 것을 다 가지고 있으며 사탄이 주는 큰 권세를 휘두르는 자입니다. 그는 스스로를 하나님이라고 합니다.

그래서 어린양의 피에 옷을 씻지 않아 흰 옷을 입지 않은 사람들 곧 창세 이후로 어린양의 생명책에 그 이름이 기록되지 못한 사람들은 그 짐승을 경배합니다. 이들은 세상에서 부르는 이름이 있으나 생명책에는 이름이 없는 진실하지 못한 거짓 그리스도인입니다. 또한 하나님을 믿는 다고 하면서 예수님을 부인하는 유대인들과 하나님을 떠나 사는 모든 사람들, 곧 이방인들은 모두 다 그 짐승을 신으로 경배하게 됩니다.

창세 이후라는 말씀에서 보는 것처럼 사탄의 역사는 이 세상이 창조될 때부터 지금까지 세계 도처에서 계속되는 역사입니다.

마태복음 24장의 말씀처럼 말세는 적그리스도와 거짓 선지자들의 전성 시대입니다. 그리고 이들 모두를 그 뒤에서 조종하고 통치하는 괴물과 같은 큰 권력자가 등장하는 시대입니다. 모든 것들이 하나로 통합되어 가고 모든 것들이 섞여져 고유한 자리를 잃어버리고 하나로 융합되어 가는 시대입니다. 이 시대의 징조를 잘 분별할 줄 아는 눈이 필요합니다.

13-6. 들으라!(9)

■ 본문 : "누구든지 귀가 있거든 들을지어다"

9. "He who has an ear, let him hear"

■ 목자역

9. 누구든지 들을 귀가 있는 사람은 다 들으라!

🔳 양육과 적용을 위한 묵상노트

그래서 우리는 항상 영적인 귀를 열어 하나님의 음성을 들어야 합니다. 예수님께서는 요한복음 5장에서 "무덤 속에 있는 자들이 주님의 음성을 듣고 다시 살아날 때가 있으니 바로 이 때"라고 하셨습니다. 지금이 은혜 받을만한 때요 지금이 구원의 날입니다. 지금 들어야 합니다. 지금 깨어나야 합니다.

13-7. 말세를 사는 성도들의 고난과 인내와 믿음(10)

■ 본문 : "사로잡힐 자는 사로잡혀 갈 것이요 칼에 죽을 자는 마땅히 칼에 죽을 것이니 성도들의 인내와 믿음이 여기 있느니라"

10. If anyone is to go into captivity, into captivity he will go. If anyone

is to be killed with the sword, with the sword he will be killed. This calls for patient endurance and faithfulness on the part of the saints.

■ 목자역

10. 이제 짐승에게 붙잡혀 가게 될 사람이면 붙잡혀가게 될 것이며 그의 부하들의 칼에 의해 살해당할 사람이면 그는 그 죽음을 면하지 못하게 될 것이다. 그러기에 성도들은 그 엄청난 고난과 시험의 때를 이길 수 있도록 꾹 참고 견딜 수 있어야 하고 예수님을 주님으로 고백하며 따르는 확실한 믿음이 있어야 한다.

⚊ 양육과 적용을 위한 묵상노트

이 시대는 환난과 고통의 시대이고 공포와 죽음의 시대입니다. 원하지 않는 곳으로 끌려가기도 하고 또 죽임을 당하기도 합니다. 이 때의 상황은 히브리서 11장에 잘 나와 있습니다.

그리므로 마지막 때에는 무엇보다 천국을 바라보며 최후 승리에 대한 소망을 가진 성도의 인내가 필요합니다. 그리고 흔들리지 않는 하나님을 향한 절대적인 믿음이 필요합니다. 이 마흔두 달의 환난기를 참아낼 수 있는 인내와 굳건한 믿음이 있어야 마지막 시대 마지막 시험 마지막 환난 마지막 죽음을 이기고 천국에 들어갈 수 있습니다. 믿음의 승리자가 되어 천국에서 만납니다.

13-8. 땅에서 나온 짐승의 정체(11)

1. 땅은 하늘과 대조되는 곳으로 죄악이 가득한 세상(11a)

■ 본문 : "내가 보매 또 다른 짐승이 땅에서 올라오니"

11a. Then I saw another beast, coming out of the earth.

■ 목자역

11a. 그리고 나는 또 땅으로부터 올라오는 다른 짐승 곧 거짓 선지자를 보았습니다.

🔲 양육과 적용을 위한 묵상노트

하늘에서 땅으로 떨어진 사탄은 온 세상을 통치하는 권력을 가진 적그리스도를 바다에서 일으키고 사탄의 사상과 문화로 온 세상 사람들의 정신세계를 미혹하는 적그리스도인 거짓 선지자를 인간 육체의 근본인 땅에서 일으킵니다. 이 짐승은 바다에서 올라온 짐승과 같은 사탄의 뿌리에서 나온 짐승이지만 그 하는 일이 바다에서 올라온 짐승과 다르기 때문에 또 다른 짐승이라고 합니다.

이 자는 땅에서 일어난 자이기 때문에 철저히 육적이고 물질적이고 현세적인 것으로 사람들에게 미혹의 사상으로 독을 먹여 죽게 합니다. 네 번째 인을 뗄 때 말 탄 자가 칼과 흉년과 사망과 땅의 짐승으로 죽인다고 했습니다.

바다에서 올라온 짐승은 성도들의 목숨을 앗아가고 땅에서 올라 온 짐승은 현세적인 쾌락과 물질적인 유혹으로 사람들을 통제하고 그 영혼까지 죽입니다. 대개 이단에 속한 자들은 이 짐승처럼 미래의 천국을 말하지 않습니다. 그들은 항상 지상천국과 지상에서의 영생불사를 이야기 합니다. 땅에서 나온 짐승에게 속한 자들이기 때문에 그렇습니다.

2. 땅에서 올라온 짐승의 모양(11b)

■ 본문 : "어린 양같이 두 뿔이 있고 용처럼 말을 하더라"

11b. He had two horns like a lamb, but he spoke like a dragon.

■ 목자역

11b. 거짓 선지자인 그 짐승은 어린양처럼 보이게 하는 두 뿔을 가지고 있었습니다. 그러나 그의 말은 용과 같은 사탄의 소리입니다.

▮ 양육과 적용을 위한 묵상노트

이 거짓 선지자는 어린양이신 예수님을 흉내 내고 있는데 그에게는 두 뿔이 있습니다. 이것은 거짓 종교와 인간이 만든 과학이라고 할 수 있습니다. 종교통합주의인 뉴 에이지 운동과 진화론이라고 할 수 있습니다. 인간의 철학과 물질 만능주의라고 할 수 있습니다. 이세벨과 니골라 당이라고 할 수 있습니다.

그 짐승은 어린양처럼 생겼습니다. 겉모습으로는 구별이 안 됩니다. 이 짐승의 모체가 되는 땅에 있는 모든 음란한 것들과 가증한 것들의 어미인 음녀의 모습이 계시록 17장에 나옵니다. 그 음녀는 붉은 빛과 자주 빛 옷을 입고 있으며 일곱 머리와 열 뿔 가진 짐승을 타고 있습니다.

그 음녀는 처음에는 그 엄청난 권력의 위세와 화려한 겉모습으로 사람들을 속입니다. 흰 옷을 입은 성도들조차 자주 빛과 붉은 빛의 옷을 입고 권력을 휘두르는 그 여자의 모습에 속지 않을 사람이 없습니다.

음녀는 그 다음에는 금과 보석과 진주로 치장한 모습으로 속입니다. 화려한 용모와 권력을 휘두르며 엄청난 부자의 모습으로 나타나는 음녀에게 속지 않을 사람이 없습니다. 이 여자가 입고 있는 화려한 옷들과 치장한 금과 보석과 진주는 진짜입니다. 사람들은 진짜에 속지 가짜에 속지 않습니다.

음녀는 그 손에 금잔을 가졌습니다. 그 금잔도 진짜입니다. 사탄이 속이는 수단은 권력이 첫 번째 화려한 외모가 두 번째 많은 부가 세 번째 그리고 금 같이 빛나는 그의 인생이 네 번째입니다. 사탄은 처음부터 거짓으로 다가오지 않습니다. 진짜를 네다섯 번씩 가지고 와서 믿게 하고 그 다음에 미혹하고 속이고 넘어지게 합니다.

사탄은 속이는 것이 이것이 끝이 아닙니다. 거짓 선지자들은 그 다음에
는 이적을 행합니다. 그것도 진짜 이적입니다. 큰 이적과 작은 이적들로
사람들을 속입니다. 여기까지 오면 속지 않을 사람이 아무도 없습니다.
오늘날 이단들의 집단이 그토록 커진 이유가 있습니다. 거짓 때문에 아니
라 진짜에 속고 속은 다음에 미혹되어 그렇게 된 것입니다.

그런데 그 음녀의 손에 든 금잔에는 땅의 가증한 물건들과 음란한 것들
이 가득 차 있습니다. 그러기 때문에 그는 용처럼 사탄의 말을 합니다.
그러나 그 속에 있는 더러운 것들이 말과 행동으로 드러나기 까지는 진짜
를 가지고 속이는 여러 단계가 있습니다. 그 여러 단계를 거쳐야 어린 양
처럼 생긴 그 짐승이 가짜인 것을 압니다.

그들은 용처럼 말을 합니다. 크고 과장되고 화려하게 거짓을 말합니다.
또한 하나님 앞에서 성도들을 참소하는 것처럼 항상 교회를 대적하고 성
도들을 미혹하며 참소합니다. 모든 이단이 예수 그리스도의 교회를 공격
하고 성도들을 미혹하는 이유는 그들의 속성이 마귀에게 속하여 있기 때
문입니다.

1. 위임받은 권세를 행함(12a)

■ 본문 : "그가 먼저 나온 짐승의 모든 권세를 그 앞에서 행하고"

12a. He exercised all the authority of the first beast on his behalf,

■ 목자역

12a. 이 거짓 선지자는 그 황제의 모든 권세를 위임받아 행사했습니다.

📋 양육과 적용을 위한 묵상노트

거짓 선지자는 첫 번째 짐승인 권력을 가진 적그리스도의 이름으로 모든 일을 행합니다. 마치 사울이 바울이 되기 전에 대제사장의 권세를 위임받아 교회를 핍박하던 것과 같이 그들은 통치자들의 위세를 빌어 교회를 핍박합니다.

2. 첫 번째 짐승을 경배하게 함(12b)

■ 본문 : "땅과 땅에 사는 자들을 처음 짐승에게 경배하게 하니 곧 죽게 되었던 상처가 나은 자니라"

12b. and made the earth and its inhabitants worship the first beast, whose fatal wound had been healed.

12b. 그 거짓 선지자는 그 땅과 그 땅에 살고 있는 사람들을 모두 그 괴물에게 경배하게 했습니다. 그 괴물은 그 머리에 죽을 정도의 심한 타격을 받았다가 그 상처가 나은 자입니다.

ㅁ 양육과 적용을 위한 묵상노트

그들이 하는 일의 주된 목적은 온 땅에 거하는 사람들에게 권력을 가진 적그리스도를 하나님으로 섬기게 하는 일입니다. 국가와 자신을 일치시키고 자신을 하나님으로 섬기게 하는 자를 땅에 속한 세상 사람들이 신으로 경배하도록 하는 일입니다.

그래서 이 시대는 하나님을 섬기는 성도들은 첫째 괴물에 의해 핍박과 죽임을 당하고 세상 사람들은 둘째 짐승인 거짓 선지자를 따라 적그리스도를 하나님으로 섬기게 되는 시대입니다.

1. 이적으로 미혹(13-14a)

■ 본문 : "큰 이적을 행하되 심지어 사람들 앞에서 불이 하늘로부터 땅에 내려오게 하고 짐승 앞에서 받은바 이적을 행함으로 땅에 거하는 자들을 미혹하며"

13. And he performed great and miraculous signs, even causing fire to come down from heaven to earth in full view of men.

14a. Because of the signs he was given power to do on behalf of the first beast, he deceived the inhabitants of the earth.

■ 목자역

13. 그 거짓 선지자는 큰 표적을 행하였는데 심지어 하늘에서부터 불이 내려와 땅에 있는 사람들 앞에 떨어지게까지 했습니다.

14a. 그리고 그 거짓 선지자는 사탄에게서 받은 능력을 이용하여 이상한 기적을 행하며 땅 위에 살고 있는 사람들을 속였습니다.

⬛ 양육과 적용을 위한 묵상노트

그 거짓 선지자는 크고 놀라운 마술적인 이적을 행하는데 심지어 하늘에서 불이 내려오는 것 같은 마술을 행하고 사탄으로부터 받은 능력을

이용하여 사람들에게 자신이 가진 권력과 힘이 얼마나 큰 것인가를 보여
줌으로써 사람들을 미혹하게 됩니다. 이 거짓 선지자가 행하는 이적들도
진짜입니다. 그러니 어찌 사람들이 넘어지지 않겠습니까?

그러므로 우리는 알아야 합니다. 거짓 선지자는 사탄의 영을 받은 자이
고 악한 권력과 손을 잡은 자입니다. 그리고 사탄이 준 능력과 권력자인
적그리스도가 준 권력을 이용하여 사람들에게 크고 작은 표적을 보이는
자입니다. 그래서 많은 사람들이 인간 이상의 능력을 행하는 그를 보면서
그가 섬기도록 강요하는 적그리스도를 의심 없이 신으로 섬기게 됩니다.

그러나 표적을 행한다고 진짜는 아닙니다. 화려하게 옷을 입고 각종
보석으로 치장했다고 진짜는 아닙니다. 그 속이 가짜입니다. 그 영이 가짜
이고 그 가르침이 가짜입니다. 그래서 두아디라 교회의 남은 자들처럼 사
탄의 깊은 것에 관심을 갖지 않는 성도들이 복이 있습니다. 우리는 이단사
상의 흐름이나 세상 풍조에 넘어가지 말고 우리가 가진 것 곧 구원의 도리
를 굳게 붙잡아야 합니다.

2. 우상을 만들게 함(14b)

■ 본문 : "땅에 거하는 자들에게 이르기를 칼에 상하였다가 살아난 짐승
을 위하여 우상을 만들라 하더라"

14b. He ordered them to set up an image in honor of the beast who
was wounded by the sword and yet lived.

14b. 둘째 짐승인 거짓 선지자는 그 땅위에 살고 있는 사람들에게 **첫째 짐승의 형상을 새긴 우상을 만들라고 말합니다.** 그 괴물은 칼에 의해 큰 타격을 받았으나 다시 살아난 자입니다.

⬆ 양육과 적용을 위한 묵상노트

우상은 권력을 가진 자의 표상입니다. 거짓 선지자는 그 우상을 세계 도처에 만들어 그 우상 숭배를 통하여 국가 권력과 통치자에게 복종하게 합니다. 큰 타격을 받았다가 다시 살아난 자라는 표현은 내란과 외침을 통해 권좌와 나라가 흔들렸으나 곧 그 혼란을 극복하게 되었다는 의미입니다.

또한 그것은 첫 번째 짐승이 그 시대의 로마이며 그 나라를 다스리던 황제이고 마지막 시대에는 온 세상을 하나로 만들어 하나님의 자리에 앉아 거짓 선지자들을 통하여 전 세계를 통치할 자라는 것을 보여줍니다.

오늘날에도 온 세상에는 하나님 대신 세워진 우상들이 인류 문명과 문화의 각 분야에 세워져 있습니다. 심지어 춤 잘 추고 노래 잘하는 아이들을 아이돌이라고 하는데 아이돌이라는 말은 우상이라는 뜻입니다.

13-11. 두 번째 짐승이 하는 세 번째 일(15)

1. 우상에게 생기를 주어 말하게 함(15a)

■ 본문 : "그가 권세를 받아 그 짐승의 우상에게 생기를 주어 그 짐승의 우상으로 말하게 하고"

15a. He was given power to give breath to the image of the first beast, so that it could speak.

■ 목자역

15a. 그리고 그 거짓 선지자는 그가 받은 힘을 이용하여 그 첫 번째 괴물의 형상을 새긴 우상에게 숨을 불어넣어 그 우상이 말하도록 했습니다.

양육과 적용을 위한 묵상노트

이 거짓 선지자가 가진 능력은 우상에게 기운을 불어넣어 우상이 말하도록 할 정도로 큰 것입니다. 그 우상을 통해 말하는 내용은 그 우상의 주인인 통치자가 신이라는 것이고 그를 신으로 섬겨야 그 나라에서 살 수 있다는 것입니다.

오늘날에도 우리 문화와 문명의 깊숙한 곳에서 각종 우상화 작업들이 자행되고 있습니다. 그 모든 것들이 땅에 속한 명예와 권력과 부에 관한 것들입니다. 크고 화려하고 멋진 모습의 사람들을 동원하여 작품처럼 만들어 놓았습니다.

거듭 말하거니와 성도들을 미혹하는 사탄의 거듭되는 전략은 진짜를 가지고 접근하는 것입니다. 그 계속되는 진짜들의 화려함에 속아 짐승에게 넘어가고, 크고 작은 이적에 미혹되어 짐승에게 넘어갑니다.

그래서 드디어 그들과 하나가 되어 우상을 만드는 일에 함께 참여하게 되면 이제는 하나님이 하시는 말씀도 아니요 사람들의 말도 아닌 그 짐승이 우상을 통하여 하는 말을 듣게 됩니다.

그리고 점점 더 시간이 흐름에 따라 그 음성이 마치 하나님의 음성인 것처럼 착각하게 됩니다. 그래서 이단에 넘어간 사람들이 사탄의 음성인 교주의 음성을 하나님의 음성이라고 말하는 것입니다. 그러면 그 다음 단계는 무엇일까요?

2. 우상에게 경배하지 않는 자는 다 죽임(15b)

■ 본문 : "또 짐승의 우상에게 경배하지 아니하는 자는 몇이든지 다 죽이게 하더라"

15b. and cause all who refused to worship the image to be killed.

■ 목자역

15b. 그리고 그 거짓 선지자는 괴물의 우상에게 경배하지 않는 자들은 모두 다 죽임을 당하도록 했습니다.

⚊ 양육과 적용을 위한 묵상노트

그래도 끝까지 속지 않고 자신들의 말을 듣지 않는 사람들을 죽이는 것입니다. 짐승의 우상을 만들게 하고 그 우상에게 말하는 이적을 행한 그 거짓 선지자는 짐승의 우상을 섬기지 않는 자들은 누구든지 다 죽이게 합니다.

처음에는 진짜에 넘어가고 자신이 알지도 못하는 어느 순간 가짜에 넘어가 그 집단에 속하게 되면 짐승을 숭배할 뿐만 아니라 사탄을 숭배하게 되어 결국 다른 사람들의 영혼을 죽이고 도적질하는 살인의 도구로 쓰이게 됩니다.

큰 이적과 작은 이적이 나타나는 것 같지만 자유가 사라지고 무서운 공포와 살육의 현장에 붙잡히게 됩니다. 9장에서 여섯 번째 나팔을 불 때 일어났던 살인과 음행과 복술과 도둑질이 이 짐승의 시대를 상징하는 표적입니다.

1. 짐승의 표(16)

■ 본문 : "그가 모든 자 곧 작은 자나 큰 자나 부자나 가난한 자나 자유인 이나 종들에게 그 오른손에나 이마에 표를 받게 하고"

16. He also forced everyone, small and great, rich and poor, free and slave, to receive a mark on his right hand or on his forehead.

■ 목자역

16. 그 거짓 선지자는 모든 사람들에게 곧 낮은 자나 높은 자나 부자나 가난한 사람이나 자유인들이나 종들에게 반드시 그들의 오른손 위에나 이마 위에 하나의 표를 받도록 했습니다.

■ 양육과 적용을 위한 묵상노트

이 거짓 선지자는 모든 자들의 사상과 행동의 통일을 위해 위에서 아래 까지 모든 사람들에게 짐승의 표를 받게 합니다. 부자든 가난한 사람이든 낮은 사람이든 높은 사람이든 자유인이든 종이든 가리지 않고 모두에게 짐승의 표를 받게 합니다. 표는 그 소속이 어디인지를 외적으로 공표하는 것입니다.

사람들이 둘로 구별되는 시대입니다. 무조건 선과 악으로 구별됩니다. 사탄은 자신들이 선이고 정의라고 주장합니다. 자기들의 집단에 속한 자들은 살리고 자신들의 집단을 배척하는 자들은 추방하고 죽입니다. 집단주의와 세뇌를 통해 사탄이 자신이 세운 기준으로 사람들을 두 집단을 가르고 나누는 표가 바로 짐승의 표입니다.

2. 짐승의 표를 가진 자 외에는 매매를 못하게 함(17a)

■ 본문 : "누구든지 이 표를 가진 자 외에는 매매를 못하게 하니"

17a. so that no one could buy or sell unless he had the mark.

■ 목자역

17a. 그리고 그 표를 가지지 않은 사람은 그 누구도 사거나 팔거나 할 수 없게 했습니다.

✚ 양육과 적용을 위한 묵상노트

또 이 짐승의 표를 가진 사람들 외에는 사고파는 일을 못하게 해서 짐승의 표를 받지 않은 자들을 색출하고 그 공동체에서 추방하고 죽이는 일들이 일어납니다. 매매를 하지 못하게 한다는 것은 마지막 시대의 짐승이 사람들을 다루는 가장 큰 무기가 돈이라는 것입니다. 물질이라는 것입니다.

자본주의가 고도로 발달하면 할수록 사람들은 돈을 벌기 위해 생명을 겁니다. 목숨조차 아끼지 않습니다. 인류가 만든 마지막 체제가 자본주의라면 말 그대로 지금이 짐승의 시대입니다. 물질만능의 시대요, 자본만능의 시대입니다. 돈이 모든 것들의 가치를 재는 척도입니다. 돈이면 사람들의 영혼까지 사고 팔 수 있습니다. 돈을 가진 만큼 힘이 있고 돈을 가진 만큼 능력을 발휘합니다.

세상이 망할 수밖에 없는 가장 큰 이유입니다. 골로새서 3장은 탐욕은 우상 숭배라고 하는데 이 탐욕이 무엇입니까? 돈에 대한 탐욕입니다. 돈을 사랑하는 것이 일만 악의 뿌리라고 하는 이유를 알아야 합니다. 하나님과 돈을 동시에 사랑할 수는 없습니다. 우선순위가 정해져야 합니다. 탐욕을 버려야 합니다.

사탄이 보여주는 권력과 화려한 치장과 큰 부와 멋진 외모에 속아 사탄에게 넘어가면 반드시 그 안에 있는 가증한 물건들을 만드는 일에 참여하게 되고 그 안에서 음란한 짓들을 하게 됩니다. 그리고 그 결과는 신앙 양심을 속이게 되고 하나님을 떠나게 될 뿐 아니라 물질적인 엄청난 손해도 감수하게 됩니다.

하나님을 믿는 성도들은 짐승을 섬기지 않는 순결한 믿음 때문에 고통을 당하지만 짐승을 섬기는 자들도 그 짐승에 의해 경제적인 활동에 통제를 받게 되고 물질적인 것에 큰 손해를 입게 됩니다.

그뿐만 아니라 계시록 14장에 있는 말씀대로 밤낮 쉼이 없는 인생을 살게 됩니다. 그들의 심령이 이생에서도 불과 유황으로 타는 못에 던져지고 그들이 당하는 고통의 표시인 분노와 탄식의 연기는 밤낮을 가리지 않고 하늘로 올라갑니다. 그들은 세세토록 이생과 내생에서 괴로움을 당합니다.

하나님은 사랑하는 자들에게 잠을 주시고 예레미야 31장의 말씀처럼 피곤한 심령은 상쾌하게 하시고 연약한 심령은 만족하게 하셔서 단 잠을 주시지만, 사탄에게 속아 짐승을 섬기면 항상 마음에 평안이 없고 불안하고 잠을 이루지 못합니다. 이것이 말세에 짐승을 섬기는 자들이 받을 현실적인 저주입니다.

3. 이 표는 짐승의 이름이나 짐승으로 상징되는 사람의 이름의 수(17b-18)

■ 본문 : "이 표는 곧 짐승의 이름이나 그 이름의 수라 지혜가 여기 있으니 총명한 자는 그 짐승의 수를 세어 보라 그것은 사람의 수니 그의 수는 육백육십육이니라 "

17b. which is the name of the beast or the number of his name.

18. This calls for wisdom. If anyone has insight, let him calculate the number of the beast, for it is man's number. His number is 666.

■ 목자역

17b. 그것은 짐승의 이름이나 그 짐승의 이름을 풀어서 합한 수입니다.

18. 여기에 지혜가 있어야 합니다. 통찰력을 가지고 그 첫 번째 괴물의 수를 세어보십시오 : 그것은 어떤 한 사람의 이름이 나타내는 숫자를 풀어 계산할 때 합해지는 수입니다. 그 이름을 숫자로 풀어 합한 수는 육백 육십육입니다.

▣ 양육과 적용을 위한 묵상노트

그 짐승의 표는 그 사람의 이름이나 그 이름의 수라고 했고 짐승의 수는 사람의 수라고 했습니다. 그러니 그 짐승은 무엇입니까? 사람입니다. 그 이름을 숫자로 풀었을 때 666이 나오는 사람입니다.

그래서 이 괴물은 로마 시대의 네로이며 도미티안이고 근세의 역사 속에서는 온 세상을 전쟁으로 몰아넣었던 히틀러나 그와 같은 적그리스도입니다. 이들은 온 세상에서 사람들이 하나님을 대적하며 떠나게 합니다.

첫 번째 짐승은 하나님을 대적하고 사람들이 하나님을 떠나게 하고 자신을 하나님으로 섬기게 하는 사람입니다. 사탄은 사람을 통하여 역사하고 사람을 통하여 사람을 속이지 다른 것들로 속이지 않습니다.

그러므로 우리는 하나님께 지혜와 계시의 영을 받아 사람을 통해 역사하는 사탄의 역사를 분별해야 합니다. 간교한 지혜로 아담과 하와를 속인 사탄은 에덴동산에 잇는 선악과를 가지고 속였습니다. 선악과는 실제 그 동산에 있던 나무의 열매입니다. 영생하게 하는 열매를 맺는 생명나무와 선악을 분별하게 하는 열매를 맺는 선악과나무는 에덴동산에 실제 있던 나무들입니다.

진짜를 앞세워 서너 번 이상 속인 뒤에야 그 속에 있는 실체를 드러내는 사탄의 전략을 미리 알고 속지 말아야 합니다. 사탄에게 속아 탐욕을 부리고 그 표를 받으면 이 세상에서 그 죄를 회개하고 사탄에게 벗어날 때까지 끊임없이 시달리게 됩니다. 물질적인 고통과 영혼의 고통을 당하고 이생에서 벗어나지 못하면 내생에서 지옥 불의 고통을 당합니다.

그래서 우리는 늘 하나님을 경외하며 하나님을 섬기는 하나님의 인과 성도의 표를 받아야 합니다. 성도의 표는 무엇일까요? 주님이 주시는 흰 옷입니다.

짐승의 표는 사탄의 사주를 받아 물질적인 권세와 능력으로 하나님을 대적하는 모든 인본주의 문화와 문명을 상징하는 수입니다. 그러므로 우리는 사람을 잘 분별하고 시대와 문화를 잘 분별하고 하나님의 뜻을 잘 분별해야 합니다.

마지막 시대는 악한 영들이 멋지고 화려한 사람들을 통하여 우상들을 만들고 무제한으로 역사하는 시대입니다. 지금 우리들의 시대는 무자비한 권력과 성적인 쾌락과 영적인 무질서와 물질이 그 무엇보다 우선시 되는 시대입니다.

사탄이 배후에 있고 그 안에 유물론과 뉴 에이지 같은 인본주의 사상들로 무장한 사람들이 모여서 666으로 상징되는 악인들의 집단을 이루고 있습니다. 지금은 하나님을 대적하는 사탄과 짐승 같은 사람들의 전성시대입니다.

달리 또 생각해보면 영, 혼, 육으로 되어 있어야 할 인간들의 모든 것이 육적인 것으로 가득한 육, 육, 육의 시대입니다. 영혼이 죽어 있고 모든 것이 땅의 것과 육신의 것으로만 가득한 유물론과 자본만능의 시대입니다.

🔟 묵상 참고 자료

헬라어 : α -1, β -2, γ -3, δ -4, ε -5, ζ -7, η -8, θ -9, ι -10, κ -20, λ -30, μ -40, ν -50, ξ -60, o -70, π -80, ρ -100, σ -200, τ -300, υ -400, φ -500, χ -600, ψ -700, ω -800

헬라어로 로마(λ α τ ε ι ν o s)자를 파해하여 그 숫자를 더하여 보면 로마는 30+1+300+5+5+10+50+70+200이므로 합하여 666이 되고 라틴($E\upsilon$ α ν θ α s)도 5+400+1+50+9+1+200이므로 합하여 666이 된다. 또한 네로(네론 카이사의 히브리 음)도 라틴어로 계산하면 N R O N(50+200+6+50)-306(네론), K S R(100+60+200=360(카이사르) 합하여 666이다.

다섯 번째 사건 [9:12-15:4]

전쟁과 사명을 감당하는 교회와 사탄의 박해 그리고 승리의 노래

1 **계시록 14장** | **십사만 사천 명의 주의 종들과 두 가지 추수 (구원과 심판)**

 14-1. 시온 산의 어린 양(1)

1. 시온 산(1a)

■ 본문 : "또 내가 보니 보라 어린 양이 시온 산에 섰고"

1a. Then I looked, and there before me was the Lamb, standing on Mount Zion,

■ 목자역

1a. 그리고 나는 보았습니다. 자, 보세요! 그 어린양이신 예수님이 영원한

하나님의 성 새 예루살렘이 있는 시온산 위에 서 있습니다.

ⓘ 양육과 적용을 위한 묵상노트

이제 요한이 보는 환상은 악한 짐승들의 역사를 넘어서는 새로운 세계입니다. 이 세상에서 악한 짐승들이 날뛰는 모습을 보면서 고통을 당하던 요한에게 하나님께서는 승리하신 어린양 예수님의 모습을 보여주십니다.

본문의 시온산은 히브리서 12장에서 말씀하는 하늘의 예루살렘이 있는 시온 산입니다. 하나님의 은혜가 산처럼 쌓인 곳입니다. 바로 그곳에 어린양 예수님이 승리자의 모습으로 서 계십니다. 그래서 우리들도 날마다 그 은혜의 보좌 앞에 나아가야 합니다.

2. 14만 4천 명의 주의 종들(1b)

■ 본문 : "그와 함께 십사만 사천이 서 있는데"
1b. and with him 144,000

■ 목자역
1b. 어린양이신 예수님과 함께 십사만 사천 명이 서 있습니다.

🔢 양육과 적용을 위한 묵상노트

시온 산에는 예수님만 계신 것이 아닙니다. 그곳에는 천사를 통해 하나님의 인침을 받고 선지자로서의 사명을 가진 하나님의 종이 되어 목숨을 걸고 두 증인의 사명을 다했던 십사만 사천의 주의 종들이 함께 있습니다. 히브리서 12장에서는 그들을 온전하게 된 의인들의 영이라고 말씀합니다.

한번 죽는 것은 정해진 것이지만 이 세상에서 죽는다고 모든 것이 다 끝나는 것이 아닙니다. 반드시 영원히 주님과 함께 사는 새로운 세상이 있습니다.

3. 이마에 쓰인 이름(1c)

■ 본문 : "그들의 이마에는 어린 양의 이름과 그 아버지의 이름을 쓴 것이 있더라"

1c. who had his name and his Father's name written on their foreheads.

■ 목자역

1c. 그들의 이마에는 어린양이신 예수님의 이름과 그의 아버지의 이름이 새겨져 있습니다.

① 양육과 적용을 위한 묵상노트

그들의 이마에는 어린양 예수님의 이름과 하나님 아버지의 이름이 있습니다. 예수님의 피로 죄 사함 받고 주의 종이 되어 하나님께 속한 그들에게 하나님은 그들이 구별된 사람이라는 인을 치신 것입니다.

사탄은 사람들의 이마와 손에 사탄의 인을 칩니다. 생각과 행동을 통제하고 사탄을 숭배하게 합니다. 그러나 하나님은 십사만 사천으로 구별된 그들의 마음과 생각 속에 하나님의 말씀으로 인을 치십니다. 이마는 생각의 처소입니다.

성령으로 깨닫게 하셔서 그들의 모든 행동까지 스스로 선택하게 하시지만 하나님의 뜻에 어긋나지 않도록 살게 인도하십니다. 여기에서 밝혀지는 인의 내용은 어린양의 이름과 그 아버지의 이름입니다. 그것은 그들이 어린양의 피로 구원받은 하나님의 종이요 선지자로 선택받은 사람들이라는 것입니다.

하나님께서는 우리에게 자유의지를 주셔서 우리 마음대로 선택하고 행동하게 하십니다. 그러나 하나님의 인을 이마에 받은 주의 종들은 스스로 그 생각이 그의 행동을 하나님의 말씀 따라 바르게 통제함으로 악을 행하지 않습니다. 바로 여기에 하나님의 인을 이마에 받은 신앙의 신비가 있습니다.

14-2. 하늘에서 부르는 천사들의 새 노래(2-3)

1. 천사들의 찬양(2)

■ 본문 : "내가 하늘에서 나는 소리를 들으니 많은 물소리와도 같고 큰 우렛소리와도 같은데 내가 들은 소리는 거문고 타는 자들이 그 거문고를 타는 것 같더라"

2. And I heard a sound from heaven like the roar of rushing waters and like a loud peal of thunder. The sound I heard was like that of harpists playing their harps.

■ 목자역

2. 그리고 나는 하늘에서 나는 많은 물이 쏟아져 흘러가는 폭포소리와도 같고 또 큰 천둥소리와도 같은 소리를 들었습니다. 그런데 내가 들은 그 소리는 하프를 가진 사람들이 연주하는 음악과 같은 소리였습니다.

❶ 양육과 적용을 위한 묵상노트

그때 요한은 하늘에서 나는 많은 물소리 같이 우렁찬 주님의 음성 같기도 하고 또 천사장들이 외치는 우레 소리 같은 소리를 들었습니다. 그런데 그 소리는 십사만 사천의 주의 종들이 하나님의 구원을 노래하는 찬양소리였습니다.

2. 새 노래(3a)

■ 본문 : "그들이 보좌 앞과 네 생물과 장로들 앞에서 새 노래를 부르니 땅에서 속량함을 받은 십사만 사천 밖에는 능히 이 노래를 배울 자가 없더라"

3a. And they sang a new song before the throne and before the four living creatures and the elders. No one could learn the song except the 144,000 who had been redeemed from the earth.

■ 목자역

3. 그들은 하나님의 보좌 앞과 네 생물과 장로들 앞에서 새 노래를 부릅니다. 하나님의 구원을 찬양하며 감사하고 또 증거 하는 그 새 노래는 그 14만 4천명 외에는 그 누구도 배울 수 없습니다. 그들은 예수님께서 땅에서 피로 값을 치루고 산 사람들입니다.

❶ 양육과 적용을 위한 묵상노트

십사만 사천의 주의 종들은 하나님의 보좌 앞에서 천사장들과 이십 사 장로들이 있는 자리에서 새 노래를 부릅니다. 이 새 노래는 예수님을 통해 이루어진 구원을 찬양하는 노래입니다. 예수님의 보혈의 능력과 하나님의 말씀의 권능을 찬양하는 노래입니다. 사탄을 이기게 하는 주의 은혜에 감사하는 노래입니다.

십자가 보혈의 능력과 세상 모든 만물을 다스리시는 하나님의 말씀의 권위와 악한 사탄의 세력을 꺾어 버리는 주님의 위엄을 찬양하는 승리의 노래입니다.

이 노래는 땅에서 속량 곧 죄 사함을 받은 십사만 사천인 외에는 배울 자가 없습니다. 이들은 구원받은 첫 열매이기 때문에 이들이 배우고 전하는 노래가 새 노래입니다.

이단들은 이 찬양의 내용이 그 집단에 속한 자들이 배우는 이단 교리라고 주장합니다. 그러나 그들이 주장하는 내용은 성경과는 아무 상관없는 그들의 헛된 주장입니다. 잘 분별해야 합니다.

우리는 어떤 찬양을 합니까? 보좌 앞에서 부르는 이들의 찬양처럼 우리의 찬양도 사람들의 육체적이고 말초적인 것을 자극하여 그 육정과 세상에 대한 탐심을 자극하고 움직이는 그런 노래가 되어서는 안 됩니다. 하나님의 심판과 구원에 대한 영원한 복음을 담은 구원의 찬양이요 새 노래가 되어야 합니다.

 14-3. 14만 4천명의 주의 종들의 특성(4-5)

1. 신앙의 정절(4a)

■ 본문 : "이 사람들은 여자와 더불어 더럽히지 아니하고 순결한 자라"

4a. These are those who did not defile themselves with women, for they kept themselves pure.

■ 목자역
4a. 그들은 음행하는 여자와 더불어 더럽히지 않은 자들입니다. : 그들은 순결한 자들입니다.

⑴ 양육과 적용을 위한 묵상노트

여기에 나오는 여자는 17장에 나오는 음녀입니다. 십사만 사천에 속한 그들은 더러운 음행의 포도주 곧 사탄의 악한 가르침이나 거짓된 사상에 속지 않고 온전한 예수님의 복음에 젖어 사는 사람들입니다. 그리고 그들은 그 영원한 복음을 전하는 영적인 순결함과 열정을 가지고 있습니다.

2. 어디든지 주와 함께 동행(4b)

■ 본문 : "어린 양이 어디로 인도하든지 따라가는 자며"
4b. They follow the Lamb wherever he goes.

■ 목자역
4b. 그들은 어린양이신 예수님이 가는 곳은 어디든지 따라갑니다.

■ 양육과 적용을 위한 묵상노트

이들은 두 증인 가운데 하나에 속한 자들로 예수님이 십자가를 지신 자리까지 함께 한 순교자들입니다. 그러므로 그들에게 시온산의 축복이 있습니다.

3. 처음 익은 열매(4c)

■ 본문 : "처음 익은 열매로 하나님과 어린 양에게 속한 자들이니"

4c. They were purchased from among men and offered as first fruits to God and the Lamb.

■ 목자역

4c. 그들은 사람들 가운데에서 값을 주고 산 처음 익은 열매로 하나님과 어린 양이신 예수님께 속한 사람들입니다.

■ 양육과 적용을 위한 묵상노트

그들은 하나님의 백성들 가운데 가장 먼저 말씀을 전할 하나님의 종으로 선발된 사람들입니다. 그래서 그들은 하나님과 어린양이신 예수님께 속한 첫 열매입니다. 첫 열매는 하나님께 가장 먼저 드리는 열매입니다. 그들은 온 세상에서 목숨을 바쳐 복음을 전하며 충성한 순교자들입니다.

충성된 증인이셨던 예수님처럼 예수님의 증인이 되어 온 세상 가운데에서 하나님의 복음을 전한 주의 종들입니다. 그들은 계시록 6장의 다섯 번째 인을 뗄 때 보여 지는 하나님의 제단 아래에서 기도하는 모습으로도 보여 집니다.

4. 거짓이 없다(5a)

■ 본문 : "그 입에 거짓말이 없고"
5a. No lie was found in their mouths.

■ 목자역
5a. 그들은 그 입으로 전혀 거짓말을 하지 않는 사람들입니다.

▣ 양육과 적용을 위한 묵상노트

그들은 그 입술로 주님을 부인하지 않은 자들입니다. 그들은 육체로 오신 예수님이 하나님의 아들인 것을 증언했습니다. 영지주의자들이나 니골라 당이나 이세벨처럼 육체로 오신 예수님을 부인하고 하나님의 복음을 왜곡하는 자들이 거짓말하는 자들입니다.

5. 흠이 없다(5b)

■ 본문 : "흠이 없는 자들이더라"

5b. they are blameless.

5b : 또한 그들은 흠이 없는 사람들입니다. 그들은 성령 안에서 구원의 기쁨을 누리며 자신들의 사명을 감당하기 위해 최선을 다합니다. 그들은 낮에 일하지 않고 노는 것이나 즐기는 것을 좋아하지 않는 사람들입니다.

🔲 양육과 적용을 위한 묵상노트

그들은 놀기를 좋아하는 사람들이 아닙니다. 그들은 낮에는 주님의 일을 하고 밤에는 기도하는 사람들입니다. 언제 어디서나 주님과 함께 살면서 주님의 영광을 드러내며 사는 사람들입니다. 오늘 저와 여러분의 삶은 어떠합니까?

14-4. 첫 번째 천사가 전한 영원한 복음(6)

1. 공중을 날아가는 첫 번째 천사(6a)

■ 본문 : "또 보니 다른 천사가 공중에 날아가는데"

6a. Then I saw another angel flying in midair,

■ 목자역

6a. 그리고 나는 공중을 날아가는 또 다른 천사를 보았습니다.

2. 첫 번째 천사가 전하는 복음의 특성 : 영원한 복음(6b)

■ 본문 : "땅에 거주하는 자들 곧 모든 민족과 종족과 방언과 백성에게 전할 영원한 복음을 가졌더라"

6b. and he had the eternal gospel to proclaim to those who live on the earth–to every nation, tribe, language and people.

■ 목자역

6b. 그 천사는 땅위에서 살고 있는 모든 사람들 곧 모든 민족과 종족과 언어와 백성들에게 전해야 할 영원한 복음을 가지고 있습니다.

ⓘ 묵상 참고 자료

복음의 주체는 그리스도이시며 그리스도로 말미암는 구원을 전하는 것이 곧 복음입니다. 다만 복음의 어떤 강조점을 나타낼 때 다음과 같이 여러 가지로 나눌 수 있습니다.

1) 천국복음(마 4:23)
2) 그리스도의 복음(롬 15:19)
3) 하나님의 복음(막 1:14)

4) 하나님의 은혜의 복음(행 20:24)

5) 구원의 복음(엡 1:13)

6) 평안의 복음(엡 6:15)

7) 영광의 복음(딤전 1:11)

8) 화평의 복음(행 10:36)

9) 영원한 복음(계 14:9)

■ 양육과 적용을 위한 묵상노트

성경은 다양한 수식어를 붙여 복음을 설명합니다. 그러나 그 복음을 크게 세 가지로 대별해 보면 첫째는 구원의 복음이요 둘째는 은혜의 복음이며 셋째는 영원한 복음입니다.

에베소서 1장의 말씀처럼 구원의 복음은 복음을 듣고 믿어 구원에 이루게 하고 성령께서 인을 치시는 복음입니다. 사도행전 20장의 말씀처럼 은혜의 복음은 생활 속에 말씀이 이루어지는 은혜의 증거를 나타내는 복음이며 성령께서 생활 현장에서 함께 역사하시는 생활의 복음입니다. 그리고 본문의 영원한 복음은 마지막 악에 대한 심판과 성도의 구원의 내용을 전하는 복음입니다.

이 세 가지 복음은 모든 나라와 모든 백성에게 전해져야 할 복음입니다. 더 나아가 그 민족에 속한 각각의 종족들과 그들이 쓰는 언어에 따라 전해져야 합니다. 그래서 다양한 언어로 성경이 번역되고 전해져야 하는 일이 중요합니다.

특히 말세의 심판과 구원을 말씀하는 영원한 복음은 주님의 재림이 가까이 왔기 때문에 주님 오시는 그날까지 더 신속하게 전해져야 할 복음입니다. 그래서 독수리 같은 모습으로 날아가는 천사가 그 복음을 전하는 것입니다.

14-5. 첫 번째 천사가 전한 복음의 내용(7)

■ 본문 : "그가 큰 음성으로 이르되 하나님을 두려워하며 그에게 영광을 돌리라 이는 그의 심판의 시간이 이르렀음이니 하늘과 땅과 바다와 물들의 근원을 만드신 이를 경배하라 하더라"

"He said in a loud voice, "Fear God and give him glory, because the hour of his judgment has come. Worship him who made the heavens, the earth, the sea and the springs of water"

■ 목자역

77. 그 천사가 큰 소리로 말하였습니다. : 당신들은 하나님을 두려워하십시오! 그리고 그분에게 영광을 돌리십시오. 이제 그분이 심판하실 바로 그 시간이 다가왔습니다. 그러므로 하늘과 땅과 바다와 물들의 근원을 만드신 하나님께 경배하십시오.

█ 양육과 적용을 위한 묵상노트

그 천사가 전하는 영원한 복음은 먼저 하나님을 경외하고 하나님께 영광을 돌리라는 것입니다. 그래서 우리는 항상 하나님께 예배를 드리며 하나님께 경배해야 합니다. 복음 전도의 첫 출발점은 항상 경배와 찬양입니다.

그 천사가 강조하는 두 번째 내용은 하나님께서 이 모든 만물을 창조하셨다는 것입니다. 그리고 이제 심판하실 시간이 다가왔습니다. 악인들을 심판하실 창조주이신 하나님을 향한 이 천사의 찬양과 경고의 내용은 계시록 5장에 나오는 이십사 장로의 찬양과 매우 닮아 있습니다.

14-6. 두 번째 천사의 경고(8)

■ 본문 : "또 다른 천사 곧 둘째가 그 뒤를 따라 말하되 무너졌도다 무너졌도다 큰 성 바벨론이여 모든 나라에게 그의 음행으로 말미암아 진노의 포도주를 먹이던 자로다 하더라"

8. A second angel followed and said, "Fallen! Fallen is Babylon the Great, which made all the nations drink the maddening wine of her adulteries."

■ 목자역

8. 그 뒤를 이어 또 다른 두 번째 천사가 날아가면서 말하였습니다. : 망하였도다! 망하였도다! 그 큰 성 바벨론이여, 바벨론은 모든 나라들과 행한 그의

음란한 행위 때문에 하나님께서 내리신 진노의 재앙을 모든 나라들이 함께 당하게 한 자다.

➊ 양육과 적용을 위한 묵상노트

두 번째 천사는 큰 성 바벨론의 멸망을 선언합니다. 바벨론은 그 시대의 로마이며 오늘날 하나님을 떠나 자신을 하나님의 자리에까지 높이는 모든 적그리스도의 세력입니다. 그리고 마지막 시대에 등장할 마지막 적그리스도입니다.

음행의 포도주는 사탄의 대리자인 그 짐승의 악한 사상과 제도와 가르침입니다. 바벨론은 그 모든 악의 근원이 되는 나라와 그 통치자입니다. 그래서 그 악한 가르침과 사상들이 퍼져 가면서 세상에 있는 모든 나라도 그 영향을 받아 망하게 됩니다. 시간이 지나 갈수록 하나님의 진노는 더 커져가고 결국 소돔과 고모라 같이 하나님의 심판을 받아 모두가 다 망하게 되는 것입니다.

 14-7. 세 번째 천사의 경고와 심판의 내용(9-11)

1. 경고의 음성(9)

■ 본문 : "또 다른 천사 곧 셋째가 그 뒤를 따라 큰 음성으로 이르되

만일 누구든지 짐승과 그의 우상에게 경배하고 이마에나 손에 표를 받으면"

9. A third angel followed them and said in a loud voice: "If anyone worships the beast and his image and receives his mark on the forehead or on the hand,"

■ 목자역

9. 그리고 또 다른 세 번째 천사가 그 뒤를 따라 날아가면서 큰 소리로 그들에게 말하였습니다. : 만일 누구든지 그 첫 번째 짐승과 그 짐승의 우상에게 절하며 섬기거나 그의 이마 위에나 혹은 그의 오른손 위에 그 첫 번째 짐승의 표를 받는다면,

🚹 양육과 적용을 위한 묵상노트

셋째 천사는 짐승과 그 우상에게 경배하고 그 오른손이나 이마에 짐승의 표를 받은 자들에 대한 심판을 선언합니다. 세상 풍조에 휩싸여 돈과 쾌락을 따라가다가 하나님을 떠나게 되면 반드시 하나님의 심판을 당하게 되어 있습니다.

이단에게 넘어가 하나님을 떠나면 반드시 심판을 받습니다. 악한 세상의 사상에 이끌려 하나님을 떠나면 반드시 멸망의 길로 가게 됩니다.

2. 형벌1(세상에서의 고난) : 진노의 잔을 마시게 된다(10a)

■ 본문 : "그도 하나님의 진노의 포도주를 마시리니 그 진노의 잔에 섞인 것이 없이 부은 포도주라"

10a. he, too, will drink of the wine of God's fury, which has been poured full strength into the cup of his wrath.

■ 목자역

10a. 그도 반드시 하나님의 진노가 담긴 포도주를 마시게 될 것입니다. 그 잔 안에는 하나님의 진노가 완전히 가득 차 있습니다.

⬛ 양육과 적용을 위한 묵상노트

14장에서 심판을 선언하는 천사는 셋입니다. 그러나 하나님의 진노를 담은 대접 재앙을 받을 자들은 둘입니다. 하나는 둘째 천사가 말하는 바벨론입니다. 두 번째가 셋째 천사가 말하는 짐승의 표를 받은 자들입니다. 그래서 마지막 대접 재앙이 하나님의 백성들과는 상관이 없다는 것입니다. 이것을 분별할 줄 알아야 하나님의 심판과 구원의 내용이 무엇인지를 바로 알게 됩니다.

마지막 재앙의 첫 번째는 세상에서 당하는 고난입니다. 짐승에게 경배하면 세상에서 잘 될 줄 알지만 그러나 그것은 착각입니다. 오히려 포도주가 가득 담긴 잔을 쏟아버리는 것과 같이 조금의 자비도 남아 있지 않은 온전한 하나님의 심판을 당하게 됩니다. 이 모습이 16장의 대접 재앙의 모습입니다.

3. 형벌2(지옥의 고난) : 불과 유황으로 고난을 받게 된다. (10b)

■ 본문 : "거룩한 천사들 앞과 어린 양 앞에서 불과 유황으로 고난을 받으리니"

10b. He will be tormented with burning sulfur in the presence of the holy angels and of the Lamb.

■ 목자역

10b. 그리고 그들은 거룩한 천사들과 어린양 앞에서 타오르는 유황불에 던져져 고난을 받게 될 것입니다.

❶ 양육과 적용을 위한 묵상노트

마지막 재앙의 두 번째는 세상을 떠나게 되면 지옥 불의 형벌을 받게 되는 것입니다. 그 불은 꺼지지 않는 불입니다. 지옥은 구더기가 그 불에 죽지도 않고 사람들을 괴롭히는 장소입니다. 이것은 농담이나 허구적인 주장이 아니라 예수님께서 말씀하신 내용입니다. 마지막 심판과 함께 반드시 이루어질 일입니다.

4. 형벌3(영원히 안식이 없다) : 세세토록 밤낮 쉼을 얻지 못한다(11)

■ 본문 : "그 고난의 연기가 세세토록 올라가리로다 짐승과 그의 우상에게 경배하고 그의 이름 표를 받는 자는 누구든지 밤낮 쉼을 얻지 못하리라 하더라"

11. And the smoke of their torment rises for ever and ever. There is no rest day or night for those who worship the beast and his image, or for anyone who receives the mark of his name.

■ 목자역

11. 그들이 당하는 그 고난의 장소에서 타오르는 연기는 세세무궁토록 올라갈 것입니다. 그 첫 번째 짐승과 그 짐승의 우상에게 경배하는 자들은 밤낮으로 쉬지 못하게 됩니다. 그리고 누구든지 그 첫 번째 짐승의 이름이 새겨진 표를 받는 사람도 역시 밤낮으로 쉬지 못하게 될 것입니다.

🔳 양육과 적용을 위한 묵상노트

핍박과 고난 때문에 믿음을 배반하고 짐승과 우상에게 경배하고 그 생각과 행동으로 하나님을 대적하는 자리에 있는 사람들은 이생과 내생에서 영원히 고통을 당합니다.

그들이 당하는 지옥의 불 못에서 나오는 연기는 꺼지지 않는 불 때문에 영원히 올라가게 됩니다. 9장에서 사탄이 무저갱을 열 때 그 무저갱에서 나오는 연기는 진리를 어둡게 하고 사람들의 정신을 미혹시키는 사탄의 사상과 가르침이었습니다.

그러나 이제 지옥의 불 못에서 나오는 연기는 그들이 사탄의 사상과 가르침에 넘어간 대가로 끝없이 타오르는 불 못에서 고통을 당할 때 나오는 연기입니다. 우리는 이 영적인 현실을 바라보고 두려워해야 합니다. 누가복음 16장에 나오는 부자가 음부의 불 못에서 그 영혼이 외치는 모습을 생각해 보십시오. 하나님은 모든 악을 덮지 않고 심판하시는 하나님이십니다.

그러나 주님을 위하여 집과 땅과 같은 재산을 주님의 영광을 위해 드리고 심지어 부모 형제와의 이별의 아픔을 겪으면서까지 주님과 복음을 위해 희생을 감수한 사람은 세상에서는 백배의 복을 받고 내생에서는 영생을 얻습니다.

신앙에 중간은 없습니다. 하나님을 섬길 것이냐 짐승이나 우상을 섬길 것이냐 입니다. 바른 믿음을 가지고 끝까지 승리해야 합니다. 중간은 없습니다.

■ 본문 : "성도들의 인내가 여기 있나니 그들은 하나님의 계명과 예수에
대한 믿음을 지키는 자니라"

12. his calls for patient endurance on the part of the saints who obey
God's commandments and remain faithful to Jesus.

■ 목자역

12. 그러므로 성도들에게는 고난을 이길만한 특별한 믿음의 인내가 있어야
합니다. 성도들은 언제나 하나님의 계명들과 예수님께 대한 믿음을 확실하게
지키는 사람들입니다.

■ 양육과 적용을 위한 묵상노트

그래서 이 모든 심판의 내용을 다 보여주시면서 다시 한 번 성도로서의
믿음과 인내를 촉구합니다. 성도는 하나님의 계명을 지켜야 합니다. 성경
에 있는 그대로의 십계명을 지키고 복음 안에서 완성된 하나님의 율법을
지켜야 합니다. 하나님의 율법은 우리가 나아가야 할 윤리적인 삶의 방향
을 가리키는 지팡이입니다.

빌라델비아 교회에 주신 말씀가운데 네가 나의 인내하라는 말씀을 지켰
은즉 나도 너를 큰 환난 가운데에서 지키리라는 주님의 음성을 우리는

주의 깊게 새겨야 합니다. 그리고 예수님이 그리스도라는 증거를 가지고 살아야 합니다.

예수님이 주님이시라는 증거는 대언의 영이신 성령님과 함께 동행 동거하면서 복음을 증언하는 일입니다. 숨지 않고 거짓으로 위장하지 않고 대언하게 하시는 성령님에 힘입어서 오직 예수의 믿음으로 하나님의 계명을 지켜야 합니다.

 14-9. 주님 안에서 죽는 자의 복(13) : 계시록의 두 번째 복

1. 주님 안에서 죽는 자의 복(13a)

■ 본문 : "또 내가 들으니 하늘에서 음성이 나서 이르되 기록하라 지금 이후로 주 안에서 죽는 자들은 복이 있도다 하시매"

13a. Then I heard a voice from heaven say, "Write: Blessed are the dead who die in the Lord from now on."

■ 목자역

13a. 또 나는 하늘에서 나는 한 음성을 들었습니다. : 당신은 기록하십시오. : **복이 있습니다!** 지금부터 주님 안에서 죽는 성도들은!

⬛ 양육과 적용을 위한 묵상노트

계시록에는 일곱 가지 복이 있습니다. 그 첫 번째 복은 하나님의 말씀을 읽고 듣고 가슴에 새겨 생활 속에서 실천하는 사람들이 받는 신령한 복입니다. 이 큐티하는 사람에게 주는 복은 시편 1편과 23편을 보면 잘 알 수 있습니다.

두 번째 복이 본문에서 말씀하는 주안에서 죽는 자의 복입니다. 주안에서 죽는 다는 것은 몇 가지 의미가 있습니다. 첫째는 바울처럼 날마다 죽는 일입니다. 날마다 죽고 날마다 사는 일입니다. 두 번째는 십자가에서 죽으신 주님과 함께 그 정과 욕심을 십자가에 못 박고 죽는 일입니다. 그러므로 이제 내 안에 내가 아닌 주님이 산다고 고백할 수 있는 죽음입니다. 세 번째가 예수님을 믿는 믿음 때문에 목숨을 버리는 순교하는 죽음입니다.

날마다 죽으면 날마다 주님이 성령의 생기를 주십니다. 그리스도와 함께 십자가에서 죽으면 이제 내안에 사는 것은 내 자아가 아니라 주님의 마음과 주님의 생명과 평안으로 사는 새롭게 재창조된 영혼입니다. 주님 때문에 순교하면 영혼과 육체가 영생을 얻고 죽지 않는 몸으로 영원한 천국에 들어가게 됩니다.

2. 주님 안에서 죽는 자의 복(1) : 지금의 수고를 그치고 쉬게 됨(13b)

■ 본문 : "성령이 가라사대 그러하다 그들이 수고를 그치고 쉬리니"

13b. "Yes," says the Spirit, they will rest from their labor,

■ 목자역

13b. 성령께서 말씀하십니다. 그렇다. 그들은 그 수고로부터 벗어나 쉬게 될 것이다.

🔼 양육과 적용을 위한 묵상노트

주 안에서 죽는 사람들에게 주님은 영원한 평안을 주십니다. 세상이 주지 않는 평안입니다. 세상에서는 그 무엇으로도 누릴 수 없는 평안입니다. 우리는 거듭남을 통해 주님 안에서 죽고 주님 안에서 다시 살아 이생에서도 이 평안을 누려야 합니다. 그리고 세상 떠나는 날 주님 안에서 영원한 안식을 누려야 합니다. 계시록 7장과 21장과 22장은 우리가 누릴 영원한 안식을 말씀합니다.

3. 주님 안에서 죽는 자의 복(2) : 행위에 대한 보상(13c)

■ 본문 : "이는 저희의 행한 일이 따름이라 하시더라"

13c. for their deeds will follow them.

■ 목자역

13c. : 왜냐하면 그들이 행한 그 일들이 그들을 보증하기 때문이다.

✝ 양육과 적용을 위한 묵상노트

주님은 우리의 행위를 아십니다. 그리고 그 행위대로 갚아주십니다. 그러므로 사람들 때문에 실망하거나 사람들 때문에 낙심할 이유가 없습니다. 그 심판은 주님이 하십니다. 각 사람이 행한 대로 갚아 주십니다. 원수 갚을 일이 있어도 내가 갚으려 하지 말아야 합니다. 주님이 각 사람의 행위대로 갚아 주실 것입니다. 주님은 공의대로 심판하십니다. 그리고 그 심판은 엄격하십니다.

 14-10. 첫 번째 추수(성도의 구원) : 인자의 알곡 추수(14-16)

1. 흰 구름 위에 앉아 있는 인자 같은 이(14a)

■ 본문 : "또 내가 보니 흰 구름이 있고 구름 위에 인자와 같은 이가 앉으셨는데"

14a. I looked, and there before me was a white cloud, and seated on the cloud was one "like a son of man"

14a. 또 나는 하늘에서 흰 구름과 그 구름 위에 앉아계신 사람의 아들 같으신 분 곧 예수님을 보았습니다.

세상 종말 때에는 두 가지 추수가 있습니다. 한 가지 추수는 알곡 성도 추수요 또 한 가지 추수는 가라지 추수 곧 포도송이 같은 악인들 추수입니다. 알곡 성도들의 추수는 주님이 직접 하십니다. 그러나 겉보기에 탱탱하고 속이 꽉 찬 것과 같은 포도송이처럼 보이는 악한 자들의 추수는 천사가 합니다.

지금 주님은 그 추수를 위해 흰 구름 위에 앉아 계십니다. 주님은 재림하실 때 하늘 구름을 타고 오십니다. 구름 위에 앉아 계신 이 모습은 성도들이 휴거할 때 영광의 구름 가운데 오실 주님의 모습을 생각하게 합니다.

2. 금 면류관(14b)

■ 본문 : "그 머리에는 금 면류관이 있고"

14b. with a crown of gold on his head

■ 목자역

14b. 예수님의 머리 위에는 황금 면류관이 있고

추수하려 오시는 예수님은 황금 면류관을 쓰고 계십니다. 완전한 왕권을 가지신 심판자의 모습입니다. 9장에 나오는 황충의 머리에는 금관이 아닌 금관과 같은 것이 있습니다. 이십사 장로들이나 예수님을 흉내 내고 있습니다. 그러나 예수님은 정금으로 된 금 면류관을 쓰고 계십니다. 예수님께서 하늘과 땅의 모든 것을 다스리실 왕권을 가지고 오셔서 온 세상을 심판하십니다.

3. 예리한 낫(14c)

■ 본문 : "그 손에는 예리한 낫을 가졌더라"
14c. and a sharp sickle in his hand.

■ 목자역
14c. 그 손에는 예리한 낫을 가지고 계셨습니다.

■ 양육과 적용을 위한 묵상노트

주님의 손에는 말씀을 가진 천사들을 상징하는 예리한 낫이 있습니다. 마지막 때에 주님은 추수꾼들을 보내어 알곡 성도들을 추수하십니다.

4. 추수를 촉구하는 천사의 외침(15)

■ 본문 : "또 다른 천사가 성전으로부터 나와 구름 위에 앉은 이를 향하여 큰 음성으로 외쳐 이르되 당신의 낫을 휘둘러 거두소서 땅의 곡식이 다 익어 거둘 때가 이르렀음이니이다 하니"

15. Then another angel came out of the temple and called in a loud voice to him who was sitting on the cloud, "Take your sickle and reap, because the time to reap has come, for the harvest of the earth is ripe."

■ 목자역

15. 그때 또 다른 천사 하나가 하늘에 있는 성전으로부터 나와 그 구름 위에 앉아 계신 예수님에게 큰 소리로 외쳤습니다. : 당신의 그 낫을 휘두르십시오. 그리고 곡식들을 거두십시오. 땅에서 추수할 그 곡식들이 다 익어 거둬들일 바로 그 시간이 되었습니다.

🛈 양육과 적용을 위한 묵상노트

그때 하늘에 있는 하나님의 성전에서 한 천사가 나와 큰 소리로 외쳤습니다. 농부들이 추수 때에 낫을 휘두르듯이 추수꾼인 천사들을 보내어 알곡 성도들을 불러 모으십시오. 이제 모든 알곡들이 익었고 하나님께서 예정하신 추수할 시간이 되었습니다.

반드시 알곡 추수할 때가 있습니다. 그리고 그 추수는 악인들에 대한 마지막 심판보다 먼저입니다. 이것이 하나님의 은혜입니다. 그런데 성경은 추수하는 모습은 분명하게 보여주지만 추수할 때는 특정한 날을 보여주지 않습니다. 그날과 그때는 오직 하나님 아버지만 아십니다.

이단들은 아모스 3장과 베드로 전서 1장의 말씀을 인용해서 하나님께서는 어떤 일을 이루실 때 그 종 선지자들에게 알려 주신다고 했으니 자기들은 기도하고 연구해서 직통계시를 받아 안다고 거짓을 말합니다. 그러나 하나님께서 재림의 징조는 알려주셨지만 그 때와 장소를 알려주시지는 않았습니다. 재림의 때와 장소를 말하는 이단에게 속지 말아야 합니다.

5. 알곡추수(16)

■ 본문 : "구름 위에 앉으신 이가 낫을 땅에 휘두르매 땅의 곡식이 거두어지니라"

16. So he who was seated on the cloud swung his sickle over the earth, and the earth was harvested.

■ 목자역

16. 그러자 그 구름 위에 앉아 계신 예수님이 그 손에 있던 낫을 땅에 휘둘렀고 그 땅의 곡식들은 추수되었습니다.

▣ 양육과 적용을 위한 묵상노트

그러자 주님이 천사들을 보내 알곡 성도들을 불러 모았습니다. 계시록 11장에서 부활한 두 증인이 이리로 올라오라는 음성과 함께 주님이 있는 곳으로 휴거하는 것처럼, 바로 그때 데살로니가전서 4장의 말씀처럼 순서에 따라 모든 알곡 성도들은 하늘 구름을 타고 계신 주님 앞으로 구름을 타고 올라가게 됩니다. 주님의 추수는 휴거의 사건입니다.

 14-11. 두 번째 추수(불신자 심판) : 천사의 포도송이 추수 (17-20)

1. 또 다른 천사의 등장(17)

■ 본문 : "또 다른 천사가 하늘에 있는 성전에서 나오는데 역시 예리한 낫을 가졌더라"

17. Another angel came out of the temple in heaven, and he too had a sharp sickle.

■ 목자역

17. 또 다른 천사가 하늘에 있는 그 성전으로부터 나왔습니다. 그도 역시 손에 날카로운 낫을 가지고 있습니다.

알곡 성도들에 대한 추수가 끝나고 나면 악한 자들에 대한 본격적인 심판이 시작됩니다. 그것이 포도송이 추수입니다. 이 포도송이 추수는 주님이 부리는 심판하는 천사들을 통해 이루어집니다.

그 천사도 역시 예리한 낫을 가지고 있습니다. 예리한 낫은 심판의 엄격성을 보여 줍니다. 하나님의 심판은 엄격합니다.

2. 불을 다스리는 천사의 외치는 소리(18)

■ **본문** : "또 불을 다스리는 다른 천사가 제단으로부터 나와 예리한 낫 가진 자를 향하여 큰 음성으로 불러 이르되 네 예리한 낫을 휘둘러 땅의 포도송이를 거두라 그 포도가 익었느니라 하더라"

18. Still another angel, who had charge of the fire, came from the altar and called in a loud voice to him who had the sharp sickle, "Take your sharp sickle and gather the clusters of grapes from the earth's vine, because its grapes are ripe.

■ **목자역**

18. 그리고 다른 천사가 하늘의 성전에 있는 제단으로부터 나왔습니다. 그 천사는 제단의 불을 다스리는 권세를 가지고 있는 천사입니다. 그 천사가 그 날카로운 낫을 가진 천사에게 큰 소리로 말하였습니다. : 당신의 그 날카로

운 낫을 휘두르시오. 땅에 있는 포도송이들이 다 익었으니 땅의 포도송이들을 거두어들이시오.

⬆ 양육과 적용을 위한 묵상노트

그러자 하나님의 제단 불을 다스리는 천사가 그 천사에게 큰 소리로 외칩니다. 제단의 불은 심판의 불입니다. 계시록 8장에서 일곱 천사가 나팔을 불기 전에 향이 가득한 대접을 가졌던 천사는 그 대접에 제단의 불을 가득 담아 땅에 쏟았습니다. 하나님의 심판은 진노의 심판이요 불의 심판입니다.

그 천사가 낫을 가진 천사에게 낫을 휘둘러 포도송이와 같은 악인들에 대한 심판의 추수를 시행하라고 촉구합니다. 포도송이는 많아 보이고 탐스러워 보이고 먹음직스러워 보입니다. 그러나 그 열매들이 다 익었다는 말씀은 그 안에 악이 가득 찼다는 뜻입니다.

계시록 18장에서는 바벨론이 행한 죄가 하늘에 사무쳤고 그 악을 하나님께서 기억하셨기 때문에 심판하신다고 말씀합니다. 같은 내용입니다. 이제 심판할 때가 된 것입니다.

3. 포도송이 추수(19-20)

■ 본문 : "천사가 낫을 땅에 휘둘러 땅의 포도를 거두어 하나님의 진노의 큰 포도주 틀에 던지매 성 밖에서 그 틀이 밟히니 틀에서 피가 나서 말 굴레에까지 닿았고 천육백 스다디온에 퍼졌더라"

19. The angel swung his sickle on the earth, gathered its grapes and threw them into the great winepress of God's wrath.

20. "They were trampled in the winepress outside the city, and blood flowed out of the press, rising as high as the horses' bridles for a distance of 1,600 stadia."

■ 목자역

19. 그러자 그 천사가 그의 낫을 땅에 휘둘렀습니다. 그리고 땅의 포도들을 거두어 그것들을 하나님의 진노로 포도즙을 짜는 큰 틀에 던졌습니다.

20. 그리고 그 성 밖에 있던 그 포도즙 틀이 밟히게 되었습니다. 그러자 그 포도즙 틀에서 길에 서 있는 말들의 몸통에까지 닿을 정도로 많은 피가 흘러 나왔습니다. 그리고 그 피는 이스라엘 온 땅 남북의의 길이인 일천 육백 스다디온으로 상징되는 온 세상에 흘러갔습니다.

☐ 양육과 적용을 위한 묵상노트

천사가 심판의 낫을 휘두르니 포도송이들이 거두어졌습니다. 포도즙을 짜는 틀은 거룩한 성 새 예루살렘 밖에 있습니다. 그곳은 하나님의 진노가 있는 곳입니다. 계시록 19장을 보면 재림하시는 주님께서 친히 그 틀을 밟으십니다.

그 틀에서 나오는 피가 길에 서 있는 말의 몸통에 닿을 정도입니다. 말의 몸통이면 대개 1.4미터입니다. 그리고 그 피가 흘러가는 1,600 스다디온의 길이는 이스라엘 남북 전체의 길이입니다. 온 이스라엘이 피바다가 된 모습을 통해 세상이 악인들의 피로 가득한 모습을 보여 줍니다.

역사는 의인들이 악인들에 의해 흘린 피의 역사로 이어져 왔습니다. 그래서 계시록 6장에서 언제 우리의 피 값을 갚아 주실 것이냐고 순교자들의 영혼이 부르짖습니다.

그 피 값은 언제 갚아 주십니까? 추수 때에 갚아 주십니다. 17장과 19장의 말씀처럼 주님이 큰 음녀를 심판하시고 그 수하에서 종노릇하던 악인들을 심판하심으로 갚아주십니다. 하나님은 공의로 심판하시는 주님이십니다.

알곡 추수와 포도송이 추수의 모습을 보면서 우리들은 깨어나야 합니다. 지금은 심판과 구원이 바로 우리 눈앞에 다가온 시기이기 때문입니다.

다섯 번째 사건 [9:12-15:4]

전쟁과 사명을 감당하는 교회와
사탄의 박해 그리고 승리의 노래

📖 계시록 15장(1) | 승리의 노래와 증거 장막 성전

 15-1. 마지막 재앙에 대한 예고(1)

1. 일곱 재앙을 가진 일곱 천사의 등장(1a)

■ 본문 : "또 하늘에 크고 이상한 다른 이적을 보매 일곱 천사가 일곱 재앙을 가졌으니"

1a. "I saw in heaven another great and marvelous sign: seven angels with the seven last plagues-

■ 목자역

1a. 또 나는 하늘에서 일어난 크고 놀라운 또 다른 표적을 보았는데 그

표적은 일곱 천사가 하나님을 믿지 않는 모든 자와 하나님을 대적하는 온 세상을 심판하게 될 일곱 가지 재앙이 담긴 대접을 가지고 있는 모습입니다.

⬆ 양육과 적용을 위한 묵상노트

계시록에는 세 가지 이적의 모습이 있습니다. 하나는 해를 옷처럼 입고 있는 여자의 이적으로 교회의 모습입니다. 둘째는 붉은 용의 이적으로 사탄의 최종적인 활동의 모습입니다. 셋째는 일곱 천사가 일곱 재앙을 가진 이적으로 마지막 재앙의 모습입니다. 이적은 상징적인 모양과 현상 속에 의미를 담아 나타내는 표적이라는 의미입니다.

그래서 우리는 교회를 알고 사탄의 역사를 알고 마지막 심판이 이루어지는 이유와 마지막 구원에 대해 알아야 합니다. 이 이적이 크고 놀라운 이적인 이유는 이 이적들이 악인들에 대한 심판인 동시에 그 심판을 통해 하나님이 계획하신 구원의 완성을 이루는 것이기 때문입니다.

하나님께서는 항상 어떤 사건을 통하여 심판하시는 동시에 구원하시는 모습을 보여주십니다. 하나님의 사랑의 완성은 하나님께서 공의를 완전히 실현하심을 통해 이루어집니다. 하나님께서는 죄를 그냥 덮어버리시는 분이 아닙니다. 죄 값은 누군가가 반드시 치러야 합니다. 심은 대로 거둡니다. 주님의 손에는 방향을 지시하는 지팡이와 매로 사용되는 막대기가 함께 있습니다.

2. 마지막 재앙(1b)

■ 본문 : "곧 마지막 재앙이라 하나님의 진노가 이것으로 마치리로다"

1b. -last, because with them God's wrath is completed.

■ 목자역

1b. 이 재앙들이 마지막 재앙입니다. 그 재앙들로 하나님의 진노가 다 끝나게 될 것입니다.

🔲 양육과 적용을 위한 묵상노트

일곱 대접의 재앙이 마지막 때에 나타날 마지막 재앙입니다. 예수님께서 재난의 시작이라고 말씀하신 것에서부터 시작된 환난은 큰 환난 시대의 마지막 재앙으로 끝이 납니다.

성경에서 말씀하는 구원 역사의 큰 물줄기는 창세기 2장의 창조와 요한복음 19장의 속죄 그리고 16장의 심판과 21장의 구원의 완성이라고 하는 네 가지 큰 봉우리를 통하여 완성됩니다.

여기서 마친다는 의미는 충만하다는 뜻도 있고 가득 찼다는 의미도 있습니다. 대접에 가득 찬 재앙은 이 재앙이 돌이킬 수 없을 정도로 가득찬 악인들의 죄에 대한 완전한 심판이라는 의미입니다. 이제는 인이나 나팔이 아닌 대접의 재앙이며 그 대접이 쏟아 부어질 때 악인들에 대한 철저한 심판이 이루어집니다.

이 마지막 재앙이라는 말씀은 이 세상에서 육신을 가지고 살아가는 모든 악인들에 대한 마지막 심판의 재앙이라는 의미입니다. 이들은 누구일까요? 여섯 번째 나팔 재앙에도 살아남았으나 끝까지 귀신을 섬기는 자들입니다.

16장에서 사탄과 짐승과 거짓 선지자 안에서 역사하는 영은 귀신의 영이라고 했습니다. 이들은 귀신과 우상을 경배하면서 그들의 행위 곧 살인과 음행과 복술과 도둑질을 회개하지 않은 자들입니다. 19장과 20장에서 보는 것처럼 마지막에 불 못에 던져질 자들입니다.

 ## 15-2. 이긴 자들의 승리 찬송(2-4)

1. 찬양의 무대 : 불이 섞인 유리 바닷가(2a)

■ 본문 : "또 내가 보니 불이 섞인 유리 바다 같은 것이 있고"
2a. And I saw what looked like a sea of glass mixed with fire and,

■ 목자역
2a. 그리고 나는 하나님의 보좌 앞에 있는 유리바다에 심판의 불이 섞여있는 모습을 보았습니다.

▣ 양육과 적용을 위한 묵상노트

계시록 4장에서 보는 것처럼 하나님의 보좌 앞에 수정과 같은 유리바다가 있습니다. 그런데 그 유리바다에 세상이 불로 심판받는 모습이 보여집니다. 그래서 그 모습이 마치 불이 섞인 유리바다 같이 보입니다.

또한 불이 섞인 유리바다라는 표현은 그 유리바다 가에 서 있는 성도들이 불같은 시험의 바다를 건너왔다는 의미입니다. 세상은 온통 시험거리입니다. 그 불같은 시험의 바다를 넘어서야 하나님의 보좌 앞까지 갈 수 있습니다.

2. 찬양단 : 짐승과 그의 우상과 그 이름의 수를 이긴 자들(2b)

■ 본문 : "짐승과 그의 우상과 그의 이름의 수를 이기고 벗어난 자들이 유리 바다 가에 서서 하나님의 거문고를 가지고"

2b. standing beside the sea, those who had been victorious over the beast and his image and over the number of his name. They held harps given them by God.

■ 목자역

2b. 그 유리바다 가에 첫 번째 짐승과 그 짐승의 우상과 그 짐승의 이름의 수를 이기고 승리한 사람들이 하나님을 찬양하기 위해 하프를 가지고 서 있습니다.

■ 양육과 적용을 위한 묵상노트

또한 그 유리바다는 이스라엘 백성들이 애굽에서 벗어나 건너간 홍해 바다를 상징하기도 하고 예수 그리스도를 주님으로 영접한 신앙인들이 받는 세례의 바다를 의미하기도 합니다.

애굽과 같은 죄악 세상에서 날마다 다가오는 불같은 시험을 이기고 그 시험을 벗어난 자들이 있는 자리가 불 섞인 유리바다 가입니다. 우리가 지나온 세월들도 어찌 보면 다 불 섞인 유리바다입니다.

계시록 12장을 보면 사탄은 하나님의 계명을 지키며 예수의 증거를 가진 자들과 싸우려고 바다 모래 위에 서 있습니다. 이 바다는 세상입니다. 사탄이 역사하는 그 바다를 건너가야 합니다.

베드로는 바다에서 부는 바람과 풍랑을 보고 바다 속으로 빠져들어 갔습니다. 주님이 손을 내미시면서 믿음이 적은 자여 왜 의심하였느냐고 말씀하셨습니다. 우리는 주님의 손을 붙잡고 배에 올라 하나님의 백성들과 함께 그 바다를 건너가야 합니다. 그리고 하늘에 있는 유리바다 가에 서야 합니다.

그 유리바다 가에 서 있는 사람들이 바로 참된 주의 종들과 성도들입니다. 악한 권력자에게 굴복하지 아니하고 사탄의 사상이나 이념에 넘어가지 아니하고 우상 숭배에 물들지 않은 순결한 하나님의 백성들입니다.

이들은 계시록 7장에서 보여주는 성도들입니다. 어린양의 피로 그 옷을 씻어 하얗게 된 흰 옷을 입은 무리들입니다. 큰 환난의 시대를 성도의 인내와 믿음으로 이기고 그 불같은 시험의 때를 벗어나 하나님 보좌 앞으로 나온 성도들입니다.

하나님을 진정으로 찬양하는 자리는 순결한 믿음을 지키고 불같은 시험과 환난과 고난을 벗어난 유리바다 가입니다. 그들에게 하나님의 거문고가 주어집니다. 이 거문고는 4장에서 천사장들이 가지고 있던 것입니다. 그리고 14장에서 그 악기 소리에 맞추어 십사만 사천의 주의 종들은 새 노래를 부릅니다.

거문고를 만드는 오동나무는 가장 여린 나무이지만 칠년의 풍상을 겪으면 그 속이 단단해져서 장인의 손을 거치면 그 나무의 결에 따라 신비한 소리를 냅니다. 하프를 거문고로 번역한 이유입니다. 그런데 지금 이 유리바다 가에 서 있는 이들에게 그 거문고가 주어졌습니다.

3. 찬양의 내용(3-4)

1) 모세의 노래, 어린 양의 노래(3a)
■ 본문 : "하나님의 종 모세의 노래, 어린 양의 노래를 불러 이르되"
3a. and sang the song of Moses the servant of God and the song of the Lamb

3a. 그들이 하나님의 종인 모세의 노래와 어린 양을 찬양하는 노래를 불렀습니다.

◪ 양육과 적용을 위한 묵상노트

그들의 노래는 이스라엘 백성들이 출애굽하고 난 이후에 홍해를 건넌 후 모세가 부르던 노래와 같은 찬양입니다. 하나님의 구원을 찬양하는 노래입니다. 또한 어린양이신 주님의 보혈의 능력과 구원을 찬양하는 노래입니다.

그러므로 이 노래는 생활 속에 구원을 이루어 주시는 것과 영적인 모든 죄와 허물과 속박에서 풀어주시고 해방시켜 주시는 주님을 찬양하는 노래입니다.

2) 주 하나님의 전능하심을 찬양(3b)

■ 본문 : "주 하나님 곧 전능하신 이시여 하시는 일이 크고 놀라우시도다"
3b. Great and marvelous are your deeds, Lord God Almighty.

■ 목자역

3b. : 오! 전능하신 주 하나님, 주님이 하시는 그 일들은 크고 놀라우십니다!

468

■ 양육과 적용을 위한 묵상노트

하나님은 우리의 유일하신 주님이십니다. 하나님은 그 에너지가 한이 없는 전능하신 하나님이십니다. 하나님께서 하시는 일은 인간의 생각과 지식과 지혜를 초월하시는 일입니다. 크고 경탄할만한 놀라운 일입니다.

3) 의롭고 참되신 주님의 심판을 찬양(3c)

■ 본문 : "만국의 왕이시여 주의 길이 의롭고 참되시도다"

3c. Just and true are your ways, King of the ages.

■ 목자역

3c. : 모든 나라들의 왕이시여! 주님의 길은 의로우시면서 진실하십니다.

■ 양육과 적용을 위한 묵상노트

주님은 세상 모든 나라를 통치하시는 절대자입니다. 주님이 행하시는 모든 길은 의로우신 길이요 거짓이 전혀 없는 참된 진리의 길입니다. 하나님의 심판이 정당한 이유는 그 심판이 공의의 심판이기 때문입니다. 사탄은 거짓의 아비이지만 주님은 진실하십니다.

4) 주님의 거룩하심을 찬양(4a)

■ 본문 : "주여 누가 주의 이름을 두려워하지 아니하며 영화롭게 하지 아니하오리이까 오직 주만 거룩하시니이다"

4a. Who will not fear you, O Lord, and bring glory to your name? For you alone are holy.

■ 목자역

4a. 오, 주여! 누가 주의 이름을 두려워하지 않겠습니까? 또 누가 주님의 이름을 영화롭게 하지 않겠습니까? 오직 주님만 홀로 거룩하십니다.

■ 양육과 적용을 위한 묵상노트

주님의 이름은 선한 자들에게는 경외심을 갖게 하고 악한 자들에게는 두려움을 갖게 합니다. 그래서 우리는 주님을 영화롭게 해야 합니다. 주님은 모든 피조물들인 만물과 온전히 구별되시는 창조주 이십니다.

주님은 거룩하신 하나님이십니다. 주님은 완전히 성결하신 분이며 세상 모든 만물들 곧 모든 피조물들과는 구별되는 절대자로서 거룩하신 분입니다.

5) 주님의 의로우신 심판 때문에 만국이 경배할 것을 찬양(4b)

■ 본문 : "주의 의로우신 일이 나타났으매 만국이 와서 주께 경배하리이다"

4b. All nations will come and worship before you, for your righteous acts have been revealed.

4b. 이제 주님의 그 의로우심이 명백히 나타났기 때문에 모든 나라가 와서 주님 앞에 예배를 드릴 것입니다.

✝ 양육과 적용을 위한 묵상노트

죄와 악에 대한 철저한 심판을 통해 주님은 그 의로우심을 나타내셨습니다. 하나님은 거룩하실 뿐만 아니라 의로우신 하나님이십니다. 하나님의 심판은 분명한 근거를 가진 공의에 근거해서 이루어지는 일입니다.

계시록 20장에서 보는 것처럼 하나님 앞에는 구원받을 자들의 이름이 적혀 있는 생명책과 모든 이들의 행위가 기록된 행위록이 있습니다. 하나님께서는 행위대로 심판하시고 행위대로 상을 주십니다. 그러므로 이제 모든 나라들이 공의로 심판하시는 주님께 경배하며 찬양하며 예배할 것입니다.

여섯 번째 사건 [15:5-17:18]

증거 장막 성전과
일곱 대접의 재앙과 음녀의 멸망

📗 계시록 15장(2)

1. 증거 장막 성전(15:5-8)

2. 일곱 대접의 재앙(16장)

3. 종교적 바벨론인 음녀에 대한 심판(17장)

 15-3. 증거 장막 성전(5)

1. 또 이 일 후에(5a)

■ 본문 : **"또 이 일 후에** 내가 보니"

5a. After this I looked

5a. **이러한 일들이 있은 후에** 나는 보았습니다.

🚹 양육과 적용을 위한 묵상노트

성전에 있던 천사들이 악인들을 심판할 일곱 재앙을 가진 모습을 보고 이어서 불이 섞인 유리바다 가에서 짐승과 그 이름의 수를 이기고 우상을 섬기지 않은 자들이 서서 하나님을 찬양하는 모습을 본 이후의 일입니다.

모든 구원과 심판의 역사는 하나님 앞에서 찬양으로 시작하고 하나님을 향한 찬양이 끝난 후에 다시 시작합니다. 하나님은 찬양 가운데 계신 분입니다. 찬양은 전능하신 하나님의 위대한 역사를 일으키는 열쇠입니다.

다윗의 찬양은 사울에게 역사하던 악한 영을 물리쳤고 여호사밧의 찬양은 적군을 물리쳤습니다. 하나님은 찬양 가운데 거하시며 찬양 가운데 역사하십니다. 그러므로 우리들도 언제나 시와 찬미와 신령한 노래로 하나님께 찬양하는 성도들이 되어야 합니다.

2. 하늘에서 증거 장막 성전이 열림(5b)

■ 본문 : "하늘에 증거 장막의 성전이 열리며"

5b. and in heaven the temple that is, the tabernacle of the Testimony, was opened

■ 목자역

5b. 하늘에서 하나님의 언약의 증거물들을 담은 언약궤가 있어 증거 장막 성전이라고도 불리는 성전이 열렸습니다.

☩ 양육과 적용을 위한 묵상노트

찬양 후에 하늘의 증거 장막 성전이 열렸습니다. 성전은 지상 성전이 있고 하늘 성전이 있습니다. 히브리서 9장의 말씀처럼 지상 성전은 하늘 성전의 모형을 본떠 만든 것입니다.

출애굽기 25장부터 있는 말씀을 보면 모세는 광야에서 성막을 지을 때 하나님께서 말씀하시고 보여주신 대로 만들었습니다. 그 성막을 증거막 혹은 회막이라고 하였고 하나님께서는 내가 거기에서 너희와 만나리라고 하셨습니다. 하늘에 있는 그 성전을 증거 장막 성전이라고 하는 것은 그곳에 살아 계신 하나님이 우리에게 언약하신 증거가 있기 때문입니다.

또 말씀이 육신이 되어 우리 가운데 오신 예수님처럼 하나님께서 우리와 함께 하시는 임마누엘의 증거가 있기 때문입니다. 이 증거 장막 성전이 열리면서 본격적인 악인들에 대한 심판의 역사가 시작됩니다.

이단들은 그들이 하늘에 속한 자들이기 때문에 이 하늘에 있는 증거 장막 성전이 이 땅에 세워진 자신들의 집단이라고 합니다. 터무니없는 거짓말입니다. 증거 장막 성전은 하늘에 있고 땅에 있는 것들은 그 모형과 그림자입니다.

15-4. 일곱 재앙을 가진 일곱 천사의 등장(6)

■ 본문 : "일곱 재앙을 가진 일곱 천사가 성전으로부터 나와 맑고 빛난 세마포 옷을 입고 가슴에 금띠를 띠고"

6. Out of the temple came the seven angels with the seven plagues. They were dressed in clean, shining linen and wore golden sashes around their chests.

■ 목자역

6. 그 성전으로부터 하나님의 마지막 진노를 쏟아내는 일곱 재앙을 시행할 일곱 천사가 나왔습니다. 그들은 깨끗하고 밝게 빛나는 세마포 옷을 입고 있었습니다. 그리고 그 가슴에는 황금으로 된 금띠를 띠고 있었습니다.

🔳 양육과 적용을 위한 묵상노트

일곱 재앙을 가진 일곱 천사가 그 성전으로부터 나옵니다. 그들은 계시록 1장과 14장의 인자의 모습으로 나타나신 예수님처럼 밝고 빛나는 세마포 옷을 입고 가슴에 금띠를 띠고 있습니다. 심판의 권세를 예수님께로부터 위임받은 모습을 우리에게 보여 줍니다. 19장을 보면 혼인잔치의 신부와 주님이 재림하실 때 주님을 따르는 하늘의 군대도 흰 말을 타고 세마포 옷을 입고 나타납니다.

 15-5. 네 생물 중의 하나가 금 대접 일곱을 일곱 천사에게 줌 (7-8)

1. 네 생물의 등장(7a)

■ 본문 : "네 생물 중의 하나가"

7a. Then one of the four living creatures

■ 목자역

7a. 네 천사장 가운데 하나가

1 양육과 적용을 위한 묵상노트

그러자 하나님의 보좌 앞에 있던 네 명의 천사장 가운데 하나가 나타납니다.

2. 일곱 천사가 받은 일곱 대접(7b)

■ 본문 : "영원토록 살아 계신 하나님의 진노를 가득히 담은 금 대접 일곱을 그 일곱 천사들에게 주니"

7b. Then one of the four living creatures gave to the seven angels seven golden bowls filled with the wrath of God, who lives for ever and ever.

7b. 세세토록 살아계신 하나님의 진노가 가득 담긴 황금으로 된 일곱 개의 대접을 그 일곱 천사에게 각각 하나씩 나누어 주었습니다.

🔳 양육과 적용을 위한 묵상노트

그리고 그들에게 세세무궁 영원토록 살아계신 하나님의 진노가 가득 담긴 금 대접 일곱을 줍니다. 이 그릇은 한꺼번에 쏟기 좋은 호리병 모양의 그릇입니다. 목표를 정밀 타격하기 위해 집중적으로 쏟게 됩니다. 대접 재앙이 악한 자들에 대한 집중적이고 결정적인 심판의 재앙인 것을 말씀하고 있습니다.

4. 하나님의 영광과 능력과 성전에 가득찬 연기(8)

■ 본문 : "하나님의 영광과 능력으로 말미암아 성전에 연기가 가득 차매 일곱 천사의 일곱 재앙이 마치기까지는 성전에 능히 들어갈 자가 없더라"

8. And the temple was filled with smoke from the glory of God and from his power, and no one could enter the temple until the seven plagues of the seven angels were completed.

8. 그러자 그 성전이 하나님의 영광과 권능을 드러내는 연기로 가득 찼습니다. 이제부터 그 누구도 그 일곱 천사에 의해 시행되는 그 일곱 가지 재앙이 완전히 끝날 때까지는 그 성전에 들어갈 수 없습니다.

☐ 양육과 적용을 위한 묵상노트

그러자 그 하나님의 증거 장막 성전에 하나님의 영광과 권능이 나타났고 하늘의 영광을 드러내는 빛난 연기로 가득 찼습니다. 이제 곧 일곱 천사를 통한 악인들에 대한 일곱 대접의 재앙이 시작될 것입니다. 그 모든 재앙이 끝나기 전에는 아무도 능히 그 성전 안에 들어갈 수 없습니다.

이제 다시 악인들에 대한 마지막 심판은 돌이킬 수 없습니다. 그리고 이 악인들에 대한 심판이 끝나고 하늘에서 어린양의 혼인잔치가 이루어지고 주님의 지상 재림과 함께 천년왕국이 시작됩니다. 이제 돌이킬 수 없습니다.

여섯 번째 사건 [15:5-17:18]

증거 장막 성전과
일곱 대접의 재앙과 음녀의 멸망

☐ 계시록 16장 | 일곱 대접의 재앙

 16-1. 하나님의 진노가 담긴 일곱 대접(1)

■ 본문 : "또 내가 들으니 성전에서 큰 음성이 나서 일곱 천사에게 말하되 너희는 가서 하나님의 진노의 일곱 대접을 땅에 쏟으라 하더라"

1. Then I heard a loud voice from the temple saying to the seven angels, "Go, pour out the seven bowls of God's wrath on the earth.

■ 목자역

1. 그때 나는 성전에 있는 보좌에서 그 일곱 천사에게 말하는 큰 음성을 들었습니다. : 너희는 가라 그리고 하나님의 진노가 가득 담긴 그 일곱 개의 대접을 그 땅 위에 쏟으라.

☐ 양육과 적용을 위한 묵상노트

증거 장막 성전에서 나온 일곱 천사가 하나님의 진노가 가득 담긴 일곱 대접을 받은 후에 성전 안에서 큰 음성이 들렸습니다. 너희는 하나님의 진노가 담긴 일곱 대접을 땅에 쏟으라! 호리병과 같은 모양의 대접은 악인들에 대한 집중적인 심판이 이루어지는 것을 보여주는 상징적인 모양입니다.

그 땅은 하나님을 떠난 세상을 의미합니다. 믿음을 가진 참된 주의 종들과 성도들이 휴거하고 이제 땅에는 하나님을 부인하는 악한 자들만 남아 있습니다.

계시록 11장에서는 이 모습을 일곱 번째 나팔이 울린 후에 하나님께서는 종 선지자들과 성도들과 작은 자나 큰 자나 하나님을 경외하는 자들에게는 상을 주시며 땅을 망하게 하는 자들을 심판하신다고 설명하고 있습니다.

하나님의 진노가 가득 담긴 일곱 대접으로 심판 받을 대상은 바로 땅을 망하게 하는 그들입니다. 구원받은 성도들이 아니라 하나님을 대적하는 사탄과 악령들과 그들에게 사로잡힌 악한 자들입니다. 이들이 땅에 있는 자들입니다.

이들이 심판의 대상인 것은 14장에서 둘째 천사와 셋째 천사가 바벨론과 짐승과 그 우상에게 경배하고 오른손이나 이마에 표를 받은 자들을 심판 한다고 선언한 것을 보아도 알 수 있습니다. 그 천사들이 선포한 대로 16장부터 18장까지 심판이 이루어집니다.

16-2. 첫 번째 대접 재앙(2)

1. 땅에 쏟는 대접(2a)

■ 본문 : "첫째 천사가 가서 그 대접을 땅에 쏟으며"

2a. The first angel went and poured out his bowl on the land

■ 목자역

2a. 그 천사들 가운데 첫째 천사가 나아가 그가 가진 대접을 땅위에 쏟았습니다.

① 양육과 적용을 위한 묵상노트

첫째 천사가 하나님의 명령을 따라 그 대접을 땅에 쏟았습니다. 심판은 천사들이 알아서 하는 일이 아닙니다. 모든 심판의 주관자는 예수님이시고 그 심판의 대행자가 천사들입니다. 그 어떤 천사도 스스로 심판할 수 없습니다.

2. 악하고 독한 종기(2b)

■ **본문** : "짐승의 표를 받은 사람들과 그 우상에게 경배하는 자들에게 악하고 독한 종기가 나더라"

2b. and ugly and painful sores broke out on the people who had the mark of the beast and worshiped his image.

■ **목자역**

2b. : 그러자 오른손이나 이마에 첫 번째 짐승의 표를 받은 사람들과 그 짐승의 형상을 본떠 만든 우상에게 절하며 섬기던 사람들에게 고칠 수 없는 아주 고약한 악성 종기가 생겼습니다.

▣ 양육과 적용을 위한 묵상노트

그러자 가장 먼저 계시록 14장의 셋째 천사가 말한 대로 권력을 가진 적그리스도를 하나님으로 섬기고 그 증거로 오른손이나 이마에 짐승의 표를 받은 자들, 생각에서부터 행동까지 모든 것을 그 짐승과 우상을 경배하는 일에 힘쓴 악한 자들에게 고치지 못할 악한 종기가 몸의 각처에서 터져 나왔습니다.

욥에게 생긴 악창의 모양이 그러했고 사도행전 12장의 헤롯이 하나님의 자리에까지 높아지려다가 생긴 악창이 그러합니다. 그러나 욥은 하나님의 은혜로 고침을 받고 회복했지만 헤롯은 그 질병으로 그 상처에서 벌레가 생길 정도로 고생을 하다 죽었습니다.

또한 몸과 마음의 모든 것을 짐승에게 바치며 그 사상과 통치에 순종하고 부와 권력과 쾌락을 좇아가던 그들에게 마음에도 고칠 수 없는 큰 상처들이 생겨납니다. 악인들에 대한 마지막 대접 재앙을 통한 심판의 시대는 몸과 마음에 고치지 못할 질병들을 통해 심판하는 시대입니다.

또 그 종기는 몸의 질병만이 아니라 그 어떤 인간적인 수단으로도 고치지 못할 마음속에 있는 악한 생각과 사상입니다. 그 악한 생각과 사상 때문에 악인들은 더 악한 일을 계속하다가 멸망을 당합니다. 마지막 시대는 몸과 마음에 만연하는 악성 종양의 시대입니다.

 ## 16-3. 두 번째 대접 재앙(3)

■ 본문 : "둘째 천사가 그 대접을 바다에 쏟으매 바다가 곧 죽은 자의 피같이 되니 바다 가운데 모든 생물이 죽더라"

3. The second angel poured out his bowl on the sea, and it turned into blood like that of a dead man, and every living thing in the sea died.

■ 목자역

3. 두 번째 천사가 그의 대접을 바다 위에 쏟았습니다. : 그러자 바다는 죽은 사람의 피같이 되었고 그 바다 안에 있던 모든 생물들이 죽었습니다.

이제 둘째 천사가 그 대접을 바다에 쏟았습니다. 이제 하나님의 심판의
대상은 온 세상으로 퍼져나갑니다. 바다는 말 그대로 바다이기도 하고 17장
에서 음녀가 앉아 있는 많은 물인 온 세상의 나라와 족속과 백성과 방언들
이기도 합니다.

바다에 쏟아지는 대접 재앙은 온 세상을 피바다로 만들고 그 바다 가운
데 아직도 살아 있는 모든 생물을 죽이게 됩니다. 마지막 때가 되면 서로
를 미워하며 서로를 죽여 온통 피바다가 됩니다.

둘째 인을 뗄 때부터 시작되었던 평화가 없어지고 서로를 죽이는 전쟁
의 역사가 마지막 때에는 온 세상에 보편화 됩니다. 그 바다가 죽은 자의
피와 같다는 것은 그곳에는 이제 다시 소생할 수 있는 아무 희망도 없다는
것입니다. 인간적인 아무 희망이 없는 절대 절망의 시대가 둘째 대접 재앙
의 시대입니다.

생명은 생기가 깃든 피에 있는 것인데 온 세상이 죽은 자의 피와 같이
되었으니 모든 만물들을 살리시는 하나님의 은혜가 떠났습니다. 아무 생
기가 없고 피들이 엉겨 붙어 있어서 피비린내와 죽음만이 온 세상에 가득
하게 됩니다.

16-4. 세 번째 대접 재앙(4)

■ 본문 : "셋째 천사가 그 대접을 강과 물 근원에 쏟으매 피가 되더라"

4. The third angel poured out his bowl on the rivers and springs of water, and they became blood.

■ 목자역

4. 이어서 세 번째 천사가 그가 가진 대접을 강 위에와 물의 근원이 되는 샘들에 쏟았습니다. 그러자 그 물들은 피가 되었습니다.

① 양육과 적용을 위한 묵상노트

계시록 14장의 말씀처럼 물과 물들의 근원을 만드신 분은 하나님 이십니다. 그런데 그 물과 물들의 근원이 심판을 받아 피가 됩니다. 하나님께서 악한 자들의 숨통을 끊으시려고 작정하시고 심판하시는 일입니다.

셋째 나팔이 불 때는 쓴 쑥이라고 하는 횃불 같이 타는 별이 강과 물 샘들 위에 떨어져서 물들이 쓰게 되어 많은 사람들이 죽게 되었는데 이제는 그 모든 물들이 피가 되었으니 그 누가 살 수 있겠습니까?

먹을 물이 없어진 세상에서 그 무엇이 살아남을 수 있겠습니까? 이 대접 재앙의 가장 큰 특징은 피의 심판이요 죽음의 재앙이라는 것입니다.

■ 본문 : "내가 들으니 물을 차지한 천사가 가로되 전에도 계셨고 지금도 계신 거룩하신 이여 이렇게 심판하시니 의로우시도다 그들이 성도들과 선지자들의 피를 흘렸으므로 그들에게 피를 마시게 하신 것이 합당하니이다 하더라"

5. Then I heard the angel in charge of the waters say: "You are just in these judgments, you who are and who were, the Holy One, because you have so judged;

6. for they have shed the blood of your saints and prophets, and you have given them blood to drink as they deserve."

■ 목자역

5. 그때 나는 그 물들의 관리를 책임진 천사가 말하는 것을 들었습니다. : 전에도 계셨고 지금도 계신 거룩하신 하나님, 이렇게 심판하시는 주님은 의로우십니다.

6. 왜냐하면 그들이 성도들과 예언자들의 피를 흐르게 했기 때문입니다. 그러므로 그들에게 피를 마시게 하는 것은 당연한 일입니다.

■ 양육과 적용을 위한 묵상노트

하나님께서는 모든 만물을 나누어 천사들에게 그 관리 책임을 맡겨 주셨습니다. 그래서 우리는 각처에서 그 사물들을 관리하는 천사들을 보게 됩니다. 아직 영적인 것을 알지 못하던 시대에는 이 천사들을 그 지역이나 사물을 다스리는 신으로 생각하고 제사의 대상으로 삼아 경배하기까지 했습니다.

그러나 아무리 아름답고 힘센 천사라고 해도 숭배의 대상이 아닙니다. 천사는 하나님이 부리시는 영이요 구원받을 하나님의 자녀들을 돕는 영이며 하나님의 종들입니다. 계시록을 통해 각처에 있는 각양각색의 천사들을 보여주시는 것은 그들은 하나님처럼 숭배 받을 신들이 아니라는 것을 말씀하는 것입니다.

셋째 천사가 대접을 강과 물 샘들 위에 쏟을 때 물을 관리하는 천사가 영원히 살아 계신 하나님의 심판이 의로운 심판이요 그 심판이 합당한 것을 찬양합니다. 왜냐하면 그들이 하나님의 말씀을 전하는 하나님의 종인 선지자들과 성도들을 무참하게 죽였기 때문입니다.

계시록 1장에서는 영생하시는 하나님을 이제도 계시고 전에도 계셨고 장차 오실이라고 소개 했습니다. 하나님의 현재성을 강조하되 과거와 미래의 하나님으로 말씀합니다. 그런데 심판을 말씀하는 11장과 본문에서는 장차 오실이라는 표현은 없고 전에도 계시고 이제도 계신 하나님으로 소개합니다.

그 이유가 무엇일까요? 그것은 하나님의 심판은 과거로부터 현재까지의 행위에 대한 심판이기 때문입니다. 그래서 우리는 과거의 죄를 회개하고 돌이켜야 하고 현재의 삶을 성결하게 살아야 합니다. 하나님은 과거로부터 현재까지의 모든 것을 심판하시는 하나님이십니다. 그것이 하나님의 공의입니다.

계시록 9장에서 보는 것처럼 악인들은 살인을 밥 먹듯이 하면서도 회개하지 않았고 18장에서 보는 것처럼 짐승의 보좌가 있고 그 악한 자들이 모여 살던 그 성 안에서는 땅에서 죽임을 당한 모든 자들의 피가 발견되었습니다. 억울하게 죽은 자의 피 값을 주님은 갚아 주십니다.

거룩하신 주님은 우리의 삶과 관계가 없이 멀리 떨어져 계신 분이 아니라 우리들의 삶에 깊은 관심과 애정을 가지고 악을 심판하십니다. 거룩하신 주님은 공의의 하나님이십니다.

 16-6. 제단에서 들리는 음성(7)

■ 본문 : "또 내가 들으니 제단이 말하기를 그러하다 주 하나님 곧 전능하신 이시여 심판하시는 것이 참되시고 의로우시도다 하더라"

7. And I heard the altar respond: "Yes, Lord God Almighty, true and just are your judgments."

7. 그리고 나는 순교자들의 영혼이 모여 있던 바로 그 제단에서 나오는 음성을 들었습니다. : 그렇습니다. 전능하신 주 하나님! 주님의 심판은 진실하시고 옳으십니다.

🚼 양육과 적용을 위한 묵상노트

6장에서 다섯째 인을 뗄 때에 억울하게 흘린 피의 값을 갚아 달라고 외치던 순교자들의 기도는 이렇게 응답되었습니다. 그리고 그들은 계시록 15장에서 유리바다 가에 있던 성도들이 모세의 노래와 어린양의 노래를 부르던 것과 같이 하나님의 심판이 참되고 의로운 심판인 것을 찬양합니다.

이 심판의 이유에 대해 계시록 18장 20절에서는 이렇게 말씀합니다. "하늘과 성도들과 사도들과 선지자들아, 그로 말미암아 즐거워하라 하나님이 너희를 위하여 그에게 심판을 행하셨음이라" 하더라. 하나님께서는 분명한 이유와 목적을 가지고 악한 자들을 심판하십니다.

 16-7. 네 번째 대접 재앙(8-9)

1. 불로 태우는 재앙(8)

■ 본문 : "넷째 천사가 그 대접을 해에 쏟으매 해가 권세를 받아 불로

사람들을 태우니"

8. The fourth angel poured out his bowl on the sun, and the sun was given power to scorch people with fire.

■ 목자역

8. 네 번째 천사가 그가 가진 대접을 해 위에 쏟았습니다. : 그러자 해가 권세를 받아 불로 사람들을 태웠습니다.

🔋 양육과 적용을 위한 묵상노트

넷째 천사는 그 대접을 해에 쏟았습니다. 고대 사회에서 해는 세상에 빛과 생명을 주는 신적인 존재로 생각되었고 숭배의 대상이었습니다. 계시록에서는 때로는 12장처럼 진리의 상징으로 쓰여 지기도 하고 때로는 본문처럼 심판의 도구인 자연계의 태양을 의미하기도 합니다.

여기에서는 자연계의 태양이며 악인들이 신적인 존재로 숭배하던 해를 의미합니다. 대접을 해에 쏟자 태양의 온도가 급속히 상승하면서 사람들을 불로 태우기 시작합니다. 태양 안에 있는 에너지가 급속히 팽창하면서 그 뜨거운 열이 지구를 태우기 시작합니다. 악인들을 뜨거운 불로 태우는 역사가 나타납니다.

여호수아 10장에서 창조주이신 하나님께서 여호수아와 그 백성을 위하여 태양을 멈추게 하셨던 것처럼 이제 하나님께서는 그 태양을 이용하여 악인들을 심판하십니다.

2. 회개가 없는 시대(9)

■ 본문 : "사람들이 크게 태움에 태워진지라 이 재앙들을 행하는 권세를 가지신 하나님의 이름을 비방하며 또 회개하지 아니하고 주께 영광을 돌리지 아니하더라"

9. They were seared by the intense heat and they cursed the name of God, who had control over these plagues, but they refused to repent and glorify him.

■ 목자역

9. 그때 그 짐승을 경배하던 사람들이 엄청나게 뜨거운 불로 태워졌습니다. 그러자 그 사람들은 이러한 재앙들을 행할 권세를 가지신 하나님의 이름을 모독하면서 그들의 죄를 회개하기는 커녕 하나님께 영광을 돌리는 것조차 거부하였습니다.

1 양육과 적용을 위한 묵상노트

그러자 이 악인들은 그 고통을 이기지 못하고 죽어가면서 이러한 일을 행하시는 권세를 가지신 하나님을 비방합니다. 특히 두아디라 교회가 세워져 있던 두아디라는 태양신으로 생각했던 아폴로를 그들의 주신으로 섬기는 도시였습니다. 두아디라와 같이 자연을 신으로 섬기는 모든 도시와 그 도시에 있는 신전들이 불로 태워지면서 그들은 죽어 갑니다.

하나님을 떠난 인생이 이처럼 허망한 것은 그들이 그토록 받들고 섬기던 것들에 의해 오히려 망하게 된다는 것입니다. 그래서 하나님을 떠난 세상 곧 해 아래에는 새 것이 없고 모든 것이 헛되고 헛된 것입니다. 하나님을 떠난 세상은 아무리 화려해 보여도 결국 그 끝은 한없이 허무할 뿐입니다.

우상을 섬기고 자연을 신으로 섬기던 그들은 오히려 그것들에 의해 망하면서도 회개하지 않습니다. 자신들이 신으로 섬기던 것들에 의해 죽음을 당하면서도 그들은 죽음의 문턱에서도 전혀 회개하지 않습니다.

이단 사이비에 넘어간 자들도 마찬가지입니다. 그들의 교주를 진리의 화신인 태양같이 받들고 그의 가르침을 마치 태양 빛이라도 되는 것처럼 받아들입니다. 그러다가 마지막에 그 모든 것들의 실체가 드러나고 그 모든 것들이 폭발하여 영적인 죽음과 육적인 파멸이 찾아와도 절대로 회개하지 않습니다.

그 이유는 그들이 이단에 속아 살아온 세월들을 부인하며 돌이킬 수도 없고 이제 다시 새롭게 시작할 수도 없다고 생각하기 때문입니다. 그러나 그대로 계속가면 그 끝은 멸망입니다. 잘못을 깨닫는 순간 돌아서야 합니다. 주님 안에서 다시 새 출발 해야 합니다. 마지막 시대는 절대 회개가 없는 시대입니다. 악한 자는 더 악해지고 불의한 자는 더 불의해 지는 시대입니다.

1. 짐승의 보좌에 쏟아지는 재앙(10a)

■ 본문 : "또 다섯째 천사가 그 대접을 짐승의 보좌에 쏟으니 그 나라가 곧 어두워지며"

10a. The fifth angel poured out his bowl on the throne of the beast, and his kingdom was plunged into darkness.

■ 목자역

10a. 이어서 다섯 번째 천사가 지기가 가지고 있던 대접을 첫 번째 짐승(적그리스도)의 보좌위에 쏟았습니다. : 그러자 그 첫 번째 짐승의 나라가 어두워졌습니다.

🔼 양육과 적용을 위한 묵상노트

다섯 번째 천사는 그 대접을 짐승 곧 권력을 가진 적그리스도가 앉아서 통치하는 그 보좌에 쏟았습니다. 그 보좌는 그가 통치하는 나라의 가장 핵심입니다. 통치하는 자리의 핵심부에 심판의 재앙이 임하게 되자 그 짐승이 다스리던 나라가 어두워집니다. 짐승은 횃불같이 타는 땅에 떨어진 별의 대행자이기 때문에 그 불이 꺼지면 그가 다스리던 온 세상도 어두워집니다.

하나님의 심판으로 드러나는 그 어둠은 그 짐승이 다스리던 세상의 실체를 보여 줍니다. 스스로를 하나님이라고 하고 하나님의 자리에 앉아 있던 짐승이 다스리는 세상은 참된 진리나 밝은 빛이 전혀 없는 캄캄한 어둠의 세상입니다.

왜 권력이 커지면 커질수록 권력자들이 하나님 흉내를 내는 것일까요? 그것은 나라가 커지면 커질수록 다스려야 할 사람들과 사물들과 대상들이 아주 다양하게 늘어나기 때문입니다. 그들 모두를 같은 피조물인 인간의 모습으로는 다스릴 수 없기 때문입니다.

그래서 큰 권력을 가지면 가질수록 피조물인 인간들이 창조주인 하나님 흉내를 내는 것입니다. 그것이 13장에서 보는 것처럼 사탄이 짐승에게 능력과 나라와 큰 권세를 주는 이유입니다.

그 짐승은 사탄의 대리자로서 큰 광명의 천사로 가장하고 잠깐 횃불처럼 타올라 모든 세상을 미혹했지만 하나님의 심판으로 그 모든 불이 순식간에 꺼져 버리니 그가 다스리던 온 세상에는 깊고 깊은 어둠만 가득합니다.

2. 참을 수 없는 고통(10b)

■ 본문 : "사람들이 아파서 자기 혀를 깨물고"

10b. Men gnawed their tongues in agony

10b. 사람들은 그 고통 때문에 아파서 자기들의 혀를 깨물었습니다.

⬛ 양육과 적용을 위한 묵상노트

사탄이 비추던 빛이 꺼지니 그들에게는 죽고 싶어서 혀를 깨물 정도로 도저히 견딜 수 없는 아픔과 고통이 찾아옵니다. 사탄에게 미혹되어 속아 살아왔던 그들의 인생에 대한 후회가 찾아오고 짐승의 거짓이 드러나 그 실체를 알게 되면서 그들은 견딜 수가 없어 죽고 싶어 혀를 깨물어 봅니다. 그러나 마지막 심판의 시대는 악인들이 스스로 죽고 싶어도 죽을 수 없는 고통의 시대입니다.

계시록 9장에서는 이들의 모습을 황충에 의해 전갈의 독을 맞은 모습으로 표현합니다. 죽고 싶어도 죽을 수 없고 고통만 당하는 비참한 모습입니다. 우리는 확실히 알아야 합니다. 짐승도 보좌에 앉아 있고 그가 다스리는 나라가 있습니다. 그러나 반드시 그 짐승의 보좌는 하나님의 심판을 받게 됩니다. 밝게 빛나던 것처럼 보이던 그 나라는 크고 짙은 어둠속에 빠져 들어가게 됩니다.

3. 갈수록 더 악해짐(11)

■ 본문 : "아픈 것과 종기로 말미암아 하늘의 하나님을 훼방하고 그들의 행위를 회개하지 아니하더라."

11. and cursed the God of heaven because of their pains and their sores, but they refused to repent of what they had done.

■ 목자역

11. 그들은 그 고통과 악성 종기들 때문에 하늘에 계신 하나님을 모독했습니다. 그들은 자기들이 행한 그 악한 일들은 전혀 회개하지 않았습니다.

📖 양육과 적용을 위한 묵상노트

이 고통은 시간이 지난다고 사라지는 것이 아닙니다. 이 고통은 지옥의 고통을 이 땅에서 미리 맛보게 하는 것입니다. 천년왕국이 새 하늘과 새 땅의 천국을 미리 보여주는 것이라면 짐승의 보좌와 그 나라에 대한 심판은 흰 보좌 심판 이후에 들어갈 불 못 지옥의 고통을 미리 보여 줍니다.

그들의 마음과 육신에 찾아온 극심한 고통 중에 그들은 그들이 살아온 나라와 시대를 심판하시는 하나님을 더 심하게 대적하고 모욕합니다. 훼방합니다. 네 번째 대접재앙 때 하나님을 비방하던 그들은 이제 하나님을 비방할 뿐만 아니라 적극적으로 대적하며 성령의 역사를 훼방합니다.

악은 고통을 당한다고 그 모양을 달리하거나 회개하는 것 아닙니다. 그들은 전혀 그들의 행위를 회개하지 않습니다. 그들은 그 어둠 때문에 혀를 깨물고 그 마음과 육신에 생긴 종기 때문에 하나님을 더 많이 모독하고 대적합니다.

사탄의 세력에 속한 자들, 이단에 속한 자들이 자신들의 실체를 알게 되었다고 회개하는 것이 아닙니다. 알게 되어도 그것 때문에 고통을 당해도 절대로 회개하지 않습니다. 오히려 더 하나님을 대적합니다. 왜냐하면 그들은 멸망의 자식들이요 거짓의 아비인 마귀의 자녀이기 때문입니다.

끝까지 회개하지 않는 그 마지막은 멸망이요 지옥입니다. 그러므로 우리는 회개할 시간이 있을 때 회개해야 하고 회개할 기회가 있을 때 회개해야 합니다. 회개가 은혜입니다 회개가 축복입니다. 회개가 하나님을 만나는 길입니다.

 ## 16-9. 여섯째 대접 재앙(12-16)

1. 유브라데(12)

■ 본문 : "또 여섯째 천사가 그 대접을 큰 강 유브라데에 쏟으매 강물이 말라서 동방에서 오는 왕들의 길이 예비되었더라"

12. The sixth angel poured out his bowl on the great river Euphrates, and its water was dried up to prepare the way for the kings from the East.

■ 목자역

12. 이어서 여섯 번째 천사가 대접을 그 큰 강 유브라데 위에 쏟았습니다. : 그러자 강물이 말라 동쪽 방향으로부터 오는 왕들의 길이 준비되었습니다.

◘ 양육과 적용을 위한 묵상노트

여섯 번째 재앙은 큰 전쟁에 관한 것입니다. 진리와 비진리가 맞부딪치고 선과 악이 맞부딪치는 장소가 유브라데입니다. 유브라데는 에덴동산이 있던 곳입니다. 그곳에서 사탄은 인간을 유혹해서 함정에 빠트리고 하나님을 떠난 인간들과 세상에 죽음이 들어오게 했습니다.

그 이후 유브라데는 인류 최초의 문명인 수메르 문명을 꽃 피우게 했던 곳입니다. 그곳에서 시작된 인류 문명은 전 세계로 퍼져 나가면서 하나님을 대적하는 사람들이 세상에 가득하게 했습니다.

그들은 바벨탑을 만들고 지구라트라는 신전을 만들어 달의 여신을 숭배하게 했으며 후에 마리아 숭배와 같은 여신 숭배 사상이 세상에 가득하게 했습니다. 처음에 에덴동산이 있을 때는 유브라데는 행복의 근원이었습니다. 그러나 노아 홍수 이후에는 바벨론과 함께 악의 젖줄이요 소굴이 되었습니다. 바로 그 장소, 악한 자들의 젖줄이었던 그 유브라데 강물이 말랐습니다.

강물이 말랐다는 것은 이제 하나님의 심판으로 더 이상 인간들이 하나님을 대적하는 일에 힘이 되어주던 모든 것들이 완전히 사라진다는 의미입니다.

그러니 그동안 감추어져 있던 모든 악이 송두리째 드러날 것이고 선과 악의 완충시대가 없어졌기 때문에 이제 직접 모든 선과 악이 결판을 내야 하는 시간이 다가온 것입니다.

2. 개구리 같은 세 더러운 영(13)

■ 본문 : "또 내가 보매 개구리 같은 세 더러운 영이 용의 입과 짐승의 입과 거짓 선지자의 입에서 나오니"

13. Then I saw three evil spirits that looked like frogs; they came out of the mouth of the dragon, out of the mouth of the beast and out of the mouth of the false prophet.

■ 목자역

13. 또 나는 사탄인 그 용의 입에서와 적그리스도인 첫 번째 짐승의 입에서와 두 번째 짐승인 거짓 선지자의 입에서 개구리같이 더러운 세 영이 나오는 것을 보았습니다. :

⬆ 양육과 적용을 위한 묵상노트

유브라데 강물이 마르고 선과 악의 완충지대가 없어지면서 그동안 세상에서 그 정체를 드러내지 않고 광명의 천사로 위장하여 숨어서 활동하던 모든 악령들이 만천하에 드러납니다. 개구리는 성경에서 가증하게 여겨졌던 짐승이고 애굽에서는 신으로까지 숭배를 받던 짐승입니다.

그런데 유브라데 강물이 마르니 그 강물 안에 개구리와 같은 모습으로 위장하고 감추어져 있던 사탄의 영과 짐승 곧 적그리스도의 영과 거짓 선지자들 안에서 활동하던 악령들의 실체가 드러납니다.

계시록 12장을 보면 용의 낯을 피하여 광야로 피신한 여자를 공격하는 뱀의 방법이 그 입에서 물을 강같이 토하여 내어 그 여자를 그 강물에 휩쓸려 떠내려가도록 하는 것입니다. 사탄과 악령들은 악한 사상과 악한 제도와 악한 일들이 모여 있는 유브라데 같은 세상 풍조의 강물 속에 숨어 있습니다.

3. 악한 영들인 귀신들의 역사(14)

■ 본문 : "그들은 귀신의 영이라 이적을 행하여 온 천하 왕들에게 가서 하나님 곧 전능하신 이의 큰 날에 있을 전쟁을 위하여 그들을 모으더라"

14. They are spirits of demons performing miraculous signs, and they go out to the kings of the whole world, to gather them for the battle on the great day of God Almighty.

■ 목자역

14. 그들은 귀신의 영입니다. 마술적인 이적을 행하는 능력을 가진 사탄의 악한 영들입니다. 그것들은 전능하신 하나님이 심판하러 오실 그 큰 심판의 날에 하나님을 대적하며 싸우기 위해 온 땅에 있는 왕들에게로 가서 그들을 모읍니다.

☑ 양육과 적용을 위한 묵상노트

그것들은 어떤 영입니까? 귀신의 영이요 사탄의 영입니다. 때문에 거짓된 이적들을 행할 수 있습니다. 거짓된 이적이라는 말은 겉으로 보기에는 같은 이적이라 하더라도 그 영이 거짓의 아비인 사탄에게 속해 있기 때문에 그들이 일으키는 이적이 거짓 이라는 것입니다.

그들이 일으키는 이적 자체는 눈에 보이는 현상으로는 진짜입니다. 그러나 그 들이 일으키는 이적의 목적은 사람들의 영혼을 도적질하고 죽이고 멸망시키려는 것입니다. 그래서 진짜이지만 가짜입니다.

똑같은 현상으로 나타나는 똑같은 이적이라 하더라도 그 이적이 하나님께로부터 온 것이냐 아니면 사탄으로부터 온 것이냐를 분별할 수 있어야 합니다. 그것이 영적인 분별력입니다. 이적과 기적을 행한다고 다 하나님의 영의 역사는 아닙니다. 선함과 진실과 공의가 그 열매로 나타나야 하나님의 은사입니다.

4. 계시록의 세 번째 복(15)

■ 본문 : "보라 내가 도둑 같이 오리니 누구든지 깨어 자기 옷을 지켜 벌거벗고 다니지 아니하며 자기의 부끄러움을 보이지 아니하는 자는 복이 있도다"

15. Behold, I come like a thief! Blessed is he who stays awake and keeps

his clothes with him, so that he may not go naked and be shamefully exposed.

■ 목자역

15. 자, 보라! 내가 도적 같이 오리라! : **복이 있도다!** 누구든지 깨어 있어 자기 옷을 잘 지켜 벌거벗고 다니지 아니하며 자기의 부끄러움을 보이지 않는 사람은!

ⓣ 양육과 적용을 위한 묵상노트

계시록에는 하나님이 주시는 복에 대한 말씀이 일곱 번 나오는데 그 가운데 세 번째 복에 대한 말씀이 본문입니다. 이 본문은 마지막 때에 대한 경고이면서 또한 마지막 때를 미리 알고 준비한 사람들에게 주시는 하나님의 복입니다.

도적 같이 오신다는 것은 전혀 예상하지 못한 때 사람들이 준비되지 않은 때 오신다는 것입니다. 그러므로 이 복은 주님이 언제 오시더라도 평소에 주님을 맞이할 준비가 되어 있는 사람들이 누릴 복입니다.

항상 영적으로 깨어 있어 언제든지 다시 오시는 주님을 맞아할 수 있도록 자기 옷을 잘 지킨 사람의 복입니다. 주님이 주신 자기 옷을 잘 지켜야 합니다. 이 옷은 성도로서 바르게 산 사람에게 주는 구원의 복입니다. 성도로서의 삶이 부끄럽지 않고 깨끗하게 살고 선한 양심과 행실로 산 사람들이 받는 복입니다. 성도로서 성별되고 구별된 삶은 그만큼 구별된 축복을 주님이 주십니다.

5. 아마겟돈 전쟁(16)

■ **본문** : "세 영이 히브리어로 아마겟돈이라 하는 곳으로 왕들을 모으더라"

16. "Then they gathered the kings together to the place that in Hebrew is called Armageddon.

■ **목자역**

16. 그리고 그 세 부류의 악령들은 그들에게 미혹된 왕들을 히브리말로 아마겟돈이라 불리는 장소로 모았습니다.

ⓘ 양육과 적용을 위한 묵상노트

예수님 재림 이전의 마지막 시대에 이 땅에서 터질 가장 큰 전쟁의 이름은 계시록 9장의 유브라데 전쟁과 본문의 아마겟돈 전쟁입니다. 그 외에도 11장에서 일어나는 짐승과 두 증인의 전쟁도 있고 12장에서 일어나는 하늘의 전쟁도 있습니다. 또 주님 재림 이후에 일어나는 19장의 전쟁과 20장의 천년왕국 이후에 일어나는 곡과 마곡의 전쟁 등 크고 작은 많은 전쟁들이 있습니다.

그 가운데 이 아마겟돈 전쟁은 곡과 마곡의 전쟁처럼 사탄이 직접 진두 지휘하며 악한 영들이 총동원되어 일어나는 전쟁입니다. 아마겟돈은 고대 이스라엘 나라에서 가장 큰 전쟁의 장소였던 므깃도 골짜기입니다.

그들은 지상에서 선과 악이 최후로 싸우게 될 장소를 상징하는 아마겟 돈이라는 곳으로 사탄에게 사로잡힌 악한 귀신들린 사람들을 적그리스도 와 거짓 선지자를 동원하여 최대한으로 모아 인류 최후의 전쟁을 일으킵 니다.

 16-10. 일곱째 대접 재앙(17-21)

1. 되었다 - 심판의 완성 선언(17)

■ 본문 : "일곱째 천사가 그 대접을 공중에 쏟으매 큰 음성이 성전에서 보좌로부터 나서 이르되 **되었다** 하시니"

17. The seventh angel poured out his bowl into the air, and out of the temple came a loud voice from the throne, saying, **"It is done!"**

■ 목자역

17. 일곱 번째 천사가 그가 가진 대접을 사탄이 권세를 잡은 영역을 상징하 는 공중에 쏟았습니다. : 그러자 그 성전에 있는 보좌에서 큰 음성이 나면서 말씀하셨습니다. : **되었다**

■ 양육과 적용을 위한 묵상노트

아마겟돈 전쟁 끝에 하나님께서 공중의 권세 잡은 자인 사탄이 역사하는 공중에 천사를 통하여 일곱 번째 대접에 담겨있는 재앙을 쏟아 부으십니다. 계시록 20장에서 보는 것처럼 하나님의 심판 그 마지막 대상은 사탄입니다.

사탄이 마지막 심판을 받고 멸망해야 악에 대한 모든 심판이 끝이 납니다. 하늘에서 쫓겨난 사탄은 공중으로 쫓겨났습니다. 다시 공중에서 쫓겨난 사탄은 땅으로 쫓겨납니다. 그 땅에서조차 쫓겨나는 사탄은 무저갱으로 쫓겨나고 천년왕국 이후에 그 무저갱으로 풀려난 사탄은 영원한 지옥인 불 못에 던져집니다.

그러므로 우리는 어린양의 피와 하나님의 말씀으로 사탄을 이겨야 합니다. 하나님께서 되었다고 하시는 말씀은 심판의 완성을 선언하시는 것입니다. 창조의 완성과 속죄의 완성에 이어 심판이 완성되었습니다. 이제 남은 것은 구원의 완성입니다. 이 구원의 완성은 새 하늘과 새 땅에서 이루어집니다.

2. 번개와 음성과 우렛소리와 지진(18)

■ 본문 : "번개와 음성들과 우렛소리가 있고 또 큰 지진이 있어 얼마나 큰지 사람이 땅에 있어 온 이래로 이같이 큰 지진이 없었더라"

18. Then there came flashes of lightning, rumblings, peals of thunder and a severe earthquake. No earthquake like it has ever occurred since man has been on earth, so tremendous was the quake.

18. 그러자 공중에서는 번개와 음성들과 천둥소리가 있고 땅위에서는 사람들이 그 땅 위에 살아온 이후로 단 한 번도 일어난 적이 없는 매우 큰 지진이 일어났습니다.

☐ 양육과 적용을 위한 묵상노트

하나님의 음성이 들리면서 공중에서는 번개와 음성들과 천둥소리가 들리게 됩니다. 그리고 세상에서는 인류 역사가 시작된 이래 한 번도 경험하지 못했던 큰 지진이 일어납니다.

11장에서 하나님께서 미리 말씀하신 마지막 심판의 다섯 가지 모습이 여기에서 다 보여 집니다. 이 지진의 모습은 예수님의 재림을 묘사하는 스가랴서 14장에 잘 나와 있습니다.

3. 성이 무너지고 섬과 산악이 없어짐(19-20)

■ 본문 : "큰 성이 세 갈래로 갈라지고 만국의 성들도 무너지니 큰 성 바벨론이 하나님 앞에 기억하신바 되어 그의 맹렬한 진노의 포도주 잔을

받으매 각 섬도 없어지고 산악도 간 데 없더라"

19. The great city split into three parts, and the cities of the nations collapsed. God remembered Babylon the Great and gave her the cup filled with the wine of the fury of his wrath.

20. Every island fled away and the mountains could not be found.

■ 목자역

19. 그러면서 그 큰 성(로마)이 세 조각으로 나누어졌고 모든 나라의 도시들은 다 망하게 되었습니다. 그리고 하나님께서 기억하고 계셨던 그 큰 성 곧 하나님을 떠나버린 정치와 종교와 문화와 문명으로 가득 차 있던 바벨론(로마)에게 하나님의 진노가 가득히 담긴 그 포도주 잔이 쏟아졌습니다.

20. 그 순간 모든 섬들이 사라졌으며 산들도 찾아볼 수가 없었습니다.

🚹 양육과 적용을 위한 묵상노트

이 재앙은 어느 한 곳에서만 일어나는 것이 아닙니다. 온 세상에서 일어나는 일입니다. 그리고 그 모든 악행의 근원지요 그 죄악이 하늘에 사무친 도시 바벨론은 하나님의 진노가 쏟아 부어지면서 완전히 폐허가 되어 망해버렸습니다.

사람들의 눈에 그렇게 견고해 보이던 산들과 섬들도 모두 다 사라져버리고 완전히 파괴되었습니다. 하나님의 심판이 임하는 주의 날 바로 그날에 이 세상에서 세상 사람들이 바라보고 의지할 수 있는 것은 아무 것도 없습니다.

이때가 계시록 6장에서 말씀하는 여섯 번째 인이 떼어진 시기입니다. "하나님의 진노가 임하는 그 큰 심판의 날에 그 누가 하나님 앞에 설 수 있겠습니까?" 라고 외치던 사람들의 음성이 들리십니까?

4. 하나님을 비방하는 사람들(21)

■ 본문 : "또 무게가 한 달란트나 되는 큰 우박이 하늘로부터 사람들에게 내리매 사람들이 그 우박의 재앙 때문에 하나님을 비방하니 그 재앙이 심히 큼이러라"

21. From the sky huge hailstones of about a hundred pounds each fell upon men. And they cursed God on account of the plague of hail, because the plague was so terrible.

■ 목자역

21. 이어서 한 달란트 무게의 큰 우박이 하늘에서부터 사람들에게 쏟아졌습니다. 그러자 사람들은 그 우박의 재앙이 그들이 감당하기에는 너무 크고 또 그 재앙으로 인한 고통을 견디기가 너무 힘들었기 때문에 하나님을 비방하고 욕하였습니다.

■ 양육과 적용을 위한 묵상노트

무게가 한 달란트 되는 우박은 지금까지 단 한 번도 사람들이 경험해 본 것이 아닙니다. 8장에서 처음 나팔을 불 때 떨어진 것은 피가 섞인 우박과 불이었습니다. 그 불과 우박으로 풀과 수목들의 삼분의 일이 태워지고 파괴되었습니다.

그런데 지금 이 우박은 그때의 경험과 상상을 초월하는 것입니다. 사탄이 심판을 받으면서 쏟아지는 그 우박이 떨어지면 온 세상이 다 파괴 됩니다. 그래서 계시록 6장에서 보는 것처럼 가장 안전하다고 생각하는 곳에 숨은 사람들조차 그 심판의 엄중함을 바라보며 누가 과연 구원받을 수 있겠느냐고 탄식하는 것입니다.

그런데 사탄에 사로잡힌 본문의 악인들은 그 심판 중에도 하나님을 비방하며 하나님을 대적합니다. 그들의 영은 사탄에게 사로잡혀 있고 그들의 마지막은 지옥입니다. 마지막 시대는 하나님을 믿는 하나님의 사람들에게는 구원의 시대요, 하나님을 대적하는 악인들에게는 철저한 심판의 시대입니다.

여섯 번째 사건 [15:5-17:18]

증거 장막 성전과
일곱 대접의 재앙과 음녀의 멸망

 계시록 17장 | **음녀(로마의 타락한 거짓 종교와 문화)에 대한 심판과 멸망**

17-1. 음녀(1-2)

1. 음녀가 가진 권세와 음녀에 대한 심판 예고(1)

■ 본문 : "또 일곱 대접을 가진 일곱 천사 중 하나가 와서 내게 말하여 이르되 이리로 오라 많은 물 위에 앉은 큰 음녀가 받을 심판을 네게 보이리라"

1. One of the seven angels who had the seven bowls came and said to me, "Come, I will show you the punishment of the great prostitute, who sits on many waters."

■ 목자역

1. 그 후에 일곱 대접을 가지고 있는 일곱 천사들 가운데 하나가 나에게 와서 이렇게 말하였습니다. : 이리 오시오, 내가 당신에게 많은 물(온 땅에 있는 백성과 무리와 많은 나라와 언어) 위에 앉아 있는 그 큰 음녀(땅의 왕들을 다스리는 큰 성 곧 바벨론이라고 불리는 로마)에 대한 심판을 보여드리겠소.

⚊ 양육과 적용을 위한 묵상노트

일곱 대접을 가진 천사들 가운데 한 천사가 요한에게 말합니다. "이리로 오라 내가 많은 물 위에 앉아 있는 큰 음녀가 받은 심판을 보여주리라." 많은 물은 15절에서 나라와 족속과 백성과 방언들이라고 설명하고 있고 큰 음녀는 18절에서 땅의 임금들을 다스리는 큰 성이라고 설명합니다.

권력을 가진 적그리스도와 거짓 선지자를 두 짐승으로 나누어 말하는 것처럼 말세에 일어나 하나님을 대적하는 두 세력을 또 하나의 비유로 음녀와 바벨론으로 나누어 설명합니다.

그러나 이 둘은 동전의 양면처럼 하나이면서 둘이고 둘이면서 하나인데 이 음녀는 하나님을 떠난 타락한 종교와 문화의 총체적인 세력과 그 중심 주체가 된 자를 의미합니다. 그는 온 세상 위에 앉아 정치와 경제 권력을 배경으로 사람들의 정신세계를 지배합니다.

2. 음녀가 한 일(2a)

■ 본문 : "땅의 임금들도 그와 더불어 음행하였고"

2a. With her the kings of the earth committed adultery

■ 목자역

2a. 땅의 왕들은 그 여자와 함께 우상을 섬기며 음란한 행동을 하였습니다.

☒ 양육과 적용을 위한 묵상노트

그는 먼저 땅에 있는 모든 통치자들을 그의 거짓된 사상과 종교로 미혹하여 그들이 그와 더불어 하나님을 대적하게 합니다.

3. 음녀가 성도들을 유혹하는 도구 : 포도주(2b)

■ 본문 : "땅에 사는 자들도 그 음행의 포도주에 취하였다 하고"

2b. and the inhabitants of the earth were intoxicated with the wine of her adulteries.

■ 목자역

2b. 땅에 사는 자들도 그녀의 음행으로 인한 포도주(우상숭배와 거짓 진리와 쾌락)에 취해 버렸습니다.

그뿐만 아니라 그는 땅에 사는 모든 이들이 통치자들을 따라 우상 숭배와 거짓된 사상과 육체적이고 정신적인 쾌락에 빠져 들어가게 합니다. 취하였다는 것은 이미 정신을 잃어 정상적인 판단 능력을 상실했다는 것입니다.

이단에 넘어간 사람들을 보세요. 참과 진리에 대한 정상적인 판단 능력을 잃어버리고 그 집단의 계속적인 세뇌와 억압과 회유와 집단주의에 얽매여 이혼과 가출 등으로 정상적인 사회생활을 하지 못하고 있습니다. 집단주의와 고통과 쾌락은 인간을 통제하는 가장 강력한 수단입니다.

17-2. 성령의 감동(3a)

■ 본문 : "곧 성령으로 나를 데리고 광야로 가니라"

3a. Then the angel carried me away in the Spirit into a desert.

■ 목자역

3a. 그리고 곧 그 천사는 성령에 감동된 나를 이끌고 광야로 갔습니다.

▣ 양육과 적용을 위한 묵상노트

천사의 음성을 듣는 중에 사도 요한은 다시 한 번 더 성령에 감동되었습니다. 그리고 그는 성령 안에서 광야로 이끌림을 받아 또 다른 환상들을 보게 됩니다. 1장에서 첫 번째 성령의 감동은 그에게 주님을 만나게 하고 각 교회에 편지를 써서 보내라는 첫 번째 사명을 받게 했습니다.

4장에서 받은 두 번째 성령의 감동은 그의 영이 하늘로 이끌림을 받게 하고 그에게 하늘 보좌의 환상과 예수님이 심판주로 등극하시는 대관식을 비롯하여 하나님의 심판이 진행되어 가는 모습을 보게 했습니다.

이제 세 번째 성령의 감동은 그를 광야로 이끌어 가면서 그에게 음녀와 바벨론에 대한 심판 및 예수 그리스도의 재림과 천년왕국 등의 환상을 보게 합니다. 그리고 21장에서 그는 네 번째 성령의 감동을 받으면서 새 하늘과 새 땅의 모습과 새 예루살렘의 모습을 보게 됩니다.

성령의 감동은 이렇게 항상 새로운 곳으로 인도하고 새로운 것을 보게 합니다. 하나님의 은혜를 깊이 체험하게 하고 깨닫게 하고 실천하게 합니다. 그래서 우리는 하나님의 은혜를 사모하는 가운데 항상 우리와 함께 하시고 우리를 인도하시며 깨닫게 하시는 성령의 감동을 받아야 합니다.

■ 본문 : "내가 보니 여자가 붉은 빛 짐승을 탔는데 그 짐승의 몸에 하나님을 모독하는 이름들이 가득하고 일곱 머리와 열 뿔이 있으며"

3b. There I saw a woman sitting on a scarlet beast that was covered with blasphemous names and had seven heads and ten horns.

■ 목자역

3b. 그곳에서 나는 그 음란한 여자가 하나님을 대적하는 권력자들과 나라들을 상징하는 사탄의 권세를 받은 붉은 빛 짐승 위에 타고 있는 것을 보았습니다. 그 짐승의 온 몸에는 하나님을 모독하는 이름들이 가득하였으며 그 짐승은 일곱 개의 머리와 열 개의 뿔을 가지고 있습니다.

1 양육과 적용을 위한 묵상노트

그 광야에서 요한은 피의 빛처럼 붉은 빛을 가지고 있는 한 짐승을 보았는데 그 짐승은 12장에 나오는 용처럼 머리가 일곱이고 뿔이 열이 있습니다. 그런데 이 짐승이 12장에 나오는 용과 다른 것은 용은 그 일곱 머리마다 왕관을 쓰고 있는데 이 짐승은 그 머리에서 나온 열 뿔에 왕관을 쓰고 있습니다.

그리고 13장에 나오는 짐승과 다른 것은 그 짐승은 머리에 하나님을 모독하는 이름들이 가득했는데 이 짐승은 온 몸에 하나님을 모독하는 이름들이 가득하다는 것입니다. 그러니까 13장에 나오는 짐승과 본문의 짐승을 종합해 보면 이 짐승은 머리끝에서 발끝까지 하나님을 대적하는 적그리스도라는 것입니다.

그 몸에는 온통 하나님을 모독하는 이름들로 가득합니다. 그 여자는 그 붉은 빛 짐승 위에 있습니다. 이 짐승은 13장에서 사탄의 능력과 보좌와 큰 권세를 받은 바다에서 올라온 짐승과 같은 짐승입니다.

음녀가 그 짐승을 타고 있다는 것은 그 음녀가 그 짐승의 권력 위에서 군림한다는 뜻이며 그 짐승의 몸에 하나님을 모독하는 이름이 가득하다는 것은 그 짐승의 속성이 마귀와 같고 그 짐승이 사탄에게 속한 자라는 것을 알려줍니다.

 ## 17-4. 음녀의 사치(4a)

■ 본문 : "그 여자는 자주 빛과 붉은 빛 옷을 입고 금과 보석과 진주로 꾸미고"

4a. The woman was dressed in purple and scarlet, and was glittering with gold, precious stones and pearls.

4a. 그 여자는 자주 빛과 붉은 빛의 옷을 입고 있었으며 황금과 보석들과 진주들로 치장하고 있었습니다.

🚹 양육과 적용을 위한 묵상노트

그 여자는 부와 권력을 상징하는 붉은 빛과 자주 빛의 옷을 입고 있으며 금과 보석과 진주로 치장하였습니다. 그 사치가 극에 달한 모습입니다. 오늘날 이단들도 그 교주들을 보면 세상에 속한 온갖 좋은 것들로 치장하고 화려한 모습으로 사람들을 미혹합니다. 심지어는 왕관을 쓰고 대관식까지 합니다.

그러나 참된 교회는 그렇지 않습니다. 성도들은 어린양의 피에 씻은 흰 옷을 입고 정결한 모습으로 살아갑니다. 그러므로 교회는 건물의 크고 화려한 것을 자랑하거나 목회자들이 권력을 가진 자들과 가까운 것을 자랑하면서 드러내거나 지나치게 사치하는 모습을 보이면 안 됩니다.

그것은 종교의 이름으로 하나님을 대적하는 타락한 음녀를 닮아가는 것입니다. 하나님의 심판을 자초하는 일입니다. 붉은 빛 짐승을 타고 있는 음녀의 모습을 보면서 우리는 목회자나 성도로서의 바른 삶이 무엇인지를 돌아보아야 합니다.

17-5. 음녀의 손에 든 금잔(4b)

■ 본문 : "손에 금잔을 가졌는데 가증한 물건과 그의 음행의 더러운 것들이 가득하더라"

4b. She held a golden cup in her hand, filled with abominable things and the filth of her adulteries.

■ 목자역

4b. 그 여자의 손에는 금으로 된 잔이 있었는데 그 안에는 우상 숭배에 쓰이는 가증한 물건들과 그녀의 영향을 받은 모든 자들이 행하는 우상숭배와 음란한 행위들로 더러워진 것들이 가득 차 있었습니다.

◘ 양육과 적용을 위한 묵상노트

음녀는 그 손에 금잔을 가지고 있습니다. 예수님이 그 오른손에 일곱별을 붙잡고 있는 것처럼 이 여자는 금잔을 들고 있습니다. 보기만 해도 찬란한 금으로 만든 잔입니다. 그래서 사람들이 그 화려한 모습과 금잔에 속습니다.

성경에서 잔은 인생을 상징합니다. 다윗은 시편 23편에서 주께서 내 머리에 기름을 부으시니 내 잔이 넘친다고 고백했습니다. 잔은 그가 살아가는 인생의 모습과 가진 것들이 무엇인가를 보여줍니다.

그런데 이 음녀가 들고 있는 걸보기에 너무나 화려한 그 금잔 안에는 무엇이 들어 있습니까? 이 땅에 있는 모든 가증한 것들과 음란한 것들이 다 들어 있습니다.

온 세상에 있는 하나님을 대적하고 하나님을 비방하는 모든 것들입니다. 우상 숭배와 거짓 종교와 사탄의 문화와 사상입니다. 음란과 쾌락을 최고의 가치로 아는 잘못된 세상 풍조입니다. 이 모든 것들이 음녀가 들고 있는 금잔 안에 가증한 모습과 음란한 모습으로 가득 차 있습니다. 그러나 그 걸모습이 금잔이기 때문에 사람들은 그 음녀의 화려한 걸모습과 금잔에 속아서 넘어 갑니다.

가짜일수록 겉이 더 화려하고 멋있고 가짜일수록 진짜 안에 담겨 있습니다. 9장에 나오는 황충은 금관 같은 것을 쓰고 있었습니다. 진짜 같은 가짜입니다. 그러나 이 음녀는 진짜 안에 가짜를 숨기고 있습니다. 그래서 화려한 옷과 금과 보석과 진주로 꾸민 모습과 금잔을 보고 속으면 멸망의 길로 가게 되는 것입니다. 이단들도 겉은 진짜입니다. 그러나 그 안에 있는 것이 가짜입니다.

 ## 17-6. 음녀의 이름(5)

■ 본문 : "그의 이마에 이름이 기록되었으니 비밀이라, **큰 바벨론이라, 땅의 음녀들과 가증한 것들의 어미라 하였더라**"

5. This title was written on her forehead: MYSTERY BABYLON THE GREAT THE MOTHER OF PROSTITUTES AND OF THE ABOMINATIONS OF THE EARTH.

■ 목자역

5. 그리고 그 음녀의 이마에는 한 이름이 쓰여 있습니다. : **비밀 큰 비벨론, 땅의 음녀들과 가증한 것들의 어미.**

■ 비교 본문 : "그 옷과 그 다리에 이름을 쓴 것이 있으니 **만왕의 왕이요 만주의 주라 하였더라**"(계19:16)

On his robe and on his thigh he has this name written: **KING OF KINGS AND LORD OF LORDS.**(계19:16)

계시록 원문에는 이 음녀의 정체를 밝히는 본문과 재림하시는 예수님을 묘사하는 19장 16절의 본문을 대문자로 기록함으로써 말세의 전쟁이 예수님과 이 음녀와의 사이에서 이루어지는 것을 분명하게 보여줍니다.

✝ 양육과 적용을 위한 묵상노트

그 음녀의 이마에는 누구나 다 아는 공개된 비밀이면서도 공개적으로 말할 수 없는 미스터리한 이름이 있습니다. 이름은 그 존재의 속성을 드러내고 그 존재를 대표하는 것이 이름입니다. 그 이름은 큰 바벨론입니다. 구약시대에 있던 느브갓네살이 통치하던 바벨론보다 더 많은 악행을 저지르고 더 많은 죄악을 쌓았기 때문에 큰 바벨론입니다.

큰 바벨론은 그 시대의 로마요 오늘 우리 시대의 큰 권력을 가지고 세상을 통치하는 적그리스도 국가나 단체이며, 마지막 때에 온 세상을 통합하여 정치와 경제 권력을 등에 업고 온 세상을 통치하게 될 종교 권력입니다.

그러므로 이 큰 바벨론은 땅에 있는 모든 음란한 것들과 가증한 것들의 어미입니다. 모든 악한 종교와 사상과 과학과 철학의 모태입니다. 악의 탯줄이며 젖줄이고 그들의 후견인입니다. 마지막 때에는 사탄의 지배아래 있는 이 세상의 모든 악한 것들이 이 음녀의 이름으로 통합됩니다.

음녀는 자신을 하나님의 자리에 올리고 창조주 하나님을 떠나게 하고 우상을 섬기게 하고 각종 타락한 문화와 철학과 과학과 종교 통합주의와 뉴 에이지 운동 같은 것으로 사람들의 정신을 혼미하게 합니다. 그 끝은 멸망입니다.

 ## 17-7. 망하기 전의 음녀의 상태(6)

■ 본문 : "또 내가 보매 이 여자가 성도들의 피와 예수의 증인들의 피에 취한지라 내가 그 여자를 보고 놀랍게 여기고 크게 놀랍게 여기니"

6. I saw that the woman was drunk with the blood of the saints, the blood of those who bore testimony to Jesus. When I saw her, I was greatly astonished.

6. 그리고 나는 그 음녀가 성도들을 핍박하고 죽일 때 성도들이 흘린 피와 예수님을 주님이라고 증언한 증인들에게 폭력을 행사할 때 그 증인들이 흘린 피에 흠뻑 젖어 있는 것을 보았습니다. 그래서 나는 그 여자를 보고 크게 놀라면서 매우 이상하게 생각했습니다.

🚹 양육과 적용을 위한 묵상노트

그 음녀는 13장에서 땅에서 올라 온 짐승이 바다에서 올라온 짐승의 권세를 가지고 사람들을 죽이는 것처럼 온 세상의 권력을 동원하여 성도들과 하나님의 말씀을 전하는 주의 종들 곧 예수의 증거를 가진 자들을 죽입니다. 이들 모두는 대언의 영이신 하나님의 영에 이끌림을 받는 믿음의 사람들입니다.

그 음녀는 너무나 많은 성도들을 죽여 그 피에 취해버렸습니다. 그래서 시간이 지나 가면 갈수록 죄를 지으면서도 그것이 죄인 줄도 모르고 더 큰 악행을 저질러 온 세상을 주의 종들과 성도들의 피가 흐르는 세상으로 만들어 버립니다. 그 모습을 보고 요한 사도는 크게 놀라게 됩니다.

천사는 그 여자가 받을 심판의 모습을 보여 준다고 했는데 지금 눈앞에 보이는 현실은 성도들과 예수의 증인들의 죽음과 그들이 흘린 피가 강같이 흐르는 모습입니다. 그래서 요한은 깜짝 놀라게 된 것입니다.

그러나 이 모습은 왜 그 음녀가 하나님의 심판을 받아야 되는지에 대한 분명한 이유를 우리에게 알게 합니다. 하나님은 공의의 하나님이십니다. 이유 없이 심판하지 않으십니다. 하나님의 심판은 의롭고 참된 심판입니다. 음녀는 성도들과 예수님을 주님이라고 증거 하는 주의 종들을 죽였기 때문에 심판을 받는 것입니다. 억울한 사람들의 피를 흘리게 했기 때문입니다.

이 음녀에 대한 심판은 온 세상에 광범위하게 퍼져 있는 모든 음란한 것들과 가증한 것들에 대한 심판입니다. 온 세상에 퍼져 있는 음녀의 세력들을 뿌리 뽑는 심판입니다.

그런데 17장 본문의 말씀처럼 음녀에 대한 그 심판은 음녀가 타고 있던 일곱 머리와 열 뿔 가진 짐승에 의해 시행됩니다. 서로의 이해관계 때문에 하나가 되어 있던 음녀와 짐승 두 악의 세력이 서로 찢어지게 됩니다. 악에 의하여 악을 심판하시는 하나님의 그 오묘하신 섭리를 그 누가 알겠습니까?

 ## 17-8. 음녀와 그가 탄 짐승의 비밀(7)

■ 본문 : "천사가 이르되 왜 놀랍게 여기느냐 내가 여자와 그가 탄 일곱 머리와 열 뿔 가진 짐승의 비밀을 네게 이르리라"

7. Then the angel said to me: "Why are you astonished? I will explain

to you the mystery of the woman and of the beast she rides, which has
the seven heads and ten horns.

■ 목자역

7. 그러자 그 천사가 나에게 말하였습니다. : 왜 놀라십니까? 내가 당신에게 **그 여자의 비밀**을 알려 주겠습니다. 그리고 일곱 개의 머리와 열 개의 뿔을 가지고 그 여자를 태우고 있는 **그 짐승의 비밀**도 설명해 주겠습니다.

① 양육과 적용을 위한 묵상노트

계시록에는 세 가지 비밀이 있습니다. 하나는 1장에 있는 교회의 비밀입니다. 교회에는 골로새서 2장의 말씀처럼 하나님의 비밀인 그리스도가 있습니다. 둘째는 10장에 있는 하나님의 비밀인데 이것은 영원한 복음 속에 담긴 악에 대한 심판과 믿는 자의 구원에 관한 비밀입니다. 그리고 세 번째가 음녀와 일곱 머리와 열 뿔 가진 짐승의 비밀 곧 사탄의 비밀입니다.

계시록에 나오는 이 세 가지 비밀의 내용을 바르게 이해하고 알게 되면 마지막 시대의 심판과 구원이 교회를 대표하는 예수 그리스도와 사탄을 대표하는 음녀와의 사이에서 벌어지는 전쟁을 통해 이루어지는 이유를 알게 됩니다. 그리고 성도의 구원이 그 전쟁에서 주님이 승리한 결과라는 것을 알게 됩니다.

■ **본문** : "네가 본 짐승은 전에 있었다가 지금은 없으나 장차 무저갱으로 부터 올라와 멸망으로 들어갈 자니 땅에 사는 자들로서 창세 이후로 그 이름이 생명책에 기록되지 못한 자들이 이전에 있었다가 지금은 없으나 장차 나올 짐승을 보고 놀랍게 여기리라"

8. The beast, which you saw, once was, now is not, and will come up out of the Abyss and go to his destruction. The inhabitants of the earth whose names have not been written in the book of life from the creation of the world will be astonished when they see the beast, because he once was, now is not, and yet will come.

■ **목자역**

8. 당신이 보았던 그 짐승(적그리스도 혹은 그의 나라)은 전에는 있었으나 지금은 없습니다. 그리고 그는 장차 무저갱에서 올라와서 활동하다가 영원한 멸망의 장소로 들어가게 될 것입니다. : 세상이 창조될 때부터 생명책에 그 이름이 기록되지 않는 채 땅에서 산 모든 사람들은 과거에 있었으나 지금은 없고 이제 곧 나타나게 될 그 짐승을 보고 많이 놀라게 될 것입니다.

🔟 양육과 적용을 위한 묵상노트

이 짐승의 역사 곧 사탄의 역사는 언제부터 시작되었을까요? 창세 때부터입니다. 오늘 본문에서 창세 때부터 있던 생명책에 그 이름이 없는 자들이 그 짐승을 보고 놀랍게 여긴다고 했으니 이 짐승의 역사는 창세 때부터입니다.

이 짐승은 에덴에서 뱀으로 등장했고 욥기서를 보면 리워야단이라는 용의 모습으로 나타납니다. 이 짐승의 역사는 곧 사탄의 역사이기 때문에 창세 때부터 시대마다 다양한 모습으로 나타나서 일곱 머리로 역사했습니다.

그 사탄의 역사를 이스라엘 민족 역사와 결부시켜 살펴보면 그 짐승의 일곱 머리 가운데 다섯 머리는 애굽이나 앗수르나 바벨론이나 메대 바사나 헬라라는 이름으로 존재했었습니다.

그러나 계시록이 기록될 당시에는 짐승의 일곱 머리 가운데 그 이름을 가진 다섯 머리 시대가 지나갔습니다. 그때는 로마의 시대입니다. 그래서 역사 속에 존재하던 그 짐승의 일곱 머리 가운데 다섯 머리가 과거에는 있었으나 지금은 없다고 하는 것입니다.

또 하나 과거에는 있었으나 지금은 없다는 것은 그 사탄이 역사하는 모습이 얼마나 교활한 것인지를 보여 줍니다. 로마의 권력이 마치 그 이전에 존재하던 악한 나라들이나 권력과 다른 것처럼 위장을 하고 나타났습니다. 그리고 마치 그 이전에 존재하던 권력과는 다른 평화의 나라인 것처럼 위장을 합니다.

이것을 다시 사탄과의 관계에서 영적으로 살펴보면 예수님 이전에 존재하던 다섯 머리 시대가 지난 후에 여섯 번째 머리로 역사하던 사탄은 예수님의 십자가에 의해 치명적인 상처를 받았습니다.

그런데 그 짐승은 계시록 13장에서 보는 것처럼 그 치명적인 상처를 입고도 다시 되살아나 오히려 더 크게 성도들을 핍박하고 죽이며 사람들에게 기적을 행하며 유혹합니다. 그때가 바로 여섯 번째 짐승의 시대인 로마시대입니다.

그러면 지금은 언제입니까? 여섯 번째인 로마의 시대도 지나갔습니다. 그래서 지금 우리는 일곱 번째 짐승의 시대를 살아갑니다. 이제 곧 일곱 번째 머리로 등장하여 활동하는 지금의 짐승의 나라와 그 시대도 지나가게 될 것입니다.

그러면 그 자체가 사탄인 마지막 여덟 번째 짐승의 시대가 찾아오게 될 것입니다. 그는 겉으로는 사람의 모습이지만 사탄 그 자체입니다. 그는 깊고 깊은 어둠의 처소인 무저갱의 사자이므로 그 무저갱에서 나와 광명의 천사로 가장하고 지금까지 세상에 존재하던 모든 악의 모습을 한 몸에다 가지고 활동하게 될 것입니다.

그러다가 그 사탄과 그를 추종하는 무리들은 계시록 19장과 20장의 말씀대로 하나님의 심판을 받아 멸망의 자리인 불 못으로 들어가게 될 것입니다.

우리는 세상에서 큰 권세를 부리는 권력은 영원할 것이라고 생각합니다. 그러나 그 어떤 나라도 이 세상에서 영원하지 못합니다. 바벨론이나 헬라 같은 이름을 가지고 온 세상을 삼킬 것 같았던 나라들도 세월이 가면서 사라졌습니다. 로마까지도 전에는 있었으나 이제는 없습니다. 세상의 권력과 나라는 무상한 것입니다. 오직 하나님의 나라만 영원합니다.

그렇다고 세상에 있는 모든 나라와 권력들이 한 순간에 다 사라지는 것은 아닙니다. 그 모든 권력은 창세 이후로 역사와 시대에 따라 그 악한 모습을 분명하게 보이며 계속해서 그 모양을 바꾸어 가며 일곱 머리로 존재해 왔습니다.

이스라엘 민족 역사에서 보는 것처럼 그 어떤 짐승의 권력도 하나님의 백성들을 돕는 나라는 하나도 없었습니다. 항상 교회와 성도들을 핍박하고 괴롭혀 왔습니다.

영적으로 보면 여섯 번째 머리의 모습으로 등장한 로마의 시대는 예수님이 부활 하시고 승천하신 이후 더 격렬한 싸움의 시기로 접어들었습니다. 교회는 각종 핍박을 견뎌야 했습니다. 콘스탄틴에 의해 기독교가 공인된 A.D. 313년 그 이후에는 각종 유혹으로 교회가 타락해 가는 가운데 여섯 번째 짐승의 시대를 넘겼습니다. 그리고 1517년부터 시작된 종교개혁 시대부터 일곱 번째 머리의 시대로 들어 왔습니다. 그래서 지금은 사탄이 다양한 열 뿔의 모습으로 온 세상을 통치하고 있는 일곱 번째 머리의 시대입니다.

다시 돌아보면 짐승의 첫째 머리는 창세로부터 애굽까지 둘째 앗수르 셋째 바벨론 넷째 바사 다섯째 헬라 여섯째 로마 일곱째 종교 개혁이후의 지금 우리시대입니다.

그리고 이제 사탄은 주님 재림하시기 바로 직전에 이전 역사 속에 존재하던 그 모든 악한 정치 경제 문화 종교 등의 모든 것들을 하나로 통합한 일곱 머리와 열 뿔을 완전히 한 몸에 다 가진 여덟 번째 나라와 그 통치자의 모습으로 나타날 것입니다.

지금 세상의 모든 풍조가 세계 통합과 종교 통합주의나 뉴 에이지 운동으로 빠져 들어가는 것이 우연이 아닙니다. 다 일곱 머리 열 뿔 가진 짐승이 괴물의 모습으로 출현할 징조를 미리 보여주고 있는 것입니다.

예수님이 지상 재림 하셔서 천년왕국을 이루기 직전에 사탄이 직접 하나님처럼 가장한 어떤 왕의 형상을 가지고 세상의 모든 정치와 종교와 문화와 문명과 나라들을 하나로 통합하여 다스리는 시대가 올 것입니다. 그가 전에는 있었으나 지금은 없고 장차 무저갱으로부터 나와 멸망으로 들어갈 자입니다.

이 짐승의 권세와 능력은 상상을 초월할 정도입니다. 그래서 땅에 사는 자들로서 계시록 13장에서 보는 것처럼 세상을 창조할 때부터 있었던 아담에서부터 시작되는 생명책에 그 이름이 없는 자들은 다 그 짐승을 보고 놀랍게 여기고 하나님을 섬기듯이 그 짐승에게 경배하게 될 것입니다. 에던 동산에 뱀으로 등장하는 사탄과 짐승의 역사는 창세 때부터 시작된 일입니다.

그 짐승이 장차 무저갱에서 나온다는 말씀은 지금까지 뿐만 아니라 앞으로도 주님이 재림하실 때까지 이 세상에 존재하던 모든 짐승이 어둠의 세력들인 것을 보여줍니다. 시대에 따라 일곱 머리로 역사하던 그 모든 짐승의 전부를 완전히 통합한 사탄의 역사는 그 깊은 어둠에서부터 시작하여 더욱 거세게 세상에 나타날 것입니다.

창세 때부터 시작된 짐승의 역사는 지금도 세계 도처에서 계속되고 있습니다. 하나님 대신 통치자요 왕으로서 그 자리를 차지하고 있는 이 세상의 모든 권력은 근본적으로 사탄의 속성을 가지고 있습니다.

 17-10. 짐승의 정체2(9-10) : 일곱 머리와 일곱 왕

■ 본문 : "지혜 있는 뜻이 여기 있으니 그 일곱 머리는 여자가 앉은 일곱 산이요 또 일곱 왕이라 다섯은 망하였고 하나는 있고 다른 하나는 아직 이르지 아니하였으나 이르면 반드시 잠시 동안 머무르리라"

9. This calls for a mind with wisdom. The seven heads are seven hills on which the woman sits.

10. They are also seven kings. Five have fallen, one is, the other has not yet come; but when he does come, he must remain for a little while.

9. 이것을 해석하려면 지혜가 있어야 합니다. 그 일곱 개의 머리는 그 성에 있는 일곱 개의 산이며 또 그 나라 전체를 계속해서 다스리는 일곱 명의 황제들입니다. 그 음란한 여자는 그 일곱 명의 황제들 위에 계속해서 앉아 있습니다. 그 일곱 명의 황제들 가운데 :

10. 다섯은 이미 망하였고 하나는 지금 있으며 또 다른 하나는 아직 오지 않았습니다. 그가 오게 되면 그는 아주 잠깐 동안 머무르게 될 것입니다.

⚑ 양육과 적용을 위한 묵상노트

이 상징을 풀어내려면 지혜가 필요합니다. 로마에는 일곱 개의 산이 있는 데 그 산들은 견고합니다. 그래서 황제들의 권력을 그 산에 빗대어 설명합니다. 그리고 이 일곱 개의 산은 이스라엘과 관계된 주변국들로 보면 애굽으로부터 시작하여 앗수르와 바벨론과 메데 바사 그리고 헬라와 로마 그리고 오늘 이 시대의 적그리스도가 다스리는 나라입니다.

계시록 6장에서 심판 때에 사람들이 산으로 피한다는 것은 바로 이 막강한 권력과 그 부강한 나라로 피한다는 의미도 있습니다. 그러나 그들이 준비한 어떤 피난처도 지진이나 천재지변을 이겨내지 못합니다. 마지막 때에는 예수님 외에는 어떤 인간도 스스로를 구원할 수 없으며 다른 사람을 구원할 수 없습니다.

요한 사도가 살던 시대는 로마 시대입니다. 그러므로 그 앞의 애굽과 앗수르와 바벨론과 메데 바사와 헬라의 다섯은 없으며 하나는 있다고 말하는 것입니다. 그 하나가 로마입니다. 그리고 로마를 이어 존재하는 적그리스도의 나라가 일곱 번째 나라인 지금의 적그리스도의 나라입니다.

그 당시 로마 황제들로 보면 아우구스투스로부터 네로까지를 포함하는 황제들이 다섯이요 자신을 만왕의 왕이요 만주의 주라고 부르게 하고 도처에 우상을 만들어 섬기게 하고 성도들과 주의 종들을 무참하게 살해한 도미티안이 여섯 번째입니다.

그리고 로마나 도미티안을 이을 나라와 왕이 그 시대에는 아직 나타나지 않았기 때문에 아직 이르지 않았다는 것입니다. 그런데 이 말씀들을 보면 악한 통치자들이 창세 이후부터 계속 시대마다 나타났고 그 시대가 지금도 계속되고 있습니다.

그런데 본문은 아직도 일곱 번째뿐만 아니라 여덟 번째 짐승의 시대가 있다고 말씀합니다. 아직도 남은 고난의 시기가 있다는 것입니다. 이제 고난과 환난은 그만 오면 좋겠는데 고난이 꼬리에 꼬리를 물고 계속되고 있습니다.

또 어떤 경우에는 서머나 교회처럼 앞으로 더 큰 고난이 예고되어 있습니다. 서머나 교회가 당할 앞으로의 고난은 더 큰 고난과 환난입니다. 마귀가 직접 시험하는 10일의 환난이요 목숨을 걸지 않으면 견딜 수도 없고 이길 수도 없는 고난 입니다. 10일이 지나기 전에는 끝나지도 않는 고난입니다. 배도하지 않으면 살아남을 수도 없습니다. 그런 경우에 어떻게 살아야 합니까?

이 본문의 말씀은 13장에서 보여준 짐승들의 시대보다 더 큰 환난의 시대를 예고하고 있습니다. 그런데 다행인 것은 그 시대가 11장에서 두 증인이 죽임을 당한 이후의 삼일 반처럼 그렇게 길지 않다는 것입니다.

그러므로 이제 우리는 각오해야 합니다. 일곱 번째 짐승의 시대를 넘어 여덟 번째 짐승의 시대가 온다고 해도 우리는 서머나 교회에 주신 말씀대로 죽도록 충성해서 믿음으로 이겨야 합니다. 십일의 환난, 삼일 반의 죽음의 시기를 이겨야 합니다. 누가 이 환난을 이길 수 있는가? 그것을 14절에서 말씀하고 있습니다.

 ## 17-11. 짐승의 정체3(11-13) : 여덟 째 왕과 열 뿔

■ 본문 : 전에 있었다가 지금 없어진 짐승은 여덟째 왕이니 일곱 중에 속한 자라 그가 멸망으로 들어가리라 네가 보던 열 뿔은 열 왕이니 아직 나라를 얻지 못하였으나 다만 짐승과 더불어 임금처럼 한동안 권세를 받으리라 그들이 한 뜻을 가지고 자기의 능력과 권세를 짐승에게 주더라

11. The beast who once was, and now is not, is an eighth king. He belongs to the seven and is going to his destruction.

12. The ten horns you saw are ten kings who have not yet received a

kingdom, but who for one hour will receive authority as kings along with the beast.

13. They have one purpose and will give their power and authority to the beast.

■ 목자역

11. 전에는 있었으니 지금은 없는 그 짐승은 여덟 번째 나라요 그 통치자이지만 일곱 중에 속해있던 자입니다. 그는 멸망당할 자입니다.

12. 당신이 본 그 열 뿔은 그 짐승의 나라에 속한 각 지역을 다스리는 열 명의 왕입니다. 그들은 아직 그들이 다스릴 왕국을 받지 못했습니다. 그러나 다스릴 나라를 받게 되면 그들도 그 짐승과 함께 짧은 시간이나마 왕이 되어 그 지역에 있는 나라들을 통치하게 될 것입니다.

13. 그때가 되면 그들은 하나님을 대적할 생각으로 하나 되어 그들의 능력과 권세를 적그리스도인 그 여덟 번째 짐승에게 넘겨줄 것입니다.

▮ 양육과 적용을 위한 묵상노트

전에 있었다가 지금 없어진 짐승은 앞으로 나타날 사탄 그 자체인 여덟 번째 나라와 그 나라를 통치하는 권력자입니다. 그는 일곱 번째 나라까지와 그 통치자들의 모든 악이 합해진 악의 화신입니다.

그는 말과 행동 모두가 악과 거짓과 죄악의 덩어리요 그 자체가 사탄입니다. 그러나 그가 아무리 큰 세력을 과시한다고 해도 그는 반드시 멸망을 당하게 될 것입니다.

짐승에게는 일곱 머리뿐 아니라 열 뿔이 있습니다. 이 열 뿔은 일곱 머리로 등장하는 짐승의 나라를 열로 나누어 다스리게 되는 지역의 통치자들입니다. 이 열 뿔의 상징적인 모습은 다니엘서 2장에 금 신상 우상의 열 발가락으로 나와 있습니다.

그들은 또 다른 측면에서는 인간 세상의 모든 영역을 나누어 다스리는 세력들이기도 합니다. 정치와 경제와 문화와 문명 그리고 군사와 예술과 과학과 철학과 정신세계와 종교입니다.

온 세상의 인구와 지역을 크게 열로 나누어 봐도 세상의 모든 것들이 그 안에 다 포함되어 있습니다. 유럽과 아프리카가 있습니다. 인도와 아시아가 있습니다. 러시아가 있으며 오세아니아가 있습니다. 남극과 북극이 있고 북아메리카와 남아메리카가 있습니다.

그들은 각각의 영토에서 나라를 세우고 일곱 머리의 모든 특성을 가진 세계를 통합하여 다스릴 짐승과 더불어 세상을 나누어 통치할 것입니다. 그리고 그들은 음녀의 이름 아래 하나가 되어 온 세상을 모두 하나님을 대적하는 나라로 통합할 것입니다. 그러나 그 짐승이 다스리는 시기는 길지 않습니다. 짐승의 나라는 영원하지 않습니다. 그는 예수님의 재림과 함께 멸망으로 들어갈 자이며 오직 하나님의 나라만 영원합니다.

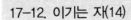

17-12. 이기는 자(14)

■ 본문 : "그들이 어린 양과 더불어 싸우려니와 어린 양은 만주의 주시요 만왕의 왕이시므로 그들을 이기실 터이요 또 그와 함께 있는 자들 곧 부르심을 받고 택하심을 받은 진실한 자들도 이기리로다"

14. They will make war against the Lamb, but the Lamb will overcome them because he is Lord of lords and King of kings–and with him will be his called, chosen and faithful followers.

■ 목자역

14. 그들은 어린양이신 예수님을 대항하여 싸움을 일으킬 것입니다. 그러나 어린양이신 예수님이 그들을 이기실 것입니다. 왜냐하면 예수님은 주님이라고 불리는 모든 자들의 주님이시며 모든 왕들의 왕이기 때문입니다. 그리고 항상 그분을 따르며 그분과 함께 있는 부르심을 받고 택하심을 받은 신실한 믿음이 있는 사람들도 그 사탄의 세력을 이기게 될 것입니다.

① 양육과 적용을 위한 묵상노트

그들은 일곱 머리와 열 뿔을 가지고 있습니다. 어린양의 모습으로 초라해 보이는 예수님과 싸움을 합니다. 마치 다윗과 골리앗의 싸움과 같습니다. 계시록 11장이나 13장에서 보는 것처럼 한때는 그들이 예수님과 교회를 이기는 것처럼 보입니다. 그러나 결국 그 싸움은 다윗과 골리앗의 싸움에서 다윗이 이기는 것처럼 어린양이신 예수님이 이깁니다. 주님은 음부의 권세가 교회를 이기지 못한다고 하셨습니다.

15장부터 시작되는 악한 자들에 대한 진노의 심판을 통해서 그리고 19장과 20장에서 보는 것처럼 예수 그리스도의 재림과 함께 예수님과 함께 있는 부르심을 받고 택하심을 받은 진실한 성도들이 이기게 됩니다. 교회가 이깁니다.

세상에 속한 사람들은 그 누구도 이 짐승의 세력을 이기지 못합니다. 그러나 성경은 분명히 말씀합니다. 짐승과 열 뿔을 이기는 그들은 어린양이신 예수님과 함께 있는 자들 입니다. 언제나 어디서나 주님과 함께 있으면 우리는 어떤 악한 세력도 이길 수 있습니다. 우리는 지금 누구와 함께 있습니까?

그들은 십사만 사천의 주의 종들처럼 하나님의 부르심을 받은 사람들입니다. 그들은 주님의 일을 위해 택하심을 받은 사람들입니다. 그들은 짐승과 그 우상에게 경배하지 아니하고 그 오른손이나 이마에 짐승의 표를 받지 않은 진실한 자들입니다. 그들은 주님과 함께 있습니다. 그래서 이깁니다.

인류 역사는 선과 악의 싸움의 연속입니다. 진실과 거짓과의 싸움의 연속입니다. 그러나 그 모든 싸움은 예수 그리스도의 재림으로 끝이 납니다. 예수 그리스도는 모든 왕들을 통치하시는 만왕의 왕이요 만주의 주님이십니다.

1. 음녀는 많은 물 위에 앉은 자(15)

■ 본문 : "또 천사가 내게 말하되 네가 본 바 음녀가 앉아 있는 물은 백성과 무리와 열국과 방언들이니라"

15. Then the angel said to me, "The waters you saw, where the prostitute sits, are peoples, multitudes, nations and languages.

■ 목자역

15. 또 그 천사가 나에게 말했습니다. : 당신이 본 그 음녀가 앉아 있는 많은 물들은 온 땅에 있는 백성들과 무리와 많은 나라와 언어들입니다.

① 양육과 적용을 위한 묵상노트

그 음녀가 앉은 물은 온 세상입니다. 온 세상의 백성과 민족과 나라와 언어들입니다. 음녀의 세력은 온 세상에 존재하는 모든 음란한 것과 가증한 것 속에 광범위하게 퍼져 있습니다.

그런데 10장을 보면 하늘에서 내려온 힘센 천사는 요한 사도에게 말씀을 받아먹고 이 세상에 있는 모든 이들에게 마지막 시대의 영원한 복음을 전하라고 합니다. 마치 요나에게 니느웨에 가서 복음을 전하라는 것과 마찬가지입니다.

그래서 하나님의 종으로 산다는 것이 어려운 일입니다. 원수들 앞에서 복음을 전하는 일은 생명을 걸어야 하는 일입니다. 그러나 요한 사도는 자기가 듣고 본 모든 하나님의 말씀과 예수님의 증거를 하나도 남김없이 다 증언했습니다.

2. 열 뿔 달린 짐승에 의해 멸망당하는 음녀(16)

■ 본문 : "네가 본 바 이 열 뿔과 짐승은 음녀를 미워하여 망하게 하고 벌거벗게 하고 그의 살을 먹고 불로 아주 사르리라"

16. The beast and the ten horns you saw will hate the prostitute. They will bring her to ruin and leave her naked; they will eat her flesh and burn her with fire.

■ 목자역

16. 당신이 보았던 그 열 뿔과 짐승은 그 음녀를 미워하여 그 음녀를 아주 망하게 할 것입니다. 그들은 그 음녀를 벌거벗겨 죽이고 그 여자가 가지고 있던 모든 것들을 약탈할 것이며 그 여자를 불로 다 태워 버릴 것입니다. :

■ 양육과 적용을 위한 묵상노트

그 음녀의 지도를 받아 온 세상을 하나로 만들어 다스리던 여덟 번째 짐승과 각 지역을 다스리던 통치자들은 어린양과의 싸움에서 지게 되자 그 분풀이를 자신들을 정신적으로 지도하던 그 음녀에게 합니다.

우리가 여기에서 알 수 있는 것은 음녀의 세력은 마지막으로 정치권력과 경제 권력을 거머쥔 짐승과 그 세력들이 그 음녀를 치기 전까지는 이 땅에 계속 존재한다는 것입니다.

그러므로 우리는 인류 문화 속에 존재하는 모든 거짓 종교들이 역사의 종말이 찾아올 때까지 쉽게 사라지지 않는 다는 이 사실을 알아야 합니다. 정치권력이 일곱 머리 시대를 넘어서서 여덟 번째 나라로 나타나는 것처럼 음녀의 역사도 역사의 종말 직전까지 계속될 것입니다.

여덟 번째 왕으로 등장한 그 짐승은 온 세상의 모든 지역과 각종 영역에서 그 음녀의 세력들에게 모욕을 주고 그 화려한 옷을 벗기고 그 금잔을 깨뜨려 그 화려한 옷과 금잔 안에 감추어져 있던 것들을 드러나게 합니다. 수치를 보이게 하고 죽여 버립니다. 그리고 그들은 그 음녀가 가지고 있던 것들을 전리품으로 나누어 갖고 그 남은 것들은 불로 태워 버립니다.

악한 세력들은 필요할 때는 순식간에 하나가 되었다가 서로의 효용가치가 떨어지면 금세 변하여 서로를 공격하고 각자의 이득을 취하는 모습은 예나 지금이나 마찬가지 현상입니다.

그래서 악을 경계하고 악한 자들의 꾀에 빠지지 말아야 합니다. 악한 자들의 꾀에 빠져 악한 자와 하나가 되면 반드시 죄를 짓게 되고 그 죄는 하나님을 대적하는 오만한 자의 자리에까지 가게 됩니다.

그리고 속임수에 빠진 것을 깨닫고 아무리 빠져 나오려고 해도 그 죄의 대가를 치러야 합니다. 악한 자와 얽힌 그것이 풀어지기 전에는 절대 그 악에서 헤어나지 못합니다.

성품이 선하다고 악에 빠지지 않는 것이 아닙니다. 오히려 선한 성품 때문에 쉽게 악한 자에게 속는 경우가 너무 많이 있습니다. 그래서 깨어 근신하면서 악한 자의 꾀에 빠지지 않도록 조심하고 경계해야 합니다. 축복의 첫 걸음은 악인의 꾀에 빠지지 않는 것입니다. 시편 1편의 말씀처럼 하나님께서 주시는 축복의 첫 출발점은 악한 자의 꾀에 빠지지 않는 것입니다.

 17-14. 하나님의 섭리 안에 있는 역사(17-18)

1. 열 뿔 달린 짐승의 권세는 하나님이 허락하신 것(17)

■ **본문** : "이는 하나님이 자기 뜻대로 할 마음을 그들에게 주사 한 뜻을 이루게 하시고 그들의 나라를 그 짐승에게 주게 하시되 하나님의 말씀이 응하기까지 하심이라"

17. For God has put it into their hearts to accomplish his purpose by

agreeing to give the beast their power to rule, until God's words are fulfilled.

■ 목자역

17. 하나님께서는 하나님의 뜻이 온전히 성취되도록 그렇게 할 생각을 그 짐승과 그 짐승을 따르는 왕들의 마음속에 심어 주었습니다. 그래서 그 왕들은 한 마음으로 그들의 왕국과 그들의 권세를 모두 그 짐승 곧 적그리스도인 황제에게 준 것입니다.

① 양육과 적용을 위한 묵상노트

악한 자들이 자기들 멋대로 하나가 되었다가 다시 나누어지고 싸우고 하는 일들이 언제까지 일까요? 구원과 심판에 대한 하나님의 말씀이 완전히 이루어 질 때까지 입니다. 바로 여기에 하나님의 오묘하신 섭리가 있습니다. 모든 만물을 운행하시고 섭리하시는 주님의 은혜가 바로 여기에 있습니다.

마지막 때는 정치와 경제와 종교와 문화 등의 모든 영역이 하나로 통합되는 세계정부가 들어서는 시대입니다. 하나님이 정하신 때가 되고 하나님의 언약이 이루어지는 시대가 되기 바로 전에 반드시 이루어집니다. 인터넷으로 모든 정보가 통합되는 글로벌 네트워크 시대가 되면서 그때가 지금 바로 우리 눈앞에 다가오고 있습니다.

17-15. 음녀의 정체(18)

■ 본문 : "또 네가 본 그 여자는 땅의 왕들을 다스리는 큰 성이라 하더라"

18. The woman you saw is the great city that rules over the kings of the earth.

■ 목자역

18. 그리고 당신이 보았던 그 여자는 그 땅의 왕들을 다스리는 통치권을 가진 인본주의와 악령들로 가득한 우상숭배의 도시인 큰 성 로마입니다.

❶ 양육과 적용을 위한 묵상노트

그 여자는 베드로 전서 5장에서도 말씀하는 것처럼 온 세상의 열 뿔인 임금들을 다스리는 그 시대의 로마입니다. 그리고 앞으로 다가오는 세계 통합 시대를 종교와 문화의 이름으로 통합하여 전 세계를 다스리게 될 제국이고 그 나라의 통치자입니다. 가장 화려하고 멋진 모습으로 권력 위에 서서 행세하게 될 사탄의 대리자입니다.

일곱 번째 사건 [18장]

바벨론(하나님을 대적하는 로마의 정치와 경제)에 대한 심판

🔁 계시록 18장

 18-1. 바벨론 멸망선언(1-2a)

■ 본문 : "**이 일 후에** 다른 천사가 하늘에서 내려오는 것을 보니 큰 권세를 가졌는데 그의 영광으로 땅이 환하여지더라. 힘찬 음성으로 외쳐 이르되 무너졌도다 무너졌도다 큰 성 바벨론이여"

1. After this I saw another angel coming down from heaven. He had great authority, and the earth was illuminated by his splendor.

2a. With a mighty voice he shouted: "Fallen! Fallen is Babylon the Great!

■ 목자역

1. **이러한 일들이 있은 후에** 나는 또 다른 천사가 큰 권세를 가지고 하늘에

서 내려오는 것을 보았습니다. 그 천사가 나타내는 하나님의 영광으로 땅이 환하여졌습니다.

2a. 그가 크고 강한 목소리로 외치며 말하였습니다. : 무너졌도다. 무너졌도다! 큰 성 바벨론이여!

✝ 양육과 적용을 위한 묵상노트

이어지는 환상 가운데 음녀의 멸망을 본 요한은 이제 다시 하늘에서 내려오는 천사의 모습을 봅니다. 그 천사가 내려올 때 드러나는 하늘의 영광으로 어두움 가운데 있던 땅이 환하여 졌습니다.

하늘은 빛이고 땅은 어둠과 혼돈의 세계입니다. 그러므로 사탄이 역사하는 땅은 하늘의 은혜 가운데 밝아져야 합니다. 하나님께서는 어두움 가운데 빛을 비추어 주시는 생명과 구원의 하나님이십니다.

그 천사는 하나님의 진노가 담긴 일곱 대접을 가졌던 일곱 천사 가운데 하나가 아닙니다. 그래서 그는 다른 천사입니다. 그가 큰 음성으로 큰 성 바벨론의 멸망을 외쳤습니다. 이 큰 성은 계시록 17장 18절에 나오는 음녀입니다.

앞의 음녀가 바벨론의 종교와 문화에 관한 것을 총칭하는 것이라면 여기에서 바벨론은 정체와 경제 체제입니다. 이 큰 성의 모습은 계시록 21장에 나오는 하늘에서 내려오는 거룩한 성 예루살렘과 대비가 됩니다. 인간들이 만든 가장 큰 성인 바벨론은 망하지만 하나님께로부터 내려오는 거룩한 성 예루살렘은 영원합니다.

14장에서 세 천사 가운데 두 번째 천사가 바벨론에 대한 멸망을 선언했습니다. 그래서 세 번째 천사가 밝힌 짐승과 그 우상에게 경배하고 그 오른손이나 이마에 표를 받은 자들에 대한 심판과 바벨론에 대한 총체적인 심판의 내용을 16장에서 보여주었습니다. 이어서 더 상세하게 음녀에 대한 심판은 17장에서 그리고 바벨론에 대한 심판을 18장에서 보여주는 것입니다.

 18-2. 바벨론이 망하는 세 가지 이유(2b-3)

1. 영적 부패 1 : 귀신들과 악령들의 처소가 됨(2b)

■ 본문 : "귀신의 처소와 각종 더러운 영이 모이는 곳과 각종 더럽고 가증한 새들이 모이는 곳이 되었도다"
2b. She has become a home for demons and a haunt for every evil spirit, a haunt for every unclean and detestable bird.

■ 목자역
2b. 바벨론(로마)은 귀신들의 소굴과 더러운 모든 영들의 처소가 되었도다. 그리고 가증하고 흉측한 모든 새들의 처소가 되었도다.

바벨론이 망하게 되는 가장 큰 이유는 영적인 타락입니다. 그 도시 안에는 각종 귀신들이 가득 차 있고 각종 악한 영들과 각종 더럽고 추잡하고 저급한 영적 세력들이 모두 다 모여 있었습니다. 그래서 망하게 됩니다.

16장에서 유브라데 강이 마르고 용과 짐승과 거짓 선지자의 입에서 나온 개구리 같이 더러운 영들은 귀신의 영이었습니다. 유브라데 강가에 있던 바벨론을 뛰어 넘는 큰 바벨론 로마에는 그 모든 악한 영들이 다 모여 있습니다.

2. 영적 부패 2 : 음행(3a)

■ 본문 : "그 음행의 진노의 포도주로 말미암아 만국이 무너졌으며 또 땅의 왕들이 그와 더불어 음행하였으며"

3a. For all the nations have drunk the maddening wine of her adulteries. The kings of the earth committed adultery with her

■ 목자역

3a. 또한 못된 이방 종교의 가르침에 따라 우상을 섬기는 그 행위들로 인해 하나님이 내리시는 진노로 말미암아 세상 모든 나라들이 다 무너졌다. 그 땅을 다스리던 왕들은 그 음녀와 함께 음행을 하였으며

☑ 양육과 적용을 위한 묵상노트

그들이 행하는 영적인 타락은 자연히 하나님의 진노로 말미암아 그들을 멸망의 길로 이끌어 갔습니다. 세상에 있는 모든 사람들과 통치자들까지 모두 다 하나도 남김없이 그 더럽고 가증한 사탄의 세력과 하나가 되었습니다.

세상이 망하는 가장 큰 이유는 영적인 타락입니다. 영혼이 하나님을 거부하고 사탄과 하나가 되면 반드시 그 영혼과 육체가 다 망하게 되어 있습니다.

3. 사치(3b)

■ 본문 : "땅의 상인들도 그 사치의 세력으로 치부하였도다 하더라"
3b. and the merchants of the earth grew rich from her excessive luxuries.

■ 목자역
3b. 그 땅의 상인들은 바벨론에 살면서 지나치게 사치하는 사람들 때문에 부자가 되었다.

☑ 양육과 적용을 위한 묵상노트

바벨론이 망하는 두 번째 이유는 지나친 사치입니다. 사치는 돈과 시간과 정력을 쓰지 않아도 되는 곳에 쏟아 부어가면서 낭비하는 것입니다. 로마는 왕과 왕족들의 지나친 사치가 일상화된 사회였습니다.

악이 있는 곳에는 분수를 모르는 물질적인 낭비가 있습니다. 가진 자들의 지나친 사치와 낭비는 상인들은 배부르게 하지만 힘없고 배고픈 사람들은 더 가난하고 더 아프게 합니다. 물질적인 부가 어느 한 쪽으로 쏠려가면 갈수록 부익부 빈익빈의 세상이 되고 지나치게 양극화되는 세상은 반드시 망하게 됩니다.

 18-3. 하나님의 경고(4)

■ 본문 : "또 내가 들으니 하늘로부터 다른 음성이 나서 이르되 내 백성아, 거기서 나와 그의 죄에 참여하지 말고 그가 받을 재앙들을 받지 말라"

4. Then I heard another voice from heaven say: "Come out of her, my people, so that you will not share in her sins, so that you will not receive any of her plagues;"

■ 목자역

4. 그리고 나는 또 하늘에서 이렇게 말씀하시는 다른 음성을 들었습니다. : 나의 백성들아, 그 바벨론(로마)으로부터 나와라! 너희들은 바벨론(로마)이 짓는 죄에 동참하지 말라. 그리고 너희들은 그가 받을 재앙들을 받지 않도록 하라!

⚊ 양육과 적용을 위한 묵상노트

그때 요한 사도는 하늘에서 나는 음성을 듣게 됩니다. "내 백성아 거기서 나와 그가 짓는 죄를 짓지 말고 그가 받을 벌을 받지 말라." 하나님께서는 마지막 순간까지 하나님의 백성들을 사랑하시기에 참고 기다리시면서 구원받기를 원하십니다.

그러므로 우리는 우리가 진정 하나님의 백성이라면 언제나 어디서나 때때로 이렇게 애절하게 부르시는 하나님의 음성을 들을 수 있는 귀가 열려야 합니다. 하나님이 하시는 말씀을 들어야 합니다.

그리고 우리가 있어야 할 곳과 우리가 해야 할 일을 분별해야 합니다. 있어야 할 곳에 있어야 하고 해서는 안 될 일은 하지 말아야 합니다. 인생이 망하는 가장 큰 이유 가운데 하나는 있어서는 안 될 장소에 있으면서 해서는 안 될 일을 하기 때문입니다. 그래서 망하는 것입니다.

악이 넘치고 귀신이 역사하고 물질적인 것이 최고로 대우받는 바로 그곳에서 나오라는 하나님의 음성을 들을 때 그 즉시 나와야 합니다. 그 죄를 짓는 일에 참여하지 말고 벗어나야 합니다.

그래야 멸망의 때를 면할 수 있고 하나님의 구원의 주인공이 될 수 있습니다. 소돔과 고모라가 의인 열 사람이 없어 망한 그 일을 우리는 기억해야 합니다.

이단들은 이 바벨론이 음녀이기 때문에 오늘날 한국 땅에 있는 진리를 벗어난 타락한 교회라고 말합니다. 그래서 그 교회들에서 나와 자기들 이단집단으로 와야 구원받는다고 말합니다. 그러나 그것은 계시록이 가르치는 진리와는 아무 상관이 없는 주장입니다. 음녀는 하나님을 떠난 종교와 문화에 대한 내용이고 바벨론은 하나님을 대적하는 인본주의 정치와 경제에 관한 내용입니다.

무엇보다도 이들이 심판받는 이유는 참된 믿음을 가지고 바르게 사는 성도들을 핍박한 것이 첫 번째 이유요, 영적인 음행과 지나친 사치가 그 다음 이유입니다. 베드로 전서 5장에서는 이 바벨론이 로마라는 사실을 계시록이 기록되기 삼십년 전에 이미 가르쳐 주고 있습니다.

계시록에서 말하는 바벨론의 정체를 바로 알아야 계시록을 바르게 이해할 수 있습니다. 바벨론은 예수 그리스도를 주님으로 고백하는 기존 교회나 교단이나 한기총 같은 교회 연합 기관을 말하는 것이 아닙니다.

오히려 거짓된 가르침으로 성도들을 미혹하고 영적으로 타락하게 하는 이단들이 음녀의 세력들입니다. 말세에는 사람들이 귀가 가려워 자신의 욕심과 귀신의 가르침을 따르는 시대입니다. 이단에 미혹되는 일이 없어야 합니다.

■ 본문 : "그의 죄는 하늘에 사무쳤으며 하나님은 그의 불의한 일을 기억하신지라 그가 준 그대로 그에게 주고 그의 행위대로 갑절을 갚아 주고 그가 섞은 잔에도 갑절이나 섞어 그에게 주라"

5. for her sins are piled up to heaven, and God has remembered her crimes.

6. Give back to her as she has given; pay her back double for what she has done. Mix her a double portion from her own cup.

■ 목자역

5. : 바벨론이 쌓은 죄는 하늘에까지 닿았고 바벨론의 못된 행실들을 하나님께서 기억하신다.

6. 그러므로 참으로 바벨론이 지은 죄만큼 그에게 돌려주라! 그리고 그가 한 못된 행위들은 갑절로 갚아주라. : 바벨론이 여러 가지를 섞어 만든 그 잔에도 가득하고도 충분하도록 갑절로 섞어서 그에게 주라!

■ 양육과 적용을 위한 묵상노트

바벨론이 망하는 세 번째 이유는 그들의 악행 때문입니다. 하늘과 땅은 나누어져 있지만 그렇다고 하늘과 땅이 별개의 것은 아닙니다. 인간의 육체는 흙으로 지어졌지만 그 안에 하나님의 영이 있고 생기가 있어 온전한 사람이 되는 것처럼 하늘과 땅은 별개의 것이지만 서로 나누어지지 않습니다.

그래서 주님께서도 하나님의 뜻이 하늘에서처럼 땅에서도 이루어지도록 기도하라고 하신 것입니다. 인간들은 그 죄를 땅에서 짓고 있습니다. 그런데 바벨론이 짓는 그 죄악은 하늘에 사무치고 그들이 행하는 모든 악한 행실들을 하나님이 기억하고 계십니다.

죄가 하늘에 사무치면 그 죄에 의해 고통당하는 사람들의 한도 하늘에 사무치게 됩니다. 하나님은 전지전능하신 하나님이십니다. 기도가 하늘에 닿아야 되는데 죄가 하늘에 사무치고 의로운 자들의 외침이 하늘에 닿으면 하나님께서 다 들으시고 기억하시고 그 행위대로 갚아 주십니다.

하나님께서는 지은 죄만큼 벌을 받게 하시고 그가 행한 악행은 그가 갑절이나 당하게 하십니다. 온갖 잡된 것과 속된 것과 가증한 것들을 섞어서 세상을 미혹하게 하던 음녀인 큰 바벨론이 가지고 있던 금잔에 담겨 있는 것들에 의해 오히려 고통도 갑절이나 겪게 하십니다.

그가 주의 종들과 성도들에게 했던 것보다 더 심하게 당하게 하십니다. 그러므로 악을 행하면서도 지금 아무 일이 없으니 괜찮다고 말하는 것은 어리석은 일입니다.

죄가 쌓여가다 보면 더 이상 감당할 수 없을 때가 찾아옵니다. 작은 죄라도 느껴지면 바로 회개하는 것이 지혜이고 은혜입니다. 죄악이 모이고 쌓이면 그 대가는 완전한 멸망입니다. 하나님은 공의로 심판하시는 하나님이십니다.

18-5. 바벨론이 망하는 네 번째 이유(7) : 교만

■ 본문 : "그가 얼마나 자기를 영화롭게 하였으며 사치하였든지 그만큼 고통과 애통함으로 갚아 주라 그가 마음에 말하기를 나는 여왕으로 앉은 자요 과부가 아니라 결단코 애통함을 당하지 아니하리라 하니"

7. Give her as much torture and grief as the glory and luxury she gave herself. In her heart she boasts, 'I sit as queen; I am not a widow, and I will never mourn.

■ 목자역

7. 바벨론이 자기 스스로를 얼마나 영화롭게 하였는가? 그가 지나치게 사치했던 그만큼 그에게 고통과 슬픔으로 돌려주어라. 그 음녀는 스스로 마음 속에 이르기를 나는 여왕으로 앉아 있고 과부가 아니기 때문에 절대로 슬픈 일을 당하지 않는다고 말하고 있다.

⊺ 양육과 적용을 위한 묵상노트

바벨론이 망하는 네 번째 이유는 교만입니다. 그 교만은 하나님의 자리까지 차지하고 그곳에 그의 자리로 만들었습니다. 그는 스스로 자신은 완벽하며 자신을 벌할 자가 없다고 생각합니다. 그러나 그는 그가 교만한 그만큼 벌을 받게 됩니다. 스스로를 여왕으로 생각하는 그 교만이 그를 넘어지게 합니다.

바벨론의 느부갓네살도 교만하다가 벌을 받았습니다. 로마와 그 나라를 다스리는 황제들과 그 일족들은 자기들 스스로를 영화롭게 하고 지나치게 사치하면서도 자신들의 자리와 그 나라는 절대로 흔들리지 않을 것이라고 생각했습니다. 천년만년 그 부귀와 영화를 누릴 것으로 생각했습니다.

그들은 세상에서 가장 부요하고 가장 힘이 있기 때문에 결코 그 어떤 고통을 당하거나 슬픈 일은 당하지 않을 것이라고 자신하고 있었습니다. 그러나 그는 그가 교만하고 사치한 만큼의 벌을 받게 됩니다.

 18-6. 순식간에 닥친 바벨론의 멸망(8)

■ 본문 : "그러므로 하루 동안에 그 재앙들이 이르리니 곧 사망과 애통함과 흉년이라 그가 또한 불에 살라지리니 그를 심판하시는 주 하나님은 강하신 자이심이라"

8. Therefore in one day her plagues will overtake her: death, mourning and famine. She will be consumed by fire, for mighty is the Lord God who

judges her.

8. 그러므로 하루 동안에 갑자기 바벨론에게 죽음과 슬픔과 기근의 재앙들이 닥치게 될 것입니다. 그리고 바벨론은 불로 완전히 태워지게 될 것입니다. : 이렇게 바벨론을 심판하시는 주 하나님은 그와 같은 능력과 권세를 가지신 강하신 분이십니다.

♦ 양육과 적용을 위한 묵상노트

바벨론은 어느 날 생각하지도 못한 때 순식간에 망하게 됩니다. 각종 악성질병으로 인한 죽음이 찾아오고 멈추지 않는 고통과 재난 때문에 애통함이 있고 모든 것이 풍성하던 도시에 먹을 것이 아무 것도 없는 기근이 찾아옵니다.

엎친 데 덮친 격으로 그 큰 성이 완전히 불로 태워지게 됩니다. 이 모든 재난을 통해 바벨론을 망하게 하시는 분은 세상의 어떤 왕이 아니라 천지를 창조하신 전능하신 공의의 하나님이십니다.

세상의 그 어떤 세력도 로마를 이길 수 없었습니다. 그러나 전능하신 주님은 죄와 악의 소굴인 바벨론을 심판하시는 공의의 하나님이십니다. 높아진 것 때문에 교만하지 마십시오. 가진 것 때문에 교만하지 마십시오. 교만하면 반드시 하나님의 심판으로 망하게 됩니다.

1. 왕들의 애통(9-10)

■ 본문 : "그와 함께 음행하고 사치하던 땅의 왕들이 그가 불타는 연기를 보고 위하여 울고 가슴을 치며 그의 고통을 무서워하여 멀리 서서 이르되 화 있도다 화 있도다 큰 성, 견고한 성 바벨론이여 한 시간에 네 심판이 이르렀다 하리로다"

9. "When the kings of the earth who committed adultery with her and shared her luxury see the smoke of her burning, they will weep and mourn over her."

10. Terrified at her torment, they will stand far off and cry: "Woe! Woe, O great city, O Babylon, city of power! In one hour your doom has come!"

■ 목자역

9. 바벨론과 함께 음행하고 사치하던 그 땅의 왕들은 바벨론이 불탈 때 나오는 연기를 보고 많은 눈물을 흘리며 가슴을 치며 애통해 합니다.

10. 그 왕들은 바벨론이 당하는 재앙을 보면서 생긴 두려움 때문에 멀리 서서 이렇게 말합니다. : 큰 재앙이로다, 감당할 수 없는 재난이로다! 그 큰 도시, 강한 성 바벨론이여! 순식간에 너에 대한 심판이 찾아왔도다.

■ 양육과 적용을 위한 묵상노트

바벨론에 속해 있으면서 그에게 속한 땅의 각 지역을 나누어 다스리던 그 땅의 왕들이 멀리에서 그 바벨론이 망하는 모습을 보면서 크게 애통하며 눈물을 흘립니다. 그리고 바벨론의 멸망에 대해 아쉬워합니다.

그 큰 성 바벨론은 하루사이에 망합니다. 그 멸망이 오랫동안 시간을 끌면서 서서히 진행되는 일이 아닙니다. 어느 날 갑자가 물을 가두어 두었던 저수지의 둑이 한꺼번에 무너져 터지듯이 하나님이 작정하시는 날 바로 그날에 순식간에 일어나는 일입니다.

바벨론에 속해 있으면서 바벨론과 하나 되어 나라들을 다스리던 그 모든 세상 나라들의 멸망도 이제 얼마 남지 않았습니다. 그 사실을 알기에 그들은 더 크게 애통해 하는 것입니다. 그날이 오면 어느 산 어느 바위틈과 굴 그리고 어느 바다의 섬에 숨어 하나님의 진노를 피할 수 있겠습니까?

바벨론에 속한 세상에는 그 어디에도 하나님의 진노를 피할 곳은 없습니다. 오직 하나 하나님의 산 시온만이 말세의 피난처입니다. 그곳은 살아 계신 하나님의 은혜가 산처럼 쌓여 있는 곳입니다. 시온 산입니다. 하나님의 말씀이 생기가 되어 살아 역사하는 곳입니다. 그곳이 어디입니까? 세계 도처에 예수 그리스도의 이름으로 세워진 주님의 교회들입니다.

사탄이 예수님의 이름을 가장하고 이적을 베풀며 모이게 하는 이단들이나 사탄의 회당이나 가짜 교회가 아니라 예수님을 "주는 그리스도시오 살아 계신 하나님의 아들"로 고백하며 하나님께 예배하고 진리의 말씀을 가르치고 배우며 서로 사랑을 나누며 선교하고 전도하며 구제하는 진짜 교회입니다.

2. 상인들의 애통(11-17a)

■ 본문 : "땅의 상인들이 그를 위하여 울고 애통하는 것은 다시 그들의 상품을 사는 자가 없음이라 그 상품은 금과 은과 보석과 진주와 세마포와 자주 옷감과 비단과 붉은 옷감이요 각종 향목과 각종 상아 그릇이요 값진 나무와 구리와 철과 대리석으로 만든 각종 그릇이요 계피와 향료와 향과 향유와 유향과 포도주와 감람유와 고운 밀가루와 밀이요 소와 양과 말과 수레와 종들과 사람의 영혼들이라 바벨론아 네 영혼이 탐하던 과일이 네게서 떠났으며 맛있는 것들과 빛난 것들이 다 없어졌으니 사람들이 결코 이것들을 다시 보지 못하리로다 바벨론으로 말미암아 치부한 이 상품의 상인들이 그의 고통을 무서워하여 멀리 서서 울고 애통하여 이르되 화 있도다 화 있도다 큰 성이여 세마포 옷과 자주 옷과 붉은 옷을 입고 금과 보석과 진주로 꾸민 것인데 그러한 부가 한 시간에 망하였도다"

11. The merchants of the earth will weep and mourn over her because no one buys their cargoes any more—

12. cargoes of gold, silver, precious stones and pearls; fine linen, purple, silk and scarlet cloth; every sort of citron wood, and articles of every kind made of ivory, costly wood, bronze, iron and marble;

13. cargoes of cinnamon and spice, of incense, myrrh and frankincense, of wine and olive oil, of fine flour and wheat; cattle and sheep; horses and carriages; and bodies and souls of men.

14. They will say, 'The fruit you longed for is gone from you. All your riches and splendor have vanished, never to be recovered.'

15. The merchants who sold these things and gained their wealth from her will stand far off, terrified at her torment. They will weep and mourn

16. and cry out : "Woe! Woe, O great city, dressed in fine linen, purple and scarlet, and glittering with gold, precious stones and pearls!

17a. In one hour such great wealth has been brought to ruin!"

■ 목자역

11. 그런데 그 땅의 상인들이 바벨론(로마)이 당한 재난에 대한 슬픔으로 많은 눈물을 흘리는 진짜 이유는 이제 더 이상 그들의 상품을 사 줄 사람들이 없어졌기 때문입니다.

12. 그 상품들은 황금으로 된 것과 은으로 된 것과 값진 보석들과 진주들입니다. 또한 좋은 세마포와 자주색 옷감과 비단과 자주 빛이 나는 옷감들입니다. 그리고 향이 나는 모든 나무들과 각종 상아로 된 그릇들과 매우 값진 나무로 만든 갖가지 종류의 그릇들과 구리와 철과 대리석으로 만든 그릇들입니다.

13. 그리고 계피와 향료와 향과 향유와 유향과 포도주와 올리브기름과 고운 밀가루와 밀입니다. 그리고 짐을 싣고 다니는 짐승들과 양과 말과 짐을 나르는 것들과 종들과 **사람들의 영혼**들입니다.

14. 바벨론아! 너의 영혼이 탐내던 그 과일들이 네게서 사라졌다. 또한 맛 있는 것들과 찬란함으로 너를 그렇게 빛나게 하던 모든 것들이 네게서 사라 졌다. 사람들은 이제 더 이상 네게서 그것들을 발견할 수 없게 될 것이다.

15. 이러한 모든 상품들 때문에 바벨론(로마)에 의해 부자가 되었던 상인 들은 그 음녀가 당하는 재앙을 보고 두려워서 멀리 서서 많은 눈물을 흘리며 슬퍼하고 있습니다.

16. 그들은 말합니다. : 큰 재앙이다, 감당할 수 없는 재난이다! 좋은 세마 포 옷과 자주색 옷과 붉은 옷을 입고 황금과 값진 보석과 진주로 치장을 한 그 큰 성이여!

17a. 그렇게 엄청난 부가 한 순간에 망하였구나!

⬆ 양육과 적용을 위한 묵상노트

상인들도 애통해 합니다. 바벨론은 사치와 향락의 도시입니다. 세상에 서 가장 좋은 것들은 그곳에 다 모여 있습니다. 권력과 부가 집중되어 있 고 물질적인 풍요가 넘쳐나는 도시입니다. 사람들이 살아가는데 필요한 모든 것이 넘쳐나는 도시입니다. 그들은 세상에 있는 좋은 것들 열개 중의 아홉은 그곳에 있다고 했습니다. 사치와 풍요와 향락의 도시가 큰 바벨론 로마입니다.

심지어는 그들을 섬길 종으로 부리기 위해 사람들을 병신으로 만들기도 하고 또 그들의 영혼과 목숨까지 사고파는 도시입니다. 그러니 어찌 이 도시가 망하지 않겠습니까?

오늘날 우리가 살아가는 사회를 자본주의 사회라고 합니다. 돈만 된다면 사람들의 생명도 사고파는 사회입니다. 사람들의 생명과 시간을 무조건 돈으로 환산하여 팔고 사는 이 천민자본주의가 계속되고 그 자본의 체제가 더 굳건해지면 바로 이곳이 오늘날의 바벨론이 됩니다. 하나님의 심판으로 망하게 됩니다.

그래서 우리는 깨달아야 합니다. 왜 인간들이 만든 마지막 체제가 자본주의인지 알아야 합니다. 이제 앞으로 자본주의가 더 발전하면서 오직 자본의 논리로만 모든 것을 설명하려 하고 모든 것을 통제하는 666의 시대가 되면 반드시 그날이 하나님의 심판으로 망하는 날입니다. 멸망의 날이 될 것입니다.

계시록 21장과 22장에 나오는 하늘에서 내려오는 거룩한 성 예루살렘은 모든 것이 풍성하면서도 죽음이 없는 생명의 도시입니다. 그러나 바벨론은 세상의 것은 풍성하지만 그 사치와 음란과 악행 때문에 죽음이 넘쳐나는 도시입니다. 멸망당할 만한 충분한 이유가 있는 도시입니다.

3. 선장과 선객들과 선원들의 애통(17b-19)

■ 본문 : "모든 선장과 각처를 다니는 선객들과 선원들과 바다에서 일하는 자들이 멀리 서서 그가 불타는 연기를 보고 외쳐 이르되 이 큰 성과 같은 성이 어디 있느냐 하며 티끌을 자기 머리에 뿌리고 울며 애통하여 외쳐 이르되 화 있도다 화 있도다 이 큰 성이여 바다에서 배 부리는 모든

자들이 너의 보배로운 상품으로 치부하였더니 한 시간에 망하였도다"

17b. "Every sea captain, and all who travel by ship, the sailors, and all who earn their living from the sea, will stand far off."

18. When they see the smoke of her burning, they will exclaim, 'Was there ever a city like this great city?'

19. They will throw dust on their heads, and with weeping and mourning cry out: Woe! Woe, O great city, where all who had ships on the sea became rich through her wealth! In one hour she has been brought to ruin!

■ 목자역

17b. 모든 선장들과 배를 타고 여러 곳을 다니는 사람들과 선원들 그리고 바다에서 일을 하는 사람들이 멀리 서서

18. 그 성이 불에 타면서 올라오는 그 연기를 보며 크게 외치며 말하였습니다. : 무엇이 저 큰 성 바벨론과 같이 저렇게 크겠는가?

19. 그러면서 그들은 그들 자신의 머리 위에 티끌을 뿌렸습니다. 그리고 애통하여 많은 눈물을 흘리면서 크게 외치며 말하였습니다. : 화가 닥쳤다. 재앙이로다! 큰 성 바벨론이여! 바다에서 배를 가지고 있으면서 너에게 비싼 상품들을 팔아 부자가 되었는데 이제 우리들도 모두 한 순간에 다 망하였도다!

🚹 양육과 적용을 위한 묵상노트

육상무역뿐만 아니라 해상무역을 통해서도 돈을 벌던 자들이 선장과 선원들입니다. 이제 바벨론의 멸망으로 모든 물품의 유통 구조가 완전히

깨지게 되었습니다. 물건을 만들어도 팔 곳이 없습니다. 바벨론을 중심으로 하던 자본주의 체제와 세계 경제는 파탄이 납니다. 그래서 바다를 오가며 무역으로 돈을 벌던 자들도 다 같이 애통해 하는 것입니다.

수천 년을 갈 줄 알았던 바벨론의 멸망이 하루 사이에 이루어진 것을 보면서도 오늘도 여전히 돈과 쾌락에 미쳐서 여전히 회개하지 않는 사람이 있다면 그는 어리석은 사람 중에 가장 어리석은 사람입니다.

누가복음 12장에 나오는 부자처럼 모으고 쌓다가 지옥가면 무슨 유익이 있겠습니까? 그런데 이 선원들도 그들이 돈을 벌 수 없게 된 사실만 애통해 하지 회개하지 않습니다. 말세는 회개가 없는 세상이고 그래서 망하게 됩니다.

 ## 18-8. 바벨론을 심판하신 이유(20)

■ 본문 : "하늘과 성도들과 사도들과 선지자들아, 그로 말미암아 즐거워하라 하나님이 너희를 위하여 그에게 심판을 행하셨음이라 하더라"

20. Rejoice over her, O heaven! Rejoice, saints and apostles and prophets! God has judged her for the way she treated you.

■ 목자역

20. 그러나 하늘과 성도들과 사도들과 예언자들이여, 당신들은 기뻐하십시

오! 하나님께서 당신들을 위하여 그 못된 바벨론을 심판하셨습니다.

🗂 양육과 적용을 위한 묵상노트

하나님께서 바벨론을 심판하시는 이유는 하늘 곧 하나님의 교회와 성도들과 예수님의 제자로 순교한 사도들과 하나님의 복음을 땅 끝까지 목숨 걸고 전하던 두 증인과 같은 선지자들 때문입니다.

하나님은 계시록 6장에서 제단 앞에서 외치던 그들의 기도를 들으시고 그들의 피 값을 갚아주시려고 악한 사탄의 세력들을 쓸어버리시는 것입니다. "하나님이 너희를 위하여 그에게 심판을 행하셨음이니라"는 이 말씀에서 알 수 있는 것처럼 마지막 때에 이루어지는 대접 재앙과 음녀와 바벨론에 대한 심판은 성도들에게 임하는 것이 아닙니다.

이 심판은 오직 하나님을 떠난 세상과 악한 자들에 대한 심판입니다. 바로 이점에서 인의 재앙과 나팔 재앙 그리고 대접재앙의 목적과 대상과 그 시기가 차이가 있는 것입니다.

인의 재앙이 기나 긴 인류 역사의 바탕에 깔리고 그 위에 나팔 재앙이 시대의 흐름에 따라 중첩된 재앙으로 나타납니다. 그리고 악인들에 대한 심판인 대접 재앙이 주의 종들과 성도들의 휴거 직후에 마지막에 나오게 됩니다.

우리는 하나님의 성도들이고 주의 종들입니다. 하나님께서는 우리들을 위하여 사탄이 중심이 된 바벨론에 대한 심판을 행하십니다. 그래서 우리는 바벨론이 짓는 죄를 함께 짓지 말고 인본주의를 가장하여 그 바벨론을 이끄는 사탄이 사상과 그 체제에서 벗어나야 합니다.

우리의 가치관은 성경적이고 하나님의 뜻에 맞는 것이어야 합니다. 그 것이 세상의 빛과 소금으로 사는 것입니다. 소금은 맛을 잃으면 밖에 버려지고 밟히게 됩니다. 돈으로 모든 것을 해결하려고 하는 짐승의 가치관을 버리고 쾌락만을 추구하는 잘못된 행동을 버려야 합니다. 하나님의 자녀들을 바벨론을 심판하시는 하나님을 찬양합시다.

 ## 18-9. 바벨론의 멸망(21-23a)

1. 바벨론의 완전한 멸망 선언(21)

■ 본문 : "이에 한 힘 센 천사가 큰 맷돌 같은 돌을 들어 바다에 던져 이르되 큰 성 바벨론이 이같이 비참하게 던져져 결코 다시 보이지 아니하리로다"

21. Then a mighty angel picked up a boulder the size of a large millstone and threw it into the sea, and said: "With such violence the great city of Babylon will be thrown down, never to be found again."

■ 목자역

21. 그때 한 힘센 천사가 큰 맷돌 같은 돌 하나를 들어 바다에 던지며 말했습니다. : 큰 성 바벨론이 이렇게 비참하게 던져져 망하게 되었으니 이후에는 절대로 더 이상 보이지 않게 될 것이다.

▣ 양육과 적용을 위한 묵상노트

계시록에는 힘센 천사가 세 번 등장합니다. 5장에서 첫 번째 등장한 힘센 천사는 일곱 인을 친 두루마리를 누가 펴며 누가 그 인을 뗄 것이냐는 외침과 함께 등장합니다. 10장에서 두 번째 등장하는 힘센 천사는 펼쳐진 작은 두루마리를 들고 나타납니다. 세 번째 등장하는 천사는 그 두루마리에 기록된 하나님의 심판이 이루어 진 것을 선언하는 자리에 나타납니다.

심판이 시작될 것을 가리키는 것과 심판이 진행되는 것과 심판이 완성된 것을 가리키는 지점에서 이 힘센 천사들은 등장합니다. 그들을 힘센 천사라고 하는 것은 이들이 그렇게 심판과 관계가 있는 모습으로 나타나기 때문입니다.

세 번째 등장한 힘센 천사는 맷돌과 같은 큰 돌을 바다에 던지며 바벨론의 완전 멸망을 선포합니다. 이제 사탄이 다스리는 큰 바벨론과 같은 나라는 다시 일어나지 못합니다.

2. 바벨론의 멸망의 모습(22-23a)

■ 본문 : "또 거문고 타는 자와 풍류 하는 자와 퉁소 부는 자와 나팔 부는 자들의 소리가 결코 다시 네 안에서 들리지 아니하고 어떠한 세공업 자든지 결코 다시 네 안에서 보이지 아니하고 또 맷돌 소리가 결코 다시 네 안에서 들리지 아니하고 등불 빛이 결코 다시 네 안에서 비치지 아니하고 신랑과 신부의 음성이 결코 다시 네 안에서 들리지 아니하리로다"

22. The music of harpists and musicians, flute players and trumpeters, will never be heard in you again. No workman of any trade will ever be found in you again. The sound of a millstone will never be heard in you again.

23a. The light of a lamp will never shine in you again. The voice of bridegroom and bride will never be heard in you again.

■ 목자역

22. 그리고 하프를 타는 사람들의 소리와 음악 하는 사람들의 소리와 플롯을 부는 자들의 소리와 트럼펫을 부는 자들의 소리가 이제 다시는 네게서 전혀 들리지 않게 될 것이다. 또한 모든 세공업자들의 세공하는 모습도 전혀 보이지 않게 될 것이며 밀을 가는 맷돌 소리도 앞으로는 결코 다시 들리지 않을 것이다.

23a. 이제 다시는 등잔 빛이 전혀 네게 비치지 않을 것이며 신부나 신랑의 소리도 너에게서는 전혀 들리지 않게 될 것이다.

▣ 양육과 적용을 위한 묵상노트

바벨론이 멸망당한 그 성안에는 노래 소리가 사라졌습니다. 그들은 하나님의 거문고를 흉내 낸 악기인 지상의 거문고를 가지고 그들의 신을 찬양했습니다. 그리고 먹고 놀고 즐기며 그들의 인생이 영원할 것처럼 살았습니다.

그러나 이제 그들의 악기 소리와 노래 소리가 그치고 정교한 모양으로 좋은 것들을 만들던 세공하던 자들도 없어집니다. 고운 밀가루를 만들기 위해 맷돌을 갈던 소리도 없어지고 어둠을 밝히던 등불 빛이 사라지며 신랑 신부의 소리도 없어집니다.

이제 악한 자들의 쾌락을 위해 존재하던 모든 것들이 사라졌습니다. 하나님의 심판은 완벽하고 철저합니다. 이제 다시 돌아설 기회는 주어지지 않습니다. 그래서 아직 기회 있을 때 돌아서야 하고 회개해야 합니다. 하나님이 주시는 회개의 기회를 놓치면 영원히 멸망하게 됩니다.

 18-10. 바벨론이 멸망당하는 또 다른 세 가지 이유(23b-24)

1. 상인들이 정치권력을 장악했기 때문(23b)

■ 본문 : "너의 상인들은 땅의 왕족들이라"

23b. Your merchants were the world's great men.

23b. : 너에게 물건을 사고팔던 그 상인들은 그 땅의 권력자들이었으며

🔝 양육과 적용을 위한 묵상노트

바벨론이 망하는 다섯 번째 이유는 정경유착입니다. 돈을 많이 가진 자들이 정치권력까지 갖게 되고 정치하는 자들이 그 권력을 이용해 부를 차지하고 독점하는 사회는 반드시 망하게 됩니다.

2. 복술(卜術)로 만국을 미혹했기 때문(23c)

■ 본문 : "네 복술로 말미암아 만국이 미혹되었도다"
23c. By your magic spell all the nations were led astray.

■ 목자역
23c. 또 너는 점치는 마술과 우상 숭배로 모든 나라들이 바른 길을 떠나게 했으며

🔝 양육과 적용을 위한 묵상노트

바벨론이 망하는 여섯 번째 이유는 인간 스스로가 그 운명을 결정하려

고 하는 복술입니다. 악한 사탄과 귀신에게 그 운명을 물어보고 마술을 행하며 우상을 숭배하는 사회는 반드시 망하게 됩니다.

거짓 선지자들에게 역사하는 영들은 귀신의 영들입니다. 계시록 13장에서 보는 것처럼 그들은 큰 이적과 작은 이적을 행합니다. 그래서 이적보다 그 열매를 보고 선과 악을 판단해야 합니다.

3. 선지자들과 성도들을 핍박하고 죽였기 때문(24)

■ 본문 : "선지자들과 성도들과 및 땅 위에서 죽임을 당한 모든 자의 피가 그 성 중에서 발견되었느니라 하더라"

24. In her was found the blood of prophets and of the saints, and of all who have been killed on the earth.

■ 목자역

24. 그 바벨론 성 안에서는 예언자들과 성도들과 그 땅에서 죽임을 당한 모든 이들의 피가 발견되었다.

▣ 양육과 적용을 위한 묵상노트

바벨론이 망하는 일곱 번째 이유는 억울한 사람들의 피를 흘리게 했기 때문입니다. 예수님을 믿는 성도들을 핍박하고 주의 종들을 무수히 죽였기 때문입니다. 또 정당한 이유 없이 사람들을 죽였습니다.

억울하게 죽은 모든 자들의 피 값을 그들은 치러야 합니다. 그래서 그들은 망하게 된 것입니다. 누군가를 억울하게 하면 반드시 그 대가를 치른다는 사실을 우리는 알아야 합니다. 하나님의 심판의 대상이 되고 멸망하게 됩니다. 억울한 자의 피는 하늘에 호소하게 되어 있고 그 한이 하늘에 사무치게 되면 반드시 재앙을 당하게 됩니다.

예수님의 재림과 두 짐승에 대한 심판과 사탄의 감금

1. 예수님의 공중 재림과 어린양의 혼인 잔치(19:1-10)

2. 예수님의 지상 재림과 두 짐승에 대한 심판(19:11-21)

3. 사탄의 감금(20:1-3a)

□ 계시록 19장 | **예수님의 재림과 두 짐승에 대한 심판**

19-1. 혼인잔치로 인한 찬양(1-10)

1. 성도들의 두 번의 할렐루야 찬양(1-3)

1) 첫 번째 할렐루야(1) : 구원과 영광과 권능

▪ 본문 : **"이 일 후에** 내가 들으니 하늘에 허다한 무리의 큰 음성 같은 것이 있어 이르되 할렐루야 구원과 영광과 능력이 우리 하나님께 있도다"

1. After this I heard what sounded like the roar of a great multitude in heaven shouting: "Hallelujah! Salvation and glory and power belong to our God,"

■ 목자역

1. **이러한 일들이 있은 후에** 많은 무리들이 큰 소리로 말하는 것을 들었습니다. : **할렐루야** : 구원과 영광과 권능이 우리 하나님께 있습니다.

⬛ 양육과 적용을 위한 묵상노트

바벨론에 대한 집중적인 심판이 이루어 진 이후에 요한 사도는 하늘나라에서 많은 무리들이 큰 소리로 하나님의 구원과 영광과 권능을 할렐루야로 찬양하는 모습을 보았습니다.

그 무리들은 구원받은 하나님의 백성들과 천사들입니다. 그들은 모두 하나님의 구원이 이루어지고 하나님의 영광이 드러나며 그 모든 일들을 이루시는 전능하신 하나님의 능력이 나타난 것을 찬양합니다.

2) 두 번째 할렐루야(2-3) : 심판

■ 본문 : "그의 심판은 참되고 의로운지라 음행으로 땅을 더럽게 한 큰 음녀를 심판하사 자기 종들의 피를 그 음녀의 손에 갚으셨도다 하고 두 번째로 할렐루야 하니 그 연기가 세세토록 올라가더라"

2. for true and just are his judgments. He has condemned the great

prostitute who corrupted the earth by her adulteries. He has avenged on her the blood of his servants.

3. And again they shouted: "Hallelujah! The smoke from her goes up for ever and ever."

■ 목자역

2. 주님의 심판은 참되고 의로우십니다. : 주님은 음행으로 땅을 더럽힌 큰 음녀를 심판하셨고 그 음녀의 손으로 흘린 그의 종들의 피에 대해 갚으셨습니다.

3. 그리고 두 번째로 그들은 말하였습니다. : **할렐루야!** : 그때 그 음녀가 불에 타면서 나오는 그 연기가 세세토록 올라갔습니다.

▣ 양육과 적용을 위한 묵상노트

그 많은 무리들은 하나님의 심판이 참되고 의로우심을 찬양합니다. 그들이 참되고 의로우신 하나님을 찬양할 수 있는 이유는 그들도 참되고 정직하며 순결하게 살았기 때문입니다.

하나님의 심판이 참되고 의로우심에 대한 찬양은 계시록 15장의 피 섞인 유리 바다 가에서 짐승과 그 이름의 수를 이기고 그 우상에게 경배하지 않은 자들이 부른 찬양의 내용입니다.

그 찬양의 내용은 이 무리들이 누구인지를 알게 합니다. 그 찬양의 내용은 계속해서 계시록 17장에 나오는 큰 음녀를 심판하신 내용을 찬양하는 것입니다. 그 음녀는 계시록 17장에서 보는 것처럼 성도들과 예수님의 증인들의 피에 취할 정도로 많은 주의 종들을 죽였습니다.

그 죽은 자들의 외침이 계시록 6장에 나와 있습니다. 순교자들이 외쳤습니다. 우리들의 피 값을 언제 갚아주시겠습니까? 그때 주님이 그들에게 믿음을 지키고 순결하게 살았다는 증표로 흰 옷을 주시며 말씀하셨습니다. 아직 잠깐 동안 쉬되 너희 동무 종들과 형제들도 자기처럼 죽임을 당하여 그 수가 차기까지 하라! 하나님은 반드시 때가 되면 모든 악을 심판하십니다. 그러므로 성도로서의 순결을 지키는 믿음과 정직하고 진실하게 살기 위한 인내가 필요합니다.

그들이 두 번째로 할렐루야로 하나님께 찬양을 할 때에 짐승과 열 뿔에 의해 벌거 벗겨지고 죽임을 당하고 그 모든 것을 빼앗긴 음녀를 태우는 불이 꺼지지 않는 불이 되면서 그 연기가 세세토록 올라갔습니다.

음녀의 화려함은 잠깐입니다. 그 손에 들고 있는 금잔은 진짜지만 그 금잔 안에 들어 있는 모든 것들은 가증하고 더러운 것들입니다. 그래서 우리는 이러한 사실을 잘 분별하고 음녀의 음행의 포도주 곧 거짓된 교리나 잘못된 사탄의 사상에 미혹되지 않도록 자기 옷을 잘 지키고 수치와 부끄러움을 보이지 않도록 해야 합니다.

2. 이십사 장로들과 네 생물들의 세 번째 할렐루야(4-5)

1) 이십사 장로들과 천사장들의 화답찬양(4) : 경배

■ 본문 : "또 이십사 장로와 네 생물이 엎드려 보좌에 앉으신 하나님께 경배하여 이르되 아멘 할렐루야 하니"

4. "The twenty-four elders and the four living creatures fell down and worshiped God, who was seated on the throne. And they cried: 'Amen, Hallelujah!'"

■ 목자역

4. 이십사 장로들과 네 생물들이 바닥에 엎드렸습니다. 그리고 그 보좌에 앉아 계신 분께 경배를 드리며 말하였습니다. : 아멘, **할렐루야!**

◼ 양육과 적용을 위한 묵상노트

이어지는 세 번째 할렐루야 찬양은 천사장인 네 생물과 이십사 장로의 찬양입니다. 그들은 항상 하나님 앞에 엎드려 경배합니다. 예배의 기본은 겸손이요 낮아짐입니다. 그들은 하나님의 참되고 의로우신 심판을 보면서 하나님 앞에 바닥에 엎드려 경배하며 찬양합니다.

이들은 4장에서 처음 등장할 때도 엎드려 경배했습니다. 예배는 자신을 낮추고 하나님을 높이는 일입니다. 바른 예배 속에 아름다운 찬양이 있고 그 찬양 중에 하나님의 영광이 드러납니다. 우리의 예배도 처음부터 겸손

함으로 드리는 경배와 찬양이어야 합니다.

2) 보좌에서 난 음성(5)

■ 본문 : "보좌에서 음성이 나서 이르시되 하나님의 종들 곧 그를 경외하는 너희들아 작은 자나 큰 자나 다 우리 하나님께 찬송하라 하더라"

5. Then a voice came from the throne, saying: "Praise our God, all you his servants, you who fear him, both small and great!"

■ 목자역

5. 그때 그 보좌로부터 한 목소리가 나오면서 말하였습니다. : 너희들은 우리들의 하나님께 찬양하여라. 작은 자들이나 큰 자들이나 그분을 경외하는 주님의 모든 종들아!

■ 양육과 적용을 위한 묵상노트

이 음성은 하나님의 음성이 아닙니다. 하나님의 은혜와 축복으로 왕권을 가진 자들의 음성입니다. 이들은 땅에서 속량함을 받은 첫 열매로 하나님과 어린양에게 속한 십사만 사천의 주의 종들입니다.

그들은 하나님의 종들 작은 자나 큰 자나 하나님의 종이 된 자들은 모두 하나님께 경배하며 찬양하라고 권면합니다. 사람들을 세상적인 기준으로 보면 큰 자나 작은 자가 있지만 하나님의 기준으로 보면 하나님의 종들은 큰 자나 작은 자의 구별이 없습니다.

그가 진정한 하나님의 종인지 아닌지가 중요합니다. 하나님은 세상적인 기준으로 교회나 주의 종들이나 성도들을 판단하시지 않습니다. 하나님의 심판은 공정하고 의로우시고 참되신 심판이며 그분의 눈은 모든 것을 통찰하시고 감찰하시는 불 꽃 같은 눈입니다.

3. 천사들의 네 번째 할렐루야(6-7a) : 완성

1) 이 찬양은 천사들의 찬양(6a)

■ 본문 : "또 내가 들으니 허다한 무리의 음성과도 같고 많은 물소리와도 같고 큰 우렛소리와도 같은 소리로 이르되"

6a. Then I heard what sounded like a great multitude, like the roar of rushing waters and like loud peals of thunder, shouting:

■ 목자역

6a. 그리고 나는 많은 무리들의 소리와도 같고 많은 물소리와도 같으며 강한 천둥소리와도 같이 말하는 한 음성을 들었습니다. :

🔟 양육과 적용을 위한 묵상노트

그때 요한 사도는 많은 무리들의 소리 같기도 하고 주님의 음성 같기도 하며 천사들이 외치는 소리와도 같은 큰 음성을 들었습니다. 다양한 표현이지만 하늘에서 나는 이 소리는 그만큼 위엄이 있고 우렁찬 음성입니다.

이것은 하늘에 있는 모든 천군 천사들과 구원받은 하나님의 모든 종과 백성들이 합창하는 찬양입니다. 하늘에 있는 존재들은 모두 하나님께 경배하며 찬양합니다.

2) 전능하신 하나님이 통치하심을 찬양(6b)

■ 본문 : "할렐루야 주 우리 하나님 곧 전능하신 이가 통치하시도다"

6b. : Hallelujah! For our Lord God Almighty reigns.

■ 목자역

6b. **할렐루야**, 이제 우리들의 주님이신 전능하신 하나님께서 통치하시도다!

⚊ 양육과 적용을 위한 묵상노트

네 번째 할렐루야 찬양은 계시록 11장에서 일곱 번째 천사가 나팔을 불 때 선포하신 것처럼 이제 우리의 주님이시며 전능하신 우리들의 아버지 하나님께서 모든 만물을 직접 통치하신다는 것을 확신하며 부르는 찬양입니다.

세상이 악하다고 이 모든 것을 사탄이 통치하는 것 아닙니다. 예수님을 시험하러 나타났던 사탄은 세상의 영광을 보여주며 자신을 경배하면 이 모든 것들을 다 주겠다고 예수님을 유혹했습니다.

세상을 사는 우리 모두도 항상 이와 같은 세상의 명예와 권세와 물질의 유혹에 흔들립니다. 그러나 그 사탄의 유혹에 넘어가면 반드시 망합니다. 우리가 영원히 경배할 분은 하나님 한 분입니다.

사탄이 많은 것들을 보여주고 유혹하고 그것이 마치 자기 것인 것처럼 속여도 그 모든 것의 주인은 따로 있습니다. 하나님이 주인이십니다. 그 능력이 한이 없으신 전능하신 하나님이십니다. 우리 아버지 하나님께 영원히 찬양합시다.

3) 즐거움과 기쁨으로 영광을 돌리며 찬양(7a)

■ 본문 : "우리가 즐거워하고 크게 기뻐하며 그에게 영광을 돌리세"

7a. Let us rejoice and be glad and give him glory!

■ 목자역

7a. 우리 모두 함께 즐거워하며 크게 기뻐하며 하나님께 영광을 돌립시다.

⚊ 양육과 적용을 위한 묵상노트

그러자 주님을 할렐루야로 찬양하던 모든 피조물이 다 함께 주님을 찬양합니다. 불 섞인 유리바다 가에 있던 무리들과 네 생물과 이십사 장로와 보좌 주위에 있던 십사만 사천의 주의 종들과 모든 천사가 다함께 찬양합니다.

그들은 함께 즐거워하고 기뻐하며 하나님께 영광을 돌립니다. 우리들도 장차 이 찬양의 자리에 함께 있기를 바랍니다. 그들은 어린양의 혼인잔치가 다가왔음을 기뻐하고 있는 것입니다.

 19-2. 어린 양의 혼인 잔치(7b-9)

1. 약속한 혼인 날짜가 됨(7b)

■ 본문 : "어린 양의 혼인 기약이 이르렀고"
7b. For the wedding of the Lamb has come,

■ 목자역
7b. 어린양이 결혼할 때가 왔고

⬛ 양육과 적용을 위한 묵상노트

이제 신랑 되신 예수님과 신부된 성도들이 함께 만나 혼인할 날이 왔습니다. 결혼이란 사랑하는 사람들이 이제 서로 나누어지거나 헤어지지 않고 영원히 함께 있겠다는 서약입니다. 에덴에서 헤어졌던 하나님과 사람들이 다시 만나 영원히 함께 살게 하는 의식입니다.

이 날이 우리가 그토록 고대하는 휴거하는 날이요 주님이 공중에 재림하시는 날입니다. 데살로니가 전서 4장이나 고린도 전서 15장이나 마태복음 24장에서 말씀하는 것처럼 주님의 재림은 반드시 이루어지고 성도들은 부활하며 휴거합니다.

우리의 소망이 되시는 예수님은 하늘 구름을 타고 오실 것이며 우리는 계시록 11장의 두 증인처럼 "이리로 올라오라"는 하늘의 음성이 들릴 때 구름을 타고 하늘로 올라가게 될 것입니다.

2) 예복 준비(7c)

■ 본문 : "그의 아내가 자신을 준비하였으므로"

7c. and his bride has made herself ready.

■ 목자역

7c. 그분의 신부도 자기 자신을 준비했습니다.

◘ 양육과 적용을 위한 묵상노트

그래서 우리는 신부 단장을 해야 합니다. 이 말씀처럼 어린양의 신부로 준비된 성도라야 주님이 오시는 날 주님을 만날 수 있습니다. 주님이 신부가 준비된 것을 보셨습니다. 준비된 모습을 보셨다는 이 말씀을 마음에 깊이 새겨서 우리도 신부로 준비된 모습을 주님께 보여야 합니다.

마태복음 25장에는 신부 단장의 세 가지 모습이 나옵니다.

첫째는 내적인 성결입니다. 성령의 기름이 준비되어야 합니다. 둘째는 주신 직분과 사명을 완수해야 합니다. 주어진 달란트를 최대한 잘 활용해서 남겨야 합니다. 세 번째는 어려운 이웃들을 돌보는 인생이 되어야 합니다. 성령 충만하면 하나님을 사랑하고 자신을 잘 가꾸며 이웃을 돌보는 삶을 삽니다. 신부는 신랑이 언제 오더라도 신랑을 맞이할 준비가 되어 있어야 합니다.

3) 빛나고 깨끗한 세마포 옷(8a)

■ 본문 : "그에게 빛나고 깨끗한 세마포 옷을 입도록 허락하셨으니"

8a. Fine linen, bright and clean, was given her to wear.

■ 목자역

8a. 그 신부에게는 결혼식 때 입을 깨끗하고 밝게 빛나는 좋은 세마포로 만든 옷이 주어졌습니다.

🔳 양육과 적용을 위한 묵상노트

신랑을 맞이하기 위해 흰 옷을 입고 있던 준비된 신부에게 결혼식 날 신부가 입는 밝고 빛나는 세마포 옷이 예복으로 주어집니다. 그냥 흰 옷이 아니라 밝고 빛나는 세마포 옷입니다. 결혼식 날 신부에게 주어지는 신부가 입을 신부의 예복입니다.

성경은 옷을 통해 우리의 신앙의 상태를 말해 줍니다. 첫째는 무화과나무 옷입니다. 스스로 수치를 가리려고 하는 인간의 모습입니다. 그러나 그 무화과나무 잎으로 만든 옷은 인간의 죄와 수치를 가리지 못합니다.

그 다음이 하나님께서 만들어 주신 가죽 옷입니다. 이 가죽 옷은 짐승의 피를 흘려 만든 옷입니다. 이것이 구약 제사의 원리인 피 제사의 원리인데 짐승의 피로 드리는 제사는 해마다 반복해야 됩니다. 그 피는 죄를 덮는 피입니다. 짐승이 흘린 피는 죄를 씻는 피는 아닙니다.

십자가에서 피를 흘리신 예수님이 우리에게 주시는 옷은 흰 옷입니다. 우리가 예수 믿고 죄 사함 받은 증거는 예수님의 피로 우리의 마음과 행실 속에 있는 모든 죄를 완전히 씻어낸 것입니다. 모든 죄를 씻은 증거가 흰 옷입니다. 이 흰 옷을 입은 성도라야 어린양의 혼인잔치 때 참여할 수 있는데 그때 주님께서는 신부의 옷인 밝고 빛나는 세마포 옷을 주십니다.

그래서 지금 우리는 내가 흰 옷을 입고 있는지 아직도 가죽 옷이나 무화과나무 옷을 입고 있는지를 점검해 보아야 합니다. 흰 옷을 입지 않았으면 혼인잔치 날 바깥 어두운 데로 쫓겨납니다. 늘 예수님의 피로 그 옷을 계속 씻는 은혜가 있어야 합니다. 그 피로 옷을 씻은 자들이 복이 있습니다.

이단에 속한 사람들은 한번 죄 사함 받았으니 다시는 회개할 필요가 없다는 사람들이 있습니다. 그러나 하나님의 자녀가 되는 구원받는 회개는 평생에 단 한 번이지만 하나님의 자녀답게 살기 위한 성화를 위한 생활의 회개는 평생 해야 합니다. 옷에 얼룩이 지면 빨아서 깨끗하게 하는 것처럼 그래야 우리의 영혼도 얼룩이 없는 흰 옷을 입고 주님의 재림을 준비할 수 있습니다.

또 어떤 이단의 교주는 어린양의 혼인잔치 때 신랑은 예수님이고 신부는 자기 혼자이며 십사만 사천 성도들은 신부의 들러리라는 해괴한 말을 합니다. 그리고 그때 예수님의 영은 자신이 받고 하늘에 있는 십사만 사천의 순교자들의 영은 들러리인 그 집단에 속한 자들이 받아서 그때부터 이 세상에서 영생하고 죽지 않는 몸이 된다고 말합니다.

신부 없이는 신부의 들러리들도 없으니 자신을 통해서만 구원받을 수 있다는 구원의 독점을 말하려는 이단 교주의 흉측한 계략이 숨어 있습니다. 또 하나 그 이단의 교주는 혼인잔치 하는 그 순간 예수님의 영을 자신이 받았으니 자신이 어린양의 신부이면서 재림 예수라고 주장합니다. 얼마나 놀라운 신성모독입니까? 그는 사탄의 대리자이며 악한 거짓 선지자입니다.

이것은 접신 사상입니다. 그의 주장은 얼핏 들으면 그럴듯한 것 같지만 성경 어디에도 없는 거짓입니다. 성경에서 말씀하는 혼인이라는 말의 의미를 모르는 무식한 소리입니다. 어린양의 혼인잔치는 신랑 되신 예수님과 성결한 성도들이 하나 되어 신혼집과 같은 천년왕국으로 들어가기 위한 예식입니다.

590

4) 세마포 옷은 성도들의 옳은 행실을 상징(8b)

■ 본문 : "이 세마포 옷은 성도들의 옳은 행실이로다 하더라"

8b. Fine linen stands for the righteous acts of the saints.

■ 목자역

8b. 그 세마포 옷은 성도답게 순결하고 바르게 살았음을 증명합니다.

■ 양육과 적용을 위한 묵상노트

이 밝고 빛나는 세마포 옷은 성도답게 산 사람들에게 주어지는 옷입니다. 이 옷은 재림하시는 주님이 입는 옷이요 신부된 성도들이 입는 옷이며 주님이 재림하실 때 함께 오는 천군과 천사들이 입는 옷이요 증거 장막 성전에서 나온 일곱 대접을 가진 천사들이 입은 옷입니다.

그러므로 이 세마포 옷은 그 신분의 고결함과 순결함을 드러내는 옷이며, 주님께 인정받아 하나님 안에서 고귀한 신분을 가진 분들이 입는 구별된 옷입니다.

5) 혼인잔치에 청함을 받은 자의 복(9a)

■ 본문 : "천사가 내게 말하기를 기록하라 어린 양의 혼인 잔치에 청함을 받은 자들은 복이 있도다 하고"

9a. Then the angel said to me, "Write: 'Blessed are those who are invited to the wedding supper of the Lamb!'"

9a. 그 천사가 나에게 말하였습니다. 기록하시오. **복이 있습니다.** 어린양의 혼인 잔치에 청함을 받은 사람들은!

🔳 양육과 적용을 위한 묵상노트

천사가 요한 사도에게 어린양의 혼인잔치에 청함을 받은 사람들은 복이 있다고 말합니다. 이 복이 계시록에 나오는 네 번째 복입니다. 잔치자리에 신부되어 나가는 주의 종들과 성도들 그리고 축하객으로 함께 참여하여 하나님을 찬양하는 모든 천사들에게 복이 있습니다.

청함을 받았으면 그 자리에 앉을 수 있도록 준비해야 합니다. 청함을 받았는데 거절하거나 성도라는 이름은 있으나 성도답게 살지 않아 예복이 준비되어 있지 않으면 그 자리에서 쫓겨나게 되고 이를 갈며 슬피 울게 됩니다. 이를 가는 것은 외적인 고통이고 슬피 우는 것은 내적인 아픔입니다.

마지막 때에는 구원 받지 못한 자들에게 안과 밖 다시 말하면 영혼과 육체가 모두 견딜 수 없는 고통을 당하게 됩니다. 그래서 우리는 성도로서 바르게 살아야 하고 늘 깨어 있어 주님의 재림을 준비해야 합니다.

6) 참되신 하나님의 말씀(9b)
■ 본문 : "또 내게 말하되 이것은 하나님의 참되신 말씀이라 하기로"
9b. And he added, "These are the true words of God."

■ 목자역

9b. 그리고 그 천사가 또 나에게 말씀하였습니다. : 이 말씀들은 하나님께서 주신 진실한 말씀들입니다.

① 양육과 적용을 위한 묵상노트

어린양의 혼인잔치가 있다는 말씀은 누가 상상으로 지어낸 말이 아닙니다. 반드시 주님의 재림과 휴거와 어린양의 혼인잔치가 있습니다. 그날이 우리 눈앞에 다가왔습니다. 이제 얼마 남지 않은 시간입니다. 준비되셨습니까?

 19-3. 예수님을 증언하는 것은 예언의 영(10)

■ 본문 : "내가 그 발 앞에 엎드려 경배하려 하니 그가 나에게 말하기를 나는 너와 및 예수의 증언을 받은 네 형제들과 같이 된 종이니 삼가 그리하지 말고 오직 하나님께 경배하라 **예수의 증언은 예언의 영**이라 하더라"

10. At this I fell at his feet to worship him. But he said to me, "Do not do it! I am a fellow servant with you and with your brothers who hold to the testimony of Jesus. Worship God! For the testimony of Jesus is the spirit of prophecy."

10. 그래서 나는 그 천사에게 경배하기 위하여 그의 발 앞에 엎드렸습니다. 그러자 그 천사가 나에게 이렇게 말하였습니다. : 그렇게 하지 마시오. : 나는 당신이나 예수님을 증언하는 당신의 형제들과 같은 종입니다. : 당신은 오직 하나님께만 경배하십시오, 예수님을 증언하는 것은 하나님의 말씀을 대언하게 하시는 예언의 영께서 하시는 일입니다.

🔝 양육과 적용을 위한 묵상노트

요한 사도는 이 모든 것들을 알려준 천사에게 감사해서 엎드려 경배하려 합니다. 그러자 그 천사는 요한 사도를 말리면서 이렇게 말을 합니다. 그렇게 하지 마십시오. 나도 당신이나 예수님을 목숨 걸고 증언한 당신의 형제들과 같은 주님의 종입니다.

요한의 형제들 베드로나 야고보나 그와 함께 목숨을 걸고 주님을 증언한 사도들과 제자들 그들 모두는 천사와 같은 존재들입니다. 당신이 하늘의 천사와 같이 되기를 원하십니까? 그러면 순교자의 자세로 복음을 전해야 합니다. 이 모든 것들을 알려준 천사와 같은 존재가 될 것입니다.

이들 모두의 공통점은 성령께서 그들을 붙잡아 사용하셨다는 것입니다. 그들의 입술을 열게 하시고 그들로 하여금 예수님을 증언하게 하신 분은 주의 종의 입술을 빌어 대신 말하게 하시는 성령님이십니다.

그래서 계시록 12장을 보면 사탄은 하나님의 계명을 지키고 예수님의 영을 받아 예수님이 주님이시라고 증언하는 예수님의 증거를 가진 자들과 싸우는 것입니다. 하나님의 영이신 성령님은 오늘도 참된 주의 종들의 입술을 통하여 대신 말하게 하십니다. 당신의 입술을 주관하시는 분은 누구입니까?

 ## 19-4. 예수 그리스도의 재림1 : 모습과 속성(11-13)

1. 재림 주의 모습

1) 백마를 타고 공의로 심판하며 싸우심(11)

■ 본문 : "또 내가 하늘이 열린 것을 보니 보라 백마와 그것을 탄자가 있으니 그 이름은 충신과 진실이라 그가 공의로 심판하며 싸우더라"

11. I saw heaven standing open and there before me was a white horse, whose rider is called Faithful and True. With justice he judges and makes war.

■ 목자역

11. 그리고 나는 다시 하늘이 열려 있는 것을 보았습니다. 자, 보십시오. 흰 말과 그 말을 타고 계시는 충성되고 참된 진리이시며 구세주이신 예수님을! 이제 재림하실 예수님은 공의로 심판하시며 싸우시는 분입니다.

⬛ 양육과 적용을 위한 묵상노트

예수님이 재림하시는 모습이 계시록에는 두 가지 모습으로 나옵니다. 하나는 1장에서 구름을 타고 오시는 모습입니다. 하늘의 영광 가운데 성도들의 구원을 위해 오시는 신랑의 모습입니다. 그러면 오늘 본문처럼 흰 말을 타고 오시는 모습은 무엇일까요? 악에 대한 심판주로 오시는 모습입니다.

17장의 성령의 세 번째 감동 가운데 다시 지상에서 그 영이 성령님의 이끌림을 받은 요한 사도는 지금 다시 하늘이 열린 것을 보고 있습니다. 흰 말을 타고 심판주로 오시는 주님은 그 이름이 충성과 진실입니다. 충성되고 신실하신 분이며 거짓이 전혀 없는 진실하신 분이라는 말씀입니다.

공중에서 신랑으로서 하늘의 혼인잔치를 마치고 심판주로 지상으로 재림하시는 예수님은 음녀와 바벨론 심판 이후에도 남아 있는 마지막 악을 심판하러 오십니다. 그래서 공중 재림 이후 지상 재림하시는 예수님이 공의로 심판하며 싸우러 오신다고 말씀하는 것입니다.

2) 불꽃같은 눈을 가지시고 머리에는 많은 왕관을 쓰심((12a)
■ 본문 : "그 눈은 불 꽃 같고 그 머리에는 많은 관들이 있고"
12a. His eyes are like blazing fire, and on his head are many crowns.

12a. 흰 말을 타고 계시는 예수님의 눈은 활활 타오르는 불꽃같습니다. 그리고 그분의 머리 위에는 많은 면류관들이 있습니다.

■ 양육과 적용을 위한 묵상노트

흰 말을 타고 계시는 예수님은 모든 것들을 꿰뚫어 보시고 감찰하시는 예리하고도 분명한 눈으로 바라보십니다. 횃불 같이 활활 타오르는 불꽃 같은 눈은 모든 악을 태워버릴 거룩한 분노가 가득한 심판자의 눈입니다.

주님의 머리에는 많은 면류관이 있습니다. 예수님은 승리자 이십니다. 6장에서 첫째 인을 뗄 때 처음 등장하던 흰 말을 탄자는 보좌 앞에 나아가 자기 면류관을 받았습니다.

그리고 주님의 말씀처럼 한 순간만 이기는 것이 아니라 이기고 계속해서 이기는 자가 되기 위해 계속 싸웁니다. 그러나 그 싸움은 언제나 이길 수가 없었습니다. 11장과 13장의 말씀처럼 일곱 머리와 열 뿔을 가진 자들과 싸우다가 붙잡히기도 하고 죽임을 당하기도 했습니다.

그러나 예수님은 최후의 승리자요 이긴 자이십니다. 그러므로 그 분의 머리에는 많은 승리의 면류관이 있습니다. 예수님의 많은 면류관은 예수님이 만왕의 왕이요 만주의 주님이시며 영원한 승리자이신 것을 보여 줍니다.

3) 피 뿌린 옷(13a)

■ 본문 : "또 그가 피 뿌린 옷을 입었는데"

13a. He is dressed in a robe dipped in blood,

■ 목자역

13a. 예수님은 심판하실 때 원수들이 흘린 피가 뿌려져 있는 옷을 입고 계셨습니다.

◪ 양육과 적용을 위한 묵상노트

재림하시는 예수님은 십자가에서 그분이 죽으실 때 흘리셨던 보혈의 피와 악인들이 심판을 받을 때에 흘린 피가 묻어 있는 옷을 입고 계십니다. 주님이 흘리신 피는 인류의 모든 죄를 해결하신 승리의 표시입니다.

악인들은 성도들과 주의 종들의 피를 흘리게 했습니다. 그러므로 이제는 그 악인들이 피를 흘릴 시간입니다. 주님의 피는 구원의 피요 악인들의 피는 그들의 악행에 대한 심판의 피 입니다.

2. 이름에 나타난 재림 주의 속성

1) 재림주의 이름은 충신과 진실(11b)

■ 본문 : "그 이름은 충신과 진실이라"

11b. is called Faithful and True.

11. 재림하시는 예수님의 이름은 충신과 진실입니다.

📖 양육과 적용을 위한 묵상노트

재림하시는 예수님의 이름은 충신과 진실입니다. 이름은 그 사람의 속성을 드러내는 표식입니다. 주님은 모든 면에서 신실하시고 진실하신 분입니다.

2) 주님만 아시는 이름(12b)

■ 본문 : "또 이름 쓴 것 하나가 있으니 자기밖에 아는 자가 없고"

12b. He has a name written on him that no one knows but he himself.

■ 목자역

12b. 그리고 예수님에게 쓰여 있는 이름이 또 하나 있는데 그 이름은 예수님 자신만 아는 이름입니다.

📖 양육과 적용을 위한 묵상노트

주님에게는 주님만이 아시는 이름이 있습니다. 10장에서 일곱 우레가 큰 소리로 외칠 때 하늘의 음성이 그 소리를 인봉하고 기록하지 말라고 하신 것처럼 피조물인 우리는 창조주이신 하나님을 다 알 수 없습니다. 그래서 우리는 하나님 앞에 더 많이 겸손해야 합니다.

3) 재림주의 또 다른 이름 : 하나님의 말씀(13b)

■ 본문 : "그 이름은 하나님의 말씀이라 칭하더라"

13b. and his name is the Word of God.

■ 목자역

13b. 그 이름은 **하나님의 말씀**입니다.

🖪 양육과 적용을 위한 묵상노트

그 이름은 하나님의 말씀입니다. 천지창조 이전부터 말씀으로 존재하시고 말씀으로 역사하신 주님은 지금도 여전히 말씀으로 존재하시고 역사하십니다. 영원한 하늘의 진리를 우리에게 영과 이성으로 깨달아 알 수 있도록 계시로 역사하십니다.

하나님의 말씀은 창조와 심판과 구원의 역사를 이룬다는 점에서 인간의 말과 다릅니다. 하나님 아버지와 우리 사이를 이어주는 말씀이 하나님의 말씀이신 예수 그리스도입니다.

그래서 우리는 기록된 진리인 로고스의 말씀이 우리의 삶의 현장에서 살아 역사하는 레마의 말씀으로 역사하시도록 늘 지혜와 계시의 영이신 성령님의 은혜와 은사를 사모해야 합니다. 예수님의 이름은 하나님의 말씀입니다.

1. 재림하시는 주님을 따르는 하늘의 군대(14)

■ 본문 : "하늘에 있는 군대들이 희고 깨끗한 세마포 옷을 입고 백마를 타고 그를 따르더라"

14. The armies of heaven were following him, riding on white horses and dressed in fine linen, white and clean.

■ 목자역

14. 하늘의 군대들이 흰 말을 타고 예수님을 따랐습니다. 그들은 희고 깨끗한 세마포 옷을 입고 있습니다.

⬛ 양육과 적용을 위한 묵상노트

하늘의 군대들은 기본적으로 계시록 12장에서 마귀와의 싸움에서 하늘의 군대장관인 천사장 미가엘이 거느리는 천사들입니다. 그리고 그에 더하여 어린양의 혼인 잔치에 참여한 주의 종들과 성도들입니다.

그들은 모두 흰 말을 타고 밝고 빛나는 세마포 옷을 입고 지상에 재림하시는 주님을 따릅니다. 밝고 빛나는 세마포 옷은 17장의 광야에서 붉은빛 짐승을 타고 있던 음녀가 입고 있던 붉은빛과 자주빛의 옷과 확실하게 대조가 됩니다.

2. 재림주의 입에서 나오는 예리한 검(15a)

■ 본문 : "그의 입에서 예리한 검이 나오니 그것으로 만국을 치겠고"

15a. Out of his mouth comes a sharp sword with which to strike down the nations.

■ 목자역

15a. 예수님의 입에서는 모든 나라들을 심판하실 날카로운 검과 같은 말씀이 나왔습니다.

▣ 양육과 적용을 위한 묵상노트

지상으로 재림하시는 주님의 입에서 악인들을 심판하시는 말씀이 선포됩니다. 주님이 선포하시는 이 말씀이 선과 악을 확실하게 분별하기 때문에 온 세상에서 악을 행하던 모든 사탄의 잔존 세력들을 소탕하는 근거가 되고 권세가 됩니다.

3. 철장으로 만국을 다스리심(15b)

■ 본문 : "친히 그들을 철장으로 다스리며"

15b. He will rule them with an iron scepter.

15b. : 이제 예수님은 친히 쇠몽둥이로 그들을 다스리실 것입니다.

☐ 양육과 적용을 위한 묵상노트

세상을 심판하시는 예수님의 권세는 그 누구도 당할 자가 없는 권세입니다. 그래서 시편 2편의 말씀처럼 그 권세를 철장 권세라고 하는 것입니다.

4. 맹렬한 진노의 포도주 틀을 밟으심(15c)

■ 본문 : "또 친히 하나님 곧 전능하신 이의 맹렬한 진노의 포도주 틀을 밟겠고"

15c. He treads the winepress of the fury of the wrath of God Almighty.

■ 목자역

15c. 또 예수님은 엄청나게 진노하신 전능하신 하나님의 마음으로 악인들을 심판하시기 위해 친히 그 포도즙 틀을 밟으실 것입니다.

☐ 양육과 적용을 위한 묵상노트

계시록 14장에는 포도송이 추수의 모습이 나옵니다. 추수꾼인 천사들이 악인들을 추수해 왔지만 그들을 친히 심판하시는 분은 주님이십니다. 그래서 주님께서 악인들에 대한 전능하신 하나님의 엄청난 진노로 그들을 포도즙 틀을 밟아 포도즙을 짜듯이 무자비하게 심판하시는 것입니다.

말세는 악인들은 회개가 없고 하나님의 심판도 자비가 없는 시대입니다. 그래서 기회가 있을 때 회개하고 돌아서야 합니다. 마지막 심판의 시간이 되면 회개할 기회도 구원의 기회도 없습니다.

 19-6. 승리자 예수 그리스도(16)

■ 본문 : "그 옷과 그 다리에 이름을 쓴 것이 있으니 만왕의 왕이요 만주의 주라 하였더라"

16. On his robe and on his thigh he has this name written: **KING OF KINGS AND LORD OF LORDS.**

■ 목자역

16. 그리고 예수님이 입고 있는 그 옷과 그 분의 다리에는 하나의 이름이 쓰여 있습니다. : **모든 왕들의 왕, 주님이라고 불리는 모든 자들의 주님!**

🔒 양육과 적용을 위한 묵상노트

예수님이 입고 있는 옷과 다리에는 이름이 쓰여 있습니다. 그 이름은 만왕의 왕이요 만주의 주입니다. 음녀의 이마에는 비밀이라 큰 바벨론이라 땅의 음란한 것들과 가증한 것들의 어미라는 이름이 있습니다. 그러나 우리 예수님은 모든 만물을 통치하시는 만왕의 왕 만주의 주이십니다.

 19-7. 하나님의 큰 잔치(17-18, 21)

1. 새들의 먹이(17-18, 21)

▪ 본문 : "또 내가 보니 한 천사가 태양 안에 서서 공중에 나는 모든 새를 향하여 큰 음성으로 외쳐 이르되 와서 하나님의 큰 잔치에 모여 왕들의 살과 장군들의 살과 장사들의 살과 말들과 그것을 탄 자 들의 살과 자유인들이나 종들이나 작은 자나 큰 자나 모든 자의 살을 먹으라 하더라"(17-18)

"그 나머지는 말 탄 자의 입으로부터 나오는 검에 죽으매 모든 새가 그들의 살로 배불리더라"(21)

17. And I saw an angel standing in the sun, who cried in a loud voice to all the birds flying in midair, "Come, gather together for the great supper of God,

18. so that you may eat the flesh of kings, generals, and mighty men, of horses and their riders, and the flesh of all people, free and slave, small and great.

21. The rest of them were killed with the sword that came out of the mouth of the rider on the horse, and all the birds gorged themselves on their flesh.

17. 그리고 나는 한 천사가 태양 안에 서 있는 것을 보았습니다. 그는 공중에 날아다니는 모든 새에게 큰 소리로 외치며 말하였습니다. : 이리로 오라, 하나님이 심판하시는 큰 잔치에 모여라!

18. 와서 왕들의 살과 장군들의 살과 강한 자들의 살과 말들의 살과 그것들 위에 앉아 있는 자들의 살과 모든 자유인들과 종들과 작은 자들이나 큰 자들의 살을 먹어라.

21. 그 남은 자들은 말 위에 앉아 계신 예수님의 입에서 나오는 말씀의 검으로 죽임을 당하였습니다. 모든 새들은 그들의 살을 배부르게 먹었습니다.

■ 양육과 적용을 위한 묵상노트

이제 주님의 지상 재림과 함께 천년왕국 이전에 터지는 마지막 전쟁의 모습이 보입니다. 이 전쟁을 하나님의 큰 잔치라고 합니다. 왜요? 주님이 승리하시는 전쟁이기 때문입니다.

이긴 자이신 주님이 이기는 전쟁이기 때문에 주의 종들과 성도들에게는 큰 잔치요 사탄과 그 무리들에게는 심판의 날이요 피할 길이 없는 주의 날입니다.

한 천사가 태양 안에 서서 공중을 날아가는 모든 새들에게 말합니다. 새는 영들을 의미합니다. 모든 새는 모든 영적인 세력들을 의미합니다. 이 천사는 하나님께로부터 왔으므로 계시록 7장의 인을 치는 천사가 해

돋는 곳으로부터 올라오는 것처럼 태양 가운데 서서 외치는 것입니다.

왕들과 장군들과 강한 자들과 말들과 그 말을 탄 자들과 자유인이나 종들의 살을 먹으라! 살은 전쟁에서 승리한 승리자들의 전리품입니다. 말들이나 말은 6장에 나오는 붉은 말과 검은 말과 청황색 말이요 또 유브라데 전쟁에 등장하는 말들입니다. 그러므로 이 모든 것들은 사탄의 세력에 속한 자들입니다.

짐승이나 거짓 선지자를 제외한 모든 세력들은 주님의 입에서 나오는 하나님의 말씀으로 심판을 받고 죽임을 당했습니다. 모든 영적인 세력들이 전쟁에서 패한 그들의 남긴 전리품으로 배부르게 되었습니다.

 ## 19-8. 두 짐승(적그리스도와 거짓 선지자)의 패배와 최후(19-20)

■ 본문 : "또 내가 보매 그 짐승과 땅의 임금들과 그들의 군대들이 모여 그 말 탄 자와 그의 군대와 더불어 전쟁을 일으키다가 짐승이 잡히고 그 앞에서 표적을 행하던 거짓 선지자도 함께 잡혔으니 이는 짐승의 표를 받고 그의 우상에게 경배하던 자들을 표적으로 미혹하던 자라 이 둘이 산 채로 유황불 붙는 못에 던져지고"

19. Then I saw the beast and the kings of the earth and their armies gathered together to make war against the rider on the horse and his army.

20. But the beast was captured, and with him the false prophet who had

performed the miraculous signs on his behalf. With these signs he had deluded those who had received the mark of the beast and worshiped his image. The two of them were thrown alive into the fiery lake of burning sulfur.

■ 목자역

19. 그리고 나는 적그리스도인 그 짐승과 그 짐승이 통치하는 땅의 각 지역을 다스리는 왕들과 그들의 군대들이 모여 말 위에 타고 계신 예수님과 그분의 군대들과 전쟁을 하는 것을 보았습니다.

20. 그 전쟁 중에 그 전쟁을 일으킨 첫째 짐승과 첫째 짐승 앞에서 이적과 표적을 행하던 그 거짓 선지자가 함께 붙잡혔습니다. 그 거짓 선지자는 첫째 짐승의 표를 받은 사람들과 그 짐승의 우상에게 경배하던 사람들 앞에서 이적과 표적을 보이며 속이던 자입니다. : 그 둘은 살아 있는 상태로 유황이 타는 불 못에 던져졌습니다.

1 양육과 적용을 위한 묵상노트

사탄에게는 하나님의 백성들 곧 12장에 나오는 여자의 후손들을 괴롭히는 두 가지 큰 세력이 있습니다. 하나는 큰 권력을 가진 적그리스도인 짐승과 그를 추종하는 작은 권력자들이요 또 하나는 거짓 선지자와 그를 따르는 이단과 악한 사상을 가진 자들입니다. 음란한 것들과 가증한 것들입니다.

이 모든 세력들이 하나가 되어 지상으로 재림하시는 주님과 싸움을 합니다. 그러나 이 모든 싸움에서 이기시는 분은 주님이시고 이기는 자들은 주님과 함께 있는 부르심을 받고 택하심을 받은 진실한 자들입니다. 하늘의 군대입니다.

사탄을 추종하던 이 두 세력은 붙잡혀 산채로 불 못에 던져집니다. 그 불 못은 영원한 형벌의 장소인 지옥이며 둘째 사망의 장소입니다. 하나님을 떠나 권력을 가진 자를 주님으로 섬기거나 거짓에 속아 이단에 넘어가면 지옥 갑니다. 명심해야 합니다.

여덟 번째 사건 [19:1-20:3a]

예수님의 재림과 두 짐승에 대한 심판과 사탄의 감금

☩ 계시록 20장(1) | 천년왕국과 마지막 심판

 20-1. 천년왕국이 이루어지기 직전 사탄의 결박(20:1-3a)

■ **본문** : "또 내가 보매 천사가 무저갱의 열쇠와 큰 쇠사슬을 그의 손에 가지고 하늘로부터 내려와서 용을 잡으니 곧 옛 뱀이요 마귀요 사탄이라 잡아서 천 년 동안 결박하여 무저갱에 던져 넣어 잠그고 그 위에 인봉하여 천 년이 차도록 다시는 만국을 미혹하지 못하게 하였는데"

1. And I saw an angel coming down out of heaven, having the key to the Abyss and holding in his hand a great chain.

2. He seized the dragon, that ancient serpent, who is the devil, or Satan, and bound him for a thousand years.

3. He threw him into the Abyss, and locked and sealed it over him, to

keep him from deceiving the nations anymore until the thousand years were ended.

■ 목자역

1. 또 나는 한 천사가 하늘에서 내려오는 것을 보았습니다. 그 천사는 손에 무저갱의 열쇠와 큰 쇠사슬을 가지고 있습니다.

2. 그 천사는 옛 뱀이요 마귀이며 사탄인 그 용을 붙잡아 일천년 동안 결박하였습니다.

3a. 그리고 그 천사는 그 마귀를 무저갱에 던져 넣고 그 무저갱의 문을 닫고 작정된 그 천년이 완전히 끝나기 전에는 그 마귀가 더 이상 세상 모든 나라들을 속이는 활동을 하지 못하도록 무저갱의 입구를 봉인하였습니다. :

🔳 양육과 적용을 위한 묵상노트

이 일은 짐승과 거짓 선지자가 재림하시는 예수님을 대적하여 전쟁을 일으켰다가 붙잡혀 불 못에 던져진 직후에 생긴 일입니다. 그들을 배후에서 조종하던 사탄이 하늘에서 큰 쇠사슬과 무저갱의 열쇠를 가지고 내려온 천사에 의해 붙잡혔습니다.

그 이름을 사탄이라고도 하고 옛 뱀 또는 옛 용이라고도 하는 마귀는 큰 쇠사슬에 결박되어 무저갱에 1000년 동안 갇히게 됩니다. 큰 쇠사슬은 무엇일까요? 사탄이 가진 영적인 힘을 제어하는 하나님이 주신 무기입니다. 하나님이 가지신 권세를 상징하는 것입니다. 하나님만 그 큰 쇠사슬의 주인이십니다.

그래서 하늘에서 내려온 천사가 전능하신 하나님의 권세와 하늘과 땅의 모든 것을 다스리도록 허락된 주님의 권세로 만들어진 그 큰 쇠사슬로 사탄을 결박합니다. 쇠사슬은 죄수들을 결박하는 무기입니다.

무저갱은 어디일까요? 음부나 불 못과는 다른 악한 영들을 가두는 장소입니다. 사람으로 태어나 죽은 자들 가운데 구원 받은 성도들이나 주의 종들은 낙원을 거쳐 천년왕국에 참여하였다가 영원한 천국인 새 하늘과 새 땅에 들어갑니다.

그러나 하나님을 대적하다가 죽은 악인들은 누가복음 16장에 나오는 부자의 영혼처럼 음부의 불 속에서 고통을 당하다가 둘째 부활 이후 마지막 흰 보좌 심판을 거쳐 영원한 형벌의 장소인 불 못 지옥에 들어갑니다.

무저갱은 이 음부나 불 못과는 다른 곳입니다. 그곳은 계시록 12장이나 유다서에서 보는 것처럼 사탄을 따라 하나님을 배반하고 자기 지위를 떠난 천사들 곧 악령들과 귀신들을 가두는 흑암의 장소입니다.

그래서 계시록 9장에서 보는 것처럼 사탄이 이들을 통솔한다는 의미에서 무저갱의 열쇠를 가진 자이고, 그 이름이 무저갱의 사자이며 그가 무저갱을 열 때 그곳에서 황충의 모습을 가진 악령들이 나오는 것입니다.

무저갱에 갇힌 악령들은 사탄과 더불어 활동하다가 사탄이 무저갱에 갇힐 때 1000년 동안 함께 갇히게 되고 결국 영원한 형벌의 장소인 불 못에 던져지게 됩니다. 무저갱은 한이 없고 끝이 없는 블랙홀과 같은 어둠 의 장소입니다.

원래 사탄도 악령들도 천사로 지음 받았기 때문에 화려한 것과 빛을 좋아하기에 그들은 광명의 천사로 위장합니다. 그래서 그들은 빛이 없는 무저갱을 싫어합니다. 그러나 그들은 1000년의 세월을 그 악행 때문에 무 저갱에 갇히게 되고 활동할 수 없게 됩니다. 천사는 무저갱을 1000년 동안 인봉하여 그 누구도 그 문을 열지 못하게 합니다. 이 기간이 주의 종들과 성도들에게는 천년왕국의 시대입니다.

아홉 번째 사건 [20:3b-22:21]

천년왕국과 마지막 심판
그리고 천국과 지옥

🔺 계시록 20장(2)

1. 천년왕국(20:3b-6)

2. 곡과 마곡의 전쟁과 사탄에 대한 마지막 심판(20:7-10)

3. 흰 보좌 심판(20:11-15)

4. 새 하늘과 새 땅(21장 -22장)

 20-2. 천년왕국 직후에 사탄이 놓임(3b)

■ 본문 : "**그 후에는** 반드시 잠깐 놓이리라"

3b. After that, he must be set free for a short time.

3b. 이러한 일들이 있은 후에 사탄은 아주 잠깐 동안 풀려날 것입니다.

⊺ 양육과 적용을 위한 묵상노트

그 천년이 지나면 마귀는 무저갱에서 잠시 풀려나게 됩니다. 무저갱이 그의 마지막 처소가 아닙니다. 어찌 보면 무저갱은 그 마귀가 행한 모든 악행을 회개할 수 있는 마지막 회개의 장소일 수 있습니다.

그러나 마귀는 그 천년의 기간 동안에도 회개하지 않고 가석방된 그 기간에 다시 하나님을 대적하다가 불 못에 던져집니다. 사탄이 가진 악의 속성이 제한된 시간이 없는 것이고 그 악은 이 세상에서는 마지막 심판을 받기 전에는 절대로 끝나지 않는다는 사실을 우리에게 보여주는 말씀입니다.

 20-3. 천년왕국(첫째 부활 : 4-6)

1. 보좌들과 그 위에 앉은 자들이 가진 심판하는 권세(4a)

■ 본문 : "또 내가 보좌들을 보니 거기에 앉은 자들이 있어 심판하는 권세를 받았더라"

4a. I saw thrones on which were seated those who had been given authority to judge.

■ 목자역

4a. 또 나는 보좌들을 보았습니다. 거기에는 심판하는 권세를 받은 자들이 앉아 있었습니다.

⬛ 양육과 적용을 위한 묵상노트

요한 사도는 용이 잡혀 무저갱에 갇힌 것을 본 이후에 또 다른 환상을 봅니다. 그것은 예수님처럼 심판하는 권세를 가지고 보좌에 앉은 자들을 보는 것입니다. 예수님께서 계시록 3장에서 라오디게아 교회에 주신 말씀 가운데 이기는 자에게 주님의 보좌에 함께 앉는 권세를 주시겠다고 하셨습니다.

지금 바로 그 모습이 19장의 전쟁에서 승리한 이후에 보이는 것입니다.

2. 첫째 부활에 참여할 사람들(4b.c)

본문에서 첫째 부활에 참여하는 성도들은 두 부류로 나누어져 있습니다.

1) 첫 번째는 순교자들(4b)

■ 본문 : "또 내가 보니 예수를 증언함과 하나님의 말씀 때문에 목 베임을 당한 자들의 영혼들과"

4b. "And I saw the souls of those who had been beheaded because of their testimony for Jesus and because of the word of God."

■ 목자역

4b. 그들은 예수님이 주님이심을 증언한 것과 하나님의 말씀을 대언한 것 때문에 목 베임을 당한 자들의 영혼들입니다.

📋 양육과 적용을 위한 묵상노트

심판하는 권세를 가지신 이분들 가운데 첫 번째는 예수님을 주님으로 증언하고 하나님의 말씀을 대언한 분들의 영혼입니다. 이들이 12장에서 말씀하는 어린양의 피와 하나님의 말씀으로 사탄을 이긴 자들이요, 죽기까지 생명을 아끼지 않은 주의 종들이며, 또한 하나님의 계명을 지키고 성령 충만으로 대언의 영을 받아 예수님의 증거를 가진 십사만 사천의 주의 종들과 순교자들입니다. 이분들이 두 증인 가운데 한쪽 그룹입니다

2) 두 번째는 짐승과 우상을 섬기지 않은 자들(4c)

■ 본문 : "또 짐승과 그의 우상에게 경배하지 아니하고 그들의 이마와 손에 그의 표를 받지 아니한 자들이 살아서 그리스도와 더불어 천 년 동안 왕 노릇 하니"

4c. They had not worshiped the beast or his image and had not received his mark on their foreheads or their hands. They came to life and reigned with Christ a thousand years.

■ 목자역

4c. 그리고 첫째 짐승과 그것의 형상을 새긴 우상에게 경배하지 아니한

자들과 그들의 이마 위에나 오른 손 위에 짐승의 표를 받지 아니한 자들입니다. : 그들은 **다시 살아나서** 그리스도와 함께 그 천년 동안 다스릴 것입니다.

ⓘ 양육과 적용을 위한 묵상노트

이분들 가운데 두 번째는 계시록 13장에서 거짓 선지자가 짐승의 표를 받게 할 때 그 표를 받지 않고 믿음을 지킨 순결한 성도들입니다. 그들도 죽음을 각오하고 믿음을 지켰습니다.

이들은 12장에서 용의 낯을 피하여 광야로 피신한 교회의 성도들입니다. 그들은 마흔두 달의 박해의 시간을 믿음으로 지키고 이겨냈으며 그들의 모습은 15장에 불이 섞인 유리바닷가에서 하나님의 종 모세의 노래와 어린양의 노래를 부르는 모습으로 나타납니다.

목숨을 바친 순교자들의 모습은 계시록 6장에서도 나타나는데 이들의 수를 채운다는 의미에서 이들은 상징 수이며 완전수인 십사만 사천으로 묘사되고 있습니다. 그들은 두 증인 가운데 또 하나의 그룹인 짐승과 그 우상에게 경배하지 아니하고 그 표를 받지 않은 자들과 함께 14장에서 알곡으로 추수되는 모습으로 보여 집니다.

십사만 사천의 주의 종들과 짐승에게 경배하지 않은 거룩한 성도들의 이 두 그룹이 모두 11장에 나오는 두 증인들입니다. 이분들이 모두 어린양의 신부요 또 이긴 자로서 이긴 자요 신랑이신 예수님과 함께 보좌에 앉아 다스리는 권세를 가지고 영광의 자리인 천년왕국의 주인공이 됩니다.

"살아서"라는 말씀은 부활하여 라는 의미입니다. 예수님처럼 영생의 몸으로 살아났다는 의미입니다. 그들은 영생의 몸으로 다시 부활하여 하나님이 그들에게 이 지상에서의 신실하게 믿음을 지키고 복음을 전하며 교회를 세운 행위에 대한 보상으로 주시는 천년왕국에 참여하게 됩니다.

이들이 영생의 몸으로 왕권을 가지고 살아가는 천년은 인류 역사상 가장 오래 살았던 무드셀라의 969세를 넘어서는 세월입니다. 하나님의 은혜의 역사는 인간들의 삶의 모든 기록을 넘어서게 합니다. 우리들도 이 나라에 참여할 수 있도록 바른 믿음을 지켜야 하겠습니다.

이단들은 이 본문의 말씀을 심하게 왜곡하여 해석합니다. 그들은 이 본문의 말씀이 십사만 사천의 순교자들의 영과 지상에서 짐승에게 경배하지 않고 그 표를 받지 않은 십사만 사천된 그들의 육체가 하나로 결합되어 영생을 누리는 기간이라고 말합니다. 여기에서 이단들이 말하는 짐승은 한기총이요 기존 교단에 속한 교단장들이며 그 표는 교회가 가르치는 구원의 진리입니다.

그러나 이것은 성경 본문 자체의 기록을 무시하는 것이고 자신들이 만든 이단 교리의 틀에 성경을 가져다 붙인 것입니다. 본문은 확실하게 순교자들의 영과 짐승에게 경배하지 않은 자들은 다른 부류의 사람들인 것을 말씀합니다. 그리고 그들 모두가 영생의 몸으로 부활하여 천년왕국의 주인공이 된다고 말씀합니다.

어디 성경에 순교자들의 영과 이 땅에 있는 이단에 속한 자들의 몸이 하나가 된다고 말씀합니까? 이것은 무속종교에서 말하는 접신 사상을 빌어온 것입니다. 귀신의 영을 그 몸으로 받아들이는 무당들이나 할 수 있는 말입니다.

그러나 무당들도 그들이 신을 받아 지상에서 영생 불사하는 몸이 된다는 말은 하지 않습니다. 그런데 이런 허무맹랑한 이단들의 사설에 넘어간 사람들이 너무 많이 있습니다. 분명 사람들의 영혼을 멸망으로 끌고 가려는 사탄의 역사입니다.

이런 주장은 눈에 보이는 성경의 기록조차 필요에 따라 바꾸고 진리를 부인하는 행위입니다. 그러나 계시록 22장의 말씀처럼 이 예언의 말씀을 자기 필요에 따라 마음대로 더하거나 빼는 사람은 계시록에 기록된 재앙을 더하여 받고 영생을 얻지도 못하고 천국에 들어가지 못합니다. 바로 알고 깨달아야 합니다.

3. 남은 자들의 부활의 시기(5)

■ 본문 : "(그 나머지 죽은 자들은 그 천 년이 차기까지 살지 못하더라) 이는 첫째 부활이라"

5. (The rest of the dead did not come to life until the thousand years

were ended.) This is the first resurrection.

■ 목자역

5. 그들 외에 나머지 죽은 사람들은 그 천년이 완전히 끝나기 전까지 다시 살아나지 못합니다. 이것이 **첫째 부활**입니다.

▣ 양육과 적용을 위한 묵상노트

예수님께서는 요한복음 5장에서 "내 말을 듣고 나를 보내신 분을 믿는 사람은 영생을 얻었고 심판에 이르지 아니하나니 사망에서 생명으로 옮겨 졌다"고 하셨고 "선을 행한 사람들은 생명의 부활로 악을 행한 자들은 사 망의 부활로 나온다."고 하셨습니다.

바로 이 생명의 부활이 천년왕국에 참여하는 축복이며 첫째 부활입니 다. 의인들의 부활입니다. 그러면 둘째 부활은 무엇일까요? 천년왕국이 지난 다음 흰 보좌 심판 앞에서 이루어지는 악인들의 부활입니다. 그들은 둘째 부활 때에 살아서 심판을 받고 둘째 사망인 영원한 지옥 곧 불 못에 던져집니다.

4. 첫째 부활과 천년왕국(6)

■ 본문 : "이 첫째 부활에 참여하는 자들은 복이 있고 거룩하도다 둘째 사망이 그들을 다스리는 권세가 없고 도리어 그들이 하나님과 그리스도의

622

제사장이 되어 천 년 동안 그리스도와 더불어 왕 노릇 하리라"

6. This is the first resurrection. Blessed and holy are those who have part in the first resurrection. The second death has no power over them, but they will be priests of God and of Christ and will reign with him for a thousand years.

■ 목자역

6. **복이 있습니다.** 거룩합니다. 이 첫째 부활에 참여하는 사람들은! : 두 번째 죽음이 그들을 다스리는 권세가 없습니다. **오히려 그들은 하나님과 그리스도의 제사장들이 되어 주님과 함께 그 천년 동안 왕으로 살게 될 것입니다.**

▣ 양육과 적용을 위한 묵상노트

그래서 이 첫째 부활에 참여하는 사람들이 복이 있습니다. 이 복이 계시록에서 말씀하는 다섯 번째 복입니다. 그들은 거룩하게 구별된 무리들이고 그들에게는 둘째 사망이며 지옥 형벌인 불 못이 없습니다.

그들은 하나님과 그리스도의 제사장이 되어 천년 동안 이 땅에서 왕의 권세를 누리게 될 것입니다. 이 말씀은 이미 계시록 5장에서 주님의 피로 산 그들이 왕 노릇 할 것임을 밝혀주신 말씀과 같은 내용입니다.

20-4. 곡과 마곡의 전쟁(7-10)

1. 사탄이 옥에서 나와 땅의 사방 백성(곡과 마곡)을 미혹(7-8)

■ 본문 : "천 년이 차매 사탄이 그 옥에서 놓여 나와서 땅의 사방 백성 곧 곡과 마곡을 미혹하고 모아 싸움을 붙이리니 그 수가 바다의 모래 같으리라"

7. When the thousand years are over, Satan will be released from his prison

8. and will go out to deceive the nations in the four corners of the earth--Gog and Magog--to gather them for battle. In number they are like the sand on the seashore.

■ 목자역

7. 그 천년이 지났을 때 사탄은 그가 있던 무저갱에서 풀려나게 될 것입니다.

8. 그리고 사탄은 곡과 마곡 곧 그 땅의 사방에 있는 모든 나라들에 가서 사람들을 속여 마지막 전쟁을 위해 그들을 모을 것입니다. 그들의 숫자는 바다의 모래와 같습니다.

■ 양육과 적용을 위한 묵상노트

이 땅에 세워진 천년왕국의 시간이 지나갔습니다. 성경은 그 천년이라고 그 기간을 한정하고 있습니다. 천년왕국의 시기는 무궁한 세월이 아니라 일천년으로 정해진 그 천년의 기간입니다. 천년왕국은 작정된 천년의 기간 동안 이 땅에서 확실하게 이루어지는 왕국입니다. 주의 종으로 또 성도로 바르게 믿는 자들에게 그들의 행위에 따른 상급으로 주어지는 축복의 기간입니다.

미리 예정되었던 것처럼 천년왕국 시대가 지나자 무저갱에서 사탄이 다시 잠시 풀려났습니다. 사탄은 무저갱에서 풀려난 그 기회를 틈타 세상 가운데 남아 있던 모든 악한 자들을 다시 미혹하여 모이게 합니다.

하나님을 대적하는 세력을 상징적으로 대표하는 곡과 마곡을 통하여 짐승과 함께 악인들이 땅에서 누리던 그 권세와 나라를 다시 회복하려고 사람들을 모으는데 그 숫자가 바다 가의 모래알과 같습니다. 얼마나 악의 세력이 광범위하고 그 뿌리가 깊은지를 보여주는 말씀입니다.

2. 곡과 마곡은 하늘에서 내려오는 불에 의해 소멸(9)

■ 본문 : "그들이 지면에 널리 퍼져 성도들의 진과 사랑하시는 성을 두르매 하늘에서 불이 내려와 그들을 태워버리고"

9. They marched across the breadth of the earth and surrounded the camp of God's people, the city he loves. But fire came down from heaven and devoured them.

9. 그들은 온 땅에 널리 퍼져 가서 성도들이 모여 있는 공동체가 있는 곳과 하나님께 사랑받는 그 성을 둘러쌌습니다. 그러자 하늘에서 불이 내려와 그들을 태워 버렸습니다.

🚹 양육과 적용을 위한 묵상노트

사탄의 지휘를 받는 그들이 온 세상으로 퍼져나갑니다. 마치 계시록 11장에서 무저갱에서 올라온 짐승이 두 증인을 죽이던 때처럼 큰 전쟁을 일으킵니다. 하나님께서 사랑하시는 천년왕국이 세워진 그 성을 무너뜨리려 하고 성도들이 사는 모든 곳을 공격합니다.

그러자 이번에는 계시록 13장에서 짐승이 내려오게 하던 하늘의 불이 아니라 하나님께서 모든 악을 소멸하시기 위해 내려 보내는 하늘의 불로 인하여 그들 모두가 불태워집니다. 이렇게 하나님의 마지막 심판은 불의 심판이고 그 불은 모든 악을 소탕하는 소멸하는 불입니다.

3. 마귀의 최후(10)

■ 본문 : "또 그들을 미혹하는 마귀가 불과 유황 못에 던져지니 거기는 그 짐승과 거짓 선지자도 있어 세세토록 밤낮 괴로움을 받으리라"

10. And the devil, who deceived them, was thrown into the lake of burning sulfur, where the beast and the false prophet had been thrown. They

will be tormented day and night for ever and ever.

10. 그리고 그들을 속이던 마귀는 유황불이 타오르는 불 못에 던져졌습니다. 그곳에는 그 짐승과 그 거짓 선지자가 이미 던져져 있습니다. 그곳에서 그들은 밤낮 세세무궁토록 영원히 고통을 당하게 될 것입니다.

🔟 양육과 적용을 위한 묵상노트

모든 악한 자들이 불로 심판을 받은 다음에 마귀는 사로잡히게 됩니다. 그리고 마귀는 불 못에 던져 집니다. 그곳에는 19장에서 본 것처럼 이미 짐승과 거짓 선지자가 있습니다. 무저갱에서 풀려난 마귀는 이제 마지막 심판을 받고 불 못에 던져져 세세토록 괴로움을 당합니다.

계시록에는 이처럼 마귀의 마지막 최후의 모습이 나와 있습니다. 그래서 마귀가 자신의 최후를 밝혀주는 이 계시록의 말씀을 성도들이 읽지 못하게 하고 오히려 이단들을 통한 다양한 해석들을 통하여 혼란을 일으키는 것입니다.

그래서 우리는 더욱 더 이 계시록의 말씀을 가까이 하고 하나님의 은혜에 대한 확실한 믿음으로 마귀를 이기고 세상을 이기는 자가 되어야 합니다.

1. 흰 보좌 심판(11)

■ 본문 : "또 내가 크고 흰 보좌와 그 위에 앉으신 이를 보니 땅과 하늘이 그 앞에서 피하여 간 데 없더라"

11. Then I saw a great white throne and him who was seated on it. Earth and sky fled from his presence, and there was no place for them.

■ 목자역

11. 그 후에 나는 크고 흰 보좌와 그 보좌 위에 앉으신 하나님을 보았습니다. 땅과 하늘은 하나님 앞에서 사라졌습니다. 그리고 그것들이 있는 어느 장소도 발견되지 않았습니다.

⬛ 양육과 적용을 위한 묵상노트

이제 마귀가 불 못에 던져진 이후에 최후의 심판인 마지막 백 보좌 심판이 있습니다. 크다고 하는 것은 그 누구도 대적할 수 없는 하나님의 권위를 상징합니다. 흰색은 하나님의 심판이 정결하고 의로운 심판인 것을 상징합니다. 하나님의 보좌는 심판하는 권세를 가진 첫째 부활에 참여한 사람들이 앉은 보좌와 다르고 사탄의 보좌와는 완전히 구별되는 크고 흰 보좌입니다.

그 위에 심판의 권세를 가지신 주님이 앉아 있고 그 앞에서 처음 하늘과 처음 땅이 보이지 않게 됩니다. 이제 하늘과 땅에 속한 모든 것들 곧 처음 창조에 속해 있던 세상에 속한 모든 것들이 다 사라졌습니다. 그리고 그 안에 감추어지거나 남겨진 것이 하나도 없이 모두 다 드러나 하나님 앞에서 심판을 받게 됩니다.

2. 모든 사람에 대한 심판(12)

■ 본문 : "또 내가 보니 죽은 자들이 큰 자나 작은 자나 그 보좌 앞에 서 있는데 책들이 펴 있고 또 다른 책이 펴졌으니 곧 생명책이라 죽은 자들이 자기 행위를 따라 책들에 기록된 대로 심판을 받으니"

12. And I saw the dead, great and small, standing before the throne, and books were opened. Another book was opened, which is the book of life. The dead were judged according to what they had done as recorded in the books.

■ 목자역

12. 또 나는 큰 자든지 작은 자든지 죽은 모든 자가 하나님이 계시는 그 보좌 앞에 서 있는 것을 보았습니다. : 그 보좌 앞에는 책들이 펴 있고 다른 책들도 펴져 있는데 그것은 생명책입니다. : 죽은 자들은 그 책들에 쓰여 있는 그들의 행위대로 각각 심판을 받았습니다.

이 심판을 피할 자는 아무도 없습니다. 모든 죽은 자들이 다 그 보좌 앞에 서 있습니다. 권력을 가졌던 자도 권력이 없던 자도 구별이 없습니다. 가난한 자나 부자의 차별이 없습니다. 세상에서 크다고 인정받은 자들이나 작은 자들이라고 멸시 받은 자들의 구별이 없습니다. 하나님의 심판은 모든 자들에 대한 공정하고 의로우신 심판입니다.

그들 앞에는 책들이 펼쳐져 있는데 하나는 생명책이요 하나는 행위를 기록한 책입니다. 그들은 그 책에 기록된 대로 심판을 받습니다. 하나님의 심판은 분명한 근거와 이유가 있음을 보여줍니다.

3. 바다와 사망과 음부가 죽은 자를 내어줌(13)

■ 본문 : "바다가 그 가운데에서 죽은 자들을 내주고 또 사망과 음부도 그 가운데에서 죽은 자들을 내주매 각 사람이 자기의 행위대로 심판을 받고"

13. The sea gave up the dead that were in it, and death and Hades gave up the dead that were in them, and each person was judged according to what he had done.

■ 목자역

13. 바다도 그 안에 있는 죽은 자들을 내어놓았습니다. 그리고 하나님을

대적하고 예수님을 영접하지 않고 죽은 자들의 영혼이 가 있던 음부(하데스)도 그 안에 있던 죽은 자들을 내어놓았습니다. 그들도 역시 그들이 행한 그 행위대로 각각 심판을 받았습니다.

■ 양육과 적용을 위한 묵상노트

하늘과 땅에 속한 자들만이 아닙니다. 바다도 그 가운데에서 죽은 자들을 내어 놓습니다. 또 사망과 음부도 죽은 자들을 내어 놓습니다. 이 심판의 대상이 악인들이라는 것은 그들이 음부에서 나온다는 사실을 보면 잘 알 수 있습니다. 누가복음 16장에서 보는 것처럼 음부는 세상에서 악을 행한 자들의 영혼이 고통을 당하는 장소입니다.

4. 사망과 음부도 불 못에 던져짐(14)

■ 본문 : "사망과 음부도 불 못에 던져지니 이것은 둘째 사망 곧 불 못이라"

14. Then death and Hades were thrown into the lake of fire. The lake of fire is the second death.

■ 목자역

14. 죽음과 음부도 그 불 못에 던져졌습니다. 이것이 **두 번째 죽음**인 불 못입니다.

히브리서 9장을 보면 사람이 한번 죽는 것은 정하신 것이고 그 후에는 심판이 있다고 했습니다. 이 말씀처럼 사람은 그 육체가 죽는다고 모든 것이 끝나는 것이 아닙니다. 죽은 다음에는 첫째 부활인 영생의 부활이 있고 둘째 부활인 심판의 부활이 있습니다.

첫째 부활에 참여한 사람들은 영생천국인 새 하늘과 새 땅에 들어가지만 첫째 부활에 참여하지 못한 자들은 심판의 부활인 둘째 부활에 참여하여 심판을 받고 둘째 사망인 불 못으로 들어갑니다.

이 영적인 현실을 바르게 알아야 합니다. 그래서 내 영혼의 때를 준비하고 믿음으로 바르게 살아야 합니다. 하나님의 흰 보좌 심판이 끝난 후에 죽은 자들의 영혼이 머물던 사망과 음부도 불 못에 던져 집니다. 더 이상 존재해야 할 이유가 없기 때문입니다. 죽음 이후에 당신은 어디에 있을 것입니까? 천국입니까? 아니면 지옥입니까?

4. 생명책에 기록되지 못한 자들은 불 못에 던져짐(15)

■ 본문 : "누구든지 생명책에 기록되지 못한 자는 불 못에 던져지더라"

15. If anyone's name was not found written in the book of life, he was thrown into the lake of fire.

15. 그리고 그 누구라도 생명책에서 그 이름이 발견되지 않는 사람은 반드시 그 불 못에 던져졌습니다.

❶ 양육과 적용을 위한 묵상노트

우리는 이 말씀을 늘 마음에 새겨야 합니다. 누구든지 생명책에 그 이름이 없는 사람은 불 못에 던져 집니다. 또 분명한 것은 생명책에 한번 그 이름이 기록되었다고 그 이름이 영원한 구원을 보장하는 것은 아닙니다.

계시록 3장에 나오는 사데 교회에 주신 말씀 가운데 생명책에서 이름이 지워지는 사람이 있다는 말씀을 잘 새겨야 합니다. 어떤 이단들은 한번 구원은 영원한 구원이라는 식으로 말하면서 사람들의 마음속에 있는 죄의식을 억지로 지워버립니다. 생명책에서 이름이 지워지게 하려는 사탄의 계략입니다.

요한 일서의 말씀대로 사람이 자기 스스로 죄가 없다고 하는 것은 하나님을 속이는 행위입니다. 그러나 스스로 죄가 깨달아 질 때마다 그 죄를 회개하면 양심이 맑아지고 하나님의 은혜가 더 크게 임하게 됩니다. 구원받은 성도라도 날마다 짓는 죄는 그때그때 회개해야 합니다. 예수님의 피에 옷을 빨면 그 옷은 흰 옷이 됩니다.

끝까지 자동 구원은 없습니다. 그래서 믿음을 지켜야 하고 끝까지 믿음으로 승리해야 합니다. 그래야 휴거와 어린양의 혼인잔치와 천년왕국을 거쳐 새 하늘과 새 땅이 열릴 때에 그 영원한 천국에 들어갈 수 있습니다.

아홉 번째 사건 [20:3b-22:21]

천년왕국과 마지막 심판 그리고 천국과 지옥

■ 계시록 21장 | 새 하늘과 새 땅과 새 예루살렘

 21-1. 새 하늘과 새 땅과 새 예루살렘(1-2)

1. 새 하늘과 새 땅(1)

■ 본문 : "또 내가 새 하늘과 새 땅을 보니 처음 하늘과 처음 땅이 없어졌고 바다도 다시 있지 않더라"

1. Then I saw a new heaven and a new earth, for the first heaven and the first earth had passed away, and there was no longer any sea.

■ 목자역

1. 그리고 나는 지금 우리가 살고 있는 이 하늘과 이 땅과는 완전히 다른

새 하늘과 새 땅을 보았습니다. 처음 하늘과 처음 땅은 완전히 사라졌습니다. 그리고 바다도 더 이상 있지 않습니다.

✝ 양육과 적용을 위한 묵상노트

지금 우리는 창세기 1장 1절 말씀처럼 하나님께서 창조하신 세상에서 살고 있습니다. 이 세상을 처음 하늘과 처음 땅이라고 합니다. 그러나 이 처음 하늘과 처음 땅은 사탄의 범죄에 의해 오염되고 인간의 죄악 때문에 죽음이 들어왔습니다.

하나님이 보시기에 좋았던 이 세상은 더 이상 좋은 것이 아닌 것으로 바꾸어 졌습니다. 하나님의 창조는 눈에 보이지 않는 세계에서 눈에 보이는 세계가 창조되었습니다. 이 창조는 또한 모든 것들의 형상을 만드는 것(made)과 모으고 부수고 쌓아서 모양을 만드는 것(build)을 포함합니다. 그런데 이 모든 것이 인간의 범죄 이후에 제 모양과 본 형상을 잃어 버렸습니다.

그래서 인간들은 새 하늘과 새 땅을 사모합니다. 그 이상적인 모습을 그리는 것이 이사야 65장의 새 하늘과 새 땅의 모습입니다. 그러나 이사야 65장의 새 하늘과 새 땅은 새롭게 창조된 새 것이 아니라 새롭게 리모델링(remodeling)한 것입니다. 리뉴얼(renewal)하고 리메이드(remade)하고 리빌딩(rebuilding)한 것입니다. 그래서 어떤 이단에 속한 자는 이 차이를 교묘히 이용해서 자기 교회 안에서 자신을 통하여 재창조의 역사가 나타난

다고 주장하여 많은 사람들을 현혹하게 합니다. 어찌 그곳이 천년왕국일 수 있겠습니까? 그러면 그가 재림 예수요 창조주이신 하나님이라는 말인데 분별없는 사람들이 그가 하는 말과 거짓 이적에 속아 수만 명이 모여 있습니다.

이사야서에서 말씀하는 새 하늘과 새 땅은 영원하지 못합니다. 그 모습을 계시록에서는 천년왕국으로 말씀합니다. 여전히 처음 창조된 땅위에 세워지는 천년왕국은 영원한 나라가 아닙니다. 지금의 이 세상에서 마귀의 역사가 사라지는 이상향이기는 하지만 그 기간은 천년입니다.

천년의 의미는 아담 이후의 10대 조상들 가운데 가장 오래 산 무드셀라의 969세를 넘어가는 세월입니다. 그러나 그 세월도 영원한 시간은 아닙니다.

그러나 천년왕국 시대가 끝나고 흰 보좌 앞에서의 심판이 지나가면 하나님께서 완전히 새롭게 창조하시는 새 하늘과 새 땅의 시대가 열립니다. 이 세상은 천년왕국과 같은 재창조(recreate)의 세상이 아니라 새 창조(new-create)의 세상입니다. 아픔과 슬픔과 고통과 죽음을 넘어서는 완전히 새로운 세상입니다.

죽을 수밖에 없는 인간의 육체가 죽지 않는 몸으로 변화되고 죄악 가운데 고통을 당하던 인간의 영혼이 예수님의 보혈로 죄를 씻어 정결하게 되어 온전한 영의 몸으로 변화된 인간이 영생하는 세계입니다.

처음 창조된 세상은 예수님의 재림과 함께 이루어지는 천년왕국 시대를 지나 흰 보좌 심판을 거쳐 죄와 악이 완전히 사라지고 마귀도 불 못에 던져지면 완전히 끝이 납니다. 그리고 하나님의 새로운 창조를 통해 다시는 어둠이나 저주가 없는 새 하늘과 새 땅의 시대로 들어가게 됩니다.

빅뱅을 말하는 과학은 처음 시작을 모릅니다. 인류의 멸망과 지구의 종말을 예견하는 과학과 철학은 이 모든 마지막 완성에 대해 설명하지 못합니다. 그러나 성경은 시작과 끝이 명쾌합니다. 어떤 종교도 성경만큼 시작과 끝을 명쾌하게 설명하지 못합니다. 그래서 성경 말씀이 인간을 구원하는 완전한 진리입니다.

본문이 말씀하는 새로움은 지금 우리가 살아가는 세상의 시간을 초월하는 것입니다. 오늘과 내일과 미래가 다 통합되고 하나가 된 신비한 시간의 세계입니다. 우리가 지금 살아가는 시간은 자연만물의 생장성쇠와 함께 흘러가는 네오스의 시간입니다. 측정이 가능하고 생로병사가 있는 시간입니다.

그러나 영생하시는 하나님의 시간인 카이로스의 시간은 흘러가는 시간 위에 있는 시간입니다. 생장성쇠와 생로병사를 초월하는 영원한 시간입니다. 창조된 자연 만물 안에 있는 제한된 네오스의 시간 밖에는 창조주이신 하나님의 시간인 영원한 카이로스의 시간이 있습니다. 전적으로 새로운 세계입니다.

그래서 이 새 하늘과 새 땅은 시간이 지나면서 점차 발전하여 이루어지는 진화의 세계가 아닙니다. 인간의 노력으로 만들 수 있는 세계가 아닙니다. 이것은 오직 전적으로 창조주이시며 영생하시는 전능하신 하나님의 섭리와 경륜과 계획과 능력 안에서 지금의 이 세상을 초월하여 이루어지는 일입니다. 그래서 우리는 새 하늘과 새 땅을 사모합니다. 천국을 사모합니다.

🔟 일곱 단계를 거쳐 이루어지는 새 하늘과 새 땅

1) 말세의 삼대 칠중 재앙 가운데 마지막 재앙인 일곱 번째 대접 재앙의 결과로 찾아오는 현 세속 문명의 붕괴(계16:17-18:24) 2) 예수님의 재림과 짐승과 거짓 선지자의 멸망(계19:19-20) 3) 천년왕국 이후 곡과 마곡의 최후의 전쟁(계20:4-7) 4) 사탄과 그 무리들의 완전한 멸망(계20:9-10) 5) 현 우주의 붕괴(계20:11) 6) 온 인류의 대 부활과 백 보좌 심판(계20:11-15) 7) 새 하늘과 새 땅의 창조로 인한 천국과 지옥의 시작(계 21:1-27)

2. 새 예루살렘 성(2)

■ 본문 : "또 내가 보매 거룩한 성 새 예루살렘이 하나님께로부터 하늘에서 내려오니 그 준비한 것이 신부가 남편을 위하여 단장한 것 같더라"

2. I saw the Holy City, the new Jerusalem, coming down out of heaven from God, prepared as a bride beautifully dressed for her husband.

■ 목자역

2. 나는 거룩한 성 새 예루살렘이 하나님께로부터 하늘에서 내려오는 것을 보았습니다. 그 모습은 마치 신부가 그녀의 남편을 위해 곱게 단장을 한 모습과 같았습니다.

🔢 양육과 적용을 위한 묵상노트

귀양을 간 요한 사도는 외롭고 힘든 시간을 보내고 있는 밧모 섬에서 악에 대한 모든 심판이 끝나는 모습을 보았습니다. 그리고 이어서 하나님께서 새롭게 창조하신 새 하늘과 새 땅을 보았습니다. 영안이 열리는 계시의 세계는 유한한 것이 무한한 것을 보게 합니다.

그리고 요한 사도는 그 새 하늘에서 새 땅으로 내려오는 거룩한 성 새 예루살렘을 봅니다. 그 모습은 마치 신부가 결혼식 날 신랑을 위해 곱게 단장한 것 같이 아름다운 모습입니다.

이 새 예루살렘 성은 고대 바벨론이나 로마가 자랑하던 이 세상 사람들이 만든 크고 견고한 성이 아닙니다. 이스라엘 백성들이 믿음의 터전으로 삼고 항상 그리워하는 다윗 성 예루살렘도 아닙니다.

이 성은 신랑이신 예수 그리스도를 대신하여 하나님 아버지께서 신부된 주의 종들과 성도들을 위해 준비하신 곳입니다. 주님은 요한복음 14장에서 제자들에게 승천하셔서 이 새 예루살렘 성을 준비하신 이후에 다시 오시겠다고 약속하셨습니다. 주님의 약속이 이루어지는 모습입니다.

21-2. 하나님의 장막(3)

■ 본문 : "내가 들으니 보좌에서 큰 음성이 나서 이르되 보라 하나님의 장막이 사람들과 함께 있으매 하나님이 그들과 함께 계시리니 그들은 하나님의 백성이 되고 하나님은 친히 그들과 함께 계셔서"

3. And I heard a loud voice from the throne saying, "Now the dwelling of God is with men, and he will live with them. They will be his people, and God himself will be with them and be their God."

■ 목자역

3. 그리고 나는 보좌에서 나는 큰 음성을 들었습니다. : 보십시오, 하나님의 장막이 사람들과 함께 있습니다. 그들은 하나님의 백성이 되고 하나님께서 친히 그들과 함께 하실 것입니다.

⬛ 양육과 적용을 위한 묵상노트

초림 예수님은 하나님의 말씀이 육신이 되어 우리 가운데 계시면서 우리와 함께 하시는 육신의 장막을 치셨습니다. 초림하신 예수님은 천국 복음을 가르치시고 전파하시며 모든 병든 자와 약한 자를 고치시면서 우리와 함께 하셨습니다. 그리고 십자가에서 피를 흘리시고 죽으심으로 우리의 모든 죄를 사하시고 부활하셔서 우리에게 주시는 영생을 확증하셨습니다.

그런데 이제 재림 예수님은 그 장막을 새 예루살렘의 모습으로 만드셔서 모든 구원받은 성도를 그 성안에서 사는 하나님의 백성이 되게 하십니다. 하나님 아버지께서 만들어 주신 하나님의 장막인 새 예루살렘 성에 사는 모든 자들은 하나님의 자녀요 하나님의 백성들입니다.

 ## 21-3. 하나님이 함께 하시는 증거(4)

■ 본문 : "모든 눈물을 그 눈에서 닦아 주시니 다시는 사망이 없고 애통하는 것이나 곡하는 것이나 아픈 것이 다시 있지 아니하리니 처음 것들이 다 지나갔음이러라"

4. He will wipe every tear from their eyes. There will be no more death or mourning or crying or pain, for the old order of things has passed away.

■ 목자역

4. 하나님께서 그들의 눈에서 흐르는 모든 눈물을 닦아주실 것입니다. 이제 죽음이 더 이상 없을 것입니다. 슬픔이나 애통하는 것이나 고통도 더 이상 없을 것입니다. : 왜냐하면 처음에 있던 것들이 다 사라졌기 때문입니다.

▣ 양육과 적용을 위한 묵상노트

우리는 이 세상을 사는 동안에 많은 눈물을 흘립니다. 그 모든 고통은 죄와 죽음의 문제가 해결되지 않은 처음 창조된 세상에 속한 것들입니다. 그러나 이제 새롭게 창조된 새 예루살렘 성안에는 눈물이 없습니다. 죽음도 없습니다. 마음이 아파 애통하는 것이나 너무 슬퍼서 통곡하는 일도 없습니다.

마음이 아픈 것이나 육체가 병 때문에 고통당하는 일이 없습니다. 빛이요 진리요 생명이시며 모든 것들을 새롭게 창조하신 영생하시는 하나님, 전능하신 하나님께서 우리의 아버지가 되셔서 영원히 우리와 함께 하시기 때문입니다. 새 하늘과 새 땅은 처음 것들이 다 사라진 전적으로 새롭게 창조된 세상입니다.

 21-4. 보좌에 앉으신 이의 말씀1 – 선언(5)

■ 본문 : "보좌에 앉으신 이가 이르시되 보라 내가 만물을 새롭게 하노라 하시고 또 이르시되 이 말은 신실하고 참되니 기록하라 하시고"

5. He who was seated on the throne said, "I am making everything new!" Then he said, "Write this down, for these words are trustworthy and true."

■ 목자역

5. 그 보좌 위에 앉아 계신 하나님께서 말씀하셨습니다. : 보라 내가 모든 것을 새롭게 한다. 그분이 또 말씀하셨습니다. : 너는 신실하고 진실한 이 말씀을 기록하라!

⬆ 양육과 적용을 위한 묵상노트

이 모든 일을 이루시는 분은 하나님 아버지이십니다. 모든 만물을 새롭게 창조하시는 하나님의 은혜는 너무나 크고 놀라운 것입니다. 그러기에 사람들의 생각으로는 도저히 알 수 없는 일입니다.

하나님께서 친히 말씀하십니다. 보라! 내가 만물을 새롭게 하노라! 새 하늘과 새 땅을 창조하시는 주님의 말씀은 참되고 진실한 말씀입니다. 기록하여 영원히 남겨야 할 말씀입니다. 생명의 충만함과 소망으로 가득한 말씀입니다.

 21-5. 보좌에 앉으신 이의 말씀2 – 구원의 완성과 이기는 자의 축복(6-7)

■ 본문 : "또 내게 말씀하시되 **이루었도다** 나는 알파와 오메가요 처음과 마지막이라 내가 생명수 샘물을 목마른 자에게 값없이 주리니 이기는 자는 이것들을 상속으로 받으리라 나는 그의 하나님이 되고 그는 내 아들이 되리라"

6. He said to me: It is done. I am the Alpha and the Omega, the Beginning and the End. To him who is thirsty I will give to drink without cost from the spring of the water of life.

7. He who overcomes will inherit all this, and I will be his God and he will be my son.

■ 목자역

6. 그리고 하나님께서 또 나에게 말씀하셨습니다. : **다 되었다.** 나는 알파요 오메가이며 시작이고 끝이다. 나는 목마른 자에게 생명수 샘물을 값없이 주리라!

7. **이기는 자는** 이것들을 차지하게 되리라. 나는 그의 하나님이 되고 그는 내 자녀가 되리라.

🔟 양육과 적용을 위한 묵상노트

성경에는 크게 네 개의 봉우리가 있습니다. 그것은 창세기 2장의 창조의 완성과 요한복음 19장의 속죄의 완성과 계시록 16장의 삼판의 완성과 오늘 본문의 구원의 완성입니다.

하나님께서는 정하신 때에 정하신 방법으로 이 세상을 창조하시고 인류의 죄를 속죄하시고 악인들을 심판하시고 의인들의 완전한 구원을 이루십니다. 하나님께서 모든 것을 시작하셨고 모든 것을 마무리 하십니다.

구원의 핵심은 구원받은 하나님의 자녀들에게 다시는 목마르지 않을 생명수를 주시는 것입니다. 목마름은 결핍과 가난과 병듦과 부족입니다. 그러나 생명수는 그 모든 결핍과 가난과 병듦과 부족함을 넘어서게 합니다. 하나님의 생명인 영원한 생명 그 완전한 생명의 풍성함을 주시는 것이 생명수입니다.

그래서 예수님은 내가 너희에게 하는 말이 영이요 생명이라고 하셨고, 내 말을 듣고 나를 보내신 자를 믿는 자는 영생을 얻었다고 하셨습니다. 영원한 생명은 영생하시는 하나님만 주실 수 있는 하나님의 생명입니다.

그래서 우리는 이기는 자가 되어야 합니다. 이기는 자는 과거의 승리를 말하는 것이 아닙니다. 오늘도 내일도 주님 오시는 그날까지 계속 이기는 자입니다. 끝까지 이기면 하나님이 우리 아버지가 되고 우리는 그분의 자녀가 되며 천국의 주인공이 됩니다. 끝까지 이겨서 새 하늘과 새 땅과 새 예루살렘에서 만날 수 있기 바랍니다.

 ## 21-6. 보좌에 앉으신 이의 말씀3 - 심판과 저주(8)

■ 본문 : "그러나 두려워하는 자들과 믿지 아니하는 자들과 흉악한 자들과 살인자들과 음행하는 자들과 점술가들과 우상 숭배자들과 거짓말하는 모든 자들은 불과 유황으로 타는 못에 던져지리니 이것이 둘째 사망이라"

8. But the cowardly, the unbelieving, the vile, the murderers, the sexually

immoral, those who practice magic arts, the idolaters and all liars–their place will be in the fiery lake of burning sulfur. This is the second death.

■ 목자역

8. 그러나 짐승이 두려워 벌벌 떠는 겁쟁이들과 예수 그리스도의 구원을 믿지 않는 자들과 불법을 저지르는 자들과 살인자들과 음란한 짓을 하는 자들과 점치는 자들과 우상을 섬기는 자들과 거짓말을 하는 모든 자는 불과 유황이 타는 그 불 못에 있게 되리라. **그것이 두 번째 죽음이다.**

🔼 **양육과 적용을 위한 묵상노트**

새 예루살렘 성안에 들어가 영원한 천국에서 영생을 누리는 주의 종들과 성도들이 있는가 하면 성 밖인 불 못에서 영원한 지옥의 형벌을 받는 악인들이 있습니다. 마지막 심판 이후에는 중간 지대는 없습니다.

이들은 성경 본문이 말씀하고 있는 여덟 부류의 사람들입니다. 팔복을 누리는 사람들이 있는가 하면 지옥에 던져질 여덟 부류의 사람들이 있습니다. 이들은 지옥의 불 못에서 둘째 사망의 고통을 영원히 당하게 될 것입니다.

1. 어린 양의 신부(9)

■ 본문 : "일곱 대접을 가지고 마지막 일곱 재앙을 담은 일곱 천사 중 하나가 나아와서 내게 말하여 이르되 이리 오라 내가 신부 곧 어린 양의 아내를 네게 보이리라 하고"

9. One of the seven angels who had the seven bowls full of the seven last plagues came and said to me, "Come, I will show you the bride, the wife of the Lamb."

■ 목자역

9. 그리고 일곱 가지의 마지막 재앙이 가득 담긴 그 대접들을 가지고 있던 일곱 천사 가운데 하나가 나에게 와서 이렇게 말하였습니다. : 오시오. 내가 당신에게 어린양의 아내인 신부를 보여주겠소.

① 양육과 적용을 위한 묵상노트

일곱 대접을 가진 일곱 천사 가운데 하나가 요한 사도에게 말합니다. 이리로 오시오. 내가 당신에게 어린양의 신부 곧 그 아내를 보여주겠소.

이 말씀은 이단들의 주장처럼 예루살렘 성이 어린양의 신부라는 뜻이 아닙니다. 어린 양의 신부는 밝고 빛나는 세마포 옷을 입도록 허락받은 주의 종들과 성도들입니다. 이 예루살렘 성은 신랑이신 예수님과 그 신부들이 살 집입니다. 천사는 먼저 신랑과 신부된 성도들이 함께 살 집을 보여줍니다.

2. 하늘에서 내려오는 거룩한 성(10)

■ 본문 : "성령으로 나를 데리고 크고 높은 산으로 올라가 하나님께로부터 하늘에서 내려오는 거룩한 성 예루살렘을 보이니"

10. And he carried me away in the Spirit to a mountain great and high, and showed me the Holy City, Jerusalem, coming down out of heaven from God.

■ 목자역

10. 그때 그는 성령에 감동된 나를 크고 높은 산으로 데려갔습니다. 그리고 나에게 하나님께로부터 하늘에서 내려오는 그 거룩한 성 새 예루살렘을 보여주었습니다.

🔟 양육과 적용을 위한 묵상노트

요한 사도는 천사의 말을 들으면서 네 번째 성령의 감동을 받게 됩니다. 이 감동 속에서 요한 사도는 새 땅에 있는 크고 높은 산으로 이끌림을 받아 새 하늘과 새 땅에서 이루어지게 될 천국의 모습을 보게 됩니다.

새 땅은 단순한 평지가 아니라는 사실을 이 본문을 통해 알게 됩니다. 요한 사도가 먼저 본 것은 새 하늘에서 내려오는 거룩한 성 새 예루살렘입니다. 이 얼마나 신비한 광경입니까? 인류 역사 속에서 사람들은 자기들이 살 가장 아름다운 곳으로 바벨론이나 로마의 도성들을 건설했습니다. 그리고 그 이후에도 수많은 도시들을 건설하고 그곳에 많은 건물을 지었습니다. 그러나 그 모든 것은 죄와 악으로 가득 찼고 하나님의 심판으로 완전히 망했습니다. 그러나 이제 새 하늘에서 내려오는 새 예루살렘은 하나님께서 만드신 것입니다. 영원한 도성입니다.

 ## 21-8. 새 예루살렘 성의 영광과 그 형체(문)(11-14)

1. 하나님의 영광(11)

■ 본문 : "하나님의 영광이 있어 그 성의 빛이 지극히 귀한 보석 같고 벽옥과 수정 같이 맑더라"

11. It shone with the glory of God, and its brilliance was like that of a very precious jewel, like a jasper, clear as crystal.

■ 목자역

11. 그 성에는 하나님의 영광이 있습니다. : 그 영광의 빛은 수정처럼 맑고 벽옥 같이 매우 값진 보석의 빛과 같았습니다.

✝ 양육과 적용을 위한 묵상노트

그 성에는 하나님의 영광이 있습니다. 그 영광의 빛은 수정같이 맑고 벽옥 같은 귀한 보석의 빛과 같습니다. 맑고 투명하면서도 찬란하게 빛나는 하나님의 영광의 빛이 그 성의 안과 밖에 가득 차 있습니다.

계시록 4장에서 벽옥은 보좌에 앉으신 하나님의 형상을 설명하던 보석이요 수정은 하나님의 보좌 앞에 있던 유리바다를 설명하던 것입니다. 이제 하늘에 계시던 하나님께서 새 예루살렘 성과 함께 그 찬란한 영광 가운데 새 땅으로 오십니다. 하나님의 뜻이 하늘에서와 같이 땅에서도 완전히 이루어지는 곳이 새 예루살렘입니다.

2. 성곽의 특징과 크기(12a, 17a)

■ 본문 : "크고 높은 성곽이 있고"

17a. "그 성곽을 측량하매 백사십사 규빗이니"

12a. It had a great, high wall

17a. He measured its wall and it was 144 cubits thick,

■ 목자역

12a. 그 성에는 크고 높은 성벽이 있으며

17a. 그 천사가 그 성벽을 측량하였더니 일백 사십 사 규빗입니다.

¹ 양육과 적용을 위한 묵상노트

그 성에는 크고 높은 성벽이 있습니다. 그 높이는 약 72미터쯤 되었습니다. 성벽이 크고 높다는 것은 바벨론이나 로마의 성들과 비교가 됩니다. 옛날 바벨론의 성벽 높이는 14미터쯤 되었습니다.

그런데 그 바벨론 성과는 비교가 되지 않을 정도로 새 예루살렘 성벽이 더 높고 크다는 것은 그만큼 그 성은 완전하고 견고하며 안전하다는 것입니다. 악이 전혀 틈탈 여지가 없다는 것입니다.

3. 12개의 문(12b-13)

■ 본문 : "열두 문이 있는데 문에 열두 천사가 있고 그 문들 위에 이름을 썼으니 이스라엘 자손 열두 지파의 이름들이라 동쪽에 세 문, 북쪽에 세 문, 남쪽에 세 문, 서쪽에 세 문이니"

12b. with twelve gates, and with twelve angels at the gates. On the gates were written the names of the twelve tribes of Israel.

13. There were three gates on the east, three on the north, three on the south and three on the west.

■ 목자역

12b. 그 성에는 열두 개의 문이 있고 그 문들에는 열두 명의 천사가 있습니다. 그리고 그 문들 위에는 이스라엘의 자손인 열두 지파의 이름이 새겨져

있습니다.

13. 그 성에는 동쪽에 세 개의 문과 북쪽에 세 개의 문 그리고 남쪽에 세 개의 문과 서쪽에 세 개의 문이 있습니다.

⬆ 양육과 적용을 위한 묵상노트

그 성에는 열두 명의 천사들이 지키는 열두 문이 한쪽에 세 개씩 동서남북에 있습니다. 사는 사람의 수요를 삼은 하나님의 수입니다. 그러므로 하나님의 구원의 은혜를 입은 사람들은 동서남북 어디서나 들어올 수 있습니다.

그런데 분명한 것은 어느 방향에서든 열두 문을 통해 천국으로 들어올 수 있으나 그 문들을 천사들이 지키고 있어 자격 있는 자들만 들어 올 수 있습니다.

그것은 문들의 위에 열 두 지파의 이름이 쓰여 있는 것을 보면 알 수 있습니다. 이 열두 지파는 옛날 구약시대만의 이스라엘 열두 지파가 아니라 예수님 안에서 구약 시대 이스라엘의 신앙의 전통을 계승하면서 새롭게 형성된 온 세상에 흩어져 있는 신구약 시대의 교회들입니다.

야고보 사도는 그가 쓴 서신에서 온 세상에 흩어져 있는 나그네 된 이스라엘에게 편지한다고 말씀하여서 이 사실을 확인시켜 줍니다.

4. 12개의 기초석(14)

■ 본문 : "그 성의 성곽에는 열두 기초석이 있고 그 위에는 어린 양의 열두 사도의 열두 이름이 있더라"

14. The wall of the city had twelve foundations, and on them were the names of the twelve apostles of the Lamb.

■ 목자역

14. 그 성을 둘러싸고 있는 성벽에는 열두 개의 기초석이 있습니다. 그리고 그 기초석 위에는 어린양의 열두 사도의 이름이 있습니다.

⬛ 양육과 적용을 위한 묵상노트

그 사실을 한 번 더 확인시켜 주는 것이 성벽에 있는 열두 개의 기초석인데 그 기초석에는 어린양이신 예수님의 열두 사도의 이름이 있습니다. 모든 교회는 주는 그리스도시요 살아계신 하나님의 아들이라는 신앙고백의 터와 사도들의 신앙의 전통 위에 서 있습니다. 새 예루살렘 성은 영원한 모습으로 세워진 주님의 성전이요 교회의 모습입니다.

예수님은 우리의 주님이십니다. 주님은 우리의 구세주이신 그리스도입니다. 주님은 우리에게 하나님이 어떤 분인지 보여주신 분입니다.

어떤 분은 구약시대와 신약시대를 구분하여 왜 신약 시대에 구약의 율법을 말하느냐고 하는 분들도 있습니다. 또 어떤 분들은 가톨릭교회 시대와 종교 개혁이후 교회시대를 엄격히 구분하여 가톨릭교회는 타락한 음녀 교회라고 말하는 분도 있습니다. 또 어떤 분은 지금은 종교 개혁이후에 형성된 각 교단과 교파를 넘어서서 그 모든 것을 초월한 자유 독립교회 시대라고 주장하고 있습니다. 그는 그가 번역한 킹 제임스 성경을 쓰는 자유 독립교회만 진짜 제대로 하나님을 섬기는 교회라고 말합니다. 그러나 너무 지나친 억지 주장입니다.

그 모든 역사와 시대를 관통하는 것이 같은 신구약 성경에 기초한 같은 신앙고백이요 교회를 세운 사도들의 신앙고백을 계승하는 것입니다. 신약의 교회는 구약의 전통 위에 서 있고 개혁 교회는 가톨릭 시대를 거쳐서 형성되었습니다.

개혁 교회는 교단과 교파는 달라도 삼위일체이신 하나님을 믿고 예수님이 주님이요 그리스도시며 살아 계신 하나님의 아들임을 함께 고백하고 있습니다. 성경에 대한 사소한 번역의 차이가 문제가 아니라 시대마다 또 지역마다 그들의 말로 번역되어 주어진 신구약 성경에 기초해서 예수 그리스도를 주님으로 고백하고 삼위일체 하나님을 믿는 모든 교회는 한 형제요 한 자매입니다.

종교 개혁에서 말하는 개혁은 개혁이 이미 완성된 상태(REFORMED)를 말하는 것이 아닙니다. 개혁은 시대와 역사 속에서 계속 개혁되어야 할 (REFORMING) 과제를 말합니다. 그러므로 어떤 이들처럼 지나친 것은 모자람만 못합니다.

하늘에 있던 새 예루살렘이 새 땅에 내려옴으로 하늘과 땅이 더 이상 나누어지지 않고 온전히 하나로 이어지는 것처럼 우리의 신앙도 전통을 계승하면서 변화와 개혁을 통해 주님 오시는 그날까지 날마다 새로워져야 합니다. 새 예루살렘에는 이스라엘 열두 지파의 이름과 열두 사도의 이름이 함께 있습니다.

 21-9. 성의 크기와 모양(15-16)

1. 성을 척량하는 천사의 등장(15)

■ 본문 : "내게 말하는 자가 그 성과 그 문들과 성곽을 측량하려고 금 갈대 자를 가졌더라"

15. The angel who talked with me had a measuring rod of gold to measure the city.

■ 목자역

15. 나에게 말을 하던 그 천사는 그 성의 문들과 성벽들의 크기를 재려고 황금으로 된 갈대 자를 가지고 있었습니다.

천사는 그 성을 측량하기 위해 그 손에 금으로 된 갈대 자를 가졌습니다. 측량은 구별하기 위함이요 한계를 정하기 위함입니다. 성벽 안과 밖을 구별하고 구원받을 사람들과 구원받지 못할 사람들이 계시록 11장의 말씀처럼 측량을 통해 나누어집니다. 그 기준은 하나님의 말씀입니다.

2. 새 예루살렘 성의 크기(16)

■ 본문 : "그 성은 네모가 반듯하여 길이와 너비가 같은지라 그 갈대 자로 그 성을 측량하니 만 이천 스다디온이요 길이와 너비와 높이가 같더라"

16. The city was laid out like a square, as long as it was wide. He measured the city with the rod and found it to be 12,000 stadiain length, and as wide and high as it is long.

■ 목자역

16. 그 성은 네모가 반듯하여 길이와 너비가 같습니다. 그리고 그 천사가 그 성의 길이를 자로 재었더니 일만 이천 스다디온입니다. : 그 성은 길이와 너비와 높이가 같습니다.

그 성은 하나님의 언약궤를 모시는 지성소와 같은 모습을 가지고 있습니다. 그것은 곧 그 성 자체가 하나님의 성전인 것을 말씀하는 것입니다. 그 성은 길이와 넓이와 높이가 같은 정육면체의 모습을 가지고 있으며 그 길이는 이만 이천 킬로미터쯤 됩니다.

하나님의 성전인 그 성의 크기는 아담 이후 지금까지 이 세상에 살았던 모든 인류가 다 살아도 남을 정도의 공간입니다. 모든 것을 완벽하게 준비하시는 하나님의 계획이 참으로 놀랍고 경이롭습니다.

 21-10. 천사의 측량(17b)

■ 본문 : "사람의 측량 곧 천사의 측량이라"

17b. by man's measurement, which the angel was using.

■ 목자역

17b. 그 길이는 사람의 기준에 맞추어 천사가 잰 것입니다.

🔼 양육과 적용을 위한 묵상노트

그 길이는 사람들의 기준에 맞추어서 천사가 잰 것입니다. 사람의 기준에 맞추어서 잰 것은 사람들이 누구나 알기 쉽게 한 것입니다. 천국은 천국의 존재를 부인하는 사람들을 제외한 모든 사람에게 알려진 비밀입니다.

■ 본문 : "그 성곽은 벽옥으로 쌓였고 그 성은 정금인데 맑은 유리 같더라 그 성의 성곽의 기초석은 각색 보석으로 꾸몄는데 첫째 기초석은 벽옥이요 둘째는 남보석이요 셋째는 옥수요 넷째는 녹보석이요 다섯째는 홍마노요 여섯째는 홍보석이요 일곱째는 황옥이요 여덟째는 녹옥이요 아홉째는 담황옥이요 열째는 비취옥이요 열한째는 청옥이요 열두째는 자수정이라 그 열두 문은 열두 진주니 각 문마다 한 개의 진주로 되어 있고 성의 길은 맑은 유리 같은 정금이더라"

18. The wall was made of jasper, and the city of pure gold, as pure as glass.

19. The foundations of the city walls were decorated with every kind of precious stone. The first foundation was jasper, the second sapphire, the third chalcedony, the fourth emerald,

20. the fifth sardonyx, the sixth carnelian, the seventh chrysolite, the eighth beryl, the ninth topaz, the tenth chrysoprase, the eleventh jacinth, and the twelfth amethyst.

21. The twelve gates were twelve pearls, each gate made of a single pearl. The great street of the city was of pure gold, like transparent glass.

■ 목자역

18. 그 성의 성벽은 벽옥으로 만들어졌으며 그 성은 깨끗한 유리 같은 순수

한 정금으로 되어 있습니다.

19. 그 성 성벽의 기초석은 모두 값진 보석으로 꾸며져 있습니다. 첫 번째 기초석은 벽옥입니다. 두 번째는 사파이어이고 세 번째는 옥수이며 네 번째는 에메랄드입니다.

20. 다섯 번째는 홍마노요 여섯 번째는 홍보석이요 일곱 번째는 황옥이요 여덟 번째는 녹옥입니다. 아홉 번째는 담황옥이요 열 번째는 비취옥이요 열한 번째는 청옥이요 열두 번째는 자수정입니다.

21. 그리고 그 성의 열두 문은 열두 개의 진주로 되어 있습니다. : 그 문들은 각각 하나의 진주로 되어 있습니다. 그리고 그 성의 길거리는 맑은 유리 같이 깨끗하고 순수한 정금으로 되어 있습니다.

▣ 양육과 적용을 위한 묵상노트

그 성벽은 벽옥입니다. 그리고 그 성은 투명하게 빛나는 정금으로 만들어졌고 그 길도 정금입니다. 그 성의 기초석은 이 세상에서 가장 값진 열두 가지 보석입니다. 솔로몬이 하나님의 성전을 지을 때에도 그 성전 안에는 모두가 금이었습니다.

벽옥은 투명한 수정으로 빛이 납니다. 남보석은 일명 사파이어입니다. 맑은 하늘색으로서 극히 존귀한 보석입니다. 옥수는 칼케돈에서 처음 생산된 보석으로 다른 빛깔이 섞인 옥입니다. 공작의 꼬리나 비둘기목의 청색처럼 움직이면 그 색이 변합니다.

녹보석은 에메랄드입니다. 녹색 보석 중 가장 진하고 순수한 초록빛입니다. 홍마노는 마노 중에서 가장 희귀하고 아름다운 붉은 색을 띠는 마노입니다. 마노는 손톱이라는 말에서 온 단어입니다. 홍보석은 홍옥이라고 하는 루비를 가리키고 황옥은 빛이 금 같이 빛나는 돌로 금빛 돌이라고도 합니다.

녹옥은 에메랄드 계통으로 해청색이나 녹색 보석을 가리키며 담황옥은 투명한 황금색 보석입니다. 비취옥은 녹옥수라고도 하는데 황록색의 반투명체 보석입니다. 청옥은 사파이어 계통으로 백, 청, 적, 자, 청색 등 여러 빛을 띠는 보석이며 자수정은 자색 보석으로서 청옥과 비슷한데 광택이 더 많이 납니다.

이 보석들의 색은 첫째는 초록이며 둘째와 셋째는 파랑입니다. 넷째는 초록이고 다섯째와 여섯째는 빨강입니다. 일곱째는 노랑이고 여덟째는 청록이며 아홉째는 노랑입니다. 열째는 연두색이며 열한째와 열두째는 자주색입니다.

이 색들을 조합해 보면 무지개 색인데 이것은 새 예루살렘 성이 하나님의 신실하신 언약에 기초해서 이루어져 있음을 보여 줍니다.

이 보석들은 사치스러움의 표시가 아니라 하나님의 영광스러움과 정결함과 아름다움을 상징합니다. 이 보석의 이미지는 에스겔서 28장의 에덴동산에 대한 묘사와 출애굽기 28장의 대제사장의 가슴에 붙어 있던 보석의 이미지와 비슷합니다. 새 예루살렘 성은 그 자체가 하나님의 성전이고 하나님의 백성들이 제사장이 되어 주님을 밤낮 섬기는 곳입니다.

천국은 그 모든 아름다움과 하나님의 영광이 모여 있는 곳입니다. 이 세상 어디에서도 볼 수 없는 찬란하고 아름답고 빛나는 곳 바로 그곳이 우리가 들어가 영원히 주님을 섬기며 살게 될 천국입니다.

 21-12. 새 예루살렘 성의 생활(22-27)

1. 성전이 없는 새 예루살렘 성(22)

■ **본문** : "성 안에서 내가 성전을 보지 못하였으니 이는 주 하나님 곧 전능하신 이와 및 어린 양이 그 성전이심이라"

22. I did not see a temple in the city, because the Lord God Almighty and the Lamb are its temple.

■ **목자역**

22. 나는 그 성 안에서 성전을 보지 못하였습니다. : 그 이유는 전능하신 주 하나님께서 그 성의 성전이시고 그분의 어린양이 성전이기 때문입니다.

◈ 양육과 적용을 위한 묵상노트

새 예루살렘 성안에는 이 세상에서 보는 것과 같은 성전이 없습니다. 그 이유는 그 성 자체가 하나님의 성전이기 때문이요 천국에서는 우리들이 항상 주님과 함께 있기 때문입니다.

이 세상에 세워진 성막이나 성전은 하나님을 만나 예배를 드리는 구별된 장소입니다. 성스러운 것과 속된 것이 구별된 장소입니다. 그러나 새 예루살렘 성안에는 항상 하나님과 어린양이신 예수님이 우리와 늘 함께 계십니다. 그래서 주님을 만나기 위한 예배의 장소를 따로 구별할 필요가 없는 것입니다.

2. 하나님의 영광의 빛(23-24)

■ 본문 : "그 성은 해나 달의 비침이 쓸 데 없으니 이는 하나님의 영광이 비치고 어린 양이 그 등불이 되심이라 만국이 그 빛 가운데로 다니고 땅의 왕들이 자기 영광을 가지고 그리로 들어가리라"

23. The city does not need the sun or the moon to shine on it, for the glory of God gives it light, and the Lamb is its lamp.

24. The nations will walk by its light, and the kings of the earth will bring their splendor into it.

■ 목자역

23. 그 성에는 그 성을 비추기 위한 해나 달이 필요 없습니다. : 왜냐하면 하나님의 영광이 그 성을 비추기 때문입니다. 그리고 어린양이신 예수님이 그 성의 등불이기 때문입니다.

24. 세상의 모든 나라는 그 성에서 나오는 그 빛 가운데 다니게 될 것이며 그 땅의 왕들은 그들의 영광을 가지고 그 성으로 들어갈 것입니다.

❶ 양육과 적용을 위한 묵상노트

그 성에는 태양 빛과 같은 자연의 빛이 필요하지 않습니다. 찬란하게 빛나는 하나님의 영광이 항상 그 성에 충만합니다. 햇빛보다 일곱 배나 더 강하게 비추시는 어린양이신 예수님의 빛이 그 안에 가득하고 충만하며 찬란합니다.

세상 모든 나라에서 구원받은 하나님의 백성들이 왕이 되어 그 땅에서 모든 나라들을 통치하며 왕이 되어 그들이 가진 영광을 가지고 등불처럼 그 앞을 비추시는 주님의 빛으로 인도함을 받아 그 예루살렘 성으로 들어갑니다.

3. 성문을 닫지 않음(25-26)

■ 본문 : "낮에 성문들을 도무지 닫지 아니하리니 거기에는 밤이 없음이라 사람들이 만국의 영광과 존귀를 가지고 그리로 들어가겠고"

25. On no day will its gates ever be shut, for there will be no night there.

26. The glory and honor of the nations will be brought into it.

■ 목자역

25. 그 성에는 밤이 없기 때문에 그 성문들은 항상 열려 있을 것입니다. :

26. 그리고 왕이 된 사람들은 그들이 다스리는 모든 나라의 영광과 존귀함을 가지고 그 성으로 들어갈 것입니다.

❶ 양육과 적용을 위한 묵상노트

성문을 닫는 이유는 밤과 낮이 있기 때문입니다. 어둠을 틈타 악한 세력들이 들어오지 못하도록 성문을 닫는 것입니다. 그러나 새 예루살렘 성에는 전혀 악과 어둠이 없기 때문에 성문을 닫지 않습니다.

모든 나라 가운데에서 구원받은 하나님의 백성들이 새 땅의 거처에서 왕이 되어 통치하면서 그 열린 문을 통하여 자기들의 영광과 존귀함을 가지고 하나님의 성전인 그 성으로 들어가게 될 것입니다. 하나님께서는 빌라델비아 교회에 열린 문의 축복을 주셨고 요한 사도에게 하늘의 열린 문을 보게 하셨습니다. 천국은 하나님의 영광으로 들어가는 열린 문의 세계입니다.

짐승들과 거짓 선지자들과 악인들이 세상을 다스리는 동안 성도들은 처참한 모습이었습니다. 그 옷과 육신이 찢기고 견딜 수 없는 수치와 핍박과 고난 가운데 버림받았습니다. 그들은 세상에서 가장 낮고 천한 존재들이었습니다.

그러나 이제 그들은 세상에서 살던 그 누구보다 존귀한 신분의 사람들이 되었습니다. 가장 아름답고 빛나는 모습을 가지게 되었습니다. 이기는 자에게 주어지는 축복된 모습으로 천국에 들어갑니다. 이 모습을 마음속에 그려 보시기 바랍니다. 세상의 그 무엇이 부럽겠습니까? 우리 앞에는 천국이 있습니다.

4. 들어가는 자와 들어가지 못하는 자(27)

■ 본문 : "무엇이든지 속된 것이나 가증한 일 또는 거짓말하는 자는 결코 그리로 들어가지 못하되 오직 어린 양의 생명책에 기록된 자들만 들어가리라"

27. Nothing impure will ever enter it, nor will anyone who does what is shameful or deceitful, but only those whose names are written in the Lamb's book of life.

■ 목자역

27. 그러나 모든 악한 것들과 부끄럽고 가증한 짓을 하는 자들과 거짓말하는 자들은 결코 그리로 들어가지 못할 것입니다. 오직 어린양의 생명책에 그 이름이 쓰여 있는 사람들만 그 성으로 들어갈 것입니다.

⬆ 양육과 적용을 위한 묵상노트

천국에는 반드시 들어갈 자들이 있고 들어가지 못할 자들이 있습니다. 더럽고 악하고 부끄럽고 가증한 것들과 예수님이 주님이심을 부인하는 자들은 천국에 들어가지 못합니다.

생명책에 그 이름이 있는 주의 종들과 성도들만 천국에 들어갑니다. 당신의 이름은 생명책에 있습니까? 혹시 흐려지거나 지워지지는 않았습니까?

아홉 번째 사건 [20:3b-22:21]

천년왕국과 마지막 심판 그리고 천국과 지옥

📱 계시록 22장 | **완성과 권면 그리고 축복과 소망**

22-1. 생명수가 흐르는 강(1-2a)

■ 본문 : "또 그가 수정 같이 맑은 생명수의 강을 내게 보이니 하나님과 및 어린 양의 보좌로부터 나와서 길 가운데로 흐르더라"

1. Then the angel showed me the river of the water of life, as clear as crystal, flowing from the throne of God and of the Lamb

2a. down the middle of the great street of the city.

■ 목자역

1. 그리고 그는 나에게 수정처럼 맑고 투명하게 빛나는 생명수가 흐르는 강을 보여주었습니다. 그 생명수 물은 하나님과 어린 양의 보좌로부터 나왔

습니다.

2a. 생명수가 흐르는 그 강은 그 성에 있는 길 한 가운데로 흐르고 있었습니다.

■ 양육과 적용을 위한 묵상노트

천사는 계속해서 요한 사도에게 생명수가 흐르는 강을 보여주었습니다. 생명수가 흐르는 강의 원형은 에스겔 47장에 나와 있습니다. 그 강은 하나님의 성전에 있는 하나님의 보좌로부터 흘러나오는데 처음에는 조금씩 흘러나와 발목과 무릎을 적시고 허리를 적셔 헤엄치지 않고는 건널 수 없는 강이 되었습니다.

그리고 그 강물이 흘러가는 곳마다 주변의 모든 것들이 살아나는 모습을 보여 주었습니다. 이 에스겔 성전은 역사 속에서 지어진 때가 없습니다. 그러므로 에스겔이 보았던 이 환상은 계시록 22장에서 완성된다고 할 수 있습니다.

천국에 있는 생명수가 흐르는 강은 믿는 자의 배에서 나오는 생수와 같은 것이고 그것은 생명을 살리는 성령님의 생기와 같은 것입니다. 그 생명수는 에스겔 성전 환상에서는 하나님의 보좌로부터 흘러나왔는데 계시록에서는 하나님과 어린양의 보좌로부터 흘러나와 그 성에 있는 길 가운데로 흐릅니다.

그 강이 흐르는 길은 정금입니다. 정금 같은 믿음이 있는 자의 영혼 속에 거하시는 하나님의 영은 그 혼과 육으로 흘러 나와 모든 것을 살리게 됩니다.

라오디게아 교회에 주신 말씀에 너는 나에게 정금을 사서 부요하게 하라고 하셨습니다. 그러므로 정금 같은 믿음이 있는 자들에게 주님께서는 성령을 주시고 그 안에 하나님의 말씀과 성령이 있는 자에게 하나님의 영원한 생명이 주어집니다. 천국은 영생수가 강이 되어 흐르는 곳입니다.

 ## 22-2. 생명나무(2b)

■ 본문 : "강 좌우에 생명나무가 있어 열두 가지 열매를 맺되 달마다 그 열매를 맺고 그 나무 잎사귀들은 만국을 치료하기 위하여 있더라"

2b. On each side of the river stood the tree of life, bearing twelve crops of fruit, yielding its fruit every month. And the leaves of the tree are for the healing of the nations.

■ 목자역

2b. 그 강의 좌우편에는 매달 열두 가지의 열매를 맺는 생명나무가 있고 그 나무는 일 년 동안 열두 번 열매를 맺습니다. 그 나무의 잎들은 모든 나라들을 치료하기 위해 있습니다.

⬛ 양육과 적용을 위한 묵상노트

그 강이 흘러가는 강 좌우편에는 매달 열두 가지 열매를 맺는 생명나무들이 있습니다. 달마다 열매를 맺는다는 표현은 오늘 우리의 시간 개념으로 표현한 것이지만 이것은 천국에서는 항상 부족함이 없는 영원한 생명이 풍성하게 주어지는 것을 의미합니다.

열두 달 동안 매달 열두 가지 실과를 맺으니 곱하면 백사십사 입니다. 그 성벽의 높이가 백사십사 규빗이니 그 성은 온통 영원한 하나님의 생명으로 가득한 모습입니다. 영원한 빛과 영원한 생명으로 완전히 가득한 곳이 천국입니다.

또 이 열둘은 구약시대 이스라엘 열두 지파이고 세계 곳곳에 세워진 새 이스라엘인 열두지파 교회들입니다. 시대를 초월하고 각 교단과 교파를 초월해서 구원받은 성도들 모두를 위한 하나님의 사랑과 배려가 열두 문과 열두 기초석이 있는 새 예루살렘 성에서 달마다 열두 가지 실과를 맺는 생명나무의 모습으로 나타납니다. 새 예루살렘에는 사탄이나 선악과를 맺는 나무는 없습니다. 이제 천국에서는 더 이상 악에 의해 유혹을 받거나 시험을 당할 이유가 없습니다.

주님께서는 계시록 2장에서 에베소 교회에 주신 말씀 가운데 이기는 성도에게 하나님의 낙원에 있는 생명나무의 열매를 주어 먹게 하리라고 하셨습니다. 하나님의 낙원이 어디일까요? 처음 창조 때 있었던 에덴동산이 아니라 새 하늘과 새 땅에 있는 새 예루살렘입니다.

그래서 새 예루살렘과 새 하늘과 새 땅은 낙원이 아니라 새롭게 창조된 하나님의 낙원입니다. 그곳에는 유브라데 강물이 아닌 영생수가 흐르고 예수님이 계시고 생명나무가 있습니다.

그 잎사귀들은 만국을 치료하기 위하여 있다고 했으니 세상에서 당했던 모든 상처들은 생명나무의 잎으로 치료됩니다. 하나님의 말씀으로 치료됩니다. 예수 그리스도를 통하여 주시는 생명은 영원한 생명이고 그 치료는 영원합니다.

시편 1편에서 복 있는 사람은 시냇가에 심겨진 나무 같아서 시절을 좇아 과실을 맺으며 잎사귀가 마르지 않으니 그 행사가 다 형통하다고 했습니다.

그 모든 이상이 다 이루어지는 곳이 천국입니다. 시편 23편에서 꿈꾸는 푸른 초장 쉴만한 물가가 있는 곳이 천국입니다. 하나님은 참 좋으신 우리의 아버지이십니다. 우리는 그 하나님의 집에서 영원히 살게 될 것입니다.

만국은 모든 나라입니다. 모든 음녀와 바벨론 세력에 속한 만국의 성들은 계시록 16장에서 보는 것처럼 공중에 일곱 번째 대접이 쏟아져 사탄의 세력이 무너지게 될 때 하나님이 심판하셔서 바벨론과 함께 모두 다 무너집니다.

그러나 그들에 의해 죽임을 당하고 상처받은 모든 주의 종과 성도는 완전히 구원받고 그 모든 눈물이 씻어지며 그 모든 상처가 싸매어 집니다. 천국은 우리의 모든 상처가 치료되는 곳입니다. 눈물과 죽음과 고통이 없는 곳입니다.

 22-3. 천국은 저주와 어둠이 없는 곳(3-5)

1. 천국은 저주가 없는 곳(3a)

■ 본문 : "다시 저주가 없으며"

3a. No longer will there be any curse.

■ 목자역

3. 이제는 더 이상 어떤 저주도 없습니다.

⊺ 양육과 적용을 위한 묵상노트

창세기 3장에서 보는 것처럼 사람들이 죄를 지은 이후 이 땅에는 저주가 찾아왔습니다. 사람들에게는 죽음이 찾아오고 모든 환경이 저주를 받아 가시와 엉겅퀴가 솟아났습니다.

하나님과의 정상적인 관계가 깨어지면서 인간관계나 환경적인 면에서 모두 저주가 찾아왔습니다. 그러나 이제 천국에서는 더 이상 그와 같은 저주가 없습니다. 하나님이 함께 하시기 때문입니다.

천국은 에덴의 회복이 아닙니다. 에덴의 회복이라면 생명나무와 더불어 또 다시 선악과를 맺는 나무도 있어야 합니다. 그러나 이제 천국에는 선악을 알게 하는 열매를 맺는 나무는 없고 생명수가 흐르는 강과 생명나무만 있습니다. 더 이상 저주가 없어진 완전히 새롭게 창조된 하나님의 나라입니다.

2. 천국은 성도가 하나님을 직접 대면하며 섬기는 곳(3b-4)

■ 본문 : "하나님과 그 어린 양의 보좌가 그 가운데에 있으리니 그의 종들이 그를 섬기며 그의 얼굴을 볼 터이요 그의 이름도 그들의 이마에 있으리라"

3b. The throne of God and of the Lamb will be in the city, and his servants will serve him.

4. They will see his face, and his name will be on their foreheads.

■ 목자역
3b. 그 새 예루살렘 성의 중앙에는 하나님과 어린양의 보좌가 있어 주님의 종들이 주님을 섬길 것입니다.

4. 그리고 그들은 주님의 얼굴을 볼 것입니다. 그들의 이마 위에는 주님의 이름이 있을 것입니다.

◘ 양육과 적용을 위한 묵상노트

창세기 3장을 보면 하나님의 말씀을 어기고 죄를 지은 인간들은 하나님의 얼굴을 보기는커녕 하나님의 음성조차 듣기를 두려워했습니다. 그래서 구약시대에 하나님께서는 모세와 같은 특별한 하나님의 종들 외에는 쉽게 하나님을 대면하여 보는 것과 그 음성을 듣는 것을 허락하지 않으셨습니다.

그래서 백성들에게 말씀하실 때에도 그들이 하나님의 음성을 직접 듣기 두려워함으로 선지자들을 통하여 말씀하셨습니다. 그러나 이제 천국에서는 하나님과 어린양의 보좌가 그 성 중앙에 있습니다.

계시록 4장에서 하늘에 있는 하나님의 보좌를 중심으로 이십사 장로가 둘러 앉아 있던 것처럼 언제나 하나님의 종들이 두려움 없이 주님을 섬기며 주님의 얼굴을 보게 됩니다.

그들의 이마에는 계시록 14장의 십사만 사천의 주의 종들의 이마에 어린양과 그 아버지의 이름이 있던 것처럼 그들의 이마에 그들이 하나님께 속해 있고 하나님의 자녀임을 증명하는 하나님의 이름이 있습니다.

십사만 사천의 이마에는 어린양의 이름이 아버지의 이름과 함께 있었습니다. 그 이유는 그들은 어린양의 피에 의해 구원받은 사람들이고 예수님의 증인으로 선택된 사람들이기 때문입니다. 그러나 이제 천국에서는 예수님을 더 이상 증언할 필요가 없습니다. 모두 하나님의 자녀이기 때문입니다.

3. 천국은 밤이 없는 곳(5a)

■ **본문** : "다시 밤이 없겠고 등불과 햇빛이 쓸 데 없으니 이는 주 하나님이 그들에게 비치심이라"

5a. There will be no more night. They will not need the light of a lamp or the light of the sun, for the Lord God will give them light.

■ **목자역**

5a. 그곳에는 더 이상 밤이 없을 것입니다. 주 하나님께서 그 성안에 사는 그들에게 빛을 비추어 주심으로 등불이나 태양 빛도 필요가 없을 것입니다.

■ 양육과 적용을 위한 묵상노트

천국은 밤이 없는 곳입니다. 밤은 어둠과 공포요 좌절과 절망입니다. 질병과 고통과 죽음입니다. 천국에는 이제 더 이상 그 아픔과 고통과 죽음이 없습니다.

작은 어둠을 밝히고 그 길을 인도하는 인간들이 만든 등불이나 큰 어둠을 물리치고 생명으로 인도하는 자연계의 태양 빛도 필요 없습니다. 모든 만물의 주인이신 주님께서 친히 그들을 비추시기 때문입니다. 태양 빛이 필요 없다는 이 말씀을 통해서도 이 새 하늘과 새 땅은 해와 달과 별들이 있던 처음 창조된 세상이 아닌 전혀 새롭게 창조된 새 하늘과 새 땅인 것을 알게 됩니다.

18장에서 바벨론이 패망할 때 그곳에는 등불이 사라졌다고 했습니다. 인간들은 밤을 두려워합니다. 그래서 등불이 필요합니다. 그런데 그 어둠을 이기는데 가장 필요한 등불이 바벨론에서는 사라졌는데 이제 천국에서는 그 등불의 존재 자체가 필요 없습니다. 크고 놀라우신 하나님의 은혜입니다.

4. 천국은 성도들이 영원히 왕 노릇 하는 곳(5b)

■ 본문 : "그들이 세세토록 왕 노릇 하리로다"

5b. And they will reign for ever and ever.

■ 목자역

5b. 그들은 세세무궁토록 왕이 되어 통치하게 될 것입니다.

■ 양육과 적용을 위한 묵상노트

이제 그들에게는 모든 만물을 통치할 수 있는 왕의 권세가 주어집니다. 세상에서 사는 동안 그들은 사탄의 권세를 가진 악한 자들에 의해 통치를 당했습니다. 억울한 일을 당하고 죽임을 당했습니다.

그러나 이제는 그들이 모든 나라의 왕이 되어 통치합니다. 천국은 하나님의 백성들이 택하신 족속이요 왕 같은 제사장이 되어 다스림의 권세를 가지고 주님과 함께 통치하는 곳입니다.

■ 본문 : "또 그가 내게 말하기를 이 말은 신실하고 참된지라 주 곧 선지자들의 영의 하나님이 그의 종들에게 반드시 속히 되어 질 일을 보이시려고 그의 천사를 보내셨도다"

6. The angel said to me, "These words are trustworthy and true. The Lord, the God of the spirits of the prophets, sent his angel to show his servants the things that must soon take place."

■ 목자역

6. 그리고 그 천사가 나에게 말했습니다. : 이 말씀들은 신실하고 참된 말씀입니다. 주님, 곧 그분의 말씀을 대언하는 예언자들의 영의 하나님께서 그분의 종들에게 이제 곧 신속하게 일어날 일들을 보이시려고 그의 천사들을 보내셨습니다.

◪ 양육과 적용을 위한 묵상노트

계시록의 말씀은 누가 지어낸 이야기가 아닙니다. 하나님께서 친히 그 종들에게 알게 하시려고 주님을 섬기는 천사들을 통해 하나님의 말씀을 더하거나 빼지 않고 전하는 신실한 주의 종인 요한 사도에게 먼저 알려주신 것입니다.

그 종들은 하나님의 말씀을 대언하는 대언자들이요 과거와 현재와 미래의 현실 속에서 하나님의 뜻을 밝혀주는 예언자들입니다. 그들의 영은 대언의 영이신 성령님께 붙잡힌 영이요 그들의 인생과 그들의 입은 하나님의 말씀을 전하는 도구입니다.

그래서 그들의 영의 아버지는 하나님이십니다. 예언자 노릇 하면서 틈만 나면 입을 열어 거짓을 말하는 이들의 아비는 마귀입니다. 본문 말씀은 계시록 1장 1절의 말씀과 같은 내용입니다. 이 말씀은 참되고 진실한 하나님의 말씀입니다. 이 예언의 말씀은 역사 속에서 이루어져 왔고 앞으로도 신속하게 이루어 질 것입니다.

 22-5. 계시록의 여섯 번째 복(7)

■ 본문 : "보라 내가 속히 오리니 이 두루마리의 예언의 말씀을 지키는 자는 **복이 있으리라** 하더라"

7. Behold, I am coming soon! Blessed is he who keeps the words of the prophecy in this book.

■ 목자역

7. 보라, 내가 속히 오리라. **복이 있도다!** 이 두루마리에 예언된 그 말씀들을 지키는 그 사람은!

◘ 양육과 적용을 위한 묵상노트

계시록에 나오는 여섯 번째 복은 이 예언의 말씀을 지키는 자가 받을 복입니다. 이제 말세에 이루어질 일들을 하나님께서 모두 보여 주셨습니다. 그리고 이 말씀을 전해주신 요한 사도 때문에 우리들도 알게 되었고 듣게 되었습니다.

그러나 우리가 이 말씀을 읽고 듣고 아는데서 그쳐서는 안 되기에 다시 한 번 더 말세를 살아가는 성도들에게 지킬 것을 강조하여 말씀합니다. 알거나 듣는데서 그치지 말고 지켜야 합니다. 그래야 영생의 복이 있습니다.

 22-6. 사도 요한과 천사의 역할(8-9)

1. 보고 들은 자 요한(8a)

■ 본문 : "이것들을 보고 들은 자는 나 요한이니 내가 듣고 볼 때에"

8a. I, John, am the one who heard and saw these things. And when I had heard and seen them,

■ 목자역

8. 나 요한은 이러한 일들을 보고 들은 사람입니다. 그리고 내가 이일들을 듣고 보았을 때에

🔳 양육과 적용을 위한 묵상노트

일어난 일들과 일어날 일들을 보고 이 말씀을 들은 사도는 요한입니다. 아무렇게나 모든 이들에게 던져진 말씀이 아닙니다. 평생을 주님을 섬기며 살았고 주님을 위해 목회하다가 주님을 위해 밧모 섬에 귀양당한 사도 요한에게 주신 말씀입니다. 특별한 헌신의 사람에게 특별한 말씀의 은혜를 주신 것입니다.

그래서 우리들도 하나님 앞에 성별되어 구별된 특별한 헌신의 사람이 되어야 합니다. 이 시대에 이 영원한 복음을 전하기 위해 우리도 주님 앞에 구별된 믿음과 헌신이 특별한 구별된 사람이 되어야 합니다.

2. 천사의 위치와 역할(8b-9)

■ 본문 : "이 일을 내게 보이던 천사의 발 앞에 경배하려고 엎드렸더니 그가 내게 말하기를 나는 너와 네 형제 선지자들과 또 이 두루마리의 말을 지키는 자들과 함께 된 종이니 그리하지 말고 하나님께 경배하라 하더라"

8b. I fell down to worship at the feet of the angel who had been showing them to me.

9. But he said to me, "Do not do it! I am a fellow servant with you and with your brothers the prophets and of all who keep the words of this book. Worship God!"

■ 목자역

8b. 나는 이러한 일들을 나에게 보여준 그 천사에게 경배하려고 그의 발 앞에 엎드렸습니다.

9. 그러자 그가 나에게 말하였습니다. : 그렇게 하지 마시오. : 나는 당신과 그리고 예언자들인 당신의 형제들과 이 두루마리에 있는 말씀들을 지키는 사람들과 같은 종입니다. : 당신은 오직 하나님께만 예배하십시오.

🔟 양육과 적용을 위한 묵상노트

구십 세가 넘은 고령의 나이에 밧모 섬에 있던 요한 사도는 외롭고 힘들 었습니다. 그때 하나님께서는 그를 위로하시고 새 힘을 주시려고 천사들 을 보내어 이것들을 알려 주셨습니다.

그래서 요한 사도는 그 고마움에 천사 앞에 엎드려 예를 취하려고 했습 니다. 그러나 그 천사는 나도 당신이나 이 두루마리에 있는 말씀들을 지키 는 분들과 같은 하나님의 종이니 그렇게 하지 말라고 합니다.

우리는 늘 이것을 명심해야 합니다. 고맙다고 천사에게 지나친 예를 취하는 것이 아닙니다. 천사는 땅에 있는 우리와 다른 하늘에 있는 영적인 존재이지만 경배나 숭배의 대상이 아닙니다. 오직 하나님께만 예배를 드 려야 합니다. 그래서 성자숭배나 천사숭배는 잘못된 종교의례입니다.

1. 복음 전파의 사명(10)

■ 본문 : "또 내게 말하되 이 두루마리의 예언의 말씀을 인봉하지 말라 때가 가까우니라"

10. Then he told me, "Do not seal up the words of the prophecy of this book, because the time is near."

■ 목자역

10. 그가 또 나에게 말하였습니다. : 이 두루마리에 있는 예언의 말씀들을 봉인하지 마시오. : 이제 주님이 재림하실 그 시간이 가까이 왔습니다.

🔳 양육과 적용을 위한 묵상노트

예수님에 의해 인봉이 떼어져 공개된 말씀이 요한 계시록입니다. 그러므로 이 계시록의 말씀은 덮어두면 안 됩니다. 계시록 14장의 천사들처럼 이 말씀을 부지런히 전해야 합니다. 이제 주님이 재림하실 날이 바로 우리 눈앞에 다가와 있습니다.

2. 행한 대로 갚아주시는 하나님(11-12)

■ 본문 : "불의를 행하는 자는 그대로 불의를 행하고 더러운 자는 그대로 더럽고 의로운 자는 그대로 의를 행하고 거룩한 자는 그대로 거룩하게 하라 보라 내가 속히 오리니 내가 줄 상이 내게 있어 각 사람에게 그가 행한 대로 갚아 주리라"

11. Let him who does wrong continue to do wrong; let him who is vile continue to be vile; let him who does right continue to do right; and let him who is holy continue to be holy.

12. "Behold, I am coming soon! My reward is with me, and I will give to everyone according to what he has done."

■ 목자역

11. 이제부터는 불의를 행하는 자들은 그대로 불의를 행하게 놔두시오. 그리고 더러운 행동을 하는 자들은 그대로 더러운 행동을 하도록 놔두시오. 또한 주님이 오실 그때까지 정의를 행하는 자들은 그대로 정의를 행하게 놔두고 거룩한 자들도 그때까지 그대로 거룩하게 놔두시오.

12. 보라, 내가 신속하게 오리라! 나에게 줄 상이 있으니 그들이 행한 그대로 각각 그들에게 갚아 주리라!

◘ 양육과 적용을 위한 묵상노트

마지막 때가 되면 사람들은 자신에 대한 집착과 아집과 고집이 세지고 회개하지 않습니다. 그저 살던 대로 살려고 합니다. 불의한 자들은 그대로 불의하게 행동하고 더러운 자들은 그대로 더러운 짓을 합니다. 절대로 가치관을 바꾸거나 행동을 돌이키지 않습니다. 그렇다고 우리도 그렇게 살 수는 없습니다.

오히려 그런 때 일수록 이것이 말세의 징조인줄 알고 우리는 더 거룩하게 살아야 합니다. 더 의롭게 살아야 합니다. 하나님께서 정한 때에 정하신 방법으로 갚아주십니다. 심은 대로 거두게 하시고 행한 대로 갚아 주십니다.

세상이 악하다고 한탄할 이유가 없습니다. 하나님께서 행한 대로 갚아 주십니다. 그래서 더 열심히 주님을 섬기면서 의롭고 거룩하게 살아야 합니다.

 22-8. 주님의 자기 선언과 계시록의 일곱 번째 복(13-14)

■ 본문 : "나는 알파와 오메가요 처음과 마지막이요 시작과 마침이라 자기 두루마기를 빠는 자들은 **복이 있으니** 이는 그들이 생명나무에 나아가며 문들을 통하여 성에 들어갈 권세를 받으려 함이로다"

13. I am the Alpha and the Omega, the First and the Last, the Beginning and the End.

14. Blessed are those who wash their robes, that they may have the right

686

to the tree of life and may go through the gates into the city."

■ 목자역

13. 나는 알파요 오메가이며 처음이고 마지막이다.

14. **복이 있도다**. 그들의 옷을 예수님의 피에 빠는 사람들은! 그들은 생명나무에 나아갈 수 있는 권리를 얻게 될 것이다. 그리고 그 성문들을 통하여 새 예루살렘 성에 들어갈 수 있는 권세를 얻게 될 것이다.

▮ 양육과 적용을 위한 묵상노트

주님은 이 세상 모든 만물의 시작이시고 그 모든 만물의 마침이십니다. 주님이 시작도 하시고 끝내기도 하십니다. 모든 것은 주님의 섭리 안에 있고 하나님의 계획안에 있습니다. 그 하나님의 섭리를 깨닫고 시작하시고 끝내시는 하나님의 뜻에 맞게 사는 것이 지혜입니다.

계시록에 나오는 일곱 번째 복은 어린양의 피에 그 옷을 빠는 사람들이 누릴 복입니다. 속죄의 은총을 받아야 합니다. 어린양의 피로 죄에서 해방되어야 하고 성결해야 합니다. 성결한 성도들은 새 예루살렘 성에 들어갈 권세를 얻을 것이고 생명나무의 열매를 먹을 수 있는 권리를 갖게 될 것입니다.

어린양의 피로 속죄 받은 사람만 영생을 누릴 수 있습니다. 예수라는 이 이름 외에 구원받을 다른 이름은 없습니다. 천국은 오직 예수님의 피로 속죄 받은 사람들만 들어가는 거룩한 곳입니다.

22-9. 천국에 들어가지 못하는 자들(15)

■ **본문** : "개들과 점술가들과 음행하는 자들과 살인자들과 우상 숭배자들과 및 거짓말을 좋아하며 지어내는 자는 다 성 밖에 있으리라"

15. Outside are the dogs, those who practice magic arts, the sexually immoral, the murderers, the idolaters and everyone who loves and practices falsehood.

■ **목자역**

15. 아주 악한 인격을 가진 도덕적으로 부패하고 사악한 종교적 위선자들인 개들과 마술사들과 음란한 행위를 한 자들과 살인자들과 우상 숭배자들과 거짓말을 좋아하고 또 거짓말을 지어내는 자들은 다 그 성 밖에 있으리라.

⊞ 양육과 적용을 위한 묵상노트

예수님의 보혈의 능력을 부인하고 사탄의 앞잡이가 되어 세상을 음행에 빠뜨린 자들은 천국에 들어가지 못합니다. 본문에는 그들이 일곱 종류로 나와 있습니다. 21장에 나오는 천국에 들어가지 못할 자들과 같은 부류의 사람들입니다.

천국은 죄와 악과 어둠과 저주가 없는 곳이기 때문에 더럽고 추악한 죄를 범하는 자들은 들어갈 수 없습니다. 그들은 다 불 못 지옥에 들어갑니다.

22-10. 계시록은 .교회들을 위하여 주신 말씀(16)

■ 본문 : "나 예수는 교회들을 위하여 내 사자를 보내어 이것들을 너희에게 증언하게 하였노라 나는 다윗의 뿌리요 자손이니 곧 광명한 새벽 별이라 하시더라"

16. I, Jesus, have sent my angel to give you this testimony for the churches. I am the Root and the Offspring of David, and the bright Morning Star.

■ 목자역

16. 나 예수는 **교회들을 위하여** 나의 천사들을 보내어 이 모든 일들을 너희들에게 증언하게 했다. 나는 다윗의 뿌리이며 자손이요 빛나는 새벽별이다.

🔳 양육과 적용을 위한 묵상노트

이 계시록에 있는 말씀은 예수님께서 지금까지 존재한 모든 교회들과 앞으로 주님 오실 때까지 있게 될 교회들을 위하여 주신 말씀입니다. 이 말씀을 주신 분과 받는 사람이 특정되어 있는 것이 계시록입니다. 그러므로 계시록은 그 말씀을 읽거나 해석할 때 교회를 위해 주신 책임을 반드시 기억해야 합니다.

계시록은 예수님이 주님이시오 그리스도이시며 살아계신 하나님의 아들이라고 고백하는 주의 종들과 성도들에게 주신 말씀입니다. 그래서 계시록을 이용하여 교회를 무너뜨리는 자들은 사악한 마귀의 종들이며 거짓 선지자들입니다.

그들은 반드시 불 못 지옥에 들어가게 될 것입니다. 주님께서는 오늘도 이 말씀을 천사들과 주의 종들을 통하여 모든 성도에게 전하게 하십니다.

주님은 다윗에게 생명을 주신 분이기에 다윗의 뿌리입니다. 온 세상을 구원하실 메시야이시기에 다윗의 자손입니다. 그리고 어둠을 밝히시는 분이기에 광명한 새벽별입니다. 이 세상의 모든 어둠은 새벽별이신 주님이 물리치십니다.

 22-11. 천국으로의 초청과 마지막 경고(17-19)

1. 천국으로의 초청(17)

■ 본문 : "성령과 신부가 말씀하시기를 오라 하시는도다 듣는 자도 오라 할 것이요 목마른 자도 올 것이요 또 원하는 자는 값없이 생명수를 받으라

하시더라"

17. The Spirit and the bride say, "Come!" And let him who hears say, "Come!" Whoever is thirsty, let him come; and whoever wishes, let him take the free gift of the water of life.

■ 목자역

17. 성령님과 신부(예수님이 재림하실 때 이루어지는 혼인잔치에 참여하는 주의 종들과 성도들)가 말씀합니다. : 아 말씀을 듣는 사람들은 오시오 : 그리고 목이 마른 사람들과 원하는 사람들도 누구나 다 오십시오! 와서 하나님께서 선물로 주시는 생명수를 값을 치루지 말고 자유롭게 마십시오!

▣ 양육과 적용을 위한 묵상노트

성령님과 예수님의 신부인 주의 종들과 성도들이 말씀합니다. 이 말씀을 듣는 사람들은 누구나 오십시오, 인생살이에 목이 마르고 그래서 삶의 구원을 원하는 사람들은 누구나 오십시오, 그리고 와서 값없이 이 생명수물을 마십시오.

예수님이 우리에게 주시는 구원은 사람들이 값을 치루고 살 수 있는 것이 아닙니다. 예수님의 보혈의 공로를 인정하고 오직 믿음으로 받아들일 때만 얻을 수 있는 것입니다. 그러므로 주님이 부르실 때 주님의 초청에 응답하고 주님 앞에 나와야 합니다. 구원은 오직 은혜로 오직 믿음으로 되는 것입니다.

2. 마지막 경고(18-19)

■ **본문** : "내가 이 두루마리의 예언의 말씀을 듣는 모든 사람에게 증언하노니 만일 누구든지 이것들 외에 더하면 하나님이 이 두루마리에 기록된 재앙들을 그에게 더하실 것이요 만일 누구든지 이 두루마리의 예언의 말씀에서 제하여 버리면 하나님이 이 두루마리에 기록된 생명나무와 및 거룩한 성에 참여함을 제하여 버리시리라"

18. I warn everyone who hears the words of the prophecy of this book: If anyone adds anything to them, God will add to him the plagues described in this book.

19. And if anyone takes words away from this book of prophecy, God will take away from him his share in the tree of life and in the holy city, which are described in this book.

■ **목자역**

18. 나는 이 예언의 말씀들을 듣는 모든 이들에게 증언합니다. : 만일 누구든지 이 계시록에 기록된 말씀들 외에 자기 마음대로 심판과 종말과 구원에 대한 예언과 계시의 말씀을 더하면 하나님께서 이 계시록에 기록되어 있는 그 재앙들을 그에게 더하실 것이요 :

19. 또 누구든지 이 계시록에 있는 예언과 계시의 말씀들을 자기 마음대로 빼면 하나님께서 생명나무와 그 거룩한 성에 그가 참여하지 못하도록 할 것입니다.

▣ 양육과 적용을 위한 묵상노트

그러므로 **예수님을 통해서만 구원받는다**는 이 복음 외에 다른 복음을 전하면 안 됩니다. 예수님의 보혈의 능력 외에 구원에 무엇의 더 필요하다고 말하거나 예수님의 이름을 빼고 자기 이름이나 다른 이름에 의한 구원을 말하면 저주를 받습니다.

천국에 들어가지 못할 뿐만 아니라 지옥의 불 못에 던져 집니다. 구원은 오직 예수입니다. 예수님 밖에는 천국으로 들어갈 문이 없습니다. 오직 예수입니다.

그러므로 인간의 지식이나 생각에 상상을 더하고 꿈의 내용을 더해서 천국과 지옥을 말하는 일은 삼가야 합니다. 성경만으로도 족합니다. 그리고 모르는 것은 우리가 천국에 가면 자연히 알게 될 일입니다.

보여주시지도 않은 것을 본 것처럼 말하고 자기가 모든 것을 아는 것처럼 말하는 자는 저주를 받습니다. 이단 교주들이 이생에서의 영생불사를 말하는 것은 죽음 이후에 하나님의 심판이 있는 것을 알기 때문입니다. 알면서도 성도들을 거짓말로 속이기 때문에 그들은 저주를 받아 지옥에 갑니다.

■ **본문** : "이것들을 증언하신 이가 이르시되 내가 진실로 속히 오리라 하시거늘 아멘 주 예수여 오시옵소서 주 예수의 은혜가 모든 자들에게 있을지어다 아멘"

20. He who testifies to these things says, "Yes, I am coming soon." Amen. Come, Lord Jesus.

21. "The grace of the Lord Jesus be with God's people. Amen."

■ **목자역**

20. 이것들을 증언하신 예수님이 말씀하십니다. 그렇다. 내가 속히 오리라. 아멘, 주 예수여! 오시옵소서.

21. 주 예수님의 은혜가 여러분 모두에게 있기를 바랍니다.(아멘)

⬛ 양육과 적용을 위한 묵상노트

천사들과 주의 종들과 성도들을 통하여 이것들을 증언하신 예수님이 말씀하십니다. 보라 내가 속히 오겠다. 주님이 속히 오시겠다고 말씀하십니다. 우리가 그토록 바라는 주님의 재림이 이제 바로 우리 눈앞에 다가와 있습니다. 아멘! 주 예수님 어서 오시옵소서!

재림하실 주님의 은혜가 이 책을 읽는 모든 분들에게 있기를 원합니다.

주님의 재림을 준비합시다. 거룩하고 의롭게 성도답게 살아 주님이 허락하시는 세마포 옷을 입고 신부 단장하고 주님을 기다립시다. 아멘! 주 예수님 오시옵소서!

제Ⅱ부

계시록 이해를 위한
참고 자료

[부록 1] 역사 연대표

1. 창세로부터 신구약 중간시대까지(B.C.)

1) 창조

2) 족장시대의 인물

   (1) 아담으로부터 아브라함의 출생까지(1948년, 2166년)

   (2) 이삭의 출생(2066년)

   (3) 에서와 야곱의 출생(2006년)

   (4) 아브라함의 사망(1991년)

   (5) 요셉의 출생(1915년)

   (6) 이삭의 사망(1886년)

   (7) 야곱의 애굽 이주(1876년)

   (8) 야곱의 사망(1859년)

   (9) 요셉의 사망(1805년)

3) 출애굽에서 사사시대까지

   (1) 모세의 출생(1557년)

   (2) 출애굽, 라암셋 출발(1446년)

   (3) 모세의 고별 설교(1406년)

   (4) 요단강 건넘(1405년) : 두 번째 유월절, 만나가 그침

(5) 여호수아의 사망(1390년)

(6) 사사시대의 시작(1375년)

(7) 룻과 나오미(1117년)

(8) 사무엘의 출생(1103년)

4) 사울부터 다윗까지

(1) 사울치하의 통일왕국시대(1050년)

(2) 다윗의 출생(1040년)

(3) 사울의 전사와 다윗의 등극(1010년)

(4) 다윗의 통일왕국(1003년) : 예루살렘 천도, 법궤 안치

(5) 다윗의 죽음(970년)

5) 솔로몬 시대부터 왕국의 분열까지

(1) 솔로몬의 등극(970년)

(2) 성전 기공(966년)

(3) 성전 완공 및 왕궁 기공(959년)

(4) 솔로몬의 죽음(931년)

6) 통일 왕국의 분열에서부터 남 왕국 유다의 멸망까지

(1) 통일 왕국의 분열(922년)

(2) 엘리야의 사역 시작(875년) : 오므리 왕조

(3) 엘리사의 사역 시작(848년)

(4) 요엘의 사역 시작(835년)

(5) 앗수르에 의해 북 이스라엘의 멸망(722년)

(6) 주전 8세기 예언자들 : 아모스, 요나, 스가랴, 호세아, 미가.

(7) 주전 7세기 예언자들 : 나훔, 스바냐, 예레미야, 하박국.

(8) 요시야왕의 종교개혁(622년)

(9) 다니엘이 바벨론에 포로로 끌려감(605년, 1차 포로)

(10) 2차포로(598년)

(11) 남 왕국 유다의 멸망(586년, 3차 포로)

  : 하박국의 예언 성취(합 1:5-11)

  : 스바냐의 예언 성취(습 1:8-18)

  : 예레미야의 사역 종결, 오바댜의 사역 시작

7) 바벨론 포로기와 귀환

(1) 느브갓넷살의 사망(562년)

(2) 바사의 고레스 즉위(559년)

(3) 다니엘의 네 짐승 환상(550년, 다니엘 7장)

(4) 다니엘의 사자굴(538년, 고레스의 1차 귀환 조서)

(5) 1차 귀환(537년, 스2:1, 스룹바벨과 함께)

(6) 성전 재건 작업 시작(536년)

(7) 다니엘의 사망(530년)

(8) 다리오의 바사왕 즉위(522년)

(9) 학개 스가랴의 사역 시작, 성전 공사 재개(520년)

(10) 제 2 성전 완공(516년, 스6:15, 스가랴의 사역)

(11) 아닥사스다의 2차 귀환 조서(458년, 스7:11, 2차 귀환, 에스라)

(12) 3차 귀환(444년, 느 2:9-11, 성곽 중수를 마침, 느헤미야)

(13) 말라기의 사역 시작(435년)

2. 신구약 중간시대(B.C 450년~A.D 4년)

1) 페르시아 시대 : 450년 - 330년

2) 그리스(헬라) 시대 : 330년 - 166년

   (1) 알렉산더의 통치 : 336년 - 323년

   (2) 알렉산더 사후 과도기 : 322년 - 302년

   (3) 헬라 왕국이 4개의 왕조로 분열 : 301년

   (4) 프톨레미 왕조의 팔레스틴 통치 : 301년 - 199년

   (5) 셀루커스 왕조의 팔레스틴 통치 : 199년 - 163년

     : 유다에 대한 헬라화 정책(169년)

     : 에피파네스 4세의 유대인 핍박과 성전에 우상 설치(167년)

3) 마카비 독립전쟁 : 166년 - 160년

   : 마카비 혁명기 - 성전 숙정(164년)

4) 마카비 가문의 통치 : 160년 - 143년

5) 하스몬 독립 왕조 : 143년 - 63년

6) 로마 시대 : 63년 이후

7) 헤롯이 유다의 왕이 됨 : 37년

8) 세례 요한의 탄생 : A. D 4년

3. 예수님의 탄생과 십자가와 부활(복음서와 교회시대의 시작)

1) 예수님의 탄생(마 2:11), 헤롯의 유아 학살(마 2:16-18)

   : B.C 4년

2) 헤롯 대왕의 죽음

3) 복음서 시대 : 26년 - 29년

4) 예수님의 죽음과 부활 승천 : 29년

5) 성령강림과 예루살렘 교회의 시작 : 29년

4. 사도 바울의 회심과 선교

32   사울의 다메섹 회심 (행 9:1-9)

35   바울의 예루살렘 1차 방문 (행 9:26, 갈 1:18)

44   요한이 형제 야고보의 순교 (행 12:12),

        베드로의 투옥(행 12:4)

45   대 기근 〈글라우디오 치하〉

47-48 바울의 1차 선교여행 (행 13:1-14:28)

49   예루살렘 공의회 (갈 2:1), 로마로부터 유대인 축출

50-52 바울의 2차 선교여행 (행 15:36-18:23, 살전 1:56, 3:1-6)

51   데살로니가 전. 후서 기록

53-58 바울의 3차 선교여행 (행 18:23-21:16)

        로마서 기록, 고린도전. 후서 기록

5. 로마정부의 교회에 대한 본격적인 박해의 시작

1. 에베소교회

교 회 명	에베소 교회
요 절	계시록 2 : 1- 7
교회 상황	1. 교회설립 : 사도 바울의 3차 선교 여행 때 세워진 교회(행 19장) 2. 목회자 : 바울의 3년 목회, 친히 옥중 서신(에베소서)으로 권면한 교회. 이곳에서 목회하면서 골로새 교회를 개척함. 바울의 후임 디모데 그리고 사도 요한이 65년부터 100년까지 목회한 교회 3. 교회 상황 : 아시아 지역의 지도적 위치에 있던 교회, 항구 도시, 성적 타락과 아데미 신전(파르테논 신전의 4배)으로 상징되는 우상 숭배, 신비주의가 극심한 도시
주님의 자기소개 (1)	오른손에 일곱별을 붙잡고 일곱 금 촛대 사이를 거니시는 이
칭 찬 (2-3,6)	1. 사도의 가르침을 잘 지킨 교회 : 행위(믿음의 역사)와 (사랑의)수고와 (소망의)인내 - 살전 1:3) 2. 이단(니골라 당, 영지주의)을 배격 3. 박해를 잘 견딤 4. 부지런함
책 망 (4)	1. 처음 사랑(아가페적인 사랑)을 버림 2. 첫사랑을 버린 이유 : 이단과 우상숭배를 배격하다가 3. 교리 수호 때문에 사랑을 잃어버렸다(고전 13장을 기억하라)
권 면 (5)	**회개 하라** 1. 아니면 촛대(교회)를 그 자리에서 옮긴다. (교회의 지도적 위치를 빼앗으리라)
상 급	1. 이기는 자에게는 영생의 축복 : 하나님의 낙원에 있는 생명나무 열매를 주어 먹게 하리라
우리 교회	진리에 대한 믿음과 사랑의 실천이 조화되어 있는가?
다짐 기도	진리에 대한 군건한 믿음과 희생과 봉사와 섬김의 아가페적인 사랑의 실천이 조화를 이루게 하소서!

2. 서머나 교회

교 회 명	서머나 교회
요　　절	계시록2 : 8 - 11
교회 상황	1. 터키의 3대 도시 가운데 하나인 항구도시 2. 경제적인 부유함과 막강한 정치적 영향력으로 친로마적이며 황제 숭배가 극심했던 도시 3. 부유한 도시 가운데 세워진 작은 교회
주님의 자기소개 (8)	처음이며 마지막이요 죽었다가 살아나신 이
칭　찬 (9)	1. 신앙 때문에 겪는 외적인 환난과 내적인 경제적 궁핍을 주님이 아시는 교회 2. 작지만 믿음과 사랑의 교제로 영적으로 부유한 교회 3. 사탄의 도구로 쓰이는 유대인들의 비방을 잘 이기는 것을 주님이 아시는 교회
권　면 (10)	1. 고난을 두려워 말라 2. 십일 동안의 환난(외적인 고통)을 이겨라 　(고난은 정해진 시간이 있다.) 3. 죽도록 충성하라
상　급 (10 -11)	1. 죽도록 충성하는 자에게는 생명의 면류관을 주리라. 2. 이기는 자는 둘째 사망(불 못 곧 지옥 형벌, 21:14)의 해를 받지 아니하리라.
우리 교회	1. 다가오는 환난을 신앙으로 참고 이길 준비가 되어있는가? 2. 바위 위에 씨가 떨어져 있는 것처럼 시련 때문에 믿음을 배반하지는 않는가? (눅 8:13)
다짐 기도	1. 고난은 정해진 기간이 있음을 알게 하시고 다가오는 모든 환난을 믿음으로 잘 이기게 하소서! 2. 고난을 이긴 후에 주어지는 면류관을 사모하게 하소서!

3. 버가모 교회

교 회 명	버가모 교회
요 절	계시록 2 : 12 - 17
교회 상황	1. 소아시아 주의 수도(300년간) 2. 군사적 요새이며 행정 중심지 3. 황제 숭배의 신전(사탄의 위)이 최초로 세워진 도시 4. 제우스, 아테네, 아스클레피오스(치유의 신)신전이 세워진 곳 5. 다양한 우상숭배의 한 복판에 세워진 교회, 6. 충성된 증인(1:5, 3:14) 순교자 안디바가 있는 교회
주님의 자기소개 (12)	좌우에 날 선 검을 가지신 이(심판의 권세를 가지신 분)
칭 찬 (13)	1. 순교자가 나올 때에도 주님의 이름을 굳게 잡아 믿음을 저버리지 않은 교회
책 망 (14-15)	1. 발람의 교훈을 지키는 자(민 25:1-5) 2. 니골라 당의 교훈을 지키는 자 / 우상 숭배와 행음
권 면 (16)	1. 회개하라 회개하지 아니하면 말씀의 검으로 싸우리라. (진리와 비 진리의 싸움)
상 급 (17)	**이기는 자에게는** 1. 감추었던 만나를 주리라.(영생의 양식) 2. 새 이름이 새겨진 흰 돌을 주리라.(진리 안에서 자유) 3. 주고 받는 자만 아는 특별한 사랑의 관계가 된다.
우리 교회	1. 우상이 가득한 세상 가운데에서 세상과 타협하지 않는 신실한 믿음을 잘 지키고 있는가? 2. 진리와 비 진리의 싸움에서 승리하고 있는가?
다짐 기도	1. 신실한 믿음으로 진리를 잘 지켜 주님과의 특별한 사랑의 관계를 맺는 성도가 되게 하소서!

4. 두아디라 교회

교 회 명	두아디라 교회
요 절	계시록 2 : 18 - 29
교회 상황	1. 버가모로 들어가는 관문에 있는 상업도시 2. 양모와 염색공업의 중심지(루디아의 출신지, 행 16:14) 3. 교회 내부의 도덕적 타락이 문제가 된 교회
주님의 자기소개 (18, 23)	1. 그 눈이 불꽃같고 그 발이 빛난 주석과 같은 하나님의 아들 2. 사람의 뜻과 마음을 살피시는 분 3. 행위대로 갚아주시는 분
칭 찬 (19, 24)	1. 사업(행위)과 사랑과 믿음과 섬김과 인내가 있는 교회 2. 처음보다 나중에 더 잘한 교회 3. 사탄의 교훈을 받지 않은 사람이 있는 교회
책 망 (20,21)	1. 이세벨을 용납한 것(왕상 16:31, 우상숭배와 행음) / 음녀 2. 이단 사상을 용납한 것 3. 회개할 기회를 주었으나 회개하지 않은 것
징 벌 (22)	**회개하지 아니하면** 1.음녀는 침상(죽음과 멸망)에 던져짐 2. 간음한 자들은 큰 환난에 던져짐 3. 음녀의 가르침을 따르는 음녀의 자녀들은 죽임을 당함
권 면 (24-25)	1. 너희에게 있는 것을 주님 오실 때까지 굳게 잡으라. 2. 이겨라(이기는 자) 3. 끝까지 지켜라(지키는 자)
상 급 (26-27)	**이기는 자에게는** 1. 만국을 다스리는 권세(철장권세)를 주리라. 2. 새벽별을 주리라.
우리 교회	1. 교회 내부의 영적 순결이 잘 지켜지고 있는가? 2. 갈수록 더 잘하는가? 3. 믿음을 잘 지켜 승리하고 있는가?
다짐 기도	영적 순결을 잘 지키고 믿음으로 이기게 하시고 알곡 성도 되어 갈수록 더 잘하게 하소서!

5. 사데 교회

교 회 명	사데 교회
요 절	계시록 3 : 1 - 6
교회 상황	1. 두아디라 남동쪽 65Km쯤 떨어진 지역에 있는 도시 2. B.C. 700년부터 546년까지 리디아 왕국의 수도 3. 인류 역사 최초로 금화와 은화를 만들어 사용한 도시 4. 기둥 78개로 이루어진 아르테미스 신전이 있었던 곳 5. 세속화의 물결에 빠져 세상 문화에 영향을 받는 교회 6. 영적인 깊은 잠에 빠져 복음이 아닌 세상적인 성공과 쾌락이 소망이 되어버린 교회 7. 우상숭배에 대한 강요가 없는 교회 8. 이단의 유혹이 없는 교회 9. 핍박이나 환난이나 시련이나 고난이 없는 교회 10. 바리새적인 교회
주님의 자기소개 (3:1)	하나님의 일곱 영과 일곱별을 가지신 이
책 망 (1-2)	1. 살았다는 이름은 가졌으나 죽은 자 2. 행위의 온전함이 하나도 없는 교회
권 면 (2-3)	1. 일깨어 남은 바 죽게 된 것을 굳건하게 하라. 2. 어떻게 받았으며 들었는지 생각하고 지켜 회개하라.
징 벌 (3)	**회개하지 아니하면** 1.주님이 갑자기 오셔서 심판하신다.(도둑같이 이르리니)
상 급 (5)	1. 옷을 더럽히지 않은 자 몇 명이 있다.(남은 자, 합당한 자) 　 : 옷을 더럽히지 않은 자는 주님과 함께 흰 옷 입고 다니리라. **이기는 자는** 1. 흰 옷을 입음 2, 생명책에서 이름이 지워지지 않음 3. 주님이 아버지와 천사들 앞에서 그 이름을 시인함.
우리 교회	1. 세상에 취해서 바리새적인 나태함에 빠져있지 않는가? 2. 기도 생활을 게으르게 하고 있지는 아니한가?
다짐 기도	1. 주님께 합당한 사람이 되게 하소서! 2. 평안할 때 주님과 더 깊이 교제하게 하소서! 3. 겉과 속이 함께 성숙한 성도가 되게 하소서!

6. 빌라델비아 교회

교 회 명	빌라델비아 교회
요 절	계시록 3 : 7 - 13
교회 상황	1. 사데에서 동남쪽으로 약 40Km 지점에 있는 작은 도시 2. 유대인의 핍박을 받고 회당에서 쫓겨난 교회 3. 형제(필로스) 사랑(아델포스)으로 유명한 교회
주님의 자기소개 (7)	1. 거룩하고 진실하신 분 2. 다윗의 열쇠를 가지신 이, 곧 열면 닫을 사람이 없고 닫으면 열 사람이 없는 분
칭 찬 (8)	1. 작은 능력을 가지고 주님의 말씀을 지킨 교회 2. 주님의 이름을 배반하지 않은 교회 3. 인내의 말씀을 지킨 교회
권 면 (11)	1. 네가 가진 것을 굳게 잡아 아무도 네 면류관을 빼앗지 못하게 하라.
상 급 (8-10, 12)	1. 열린 문의 축복 - 닫을 자가 없으리라. 2. 내가 너를 사랑하는 줄 알게 하리라 - 핍박하던 자(자칭 유대인, 거짓말하는 자)들이 오히려 굴복하게 되리라. 3. 시험의 때를 면하게 하리라 - 장차 온 세상에 임하여 땅에 거하는 자들을 시험할 때 **이기는 자는** 1. 하나님 성전의 기둥이 되게 하리라. 2. 결코, 다시 나가지 아니하리라. 3. 하늘에서 하나님께로부터 내려오는 새 예루살렘의 이름과 예수님의 새 이름을 그이 위에 기록하리라.
우리 교회	1. 언제나 능력에 상관없이 주님의 말씀을 지키고 주님의 이름을 배반하지 않는가? 2. 형제를 사랑하며 선교 명령에 순종하고 있는가? 3. 천국의 문은 열려 있는가? 4. 면류관을 받았는가? 받은 면류관을 잘 지키고 있는가?
다짐 기도	1. 주님의 영광을 드러내는 열린 교회가 되게 하소서! 2. 언제나 전도와 선교와 천국의 문이 열려 주님의 영광을 드러내는 교회가 되게 하소서! 3. 서로의 아픔과 상처를 사랑으로 감싸 안을 수 있는 교회가 되게 하소서!

7. 라오디게아 교회

교 회 명	라오디게아 교회
요 절	계시록 3: 14 -22
교회 상황	1. 원래 시리아 제국의 한 부분이었으며 안티오쿠스 2세의 아내의 이름인 '라오디게아'를 따서 이름을 붙인 도시 2. 리쿠스 계곡을 따라 반경 15Km 내에 골로새, 히에라볼리(파묵칼레)라는 도시와 삼각형을 이루는 도시 3. 물질적인 풍성함 속에 영적인 비참함을 모르는 교회(금융업, 양모산업, 안약으로 유명한 도시) 4. 눔바라는 여인의 집에서 시작한 교회(골 4:15) 5. 교회가 성장하면서 거룩성과 열정을 상실한 교회
주님의 자기소개 (14,20,21)	1. 아멘이시요 충성되고 참된 증인(신실함) 2. 하나님의 창조의 근본이신 이(새로운 창조를 필요로 하는 교회) 3. 문밖에서 문을 두드리시는 분 4. 이기고 아버지(성부 하나님)의 보좌에 함께 앉으신 분
책 망 (15-17)	1. 차지도 않고 뜨겁지도 않다(열정의 상실). 2. 스스로 부자로 여김(자아 성찰 능력의 상실)
권 면 (15-19)	1. 차든지 뜨겁든지 하라! 아니면 토하여 버린다. 2. 주님께 불로 연단한 금(믿음)을 사서 부유하게 하라. 3. 흰옷(거룩함)을 사서 입어 벌거벗은 수치를 보이지 않게 하라. 4. 안약(영적인 치료)을 사서 눈에 발라 보게 하라. 5. 열심을 내라 회개(회복)하라.(거룩한 변화, 열정의 회복)
약 속	누구든지 주님의 음성을 듣고 문을 열면 주님이 그에게로 들어가서 그와 더불어 먹고 그는 주님과 함께 먹으리라.
상 급	**이기는 자에게는** 1. 주님의 보좌에 함께 앉게 한다.
우리 교회	1. 열정이 살아 있는가? 2. 세상에 취해 영적인 나태함 속에 빠져있지는 않는가?
다짐 기도	1. 거룩한 변화를 통해 열정을 회복하게 하소서! 2. 세상에 취해 영적인 나태함 속에 빠진 것을 회개하게 하소서!

[부록 3] 3대 7중 재앙의 구조(6장, 8-9장, 16장)

순서	재앙의 순서와 내용						
	1	2	3	4	5	6	7
일곱인 6장	첫째인 (2) 흰말 복음의 전파 심판의 시작	둘째인 (3) 붉은말 전쟁	셋째인 (5,6) 검은말 기근	넷째인 (7,8) 청황색말 질병1/4죽음 사탄의 역사	다섯째인 (9-11) 순교자와 그들의 탄원	여섯째인 (12-17) 우주적 재앙 (해, 달, 별, 하늘, 땅)	일곱 번째인 8장 1절 일곱나팔 재앙의 시작
일곱 나팔 8-9장	첫째 7:7 땅1/3 피섞인 우박과 불	둘째 8-9 바다1/3 불붙는 큰산	셋째 10,11 강1/3 횃불 같이 타는 큰별	넷째 7:12 해달별1/3 타격 낮과 밤의 어두움	큰 환난의 시대 다섯 째 9:1-11 첫째화 사탄에 의한 황충재앙	여섯 째 9:13-21 둘째화 불, 연기 유황의 전쟁재앙	일곱째 11:15 16:2 그리스도의 나라, 일곱대접 (셋째 화)
일곱 대접 16장	첫째 2 우상 경배한 자들 종기	둘째 3 바다 피	셋째 3-7 강 물 근원 피	넷째 8-9 해 크게 태움	다섯 째 10-11 짐승의 보좌 어둠과 종기	여섯 째 12-16 유브라데 아마겟돈 전쟁	일곱째 17-21 바벨론 심판 (17-18장) 재앙의 마침

비 고 : 일곱 인은 일곱 나팔로 이어지고 일곱 나팔은 일곱 대접으로 이어지는데 각각 그 심판의 대상과 목적과 내용이 다르다.
1. 처음1/4 - 그 다음1/3 - 그 다음 전체(마지막 음녀와 바벨론 심판)
2. 첫 번째 인부터 네 번째 나팔까지 : 보편적인 재앙과 환난의 시대 다섯 번째 나팔부터 일곱 대접까지 : 큰 한난의 시대(세 가지 화)
3. 일곱 대접 마지막 재앙의 완성은 17장-18장의 음녀와 바벨론 심판까지

[부록 4] 관련된 성경 본문들과 함께 보는 계시록 이해

• 1장

1. 계시의 근원(하나님), 계시의 주체(예수 그리스도) : 1:1
2. 계시록의 일곱 가지 축복(1:3. 14:13, 16:15, 19:9, 20:6, 22:7, 22:14)
3. 성 삼위 하나님과 축복 기도(1:4) : 고후13:13, 마28:19-20
4. 속죄(1:5) : 히9:12, 히10:11-18
5. 구름(1:7) : 출16:10, 단7:13, 마24:30, 26:64(하늘 구름) 출24:15-18
6. 네 번의 성령의 감동 : 1:10(서론), 4:2(본론), 17:3(결론1), 21:10(결론2)
7. 음부(계1:18)와 무저갱(계9:1)과 불 못(계20:14-15)
8. 일곱 별과 일곱 금 촛대(주의 종들과 교회, 엡2:20)
9. 계시록의 세 가지 비밀
   1) 교회의 비밀(1:20), 구원과 심판의 비밀(10:7), 사탄의 비밀(17:7)

• 2장과 3장

1. 성령께서 모든 교회에 주시는 말씀(2:7)
2. 일곱 교회의 문제
   1) 에베소 교회(잃어버린 첫사랑 : 성령 안에서 행하던 사랑, 행19:5-6)
      : 2:4

2) 서머나 교회(고난 가운데 교회 안에서 역사하는 마귀) : 2:10

3) 버가모 교회(거짓 교리로 교회를 혼란시키는 니골라당) : 2:15

4) 두아디라 교회(주의 종들을 가르쳐 꾀어 타락시킨 이세벨) : 2:20

5) 사데 교회(이름만 살아 있는 교회) : 3:1-2

6) 빌라델비아 교회(적은 능력, 유대인들의 핍박) : 3:2,9

7) 라오디게아 교회(열심이 없는 교만한 교회) : 3:16-17

3. 이긴 자와 이기는 자

1) 이긴 자 : 예수님(3:21, 요16:33)

2) 이기는 자 : 성도들(17:14)

3) 이기는 자에게 주어지는 열두 가지 축복(2장-3장)

(1) 에베소 교회(2:7) : 하나님의 낙원에 있는 생명나무 열매(영생)

(2) 서머나 교회(2:11) : 둘째 사망(지옥의 형벌, 불 못)의 해를 받지 않음.

(3) 버가모 교회(2:17) : 감추어진 만나(영생의 양식)과 새 이름이 새겨진 흰 돌(진리 안에서 자유를 누림)을 줌.

(4) 두아디라 교회(2:26-28) : 만국을 다스리는 권세(왕권)와 새벽 별(빛나는 명예, 예수님 자신)을 줌.

(5) 사데 교회(3:5) : 흰 옷(구원)과 하나님의 생명책에서 이름을 지우지 않는 것과 하나님과 그의 거룩한 천사들 앞에서 그 이름을 시인함.

(6) 빌라벨비아 교회(3:12) : 하나님의 성전 기둥이 되게 하고, 그 사람 위에 하나님의 이름과 새 예루살렘의 이름과 주님의 새 이름을 기록함.

(7) 라이디게아 교회(3 | 21) : 예수님의 보좌에 함께 앉게 함.

  4) 이기는 자에게 주어지는 축복의 완성(21:7)

    : 천국을 상속받는 하나님의 자녀가 됨

4. 낙원(2:7)과 천년 왕국(20:4-6)과 새 하늘과 새 땅(21:1-6)

• 4장

1. 하늘의 열린 문(4:1) : 창28:16-17, 겔1:1, 마3:16

  1) 하늘들(창1:1 : heaven, universe, sky)

2. 하늘 보좌와 네 생물과 이십 사 장로와 일곱 영

  1) 하늘 보좌 : 단7:13-14(대관식), 슥3:1-7(심판)

  2) 모든 성도들을 대표하는 이십 사 장로(4:4, 5:5) : 요일1:1

  3) 일곱 영(4:5) : 사11:2, 슥4:10(일곱 영은 여호와의 일곱 눈)

  4) 네 생물은 천사장들(4:6) : 겔1:10, 여섯 날개(사6:2-3)

• 5장

1. 일곱 인으로 인봉한 두루마리(5:1)와 펴놓인 작은 두루마리(10:2)

2. 세 번 등장하는 힘 있는 천사(5:2, 10:1, 18:21)

3. 두루마리를 취하시는 어린 양(5:7. 요1:36)

3. 네 생물과 이십 사 장로가 부르는 새 노래(5:9)

  1) 십사만 사천이 부르는 새 노래(14:3)

• 6장

흰 말(복음 전파, 6:2) : 19:11, 19:14

2. 붉은 말(전쟁, 6:4) : 겔5:12

3. 검은 말(기근, 6:5) : 암8:11(말씀 기근)

4. 감람유와 포도주(6:6) : 남은 은총, 감람유는 성령, 포도주는 예수 보혈

5. 청황색 말(사망, 6:8)

    1) 청황색은 죽음의 색, 종교적 혼합주의(요일2:21-23)

    2) 사망(6:8)은 악성질병

6. 순교자들(6:9)

7. 천재지변과 영적인 타락의 시대에 부르짖는 마지막 외침(6:17)

    - 7장이 답

• 7장

1. 주의 종들과 성도의 인침과 짐승의 표

    1) 말씀 전파의 사명자로 인침 받는 주의 종들(7: 3, 19:10, 22:9)

    2) 구원받은 자로 인침받는 성도들(7:14, 8:3, 엡1:13-14, 4:30)

    3) 짐승의 표(13:16-18, 악령을 받음-딤전4:1)

2. 십사만 사천(계7:1-8, 14:1-5, 약1:1)과 흰 옷 입은 큰 무리(7:9)

    1) 십사만 사천은 새롭게 형성된 영적 이스라엘의 상징(7:4) : 약1:1

3. 흰 옷(성결, 구원, 7:9, 16:15, 19:8)

4. 환난의 구분(7:14)

1) 환난의 시기 구분

: 재난의 시작(마24:8), 큰 환난(마24:21-22), 마지막 재앙(진노, 계 15:1)

2) 성도들이 포함된 환난의 시기(6장-13장)

: 예수 재림 전에 있는 여섯 번째 나팔까지의 모든 환란

3) 성도들이 포함되지 않은 환난의 시기

: 일곱 대접의 재앙(16장-18장)

• 8장

1. 일곱 번째 인을 뗌과 함께 일곱 나팔이 울리는 시대(8:1)
2. 환난의 시대를 준비하는 모든 성도들의 기도(8:3-4)와 향(출30:34-38)
3. 네 나팔(8:7-12)

1) 땅 : 토양과 공기의 오염(하나님을 떠난 세상에 대한 심판)

2) 바다 : 해양 오염(분노한 악한 권력자(큰산)에 의한 교회의 수난)

3) 강 : 수질 오염(사탄에 의한 진리의 왜곡, 쑥 : 렘9:13-16),

4) 해 달 별(천재지변) : 해(하나님의 영광, 진리) 달(성도), 별(목회자들)

4. 큰 독수리(8:13) : 신명기32:10-12

• 9장

1. 하늘에서 떨어진 별(9:1, 12:9,13)
2. 무저갱(9:1)

: 무저갱(유1:6), 음부(계1:18), 지옥(벧후2:4, 막9:43, 47-48)

3. 황충(9:3, 귀신의 영, 탐욕) : 요엘1:3-7, 고전6:10, 딤후3:1-7

4. 입과 꼬리(9:19) : 꼬리(사9:14-16)는 거짓 선지자(살후 2:8-12)

• 10장

1. 작은 두루마리(10:2)와 요한이 받은 두 번째 사명(10:11)

2. 인봉하고(10:4) : 벧후3:15-18(억지로 풀지 말라)

3. 먹으라(10:9) : 신6:4-9, 시19:7-10, 시107:8-9

• 11장

1. 42달, 1,260일(11:2-3) : 단7:25, 9;25-27

2. 두 감람나무(11:4) : 슥4:2-3, 11-14, 두 증인 - 신17:6-7

3. 짐승의 정체(11:7) : 단7:3, 16-20

4. 교회가 당하는 가장 큰 환난(11:9-10) : 히11:35-38

5. 두 증인의 부활과 휴거(11:11-12) : 고전15:51-58, 살전4:14-17

6. 그 때(11:13) : 마24:36, 암3:7, 살전 5:1-6

• 12장

1. 해(진리)를 옷으로 입은 여자 : 교회(엡1:23)

2. 붉은 용(사탄)의 정체(12:9) : 사14:12-15, 겔28:13-17

3. 사탄이 하는 일

　　1) 악한 사상을 통해 교회를 무너뜨리는 일(12:15)

　　2) 신실한 성도들을 핍박하고 죽이는 일(12:17)

• 13장

1. 바다(13:1, 큰 물) : 17:1, 17:15(백성, 무리, 열국, 방언), 시69:13-15

2. 책(13:8)

　　: 생명책과 행위책(계20:12), 기념책(말3:16), 구원계획서(계5:1)

3. 두 짐승의 정체

　　1) 첫째 짐승 : 권력을 가진 적그리스도(13:1)

　　2) 둘째 짐승 : 거짓 선지자(13:11)

　　3) 두 짐승의 마지막 최후 : 불 못(19:19-20)

4. 짐승의 표 666(13:17-18)

　　1) 짐승은 사람(13:18)

　　2) 믿음을 버린 사람들에게 주어짐(13:16-18)

　　3) 짐승의 표를 받은 결과는 불 못(14:9-11)

• 14장

1. 시온산(14:1) : 미가4:1-2, 시84:5-7, 히12:22-24

2. 속량(14:3) : 엡1:7(죄사함), 속죄의 완성(요19:30)

3. 흠(14:5) : 벧후2:12-14

720

• 15장

1. 심판의 완성(15:1) : 되었다(16:17)
2. 모세의 노래(15:3) : 출15:1-18
3. 증거장막성전 : 출26:1

• 16장

1. 일곱 대접 재앙의 대상 : 하나님을 대적하는 자들(16:1-2)
2. 마귀와 악한 자들에 대한 심판이 완성되었음을 선언(16:17)
    1) 일곱 번째 대접 : 공중의 권세 잡은 자 마귀 심판(엡2:2)

• 17장

1. 음녀(17:1) : 나훔3:4-7(니느웨), 17:15, 17:18,
    1) 정체 : 로마의 타락한 정신과 문화와 종교의 전 영역
    2) 오늘날의 NEW AGE 운동과 종교다원주의
2. 자주 빛과 가증한 것과 잔(17:4)
    1) 자주 빛은 파랑과 빨강의 혼합색(종교 혼합주의)
    2) 가증한 것은 우상(신7:25-26)
    3) 잔은 인생의 그릇(시23:5)
3. 음녀의 이마에 있는 이름(17:5)
    1) 계시록에 있는 큰 글자로 쓰인 두 본문 가운데 하나

2) 또 하나의 대문자로 쓰인 본문(19:16)

3) 큰 바벨론(구약의 바벨론과 신약의 로마를 넘어서는 사악한 존재)

4. 일곱 머리와 열 뿔의 비밀(17:7)

   1) 일곱 머리는 일곱 황제(17:9-10)

   2) 열 뿔은 열 왕(17:12, 열 발가락 : 단2:41-42)

•18장

1. 바벨론(18:2)

   1) 정체(벧전5:13) : 로마의 타락한 물질문명의 영역, 정치와 경제 영역

2. 성도들에 대한 성별의 요구(18:4) : 렘51:45, 고후6:17

3. 바벨론은 사람들의 영혼까지 사고파는 세상(18:13)

4. 거문고(18:22) : 렘25:10

5. 바벨론은 살인이 보편화된 세상(18:24)

•19장

1. 찬양 가운데 재림하시는 주님 : 네 번의 할렐루야(19:1-6)

2. 어린 양의 혼인잔치(19:7-9) : 마태22:1-14

3. 밝고 빛나는 세마포 옷

   1) 신부가 입는 옷(성도의 옳은 행실, 19:8)

   2) 천사들이 입는 옷(15:6)

   3) 하늘의 군대가 입는 옷(19:14)

4) 신부는 그릇에 기름을 사서 준비(마25:9, 계3:18)

4. 철장(19:15) : 시2:9

5. 큰 잔치와 새들(19:17) : 겔39:17-20

• 20장

1. 천년왕국(20:4-6)

   1) 무천년설 - 신약교회시대

   2) 후천년설 - 천년왕국 후에 예수 재림(교회의 황금시대)

   3) 세대주의 전 천년설 : 환난 전 휴거(7장)

   4) 역사적 전 천년설 - 환난 후 휴거(19장)

   5) 큰 환난 중 교회에 대한 핍박과 부활과 휴거(11장, 살전4:13-17)

2. 살아서(20:3, came to life) : 첫째 부활

3. 그 천년(20:5, The thousand) : 무한한 시간이 아닌 정해진 시기

4. 첫째 부활(20:5)

   1) 부활의 순서(고전15:22-26)

5. 둘째 사망(20:14, 21:8)

   1) 죽은 자의 사후상태(눅16:19-31)

   2) 천년왕국에서 왕 노릇 하는 자들(20:4-6)

6. 곡과 마곡(20:7)

   1) 노아의 손자(창10:2), 두발 왕 곡(겔38:1-3, 39장)

• 21장

1. 새 하늘과 새 땅(21:1) : 재창조가 아닌 완전히 새로운 창조, 사 65:17-23

2. 새 예루살렘성은 망해버린 바벨론 성과 비교되지 않는 곳(21:2, 9-11)

3. 천국은 구원이 완성된 곳(21:3-6, 눈물과 죽음과 질병과 고통이 사라진 곳)

4. 천국은 눈에 보이는 형상과 모양으로 만들어진 성전이 없는 곳(21:22)

5. 햇빛이나 달빛이 아닌 하나님의 영광으로 충만한 곳(21:23)

6. 만국의 왕들이 그 영광을 가지고 들어가는 곳(21:14)

7. 어린 양의 생명책에 기록된 자들만 들어가는 곳(21:27)

• 22장

1. 천국은 영원한 생명을 주는 생명수가 흐르는 곳(22:1) : 겔47:1-5

2. 천국은 죄를 가리는 무화과나무 잎이 아닌 생명나무 잎이 있는 곳(22:2)

   1) 만국을 치료

2) 달마다 맺는 열 두가지 열매

3. 천국은 저주가 없는 곳(22:3)

4. 천국은 어둠이 없는 곳(22:5)

5. 천국은 성도들이 왕 노릇 하는 곳(22:5)

6. 천사는 경배의 대상이 아님(22:9)

7. 개의 의미(22:15) : 사56:10-12, 빌3:1-2

8. 주님의 재림은 상과 벌을 주시는 심판의 재림(22:12)

9. 계시록의 말씀은 예수님께서 교회들을 위해 주신 말씀(22:16)

10. 천국으로 초대하시는 분은 성령님과 신부(22:17)

11. 계시록의 말씀은 자기 마음대로 왜곡하거나 해석하면 안 됨
    (22:18-19)

12. 재림에 대한 소망 : 아멘 주 예수여 오시옵소서!(22:20-21)

제Ⅲ부

12개의 숫자로 풀어보는
요한 계시록

1. 예수 그리스도의 계시(1:1)

1) 예수

  (1) 여자의 후손(창3:15)

  (2) 복음서의 예수

    (가) 동정녀 탄생(마1:18)

    (나) 천국복음을 가르치시고 전파하시며 모든 병과 연약한 것을 고치신 분(마4:23-24)

    (다) 바른 믿음의 고백 위에 주님의 교회를 세우신 분(마16:16-18)

    (라) 속죄를 완성하신 분(요19:30)

    (마) 성육신하여 영이신 하나님을 우리에게 육으로 보여주신 분(요14:9)

    (바) 세상이 주지 않는 평안을 우리에게 주시는 분(요14:27)

    (사) 부활 승천하시면서 선교의 사명을 주신 주님(마28:18-20)

  (3) 사도행전과 서신서의 예수

    (가) 성령을 보내셔서 교회를 세우신 분(행2:1-4)

    (나) 믿음의 주요 온전하게 하시는 예수(히12:2)

  (4) 계시록의 예수

    (가) 영광 가운데 재림하셔서 세상의 모든 악을 심판하시고 신실한 주의 종들과 성도들을 구원하여 천국으로 인도하실 주님

2) 그리스도

  (1) 이생과 내생에 있는 인생의 모든 문제를 해결해 주시는 주님

    (가) 행복(요10:10)

(나) 영생(요 5:24)

3) 계시(啓示)

   (1) 시대를 관통하는 영원한 계시(1:1, 14:6)

   (2) 세상을 심판하시는 예언의 성격을 가진 말씀계시(1:3)와 환상 계시

      (1:2)

   (3) 예수 재림에 관한 계시(19장)

   (4) 마지막 심판과 천국과 지옥에 관한 계시(20장-22장)

2. 두 세력 간의 전쟁

1) 재림주로 오시는 예수 그리스도(19:16)

   (1) 그 옷과 그 다리에 이름을 쓴 것이 있으니 만왕의 왕이요 만주의

      주라 하였더라.(On his robe and on his thigh he has this name written:

      KING OF KINGS AND LORD OF LORDS.)

2) 음녀(17:5)

   (1) 그의 이마에 이름이 기록되었으니 비밀이라, 큰 바벨론이라, 땅의

      음녀들과 가증한 것들의 어미라 하였더라.(This title was written on

      her forehead: MYSTERY BABYLON THE GREAT THE MOTHER OF

      PROSTITUTES AND OF THE ABOMINATIONS OF THE EARTH.)

3) 일곱 번의 전쟁

   (1) 붉은 말(6:3-4)

   (2) 유브라데 전쟁(9:12-21)

(3) 짐승과 두 증인의 전쟁(11:7-9)과 휴거(11:11-12)

(4) 미가엘과 그 사자들과 용과 그 사자들과의 전쟁(12:7-9)

(5) 아마겟돈 전쟁(16:12-16)

(6) 재림 예수와 짐승의 무리들과의 전쟁(19:19-21)

(7) 곡과 마곡의 전쟁(20:7-10)

4) 전쟁의 결과(17:14, 19:20-21, 20:10)

3. 계시록의 세 가지 비밀

1) 교회의 비밀(1:19)

  (1) 일곱 교회의 특성(2장-3장)

    (가) 주의 종들을 붙잡고 계시는 주님(1:16, 2:1)

    (나) 일곱 금 촛대 사이를 거니시는 주님이 교회의 주인(1:12-13, 2:1)

    (다) 성령을 통하여 주시는 칭찬과 책망과 권면의 말씀

    (라) 이기는 자에 되라는 일곱 번의 권면의 말씀과 열두 가지 복

2) 종 선지자들에게 주신 하나님의 비밀(10:7)

  (1) 심판과 구원의 비밀

  (2) 일곱 번째 천사가 나팔을 부는 날의 역사(11:15-18)

3) 사탄의 비밀(17:7)

  (1) 음녀와 일곱 머리 열 뿔 가진 짐승의 비밀

    (가) 음녀의 정체(17:5, 17:18)

    (나) 일곱 머리 열 뿔 가진 짐승의 정체와 사역(17:7-17)

(다) 사탄과 짐승과 거짓 선지자에게 역사하는 영은 귀신의 영
(16:13-14)

4. 네 번의 성령의 감동

1) 첫 번째 감동(1:10)
  (1) 주일에 받은 성령의 감동 속에 들린 주님의 음성(1:10)
  (2) 영광 가운데 계신 주님을 만나 문서 선교의 첫 번째 사명을 받음
  (1:11-20)
  (3) 일곱 교회에 편지를 보냄(2장-3장)
2) 두 번째 감동(4:2)
  (1) 천국의 보좌 환상과 예수님이 심판주가 되시는 모습을 봄(4장-5장)
    (가) 일곱 나팔과 일곱 대접으로 미래에 이루어질 심판의 모습을
    봄(6장-16장)
3) 세 번째 감동(17:3)
  (1) 일곱 머리 열 뿔을 가진 짐승을 타고 있는 음녀가 심판받는 모습을
  봄(17장)
  (2) 바벨론이 심판받는 모습을 봄(18장)
  (3) 예수님의 재림과 천년왕국과 최후의 심판의 모습을 봄(18장-20장)
4) 네 번째 감동(21:10)
  (1) 천국의 환상과 새 하늘에서 내려오는 거룩한 성 새 예루살렘을 봄
  (21장-22장)

5) 계시의 여러 가지 차원

   (1) 자연 계시 (2) 말씀 계시 (3) 환상 계시

6) 성령의 역사

   (1) 성령의 인침(엡1:13) : 구원의 확신(고전12:3)

   (2) 성령의 내주(롬8:9) : 평안(요14:27)과 강건함의 축복(롬8:9)

   (3) 성령 충만(엡5:18) : 외적인 은사(고전12:4-11)와 내적인 열매(갈 5:22-23)

   (4) 성령의 감동(계1:10) : 환상 계시(하나님의 음성을 듣고 영적인 세계를 봄)

5. 계시록에 나타나는 예수님의 다섯 가지 특성

1) 계시의 주체(1:1)

   (1) 계시의 원천은 하나님

   (2) 계시의 주체는 예수그리스도

2) 속죄의 완성자(1:5)

   (1) 죄에서 해방시켜 주는 예수 보혈의 능력(참고 : 엡1:7, 히9:12, 히 10:18)

3) 심판의 주관자(6:1)

   (1) 인을 떼시는 주님(6:1), 대접을 부으라고 말씀하시는 주님(16:1)

   (2) 재림이후 두 짐승에 대한 최후의 심판(19:19-20)

   (3) 모든 산자와 죽은 자들에 대한 백 보좌 심판(20:11-15)

4) 재림하실 주님(19:11-16)

    (1) 만왕의 왕, 만주의 주(19:16)

5) 구원의 완성자(21:6)

    (1) 창조의 완성(창2:1)

    (2) 속죄의 완성(요19:30)

    (3) 심판의 완성(계15:17)

    (4) 구원의 완성(계21:6)

6. 마귀의 여섯 가지 특성

1) 마귀의 정체

    (1) 하늘에서 떨어진 별(9:1, 12:9. 참고 : 사14:12-17, 겔28:12-14, 유1:6-7)

2) 마귀의 이름

    (1) 무저갱의 사자, 아바돈, 아블루온(9:11)

    (2) 마귀, 사탄, 옛 용, 옛 뱀(12:9)

3) 마귀의 사역

    (1) 하나님 앞에서 믿음의 형제들을 밤낮으로 계속 참소함(12:10)

    (2) 하나님의 계명을 지키고 예수의 증거를 가진 자들과 싸움(12:18)

    (3) 두 짐승을 통한 사역(13장)

        (가) 바다에서 올라온 짐승(13:1)

            ㄱ) 권력을 가진 적그리스도(살후2:3-4)

            ㄴ) 성도들을 핍박(히11:35-38)

나) 땅에서 올라온 짐승(13:10)

ㄱ) 거짓 선지자들(요한1서4:1) : 니골라, 발람, 이세벨

ㄴ) 이단들(요한2서2서1:10)

4) 666으로 상징되는 마귀의 표(13:16-18)

(1) 짐승의 이름이나 그 이름의 수

(2) 사람의 수

5) 천년 왕국 기간 동안 결박되어 무저갱에 갇힘(20:2-3)

6) 천년왕국 이후에 불 못에 던져짐(20:10)

7. 계시록에 나타난 일곱으로 연결된 내용들

1) 신실한 주의 종들과 성도들이 받는 일곱 가지 복

(1) 말씀을 읽고 듣고 지키는 자가 받는 가장 큰 복(1:3)

(2) 주안에서 죽는 자가 받는 영원한 안식의 복(14:13)

(3) 자기 옷을 지켜 부끄러움을 보이지 않는 자가 누릴 구원의 복(16:15)

(4) 어린 양의 혼인 잔치에 청함을 받은 자의 들려 올림 받는 복(19:9, 살전4:15-17)

(5) 천년왕국에 참여하는 자가 받는 둘째 사망의 해를 받지 않는 복 (20:6)

(6) 마지막 때에 말씀을 지키는 자에게 행한 대로 갚아 주시는 상을 받는 복(22:7, 22:12)

(7) 어린 양의 피에 그 옷을 빠는 자들의 천국에서 누리는 영생의 복

(22:14)

2) 일곱 교회(1:4, 2장-3장)

3) 일곱 영(1:4, 4:5)

4) 일곱 인으로 봉한 두루마리(5:1)

5) 일곱 뿔과 일곱 눈(일곱 등불의 역사)을 가진 어린양(5:6)

6) 일곱 천사와 일곱 나팔 재앙(8:2)

7) 일곱 천사와 일곱 대접 재앙(15:1, 15:6-8)

8) 바벨론(벧전5:13)이 망하는 일곱 가지 이유

   (1) 영적인 타락과 음행(18:2-3)

   (2) 사람들의 영혼까지 사고팔 정도로 죄가 하늘에 사무침(18:5, 18:13)

   (3) 스스로를 영화롭게 하는 교만(18:7)

   (4) 도를 넘는 지나친 사치(18:12-14)

   (5) 정경유착을 통한 부의 독점(18:23)

   (6) 귀신들에게 빌어 자신들의 운명을 점치는 복술(18:23)

   (7) 선지자들과 성도들과 억울한 자들이 죽임을 당하며 흘린 피가 흐름

    (18:24)

8. 14만 4천의 주의 종들의 여덟 가지 특성

1) 해 돋는 곳에서 올라온 천사를 통해 하나님의 인침을 받음(7:2-4)

2) 어린양과 함께 시온 산에 있음(14:1)

3) 보좌와 네 생물과 어린양 앞에서 새 노래를 부름(14:3)

4) 여자(음녀)와 더불어 더럽히지 아니함(14:4)

5) 어린양이 어디로 가든지 따라감(14:4)

6) 죄 사함 받고 구원받은 첫 열매로 하나님과 어린양에게 속한 자들(14:4)

7) 그 입에 거짓이 없음(14:5)

8) 흠이 없는 자들(14:5, 참고 : 벧후2:12-14)

9. '이일 후에'를 기준으로 나누어 본 계시록의 아홉 가지 사건

1) 구름을 타고 재림하시는 예수와 요한이 받은 첫 번째 사명과 교회
   (1장-3장)

2) 하늘의 예배와 예수님의 심판주 등극 예식과 복음 전파와 다양한 재앙과
   심판을 준비하지 못한 자들의 외침(4장-6장)

3) 천사를 통해 하나님의 인침을 받은 14만 4천의 주의 종들(7:1-8)

4) 어린 양의 피로 구원받은 성도들과 첫 번째 화인 황충 재앙의 시대
   (7:9-9:11)

5) 유브라데 전쟁에서부터 두 짐승의 핍박을 지대를 거친 후에 있게 될 알곡
   과 포도송이의 두 가지 추수와 일곱 대접 재앙의 준비(9:12-15:4)

6) 일곱 대접 재앙의 시대와 음녀(거짓 종교와 타락한 문화)에 대한 심판
   (15:5-17:18)

7) 타락한 바벨론(세속화된 로마를 상징)의 정치와 경제에 대한 심판(18장)

8) 예수의 재림과 어린 양의 혼인잔치와 두 짐승에 대한 심판이후 마귀가
   무저갱에 갇힘(19:1-20:3a)

9) 천년왕국과 흰 보좌 앞에서의 최후의 심판과 영원한 천국인 새 하늘과 새 땅(20:3b-22:21)

10. 천국의 열 가지 특성

1) 완전히 새롭게 창조된 새 하늘과 새 땅으로 이루어지는 천국(21:1)
2) 하나님께로부터 창조되어 새 하늘에서 내려오는 거룩한 성 새 예루살렘 (21:2, 21:11-21)
3) 하나님이 친히 함께 하시는 하나님의 백성들이 영원히 사는 곳 (21:3, 21:24)
4) 죽음과 육체의 고통과 마음의 고통이 없는 새로운 세상(21:4)
5) 하나님이 약속하신 구원이 완전히 완성된 새로운 세상(21:6)
6) 형체와 모양을 가진 성전이 없는 곳(21:22)
7) 영생을 주는 생명수가 흐르는 강과 생명나무가 있는 곳(22:1-2)
8) 저주가 없는 세상(22:3)
9) 하나님의 영광의 빛이 가득하여 어둠이 전혀 없는 세상(21:23-26, 22:5)
10) 예수님과 함께 있는 성도들이 왕의 권세를 누리는 곳(22:5)

11. 계시록에 나타난 천사들의 열한 가지 특성

1) 예수님이 주신 계시의 전달자(1:1)

2) 교회를 섬기는 주의 종들과 함께 하는 영적 존재(2:1)

3) 하나님께 속해 있으면서 사역에 따라 다양한 모습으로 나타나는 천사들

   (1) 천사장인 네 생물(4:6)

   (2) 세 명의 힘센 천사들

      가) 예수님이 심판주가 되는 예식을 준비하는 외침(5:2)

      나) 마지막 시대를 사는 주의 종들에게 두 가지 사명을 줌(10:1, 10:11-11:2)

      다) 바벨론의 완전한 멸망의 선언(18:21)

   (3) 하나님 앞에 기도가 상달하게 하는 천사(8:3)

   (4) 나팔을 부는 천사들(8장 -9장)과 대접을 쏟는 천사들(16장)

   (5) 예리한 낫을 가진 천사(14:17)와 성전의 불을 다스리는 천사(14:18)

4) 하나님의 보좌 앞에서 하나님께 찬양하는 자

   (1) 네 생물의 찬양(4:8),

   (2) 허다한 천사들의 찬양(5:11-12) (3) 모든 천사들의 찬양(7:11)

5) 세 가지 심판(삼대 칠중 재앙)의 시행자

   (1) 일곱 인(6장) (2) 일곱 나팔(8장-9장) 3) 일곱 대접(16장)

6) 하늘에서 내려오는 영적인 존재(10:1)

7) 하늘에서 일어난 마귀와의 영적 싸움에서의 승리자(12:7-9)

8) 하나님을 향한 경배와 세상에 대한 심판을 선포하는 역할(14:7-11)

9) 마지막 때에 있는 두 가지 추수의 대행자(14:14-20)

10) 예수님의 재림 때 함께 오는 하늘의 군대(19:14)

11) 마귀를 붙잡아 무저갱에 가두는 일을 함(20:1)

12. 이기는 자들에게 주어지는 열두 가지 복

1) 하나님의 낙원에 있는 생명나무 열매(영생)가 주어짐(2:7)

2) 둘째 사망(지옥 형벌)의 해를 받지 아니함(2:11)

3) 주님이 감추었던 만나를 주심(2:17)

4) 새 이름이 새겨진 흰 돌이 주어짐(2:17)

5) 만국을 다스리는 권세가 주어짐(2:26-27)

6) 새벽별이 주어짐(2:28)

7) 흰옷을 입음(3:5)

8) 생명책에서 이름이 결코 지워지지 않음(3:5)

9) 하나님과 거룩한 천사들 앞에서 주님이 그 이름을 시인함(3:5)

10) 하나님 성전의 기둥이 되게 함(3:12)

11) 하나님의 이름과 새 하늘에서 하나님께로부터 내려오는 거룩한 성 새 예루살렘의 이름과 예수님의 새 이름을 그 사람 위에 기록함(3:12)

12) 이긴 자이신 예수님의 보좌에 함께 앉음(3:21)

요약과 마무리

성경의 결론이 무엇일까요? 그것은 천국입니다. 신랑이요 주님이신 예수 그리스도와 함께 신부인 주의 종들과 성도들이 천국에서 영생복락을 누리는 것입니다. 이것이 성경의 결론입니다. 그 결론을 보여주는 것이 요한계시록입니다.

하나님께서 세상을 창조하신 때부터 시작된 처음 하늘과 땅에 속한 이 모든 만물의 역사는 계시록에서 말씀하는 것처럼 하나님께서 완전히 새롭게 창조하실 새 하늘과 새 땅에서 이루어지는 천국으로 완성됩니다.

요한계시록은 그 천국으로 가는 길에 많은 시련과 고난이 있다는 것을 말씀합니다. 이것은 요한계시록이 기록되던 시대에 살던 성도들의 삶의 현장에서 일어난 물음에 대한 해답이기도 합니다.

그 시대는 로마의 정권과 그 나라를 통치하며 그들을 하나님으로 섬기게 하던 황제들에 의해 엄청난 핍박으로 주의 종들과 성도들의 순교가 있던 시절이었습니다. 그 모습은 인류의 전 역사 속에서 있었던 선과 악의 싸움이 극대화 되었던 시기였고 마치 악이 선을 이기는 것처럼 보이던 시기였습니다.

그 시절에 살던 주의 종들과 성도들의 마음속에는 당연한 의문이 생겼습니다. 그것은 이 고난이 언제까지 갈 것인가 하는 것과 이와 같은 고난을 가져다주는 세력의 배후에는 누가 있으며 그리고 지금 주님은 어디 계시는가? 그리고 끝까지 순결한 믿음을 지켰을 때 하나님께로부터 주어지는 보상은 무엇인가 하는 것 등이었습니다.

바로 그 모든 물음에 대한 해답이 요한계시록입니다. 계시록은 먼저 주님이 우리를 사랑하시고 항상 주님의 백성들과 함께 있음을 보여 줍니다. 그 해답의 시작점이 바로 계시록 1장 1절의 "예수 그리스도의 계시"라는 말씀입니다.

계시록 1장에서 신랑으로 오실 예수님의 멋진 모습을 보여주신 다음에 2장과 3장에서 신부인 교회들에게 말씀하십니다. 때로는 책망도 하시고 권면도 하시고 칭찬도 하시면서 현실적인 영적인 상태를 점검하게 하고 끝가지 이기는 자들에게 주실 열두 가지 상에 대해 말씀하십니다. 그 모든 상의 초점은 신랑과 신부가 하나 되어 살게 될 영원한 천국에 맞추어져 있습니다.

4장과 5장을 보면 신랑이자 심판주로 오실 주님의 대관식이 모든 천군과 천사들과 모든 피조물들의 찬양 속에 이루어집니다.

6장에서는 쏘아버린 화살처럼 천국으로 인도하는 복음이 예수님때로부터 선포되기 시작한 이후에 주님이 재림하실 때까지 세상에서 이루어지는 모든 재앙의 모습이 보여 집니다. 그것은 전쟁과 기근과 악성 질병과 예수님을 흉내 내는 적그리스도의 출현이며 순교당한 주의 종들의 영혼이 하나님의 보좌 앞에서 부르짖어 기도하는 모습입니다.

그리고 천재지변과 함께 모든 악한 자에 대한 최후의 심판이전에 인간들이 스스로 그 심판을 피할 피난처를 만들어 숨어보지만 세상 어디에도 피할 곳이 없어 탄식하는 모습을 보여줍니다.

첫째 인을 뗄 때 그 흰 말 탄 자의 손에는 화살을 쏘아버린 활이 들려 있습니다. 이것은 이미 천국으로 인도하는 복음이 예수님에 의해 쏘아진 것을 상징하는 것인데 그 복음을 계속 전할 주의 종들에게 그 활이 주어져 있습니다.

예수님은 육신의 몸으로 오셔서 "회개하라 천국이 가까이 왔다"는 말씀으로 천국의 복음을 증거 하기 시작하셨습니다. 천국복음을 가르치시면서 사람들의 마음속에 영원한 천국에 대한 소망을 심어주셨고 천국복음을 전파하시면서 사람들의 마음속에 그리고 생활 속에서 하나님의 자녀답게 사는 법을 가르쳐 주셨습니다. 그리고 모든 병든 것과 모든 약한 것을 고쳐주시면서 영원한 천국에서 누릴 축복이 무엇인지를 미리 보여 주셨습니다.

예수님은 십자가를 지시면서 피 흘려 죽으심으로 하나님 없이 죄 가운데 살던 모든 사람이 그 죄에서 해방되어 하나님의 자녀로 살 수 있는 길을 열어주셨습니다. 그리고 부활하셔서 예수님 안에서 하나님의 자녀로 살 때 어떻게 될 것인지를 미리 알려 주셨습니다.

부활하신 예수님은 제자들에게 평안을 빌어주시면서 성령을 받을 것과 주님이 다시 오실 때까지 주어진 사명을 감당하며 복음 증언자로 살 것을 말씀하시고 승천하셨습니다. 요한 계시록은 누가복음 24장과 사도행전 1장에서 보여주신 예수님의 승천 이후의 역사를 교회시대를 넘어선 이후까지 보여주는 복음입니다. 그래서 계시록의 복음은 영원한 복음이고 완성된 복음입니다.

7장에서는 마지막 시대에 복음 전도자로 사명을 받은 주의 종들의 모습과 그들이 전한 복음에 의해 온 세상에서 구원받은 성도들의 모습과 그들이 천국에서 함께 누리게 될 모습을 네 가지로 구별하여 미리 보여줍니다.

이 모습은 21장과 22장에 나오는 천국의 모습과 같습니다. 그러면 왜 7장에서 그들이 들어갈 천국의 모습을 미리 보여줄까요? 그것은 천국으로 가는 길이 평탄하지 않기 때문입니다. 그 길에는 많은 고난과 시련이 있기 때문입니다. 그래서 고난이 찾아오기 전에 천국을 미리 보여줌으로 소망을 가지고 다가올 고난을 믿음으로 이기도록하기 위해서입니다.

그 고난과 고통의 시기를 보여주는 것이 8장부터 13장까지입니다. 8장에는 땅과 바다 곧 온 세상 가운데 삼분에 일에서 임하는 재앙을 보여주고 또 영적인 고통과 천재지변을 통해 찾아오는 깊은 어둠의 시간의 모습을 보여 줍니다.

9장에서는 탐욕을 가진 인간들이 황충을 통하여 당하는 고난의 모습과 악한 자들에 의해 성도들이 죽음을 당하는 고난을 보여 줍니다. 그리고 10장에서는 그와 같은 시기에 끝가지 말씀전파의 사명을 감당해야 하는 요한 사도와 같은 주의 종들이 갖추어야 할 것이 무엇인지를 보여 줍니다.

11장에는 마지막 시대에 복음을 전하는 두 증인이 나오는데 이들은 7장에서 본 것처럼 말씀을 전하는 주의 종들과 악한 권력자들과 거짓 선지자들에게 넘어가지 않고 끝까지 순결한 믿음을 지키며 생활 속에서 성도다운 성결한 삶의 실천을 통해 복음을 증언한 하나님의 백성들입니다.

그러나 이들은 사탄의 능력과 날이 큰 권세를 받은 짐승에 의해 핍박을 당하고 죽음을 당하고 추방당하게 됩니다. 이 시기가 바로 요한 사도가 직면해 있던 1세기 말의 역사적 현실이었습니다. 그러나 그들은 그 고난의 시기를 죽음으로 이기고 다시 부활한 신부가 되어 사도행전 1장에서 주님이 약속하신 대로 다시 오시는 신랑 예수님을 공중에서 만나게 됩니다.

이것을 휴거라고 합니다. 휴거는 신랑으로 다시 오시는 예수님을 신부인 성도들이 공중에서 만나는 사건입니다. 일곱 번째 나팔 소리와 함께 주님의 나라가 이루어질 것과 모든 악의 세력을 심판하실 것이 선포됩니다.

12장은 교회가 고통을 당하는 배후에 누가 있는지를 분명하게 보여줍니다. 그것은 곧 하늘에서 떨어진 별 사탄입니다. 그 사탄이 교회를 무너뜨리려고 어떤 때는 마귀의 모습으로 어떤 때는 용과 뱀의 모습으로 나타납니다. 사탄은 항상 하나님의 계명을 지키며 예수님의 증거를 가진 성도들과 싸움을 합니다.

13장은 그 사탄의 두 대리자인 권력을 가진 적그리스도와 거짓 선지자가 바다와 땅에서 나오는 두 짐승의 모습으로 나타납니다. 그들은 절대권력의 상징이요 정신적인 것과 물질적인 모든 것을 통제하는 표시인 666으로 온 세상을 통제하고 주님을 향한 믿음을 지키는 주의 종들과 성도들을 무참히 살해 합니다.

14장은 그들에 의해 살해당한 십사만 사천의 주의 종들이 하늘의 시온산에 주님과 함께 있는 모습을 보여주면서 그들을 핍박하고 죽인 자들 곧 큰 성 바벨론으로 상징되는 절대 권력의 본산과 그들에게 속한 자들이 받을 심판을 선언합니다. 그리고 알곡과 포도송이라는 두 가지 상징적인 추수의 모습으로 구원받을 하나님의 백성들과 심판 받을 악한 자들을 구별합니다.

15장에는 생활 속에서 복음을 증거하고 믿음을 지킨 성결한 성도들이 하나님의 보좌 앞에서 찬양을 부르는 모습과 이제 사탄과 모든 악인들에 대한 심판이 준비되어 시행될 것을 보여줍니다. 그 심판의 내용이 16장부터 18장입니다.

16장에는 하나님을 떠난 사람들과 세상과 사탄에 대한 일곱 가지 대접 심판의 모습을 보여 주는데 그들 가운데 역사하는 영들이 귀신의 영인 것을 드러내고 사탄의 본거지인 공중에 마지막 심판인 일곱 번째 대접이 쏟아지는 것으로 악에 대한 심판의 재앙이 끝나는 것을 알게 합니다. 곧 모든 심판은 악의 근원이 사탄에 대한 심판으로 마무리 됩니다.

17장은 그 심판이 거짓 종교와 문화라는 탈을 쓰고 권력 위에 앉아 세상을 통치하던 음녀에 대한 심판인 것을 보여 줍니다. 음녀의 이름은 "비밀이며 큰 바벨론이고 땅의 음란한 것들과 가증한 것들의 어미"입니다. 그 음녀는 세상 모든 것들의 통치자라는 이름을 가지고 있는데 마지막 때에 권력을 가진 적그리스도와 그 추종자들에 의해 멸망을 당합니다. 악에 의한 악의 심판입니다.

18장은 정치권력과 경제 권력을 모두 한 손에 쥔 적그리스도가 다스리는 세상에 대한 심판입니다. 그들은 영적인 타락과 사람들의 영혼을 사고 팔 정도로 죄가 하늘에 닿은 것 그리고 사치와 교만과 정경유착과 복술과 억울한 자들의 피를 흘리게 한 것 등이 이유가 되어 심판을 당합니다.

19장은 사탄과 악에 대한 그 모든 심판이 이루어지는 가운데 하늘에서 할렐루야 찬양과 함께 어린양의 혼인잔치가 이루어지는 모습을 보여줍니다. 하늘의 시온산과 유리바다 가에 있던 신부들이 밝고 빛나는 세마포 옷을 입고 신랑이신 예수님과 하나가 되는 혼인잔치를 하고 주님과 함께 지상으로 재림합니다.

그리고 천년왕국을 이루기 전에 악한 세력들 곧 권력을 가진 적그리스도와 거짓 선지자들과 그 잔당들을 소탕하는 모습이 보여 집니다. 이 심판을 이루시는 분은 "만왕의 왕이요 만주의 주"이신 예수님입니다.

20장은 마귀가 붙잡혀 무저갱에 던져진 이후 신부요 두 증인인 순교당한 주의 종들과 생활 속에서 복음을 증거 하다가 핍박을 당하고 추방을 당해 광야에서 1,260일을 지내야했던 성결한 성도들이 신랑이신 주님과 함께 천년왕국을 이루는 모습입니다.

천년왕국 이후에 옥에서 풀려난 마귀에 대한 마지막 심판이 있어 마귀는 두 짐승이 이미 들어가 있는 지옥 불 못에 던져지고 모든 죽은 자들에 대한 마지막 흰 보좌 앞에서의 심판이 있어 생명책에 그 이름이 없는 자들은 누구든지 다 불 못에 던져지게 됩니다.

그 이후에 보여 지는 것이 21장과 22장에서 보여주는 천국입니다. 모든 성경 계시의 완성이고 영원한 복음의 세계이며 순수하게 믿음을 지킨 모든 믿는 사람들이 들어가 영원히 살게 될 곳입니다.

이 천국은 하나님께서 완전히 새롭게 창조하신 세상입니다. 새 예루살 렘이 있고 하나님이 언제나 함께 계시며 죽음이 없는 곳입니다. 모든 애통 하는 것이나 곡하는 것이 없고 아픈 것이 없는 곳입니다.

영생수인 생명수가 흐르고 영생을 주는 열매를 맺는 생명나무가 있으며 저주가 없는 곳입니다. 어둠도 없고 모든 성도들이 왕 같은 제사장이 되어 주님을 직접 섬기며 주님과 함께 왕의 권세를 누리는 곳입니다.

모든 성경의 결론은 천국입니다. 그러나 우리가 천국까지 가는 그 길에 는 사탄과 악령들과 악한 자들의 핍박과 방해가 있습니다. 그 핍박은 어떤 때는 목숨까지 위태롭게 하고 죽음을 강요하는 것도 있습니다. 그러나 그 모든 것을 이기면 그 끝이 천국입니다. 사탄을 추종하는 자들은 지옥 불 못으로 끝을 맺고 예수 그리스도 안에서 믿음으로 승리한 사람들의 결론 은 천국입니다.

세상이 악하다고 한탄할 일이 아닙니다. 핍박과 시험이 있다고 좌절할 일도 아닙니다. 어차피 우리가 사는 세상은 사탄이 역사하고 있고 악령들 이 역사하는 세상입니다. 그래서 주님이 우리가 가진 믿음의 결론이 무엇 인가를 미리 확실하게 보여주시려고 이 요한계시록을 주신 것입니다.

요한계시록은 믿음의 결과가 천국이라는 정답을 우리에게 보여주고 있 습니다. 중간 과정은 잘 몰라도 괜찮습니다. 냉장고와 같은 어떤 물건을 만드는 과정을 모른다고 그 물건을 쓸 수 없는 것은 아닙니다. 그 안에 어떤 부품이 들어갔는지 모른다고 그 물건을 사용할 수 없는 것은 아닙니다.

요한계시록이 마치 수만 개의 부품이 들어간 물건을 만드는 것처럼 처음과 중간에 복잡한 내용들이 많이 있는 것 같아도 결론은 천국입니다. 천국 가는 길에 사탄의 방해가 있어도 그 시험과 시련을 잘 이기면 결론은 천국입니다.

그래서 우리는 늘 우리가 들어가 영원히 살게 될 천국을 바라보며 이 세상을 믿음으로 이겨야 합니다. 신랑이신 예수님의 신부가 되기 위해 성결한 성도의 상징인 흰 옷을 입은 사람이 되어야 합니다. 이것을 성화라고 하고 어린양의 피에 그 옷을 빤다고 하는 것입니다. 계시록은 성화의 복음입니다.

요한계시록의 잘 모르는 내용을 억지로 해석할 필요도 없습니다. 알면 아는 대로 모르면 모르는 대로 믿음의 결론이 천국인줄 알고 어떤 시험과 시련이 와도 성결하게 살고 믿음을 지키면 됩니다. 신랑이신 예수님이 신부인 우리들을 위해 피 흘리기까지 우리를 사랑하셨다는 사실을 믿고 하나님의 말씀으로 인도함을 받으며 살면 됩니다. 그러면 사탄의 어떤 시험이 와도 이길 수 있고 그 결론은 천국입니다. 우리 모두 이 세상에서도 하나님의 사랑으로 모든 시험을 이기고 내생에서 천국을 누리며 삽시다. 우리 앞에 영원한 천국이 있습니다. 할렐루야!

성경의 결론은 천국입니다.

요한계시록은 "이일 후에"라는 단어를 중심으로 나누면 아홉으로 나눌 수 있습니다. 그러나 신랑이신 예수님과 신부인 교회의 관계로 나누면 일곱으로 나눌 수 있습니다.

첫 부분은 1장에서 3장입니다. 신랑이신 예수님이 신부인 교회들에게 성령님을 통하여 이기는 자가 되라고 당부하시는 말씀입니다. 이기는 자에게는 열두 가지 상이 주어지고 하나님이 그의 아버지가 되십니다.

두 번째 부분은 4장부터 7장입니다. 이 내용은 신랑이신 예수님께서 재림주요 심판주로 오시기 위해 하나님 아버지 앞에 드리는 예배와 대관식이 있습니다. 그리고 주님이 두루마리의 인을 떼실 때 복음이 전파되기 시작한 때부터 주님이 재림하실 때까지 일어날 모든 재앙과 심판의 현상과 또 그 모든 재난 가운데 구원받은 두 부류의 사람들과 그들이 천국에서 누릴 축복의 내용을 보여줍니다.

세 번째 부분은 8장부터 11장까지입니다. 이 부분은 먼저 온 세상에 다양하게 임하는 큰 환난의 시대를 보여줍니다. 그리고 그 환난의 때에 특별히 말씀을 받아 전하는 두 증인의 모습과 그들의 죽음과 휴거 그리고 이 땅에서 이루어지는 하나님의 나라와 땅을 망하게 하는 자들이 멸망당할 것을 보여줍니다.

네 번째 부분은 12장부터 15장까지입니다. 이 부분은 먼저 주님의 신부인 교회를 핍박하는 존재가 사탄인 것과 사탄의 대리자인 두 짐승 곧 적그리스도와 거짓 선지자가 권력과 종교와 돈으로 세상 모든 사람을 통제하며 하나님의 백성들을 핍박하고 죽이는 모습을 보여 줍니다.

그리고 이어서 두 짐승에 의해 고난을 당한 십사만 사천의 주의 종들이 하늘의 시온 산에 주님과 함께 있으며 짐승에게 경배하지 않고 생활로 주님을 증언한 흰 옷 입은 무리가 주님의 보좌 앞에서 찬양하는 모습을 보여 줍니다. 악한 자들에 대한 마지막 심판이 선포되고 준비되는 모습도 함께 보여 줍니다.

다섯 번째 부분은 16장부터 18장까지입니다. 이 부분에서는 먼저 짐승에게 경배한 자들과 그들이 속한 나라가 어떻게 망하게 되는 지를 보여준 다음에 그 모든 세력을 음녀와 바벨론으로 나누어 그들이 멸망하는 모습을 보여 줍니다.

여섯 번째 부분이 19장부터 20장 3절까지 입니다. 하늘에 있는 모든 자들의 찬양과 함께 신랑이신 예수님의 공중 재림이 이루어지고 그때 준비된 신부인 교회와의 혼인잔치가 이루어집니다. 그리고 주님의 지상 재림과 함께 일어나는 전쟁을 통해 짐승과 거짓 선지자는 붙잡혀 산 채로 불 못에 던져집니다. 그리고 그 잔당들이 다 멸망당하는 모습과 마귀가 붙잡혀 무저갱에 던져지는 모습이 나타납니다.

마지막 일곱 번째가 20장 4절부터 22장까지입니다. 이 말씀의 앞부분이 신랑이신 예수님과 신부인 교회의 신혼살림인 천년왕국입니다. 그리고 마귀에 대한 최후의 불 못 심판과 모든 죽은 자들에 대한 마지막 흰 보좌 심판입니다. 어린양의 생명책에 그 이름이 없는 사람은 누구나 다 불 못에 던져집니다.

그리고 이제 새롭게 창조된 새 하늘과 새 땅에서 천국시대가 열립니다. 그곳에는 신랑이신 예수님과 신부인 교회 곧 성도들이 함께 살 영원한 성 새 예루살렘이 있습니다.

신랑이신 예수님과 신부인 교회가 함께 사는 천국에는 죽음이나 고통이 없고 아픈 것이나 슬픔이 없습니다. 눈물이 없고 저주가 없으며 어둠이 없습니다. 영원한 생명을 주는 생명나무와 영생수가 있고 신랑이신 예수님이 신부인 우리와 영원히 함께 하십니다.

성경의 중심은 예수님입니다. 그러나 성경과 신앙의 결론은 천국입니다. 신부인 우리를 구원하기 위해 십자가에서 피 흘려 죽으시기까지 우리를 사랑하신 신랑이신 예수님을 바라보세요. 주님의 신부로서 천국에서 영원히 함께 살날을 바라보세요. 저절로 마음에 힘이 생기고 용기가 생기고 오늘도 성결한 믿음으로 성령님과 함께 동행 할 수 있습니다. 오늘도 주님의 신부답게 살면서 천국 가는 그날까지 마귀와 세상을 이깁시다. 할렐루야!

요한 계시록 강해 | 지혜와 계시

초 판 인 쇄   2019년 3월 28일
초 판 발 행   2019년 4월 05일

저   자   손법상
발 행 인   윤석현
발 행 처   도서출판 박문사
책 임 편 집   안지윤
등 록 번 호   제2009-11호

주   소   서울시 도봉구 우이천로 353 성주빌딩 3층
전   화   02) 992-3253
전   송   02) 991-1285
홈 페 이 지   http://jnc.jncbms.co.kr
전 자 우 편   bakmunsa@hanmail.net

ⓒ 손법상 2019 Printed in KOREA.

ISBN   979-11-89292-30-0   13230   정가 38,000원